希特勒神話的意象與真實

德國人民眼中的元首

The 'Hitler Myth'

Image and Reality in the Third Reich

納粹德國、希特勒研究權威
伊恩・克蕭 著
Ian Kershaw

黃好萱 譯

目次
CONTENTS

3
PART

導讀

二十世紀德國獨裁者的原型：「希特勒神話」的誕生與衰亡

翁稷安／暨南國際大學歷史系副教授

歷史的誤用與史家的作用

在二十世紀的歷史舞臺上，阿道夫．希特勒絕對是最具爭議和複雜性的人物之一。他的崛起如同一場不可思議的魔幻劇，從默默無聞的邊緣人物，到納粹黨的領袖，進而奪取了國家的大位。這一過程改變了德國的命運，更重塑了整個世界的格局。在希特勒的統治下，德國掀起了全面的戰爭，戰火奪去了數以千萬的生命，更令人髮指的是，納粹德國對猶太人系統性的大屠殺，這慘絕人寰的暴行，至今仍是人類文明永遠的創傷。

希特勒人生的每一個轉折、每一項政治或軍事決策，都深刻影響著二十世紀的歷史，操弄著無數個人的命運。儘管二戰粉碎了納粹的野心，希特勒留下的餘毒卻未隨著納粹德國的覆滅而終結。希特勒及其追隨者的意識形態，運用的宣傳手法和統治策略，喚醒了人性底層難以直視的黑暗面，延續至今，仍在不同程度上左右當今世界局勢。這些「遺產」如同頑固的幽靈，在戰後世界裡揮之不去，時而隱沒，時而顯現，持續牽引著當代的政治和社會。

「希特勒」不論作為個人還是符號，對過去或現在都有著廣泛而深遠的牽扯，許多甚至已成為難解的死結，觸動著歷史學最敏感的神經。因此，任何對「希特勒」這一歷史符號的使用，都必需格外謹慎。脫離歷史脈絡的援引，可能導致以偏概全的謬誤，有時甚至會淪為對歷史不道德的錯用。

這正是史學的專業所在，在經歷二十世紀末後現代主義史學的挑戰後，史家重新檢視了歷史學的客觀性與權力關係，同時也更深刻的體會到歷史的價值與功用。歷史所能提供的教訓，並非無視古今差異，與歷史事件個別的獨特性，生硬地割裂與硬套，提供真理般的指導。歷史作為人類經驗的總合，理應被無窮無盡的反覆檢視，歷史學家的職責在於不斷與史料的奮戰中，以當代視角一次又一次思索過去，誠實描繪過往種種發生的原委和脈絡，加以解釋，正如莎拉‧瑪札（Sarah Maza）所言：「歷史學家不能給你答案，但隨著時間的推移看問題，可以教你如何提出正確的問題。」[1] 面對大眾對歷史的片面理解，或有心人士的刻意操弄，史家更應挺身而出，指出錯誤之外，更要還原歷史的複雜，讓人們重新思索過去，進而對照出當下身處的座標。

還原第三帝國複雜的內理

英國歷史學者伊恩・克蕭（Ian Kershaw）的《希特勒神話的意象與真實：德國人民眼中的元首》（*The 'Hitler Myth': Image and Reality in the Third Reich*），恰如其分地肩負起這樣的責任，以二十世紀德國社會史為專業領域的他，師承德國歷史學者馬丁・布羅薩特（Martin Broszat, 1926-1989），研究領域涵蓋從威瑪共和國（Weimarer Republik）的衰落到第三帝國的覆滅等議題，出版了許多專論與通史，是當今研究納粹德國最頂尖的史學大師之一，享譽國際。

《希特勒神話的意象與真實》的英文版出版於一九八七年，是以伊恩・克蕭於一九八〇年出版的德文版為基礎，加以翻譯和改寫。克蕭在書中以精細入微的觀察，鉅細靡遺地討論了「希特勒神話」（Hitler Myth）的起源、性質和興衰，特別是它與納粹第三帝國命運的糾葛。這本書可以視作他研究納粹德國的早期代表作，是他日後巨著《希特勒傳》（*Hitler: A Biography*）的雛型，也確立了他由下而上、以社會切入政治的論史視角，體現在他對二十世紀歐洲史的論斷中。前者尚未有臺灣版本的中譯，十分可惜；後者則在近期有《地獄之行》（*To Hell and Back: Europe, 1914-1949*）、《激盪時代》

1 莎拉・瑪札（Sarah Maza）著，陳建元譯，《想想歷史》（臺北：時報出版，二〇一八），頁四〇二。

（*Roller-Coaster: Europe, 1950-2017*）兩冊組成的《二十世紀歐洲百年史》，兩本書英文版分別於二〇一五和二〇一八年出版，和《希特勒神話的意象與真實》一同閱讀，從微觀到宏觀，從專題研究到通史論述，我們得以一窺伊恩．克蕭對於二十世紀歐洲史完整的洞察。

《希特勒神話的意象與真實》出版至今已近四十年，但歲月並未減損其價值，在時間的淬煉下，這本書提出的問題和解釋反而愈發耀眼。從歷史研究的角度來看，伊恩．克蕭大量運用地方層級的檔案，透過平凡人的視角，不僅分析了希特勒和納粹政權的統治宣傳，更還原了民間的動能。人民是希特勒神話的主要受眾，但並非全然處於被動立場，人們主觀的選擇與判斷，仍保有一定程度的自主性，時而成為強化或削弱官方宣傳的因素。伊恩．克蕭在書中的觀察，不只呼應著當代史學視角的轉向，更重要的是——也是《希特勒神話的意象與真實》一書核心的訴求——認識歷史的複雜性。在歷史長河中，沒有任何人事物可以被簡單化約，二分法的判斷或膚淺的因果推論，只是拉大我們與過去的距離，遑論那些任意截取史事的妄用。唯有認識到歷史的複雜，我們才能以謙遜的態度面對過去，避免輕易下定論，通過一次次不斷追問和推論的重返中，深化對過去的理解，進而為未來提供參照。

換句話說，即使是希特勒英雄形象的建立與宣傳，這樣看似理所當然的議題，都牽涉到這麼多複雜的層次，那麼任何和希特勒或納粹第三帝國的歷史，都不能輕易斷言，更不該隨意的挪用和指涉。伊恩．克蕭在書中細緻剖析了希特勒神話的不同面向，闡明對他個人的「形象塑造」在納粹掌權時發揮的關鍵作用，並借鑒了馬克斯．韋伯（Max Weber, 1864-1920）的「魅力型權威」（Charismatic authority）概念。伊恩．克蕭從大眾政治的視角出發，解釋這樣一個跳脫政治常規的英雄形象，如何號召民眾支持，達成希特勒所宣稱的使命。

希特勒神話的興衰

希特勒和「英雄」形象的結合，在思想的淵源上可追溯至十九世紀日耳曼地區本土民族主義和浪漫保守主義的傳統，將政治人物包裝成民族英雄加以崇拜，德皇威廉一世（William I）和俾斯麥（Otto Eduard Leopold von Bismarck）都是典型的例子。一次大戰戰敗造成的內外困境，更加深了人民期待一位天選之人的降臨，解決政壇的紛擾和國家的混亂，這樣的渴求成為希特勒神話的溫床。希特勒起初並沒有以偉大領袖自居，而是作為帶動民眾的「鼓手」，直到一九二〇年代初期，他才逐漸開始以「元首」的角色自居，自傳《我的奮鬥》（*Mein Kampf*）即預示了這樣的轉變。一九二五至一九二八年陷入低迷的納粹運動也需要靠打造「元首神話」（Führer myth）來拉抬低迷的聲勢，以戈培爾（Joseph Goebbels, 1897-1945）為首的納粹黨幹部，趁勢推動希特勒的個人崇拜，其中最廣為人知的或許就是後來的「希特勒萬歲」舉手禮。

希特勒的個人崇拜，讓納粹黨挺過了一九二〇年代後半的挫折，並在一九三〇年迎來成果，取得在德國政壇的主導地位。原本反對希特勒和納粹的三大勢力：左翼陣營的宣傳，對比希特勒狂熱顯得貧乏無力；天主教勢力在希特勒改採寬容和支持教會的態度後，也逐漸被收編；民族主義的保守右派，因為立場原本就相近，雖然對納粹過激的手段有所猶豫，但仍改採支持的態度。沒有強力的反對者，再加上納粹宣傳機器的強力推波助瀾，希特勒一舉獲得獨裁的權力。伊恩．克蕭再三強調，希特勒神話其實是一種社會心理的體現，人們普遍認為當時的政治體制已無法有效運作，需要依賴強人領袖來拯救國家。當時社會上許多人都認為德國在戰後受到不公平的對待，對馬克思主義（Marxism）持敵視的心態，也藐視民主制度，都讓希特勒神話獲得施展的空間。

在早期的元首崇拜裡，一方面鼓吹希特勒的天縱英才，同時也要拉進希特勒和人民之間的距離，打造他忠誠且充滿同情的「人性」一面，成為「人民總理」，塑造出希特勒神話完美的甜蜜點。事實上希特勒的形象超越了納粹黨，當時不論在中央或地方層級，人民對於納粹黨的施政都有著許多不滿，但對納粹黨的蔑視或反感，和對希特勒崇拜是分離的。納粹黨對天主教會的攻擊就是最好的例子，人們普遍將反感投射到納粹暴徒身上，而希特勒則是超脫於兩者紛擾的中立存在。伊恩．克蕭引用了韋伯的說法，魅力作為一種力量，它的來源必須超脫於日常生活，它不是在實務的瑣碎中建立，自然也不需要為現實的施政負責；無所不能的元首，像是一種麻醉，讓人民忘卻生活的不順遂，相信所有問題都在元首的掌握之中；象徵著民族大我的元首，讓追隨者不用再關心日常，「元首處於比日常政治更高之境界」。

這看似矛盾的假象，最大的燃料是「勝利」，特別是外交和軍事上的獲勝，這完全符合元首應該有的英雄面貌。希特勒利用其煽動的長才，步入政壇以來，一直擅長操弄民粹主義的民族情緒，激起人們恢復國家偉大傳統的渴望，企圖以對外的衝突，轉移人民對民生內政的關注。而要把對個人的崇拜，轉換為對戰爭的支持並不容易。英法兩國一味退讓的綏靖政策，對希特勒來說根本是天上掉下來的禮物，讓他幾乎兵不血刃拿下大片的土地。這些以和平方式換來的「勝利」成為希特勒神話的一部分，也瓦解了人們對於希特勒戰爭主張的猶豫和懷疑，使他們相信希特勒是為了人民，和平依然是他最終的盼望。之後二戰初期攻其不備的閃電戰，那巨大的勝利更將希特勒的聲望推到巔峰。

作者特別點出，希特勒神話也反噬了希特勒自己。他對自我的認知，一開始還和神話的元首形象維持一定程度的距離，在一九三〇年代前期，他將對他個人的崇拜作為某種團結納粹黨員和德國人民的工具，對元首神話的吹噓還保持一定的清醒。但到一九三〇年代中期，隨著一系列外交和軍事的勝利，他開始在公開演講中自稱是「天意」的代表者，這種強烈的宗教感或神祕主義詞彙，顯示他心中的自我形象已有所轉變，他也成為了元首神話的信眾，認為自己是超越人民的存在，可以把個人意志強加在人民身上。當自我無限膨脹到這種地步，失去了現實感，也打破了希特勒神話最初和民意的某種平衡，就注定種下了失敗的種子。如同作者所言：「從希特勒開始相信自己『神話』的那天起，在某種意義上也標誌著第三帝國開始走向終結。」

一旦局勢逆轉，現實伴隨著作戰失利的苦澀大舉反擊，空洞的神話終究還是出現了漏洞，尤其和蘇聯開戰付出慘重的代價，史達林格勒（Stalingrad）的大敗，讓人們不再相信希特勒，民間瀰漫著絕望、沮喪和厭戰的氛圍，雖然還未促成叛變或革命，但希特勒神話的威信早已一點一滴崩潰。

等到諾曼地登陸（Normandy Landings）後，盟軍開始反攻，情勢徹底逆轉，希特勒神話無法再號召人心，只能依靠蓋世太保等情治單位鎮壓異己，維持表面的假象。民眾或許無法公開譴責或批評希特勒，但改用隱晦的方式表達不滿。書中就記錄了一九四五年三月十一日，在戰爭結束前巴伐利亞的小鎮馬克特謝倫貝格（Marktschellenberg）發生的事例。鎮上的戰爭紀念館舉辦活動，國防軍的領袖在演講結束後，鼓動在場的群眾替元首歡呼，沒想到換來現場一片鴉雀無聲，抑鬱的氣氛，說明了民眾的態度。一個多月後，希特勒自盡，蘇聯紅軍攻入柏林，戰爭結束，希特勒神話失去了作用，轉而成為沉重的負擔。

在全書卷末，作者討論了反猶太主義（anti-Semitism）對希特勒大眾形象的重要程度。眾所皆知，反猶太主義在希特勒的世界觀之中有著舉足輕重的地位，但伊恩·克蕭在考察史料後指出，並沒有跡象表明，鞏固元首和群眾關係的形象經營中，有特別強調對猶太人的仇視。他在公眾場合對這個議題相對低調，因為神話或形象的經營本質還是工具，希特勒有意識地在這個議題上約束自己，不要讓個人偏激的主張影響到他在國內或國外的影響力。但在對納粹內部私人或半私人的談話中，面對最死忠的狂熱者，希特勒則毫無保留、鼓動支持者，替大屠殺立下基調。「元首神話」的功能是要將德國普羅大眾，吸納入第三帝國之中，樹立正向的形象，掩蓋納粹作為的醜惡。另一方面，讓擁有人氣與光環的希特勒，以暗示的手法讓民眾接受對猶太人的歧視，進而默許對猶太人的迫害，即使不見得能得到全體國民的支持，只要能換來民眾在良知上的冷漠，對猶太人大屠殺的執行就是一大勝利。

唯有守護民主，才能戳破神話

綜觀全書對希特勒神話的討論，如前所述，作者並未採取上對下「灌輸」的觀點，作為內部整合、動員，取得合法化的手段，元首神話的塑造和宣傳在最初是依憑著民意而生，執行中當然有其操弄的一面，除了作為一體兩面的恐怖統治，更關鍵的是讓國家始終處於不穩定的狀態。對於「常態化」的否定，是希特勒神話的核心動力，唯有保持時局的動盪，讓一切像是「例外狀態」，才能讓傳統菁英到一般大眾對希特勒保持狂熱的崇拜，為他那些並不重要或幸運取得的成就喝采，或者漠視瘋狂和殘暴的舉措。

這樣的歷史論斷並非卸責，而是正面地指出民眾或民主制度，具有抑止類似希特勒這樣獨裁者的能力。只要民主制度的常態能夠正常維持和運作，人民不信任制度，同時也願意在制度中善盡公民的責任，不因為一己的挫折否定掉整個制度，將統治權拱手讓給那些操弄民意，打造自己神話和形象的政客，人民還是可以抵禦或阻止獨裁者的野心，這是在作者還原希特勒神話複雜性後得出的結論，並於書末強調培養成熟懷疑態度和批判意識的理由，因為唯有成熟的公民才能讓民主制度有效運作，才能抵禦獨裁者營造的神話。

倘若我們將希特勒視為二十世紀獨裁者的數個原型之一，那麼伊恩．克蕭在四十年前《希特勒神話的意象與真實》的分析，不只讓讀者認識過去，更是對民主制度遭遇各種威脅和挑戰的當代，有著暮鼓晨鐘般的警示：獨裁者精心打造的神話，是依賴體制的動盪和人心的陰暗而生，當人民挺身而起，守護並完善民主制度，再完美的謊言也終將破滅。

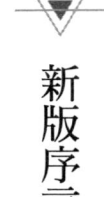

新版序言

本書的原版係於一九八〇年在慕尼黑當代歷史研究所（Institut für Zeitgeschichte）的支持下，由德國出版社（Deutsche Verlags Anstalt）收錄於《當代史季刊叢書》（*Schriftenreihe der Vierteljahrshefte für Zeitgeschichte*）中出版。我本就希望能藉由這本書，透過觀察第三帝國時期普羅大眾看待希特勒的方式（這些觀點反映在該政權各級代理人所彙整的大批民意報告中），以盡綿薄之力，讓讀者能夠更了解納粹主義（National Socialist）統治的動態。不必多言，元首崇拜當然是納粹政權運作形態的關鍵要素，而希特勒（Adolf Hitler）受歡迎的程度也對他權力的發展至關重要，因此似乎值得嘗試探討此一現象，但不僅是透過深究其政治宣傳的建構，更要從基層入手，觀察無數普羅大眾的表現態度，同時將其視為一面映照出廣大民眾既有心態、期待、希望及渴求的鏡子（有時無可否認，這是一面蒙著薄紗的鏡子）。這本書受到熱烈歡迎，在德國尤其如此，這表示我的方法是正確的，讓我很是心滿意足。

這本書的源頭，要回溯到慕尼黑（Munich）知名研究機構「當代歷史研究所」（英文：Institute for Contemporary History）的開創性研究計畫「納粹時代的巴伐利亞」（Bayern in der NS-Zeit），而本書正是在該專案中我負責的研究發展而成。那時我才剛將注意力轉向現代德國史——這與我先前對十三和十四世紀英國修道院經濟的研究差距頗大——並懷抱著極大熱忱沉浸在我的新研究中。我在當代歷史研究所與巴伐利亞國家檔案館（Bavarian State Archives）鑽研時，時任所長的馬汀・布羅薩特（Martin Broszat）以及與他合作進行「巴伐利亞計畫」（Bayern-Projekt）的研究團隊都不遺餘力地支持我。那段時間給我留下了很美好的回憶。這對我來說是個重要的開端，讓我開始持續關注德國現代歷史上最困難、最敏感、最悲慘而重要的時代。我也是從那時起，漸漸對巴伐利亞的許多地方瞭如指掌；有一次，我甚至是一車四十人中唯一一個在下法蘭克尼亞（Lower Franconia）享受一日遊的非德國人，還能在司機迷路時給他指路，因為我曾在巴士經過的這座小鎮中的檔案館工作過。

當時，我對希特勒本人並非特別有興趣，而是打算處理巴伐利亞民意的各個面向，大都與政治異議的幾個領域有關。與此同時，我也於自己正在研讀的報告中發現希特勒的公眾形象反覆出現，而時人對這樣的形象似乎有很強烈的共識，即使人們對納粹政權、黨（尤其是納粹黨員及其地方分支）的各面向多有詬病，但希特勒的公眾形象卻往往似乎凌駕於這些缺失之上，或甚至能夠補償這些缺失。因此，我決定在研究中納入更全面的調查，一方面探索不斷變化及發展的元首形象，另一方面則繼續處理我一開始就很有興趣的異議面向。我將這兩個主題視為整體研究的互補元素：一方面探討表示支持的民眾態度，另一方面則處理反對意見。

在多次討論的過程中，馬汀・布羅薩特也越發受我研究中審視希特勒大眾形象的段落所吸引。布羅薩特曾寫過一篇文章，探討「社會動機」和他所謂「元首連結」（Führer-Bindung，也就是人民與希特勒的「連結」）之間的關聯，以及兩者是如何形塑納粹制度的內在活力。我一直認為這篇文章相當精彩，而在某種程度上，我的發現也剛好與他在文中的見解相符。布羅薩特對我研究中逐漸浮現的成果充滿熱忱，這也使得他敦促我將這些發現整理成一本有關希特勒神話的專書。他接著慷慨地為德文原版寫了一篇介紹，將這部作品置於希特勒研究的背景中。當然，我那時較不在乎希特勒本人，反而更關注他的大眾形象。儘管我當時並未察覺，但此研究後來卻成了一條道路的起點，使我在接下來長達二十年的時光中，得以更加接近這名獨裁者本人。

在德文版《希特勒神話的意象與真實》（*Der Hitler-Mythos*）首次出版後，牛津大學出版社（Oxford University Press）便立即表示有興趣推出英文版本。但一開始我很猶豫，因為當時我正忙著準備出版（也是與牛津大學出版社合作）巴伐利亞研究的另一部分，該書後來於一九八三年付梓，書名為《第三帝國的輿論和政治異議：一九三三至一九四五年的巴伐利亞》（*Popular Opinion and Political Dissent in the Third Reich: Bavaria, 1933-1945*），其中探討農民、產業階級、天主教徒和基督新教民眾的異議行為，以及時人對猶太人迫害和滅絕的態度。完成這項研究是我的首要任務，而且我還發覺《希特勒神話的意象與真實》原版對巴伐利亞的關注需要稀釋，這也表示我得進一步研究以納入有關德國其他地區的資料。此外，我也想加入一篇新章節來探討反猶太主義在希特勒大眾形象中的地位，藉此彌補我後來在原文中發現的疏漏，因為這明顯是一項重大議題。最後，我還覺得有必要加入一篇導言和結論，以強調人民對希特勒的崇拜是他「魅力型領導」的核心要素——當然，此領導概念是取材自偉大的德國社會學家馬克斯．韋伯（Max Weber）。鑑於以上考量，我拖延了一陣子才同意要準備英文修訂版，並加入上述修改。這本書最後於一九八七年出版。

我一直對本書得到的回響感到高興，此作也同時被翻譯成多種語言（最近也推出新的德語版本，現與一九八七年牛津大學出版社的版本相同）。當然，自一九八七年以來，研究在各方面也已有重大進步，但我覺得自己當時提出的研究結果大致上仍經受住了時間的考驗。因此，此版本的內容仍是我在一九八七年離手時的樣子，不過我還是加上了一些後來出版的（除了幾個例外）與「希特勒神話」相關或讓我更理解「希特勒神話」的刊物。

我仍然非常感謝所有在我為本書做研究時給予建議和鼓勵的朋友及同事，感謝檔案管理員不可或缺的幫助，感謝當代歷史研究所的所有同仁，尤其是已故的馬汀．布羅薩特教授。至於為巴伐利亞等地研究之初提供資助的各機構，我的誠摯謝意也沒有改變。最重要的是，我對德國洪堡基金會（Alexander von Humboldt-Stiftung）支持我在慕尼黑工作一年的感激之情，並未隨著時間的流逝而減弱。

伊恩．克蕭（Ian Kershaw）

於曼徹斯特／雪菲爾（Manchester/Sheffield）

二〇〇一年五月

導言

希特勒在一九三三年一月三十日掌權後的約十年間廣受擁戴，放眼二十世紀，幾無政治領袖能受到自家人民如此歡迎。有人認為，在希特勒受歡迎的程度達到頂峰時，十位德國人便有九位是「希特勒的支持者，元首的信徒」。[1]先不論如此斷言有何立論基礎，我們都可以肯定地說，納粹黨得到的支持度從未達到過這樣的水準，納粹各領袖自己也很清楚這點。[2]讚揚希特勒者遠不只有那些自認為是納粹分子的人，更包含許多對該政權機構、政策和意識形態抱持批評態度者，這基本上是第三帝國得以運作的一項重大因素。有鑑於數百萬德國人頂多只是略微支持納粹主義，他們卻對希特勒仍有如此崇拜，這表示元首本人作為基本共識的焦點，在納粹統治體系中形成了關鍵的整合力量。若無希特勒個人的巨大人氣，便難以想像該政權能一再獲得全民公投的高度支持——得以合法化當局在國內外採取的行動、平息反對勢力、提高領導階層的自主權、擺脫傳統民族主義保守派菁英的束縛（這些菁英本還自以為能夠監督希特勒），並維持納粹統治瘋狂又越發危險的氣勢。最重要的是，希特勒巨大的民意基礎使他自己的權力地位變得更加難以撼動，奠基了第三帝國的激進化，也同時將他個人意識形態轉譯為可實踐的未來。

傳記式的描繪——眾多出版物都曾充分探討過希特勒的生活細節及其奇異性格[3]——在某種程度上並不足以解釋他為何具有如此非凡的吸引力，希特勒自身意識形態上的執著也不能為其高人氣提供令人滿意的解釋。比方說，我們很容易會誇大反猶太主義的吸引力，將其視為納粹運動獲得支持的決定性因素[4]（儘管反猶太主義確實具有統一運動**內部**思想的重要功能，這點幾乎無可爭議）。此外，民眾在乎的是如何逃離經濟蕭條的深淵、改善物質條件，也極度害怕戰爭會再次爆發，所以為了生存空間（Lebensraum）而發動下一場戰爭的想法大概不會太吸引人。[5]因此，有人也合理認為，

1 S. Haffner, *Anmerkungen zu Hitler,* Munich, 1978, p. 46.

2 參見第三章。

3 例如 A. Bullock, *Hitler. A Study in Tyranny,* rev. edn., London, 1964; J. C. Fest, *Hitler. Eine Biographie,* Frankfurt a. M., 1973; J. Toland, *Adolf Hitler,* New York, 1976; R. Binion, *Hitler among the Germans,* New York, 1976; R. G. L. Waite, *The Psychopathic God—Adolf Hitler,* New York, 1977. 參閱 H. Graml 'Probleme einer Hitler-Biographie. Kritische Bemerkungen zu Joachim C. Fest', *VfZ,* xxii (1974), 76-92. 能了解側重希特勒生平的研究方法有何種疑慮。

4 參見 S. Gordon, *Hitler, Germans, and the 'Jewish Question',* Princeton, 1984, ch. 2. 其對此證據有更近期的摘要。

5 一九三三年之前，在諾特罕（Northeim）的納粹集會中，外交政策並非扮演主要角色，詳情見 W. S. Allen, *The Nazi Seizure of Power. The Experience of a Single German town, 1922-1945,* 2nd edn., New York, 1984, p. 322. 這段時期的納粹宣傳在談論未來時，往往只是語焉不詳地稱統一的德國將再次成為不容忽視的世界強國，或稱德國將再次占領海外殖民地。請參閱 P. Merkl, *Political Violence under the Swastika,* Princeton, 1975, pp. 450ff. 對於了解一九三〇年代初期一般納粹黨員的「主要意識形態主題」，書中的調查很有啟發意義。

就連對大多數納粹支持者來說，在獨裁統治本身的深處，希特勒自身意識形態上的執著，甚至對於是最狂熱的納粹支持者而言，意義也多在象徵、而非實質的層次。[6]

而我們有必要做的，似乎就是將焦點轉向希特勒作為元首的**形象**，藉此豐富我們對希特勒此人的廣泛了解。有人便曾合理建議，若要找到希特勒如此受歡迎的根源，就必須研究「那些崇拜他的人，而非領袖本人」，[7]本書便是試圖朝此方向邁進。其實，書中主要關注的並非希特勒本人，而是宣傳形象的塑造過程，重點是，更要關注德國人民對此形象的接受度——他們在第三帝國之前、期間是如何看待希特勒；或者稍微換句話說，本書更關注的是希特勒在數百萬德國人眼中是個什麼樣的人，而非他實際上是個什麼樣的人。在此背景下，本書作為一政治意象研究，旨在闡明「希特勒神話」（這裡我是指希特勒的「英雄」形象和人民對他的觀感，普羅大眾認定他具有的性格與動機往往與現實大相逕庭）是如何發揮了極其重要的整合作用，進而為當局提供巨大的民意支持。[8]本書欲探究「希特勒神話」的核心基礎；其建立基礎，以及當局維護此基礎的手段。本研究也意圖於此過程中確立「希特勒神話」所體現的主要共識元素，最後總結「希特勒神話」對實現納粹意識形態目標可能有的作用。

形象塑造與人民對此形象的接納是緊密相連的兩道題目。幾無疑問，納粹政權心知肚明有必要達成共識，因此有意識地打造出「希特勒神話」作為一股整合力量。希特勒本人也如眾所周知相當注重自己公共形象的塑造。他在演講等公眾活動中非常注重派頭和儀態，他還會極力避免表現出任何人性弱點。比方說，希特勒會拒絕讓人看到自己戴眼鏡，也不願讓人見到自己從事任何他可能不擅長的運動及其他活動，否則他可能會成為笑柄而非偶像。戈倍爾（Joseph Goebbels）稱希特勒之所以會選擇獨身，都是為了國家福祉而犧牲個人幸福，希特勒也認為保持單身有其功能上的必要性，因為這麼做能避免失去德國婦女的歡迎，他認為德國婦女的支持「是選舉成功與否的關鍵」。[9] 以上種種都與希特勒對「群眾心理」的著名觀點密切相關，希特勒在《我的奮鬥》（*Mein Kampf*）一書中便曾對此有所闡述，其採取的路線類似於古斯塔夫・勒龐（Gustave le Bon）著作中所探討之幾乎無限的群眾可操縱性。[10] 在第三帝國時期，希特勒顯然明白自己「無所不能」的形象對於他的領導地位和政權的力量有多麼重要。有人便對此精闢地指出：「希特勒非常了解自己的功能，清楚他作為第三帝國『領袖』**必須**扮演的角色」，他「將自己轉化為一種職能，**元首的職能**」。[11]

---

6 參見 M. Broszat, 'Soziale Motivation und Führer-Bindung des Nationalsozialismus', *VfZ,* xviii (1970), 392-409.

7 T. W. Mason, 'Open Questions on Nazism', in R. Samuel (ed.), *People's History and Socialist Theory,* London, 1981, p. 207.

8 喬治・索雷爾（Georges Sorel）曾探討神話對現代群眾運動之重要性，其預言充滿洞見，請參閱諾爾・歐蘇利文（Noel O'Sullivan）之評論，*Fascism,* London, 1983, pp. 119-23.

9 *'Es spricht der Führer'. 7 exemplarische Hitler-Reden,* ed. H. von Kotze and H. Krausnick, Gütersloh, 1966 (henceforth cited as von Kotze), p. 42.

10 參見資料同上，pp. 31ff。

11 T. W. Mason, 'Intention and Explanation: A Current Controversy about the Interpretation of National Socialism', in G. Hirschfeld and L. Kettenacker (eds.), *Der 'Führerstaat'. Mythos und Realität,* Stuttgart, 1981, p. *35.*

因此，「希特勒神話」背後的操縱目的從一開始便存在。有心積極支持納粹黨的統治階級成員也為了自身利益對此熱烈歡迎，並大力推廣，以達到「愚弄群眾」[12]的目的，並讓他們擺脫社會主義的誘惑，改為投靠反社會主義、反革命的群眾運動。然而我們往往也不小心就過度誇大「希特勒神話」迎合壟斷資本主義的程度，以為打造這則神話的目的就是為了服務——或者在客觀上確實也服務了——壟斷資本主義的利益。[13]似乎無可爭議的是，建構出的「希特勒神話」的確有其不可或缺的整合功能：首先是抵禦納粹運動本身內部強大的離心力，其次是為了建立廣泛的共識基礎，讓德國人民一同支持元首認可的目標和政策。納粹主義的民意基礎若出現更顯然互相矛盾的社會抱負，就越有必要營造具體的「希特勒神話」與崇拜儀式，以提供情感整合的堅實基礎。[14]

至一九四一年末，納粹在歐洲的權力和統治達到頂峰，戈倍爾此時也聲稱創造出「元首神話」（**Führer myth**）是他最偉大的宣傳成就。[15]他這麼說確實有其道理，在後續章節中，我們也會從這些新宣傳技巧大師「形象塑造」成就的角度來探討「希特勒神話」。然而有人也很中肯地點出，「英雄」希特勒的形象「雖是為群眾創造的形象，卻也是由群眾創造的形象」，[16]畢竟宣傳若要奏效，就必須仰賴現有的價值觀和心態，而非與之背道而馳。本就存在的信仰、偏見和恐懼形成了德國政治文化的重要環節，這正是輕易將「希特勒神話」加諸在人民身上的現成條件。所以說，這也同樣非常有助於解釋希特勒的宣傳形象——作為堅守「德國人民真正得體價值」的「代表性個體」——是如何能夠站穩腳跟並蓬勃發展。[17]

因此，我們有必要從領袖崇拜的根源著手探討——這種崇拜早在納粹主義興起前就已存在，並且在一九三〇至一九三三年間觸及廣大選民之前，即於納粹運動中萌芽。眾所周知，在一九三三年三月的選舉中（當時全國瀰漫著支持右翼的狂熱氣氛，左翼則是受到極端恐怖主義式的打壓），支持希特勒政黨的選民尚未過半數，大多數德國人還是對這位新總理懷有敵意，也不相信他。然而接下來差不多三年間，德國社會在表面上似乎全面漸入佳境，正是這樣的背景，讓一九三三年原本未投票給希特勒的「多數人」改變了心意，讓他贏下「其中多數人」的支持。[18] 元首崇拜現在已成為穩定的群眾現象，讓納粹政權更加站得住腳，因為他們推舉出一位廣受愛戴的領袖，此人享有民眾前所未有的崇拜和屈從。即使是在一九三三年一月底，希特勒被任命為總理之時，日後的這種高支持度還幾乎是令

---

12 M. Weißbecker, 'Zur Herausbildung des Führerkults in der NSDAP', in K. Drechsler *et al.* (eds.), *Monopole und Staat in Deutschland 1917-1945*, East Berlin, 1966, p. 122.

13 本文對此類解讀觀點有精闢說明：E. Gottschling, 'Der faschistische Staat', in D. Eichholtz and K. Gossweiler (eds.), *Faschismusforschung. Positionen, Probleme, Polemik*, East Berlin, 1980, pp. 95-8.

14 近期出版之此書對納粹國家儀式的功能性目的多有強調：S. Taylor, *Prelude to Genocide*, London, 1985, ch. 7.

15 R. Semmler, *Goebbels. The Man Next to Hitler*, London, 1947, pp. 56-7.

16 J.P. Stern, *Hitler: The Führer and the People*, London, 1975, p. 111.

17 「代表性個體」（Representative individual）一詞似乎是由Stern所創。參見資料同上，pp. 9ff。另參見L. Kettenacker, 'Sozialpsychologische Aspekte der Führer–Herrschaft', in Hirschfeld and Kettenacker, pp. 103, 110, 119ff, 132.

18 S. Haffner, Anmerkungen zu Hitler, Munich, 1978, p. 43.

人難以想像。而第二章的主題，便是要探討原有的黨領袖形象是如何轉變為國家最高領袖的形象。在後續章節中，我們則會更仔細檢視「希特勒神話」形塑過程中的幾個重要因素。本書會聚焦於以下三個現象：首先，一九三四年六月三十日發生了「長刀之夜」（The Night of the Long Knives），其中衝鋒隊的領導階層遭到屠殺，民間對此事的反應精準反映出希特勒在大眾眼中的形象。第二，在公眾的認知中，希特勒與納粹黨本身兩者有別，地區黨部大老的惡行和臭名也與他無關。最後，我們會詳述希特勒的威望又是如何得以在「教會鬥爭」的險境中毫髮無傷（這尤其要歸功於教會高層和神職人員的公開支持）。在「希特勒神話」的製造過程中，我們要探討的最後一個主題，則是種種事件是如何影響傳奇元首形象的形塑：首先是一系列令人難以料想到的外交成就，然後是劍拔弩張的局勢，最終則是戰爭的爆發。至一九四〇年德國在西方取勝之時，「元首神話」的主要元素已全部匯聚一處，此時希特勒不僅是偉大的軍事天才，同時也是普通「前線士兵」的代表。接下來幾個章節則會講述在元首神話緩慢衰落的過程中，其初期仍有的韌性，以及這則神話之後又是如何隨著第三帝國的瓦解而徹底崩潰。最後一章會跳脫時序，以解決最後一個複雜又重要的主題：「猶太人問題」對希特勒公共形象的作用和意義。

調查的資料來源分為兩大類：首先是德國政府官員、警察與司法系統、納粹黨機構及維安部門（保安處〔SD〕）定期調查民意與輿論而彙整的無數內部機密資料；另一種資料則是來自一群流亡德國的社會民主黨線民（他們曾先後流亡至布拉格〔Prague〕和巴黎〔Paris〕，最後落腳倫敦〔London〕），他們透過在德國境內廣泛的祕密情蒐網索帕德（Sopade）蒐集來的情報，一直持續到戰爭初期為止。我曾於別處討論過這類資料的優缺點，[19] 所以本書在重建時人對希特勒的觀感時，只要指出這類來源有哪些相關的其他問題即可。

很明顯，我們無法量化希特勒在第三帝國期間任何特定時間點的支持度。社民黨線民的報告也為我們提供了大量不同的主觀評論，以及對民意狀況的質性判斷。儘管人們願意犯險批判納粹統治的其他面向，在對元首做出負面評論時仍會自然地特別小心謹慎。不僅公民恐懼批評希特勒，負責彙整民意報告的人也會擔心冒犯長官，這樣的擔憂又反過來加劇了民眾的恐懼。因此我們必須正視這樣一種可能性——報告中即使出現讚頌，其反映的可能是報告者的觀點（無論是發自內心或言不由衷），而非公眾的觀點。況且，即便報告中的評論的確忠實反映民眾的態度，這些態度本身也可能多少是被迫服從的表現，並非民眾對希特勒的真實觀感。就本質上而言，要解釋報告中的親政權評論，比評估民

19 I. Kershaw, *Popular Opinion and Political Dissent in the Third Reith*, Oxford, 1983, pp. 6ff. 下述資料已探討過內部民意報告的特徵和價值：*Bayern in der NS-Zeit*, ed. M. Broszat, E. Fröhlich, and F. Wiesemann, Munich/Vienna, 1977. 各節之簡介：A. H. Unger, *The Totalitarian Party*, Cambridge, 1974, pp. 221-62; M. G. Steinert, *Hitlers Krieg und die Deutschen*, Düsseldorf, 1970, pp. 40-8; *Meldungen aus dem Reich*, ed. H. Boberach, Neuwied, 1965, pp. ix-xxviii; and L. D. Stokes, 'The *Sicherheitsdienst* (SD) of the *Reichsführer SS* and German Public Opinion, September 1939-June 1941', Johns Hopkins University Ph. D. thesis, Baltimore, 1972, pp. 194-253. Otto Dov Kulka, 'Die Nürnberger Rassengesetze und die deutsche Bevölkerung', *VfZ*, xxxii (1984), 584ff. 對蓋世太保和保安處報告的結構提供了很完善的調查（尤其著重「猶太人問題」）。至於對索帕德資料的評估，請見 Michael Voges, 'Klassenkampf in der "Beitrlebsgemeinschaft"', *Archiv für Sozialgeschichte*, xxi (1981), 329-43.

眾的反政權言論及行動還要困難，因為讚揚背後可能隱藏著恐懼與脅迫的成分，批判則往往是發自內心。因此潛在的風險就是高估人民的反對態度，而相對的，我們也可能淡化真誠的認同與共識。考量到手邊有的資料類型，我們並無客觀或外部標準來解決此困境。不過無論多麼不完美，歷史學家在判斷時能做的，就是耐心嚴謹地解讀文獻、熟悉不同報告機構的完整大量資料，以及悉心了解文獻背後的意義。

然而，這些報告卻並非全然不附和對希特勒的坦率批評。從戰爭中期起，大量的負面評論（即使只是含蓄的言詞，也確實是批判無誤）不斷累積，這點也讓人更能確定，在此之前報告中的正面基調確實在整體上反映出希特勒真正的受歡迎程度，顯示當時他鮮少受人嚴厲詬病。與此同時，我們也有足夠的見證人（如政治「特別法院」〔Special Court〕）的訴訟資料，還有匿名信及記載「國家敵人」活動的報告）可證明第三帝國人民對希特勒的各種負面評論，即使在戰爭中期以前，這些資料似乎只反映了少部分人的觀點。

索帕德的報告[20]自然會含有與納粹內部報告截然相反的固有偏見。索帕德的報告者會與匆匆地緊抓反納粹的情緒表現（工業勞動力為其活躍的主要場域，其中這類情緒並不罕見），有時還會不慎誤判，對民間潛在的反政權程度做出過於樂觀的估計。《德國報導》（*Deutschlant-Berichte*）的編輯們就很清楚這種風險，有些負責送交報告的索帕德「邊境祕書」（Border Secretary）當然也一樣。所以說，反對派的情報才會更加值得注意且發人深省，因為就連這些資料也多半完全能證明希特勒崇拜的強大力量和意義，並認可元首廣受支持（甚至連公認未被納粹主義說服的工人圈子都被影響）的事實。儘管索帕德的資料仍存在一些重大分歧和全然不同的觀點，但它們大都能提供令人信服的佐證，證明納粹內部資料對希特勒形象及其影響力的描述。有鑑於此，正如後續章節所欲詳述的，這些證據至少足以為我們指點一條不精確的道路，以一窺希特勒形象的發展模式、他的支持度走向及其背後的原因。

在歸納希特勒領袖崇拜的特徵，以及評估其影響力的性質時，馬克斯・韋伯為「魅力型權威」之「理想類型」所提供的理論架構雖然在用於解讀具體的歷史案例時仍有其疑慮，但在我看來仍然是很寶貴的見解。[21] 馬克斯・韋伯提出了魅力型領袖的概念，他將此種領袖與「傳統」和「合法」（也就是以非個人且「理性」的官僚規則作為依據）統治比較，並認為魅力型領袖是一種特殊、不穩定也因

---

20 重點摘要《一九三四至一九四〇年：德國社會民主黨德國報告》（*Deutschland-Berichte der Sozialdemokratischen Partei Deutschlands 1934-1940*，以下簡稱ＤＢＳ）現已由 Verlag Petra Nettelbeck, Zweitausendeins（Frenkfurt a. M., 1980）出版社出版，共七卷。「邊境祕書」之報告（重點報告之依據）可於 Archiv der sozialen Demokratie (Friedrich-Ebert-Stiftung), Bonn 取得。

21 韋伯的模型在應用於特定政治條件時曾受批評，其中包括 C.J. Friedrich, 'Political Leadership and the Problem of Charismatic Power', *Journal of Politics*, xxiii (1961); C. Ake, 'Charismatic Legitimation and Political Integration', *Comparative Studies in Society and History*, ix (1966-7). 雖然韋伯的理論無疑有其弱點與局限性，但最近亦有學者為其提出令人信服的辯護，說明此套理論為何可應用於現代政治統治者（尤其是希特勒）：Arthur Schweitzer, *The Age of Charisma*, Chicago, 1984. 韋伯的模型於另一由 F. Weinstein 撰寫之著作亦得到有效運用：*The Dynamics of Nazism. Leadership, Ideology, and the Holocaust*, New York, 1980, pp. 81ff.

而很短暫的統治形式，往往出現在不尋常的情況下或危機時期，其目的並非解決政府的日常問題，而是在於克服超出凡人想像的危機和緊急情況。魅力型權威有賴領導者的「英勇特質或模範品格」，此人的特質也讓「人們將其視為非等閑之輩，認為他超自然、超人或至少特別傑出的力量是與生俱來」。[22] 再來，魅力是一種由支持者主觀看法決定的特質。[23] 領袖的「追隨者」傾心於他，他們的支持是來自於個人忠誠（而非抽象的「規則」或地位），由其偉大事蹟或響噹噹的成就來維繫，這些都再三「證明」領袖的「使命」。具備此種魅力者會「把握他注定要承擔的使命，並要求其他人也憑其使命而服從和追隨自己。如果領袖不受自己的子民認可，他的主張就會崩潰；但若他們認可，只要領袖能『證明』自己，他就是他們的主人」。[24] 因此，失敗（當然是一連串的失敗）就是個人魅力的致命傷。即使沒有出現此種失敗，魅力型統治也會持續受到「正常化」（回歸穩定、規律、系統化和正常化的過程）的威脅。只有循環成功的動力才能維持魅力型權威，所以這種權威在本質上並不穩定，形成一種「革命性」但具「緊急」、「過渡」的統治。[25]

馬克斯・韋伯主要是以「原始」社會形態（其中統帥、酋長、先知和魔法師有興旺的機會）的角度來看待魅力型權威，他對魅力型「追隨者」的分析也涉及領袖的貼身侍衛、門徒或代理人。此一概念已由若干歷史學家成功應用於納粹主義，特別是用來探究希特勒與其身邊「親信」的關係，以及他本人在納粹運動中的地位。[26] 但此類研究卻很少觸及希特勒與德國人民的關係，[27] 然而在大眾傳播和大眾政治的時代，像這樣擴展研究架構看來是完全合理的舉動，也有機會讓人獲益良多。

德國有位頂尖的歷史學家最近指出，學者的首要任務仍在於「從歷史的角度有條理地分析希特勒魅力的建構。這種魅力並非從一開始就圍繞希特勒，而是先由他漸漸培養，而後將其發揮至極致，直至希特勒最終登上納粹運動和國家的頂峰，成為無可爭議的元首為止」。[28] 這項任務還有各重要層面尚需比本書能力範圍所及更有系統的處理，可著手之處包括「魅力型權威」的知識根源、有利於其發展的政治結構、[29] 其吸引力的偽宗教面向、希特勒崇拜與其他社會領袖崇拜（首先最重要的是法西斯義大利〔Fascist Italy〕）的比較，還有其對外國「意見領袖」的影響力。但這本書仍意欲為此任務

---

22 Max Weber, *Economy and Society,* ed. G. Roth and C. Wittich, Berkeley, 1978, pp. 214-15, 241.

23 同上，p. 242：「唯一重要的，在於臣服於超凡魅力權威者、『追隨者』或『信徒』實際上是如何看待此人。」

24 同上，p. 242。

25 同上，pp. 246, 1114-15。

26 代表性研究有J. Nyomarkay, *Charisma and Factionalism within the Nazi Party,* Minneapolis, 1967. W. Horn, *Führerideologie und Parteiorganisation in der NSDAP, 1919-1933,* Düsseldorf, 1972. 以及M. R. Lepsiua, 'From Fragmented Party Democracy to Government by Emergency Decree and National Socialist Takeover: Germany', in J. J. Linz and A. Stepan (eds.), *The Breakdown of Democratic Regimes,* Baltimore/London, 1978, pp. 61ff.

27 Kettenacker, 'Sozlalpsychologische Aspekte'與M. H. Kater, 'Hitler in a Social Context', *Central European History,* xiv (1981), 243-72. 均是此歸納陳述的例外。

28 H.-U. Wehler, '30. Januar 1933-Ein halbes Jahrhundert danach', *Aus Politik und Zeitgeschichte,* 29 Jan. 1983, p. 50.

29 施懷澤（A. Schweitzer）的《魅力時代》（*The Age of Charisma*）一書係以比較分析方法來處理「魅力」統治形式的廣泛類型，書中提出法西斯魅力類型的特殊性和新穎性，還有其非典型特質（因法西斯通常是應民主解體而生的政治形式），藉此強調我們在探討「魅力」的興起過程時，有必要從其原有的政治文化背景著手。

做出貢獻，協助釐清希特勒的魅力與其本人巨大人氣的基礎，並論證「元首神話」是納粹統治運作不可或缺的要素。而且正如我希望呈現給讀者的，人們對希特勒的欽佩之情較不是奠基於納粹意識形態的奇異和神祕戒律，更多卻是以當代的社會和政治價值觀（即便常遭扭曲或極端的形式展現）為根基，而此種價值觀在第三帝國以外的許多社會都有跡可循。就這點而言，無論希特勒的造神運動在我們眼中看來有多麼怪異（而且還是發生在德國這樣的現代工業國家），箇中傳達的訊息卻令人寬慰。

1

PART

一九二〇至一九四〇年：

「希特勒神話」成形

1 CHAPTER

未來帝國的元首：威瑪時代的希特勒形象

「我們相信，命運之神已選定此人作為德國人民的領路人。故我們敬之、愛之，只盼望他能為我們而活，直至達成使命為止。」

——納粹宣傳部長約瑟夫．戈倍爾，一九二九年

「英雄」領袖的概念由來已久，甚至在希特勒強勢崛起前，就已經是民族主義與德國「本土民族」（*Völkisch*）右派的重要元素。「英雄」領袖確實能被視為「威瑪共和國反民主運動的中心思想之一」，亦是「其不可或缺的信條之一」。[1] 一九二三年，希特勒因發動政變慘敗而暫時成為眾人矚目的焦點，即便如此，民族作家與從政者仍要等到很久以後，才逐漸普遍將期望寄託在這位德意志國家社會主義工人黨（**NSDAP**，簡稱納粹黨）的領袖身上。所以說，「德國人民的元首（**Führer**）」這樣的想法和形象，早在希特勒成為人選之前就已成形，該概念多年來也與持續成長的納粹主義並存；然而在這段期間，大力鼓吹需要英雄領袖的人們其實並未意識到，希特勒本人就是他們一直在等待的**領袖**。

這種準備好要將所有希望寄託在「領袖」、「強人」權威的態度，本身並非德國獨有的特色。受威脅的菁英大力鼓吹強勢的專制領袖（通常是位「充滿個人魅力」的人物），焦慮的民眾也對其抱持

接受態度，這種情形在許多社會都曾出現過（現在仍是如此）。在這類社會中，多元的制度無法修補深層的政治與意識形態裂痕，人們也認為社會是陷入了極端險境。在戰間期，歐洲各國的議會制度危機不斷，加上第一次世界大戰的陰影仍揮之不去，結果使得全歐洲都興起了民粹和軍國主義領袖崇拜，成為法西斯主義（Fascist）與準法西斯主義反革命運動的一環，而除了德國之外，最活躍的就屬法西斯義大利的「領袖（Duce）崇拜」了。[2] 雖然從這種泛歐洲的角度可清楚見到德國領袖崇拜的興起，但我們仍須考量希特勒出現前德國本來特有的政治文化，並在此脈絡下探究其特質與表現形式。

德國「英雄」領袖思想的根源可追溯至十九世紀，溯及日耳曼領袖的政治觀念和神話願景，而這又與早期本土民族主義思想的浪漫保守派有關。在這類圈子裡，勝利、勇氣和英雄主義都屬於日益壯大的「民族崇拜」元素，從十九世紀初期起，人們便會舉行充滿火與光的神聖節慶，結合日耳曼非基督教和基督教的象徵主義及神祕儀式，以慶祝「日耳曼」於一八一三年萊比錫（Leipzig）「諸民族之

1 K. Sontheimer, *Antidemokratisches Denken in der Weimarer Republik*, 4th edn., Munich, 1962, p. 268.

2 參見以下比較分析：Rudolf Vierhaus, 'Faschistisches Führertum', *Historische Zeitschrift*, clxxxxviii (1964), 614-39. 義大利的「領袖崇拜」尤請參見 P. Melograni, 'The Cult of the Duce in Mussolini's Italy', *Journal of Contemporary History*, xi (1976), 221-37, J. Petersen, 'Mussolini. Wirklichkeit und Mythos eines Diktators', in K. H. Bohrer (ed.), *Mythos und Moderne*, Frankfurt a. M. 1983, pp. 242-60.

戰」（Battle of the Peoples）中擊敗拿破崙（Napoleon），也慶祝民族團結帶來的「重生」、力量、活力及希望。無論是在德意志統一之前或之後，這種充滿「英雄主義」的神祕日耳曼象徵主義當然絕非德國民族主義的主流。但在一八七一年以後，新興的德意志國家仍持續大力塑造這樣的「大眾國有化」（nationalization of the masses），並擴大了此種象徵意義。[3] 而其中一個外在表現，便是於十九世紀後期所豎立的各座巨型民族紀念碑，以花崗岩讚頌著神話英雄、偉大的勝利與民族成就，其規模和特徵是當時他處政治文化（如英國）所未見。而覆上了宗教象徵色彩的軍國主義、英雄主義及民族團結也構成了另一新訂國慶節的基調，以慶祝一八七〇年日耳曼於色當（Sedan）一役中戰勝法國。

德國皇帝（Kaiser）的投射形象（同樣相當有別於時人對英國君主制的形容）也沾上了結合軍事力量、民族團結、英雄成就和偽宗教象徵主義的色彩。其中有個典型的例子，就是主要由退伍軍人協會資助，並於一八九七年建成的德皇威廉一世（Wilhelm I）巨大紀念碑，這位皇帝騎著馬、著軍裝，矗立於圖林根邦（Thuringia）的克夫豪森山（Kyffhäuser），此為德國「最神聖」的山脈之一；傳說紅鬍子腓特烈（Frederick Barbarossa）皇帝正是在此地沉睡，待到中世紀帝國重生後便會甦醒。[4] 威廉一世的統治當時在俾斯麥（Otto von Bismarck）的陰影下，其實少有個人風采，也發展出一套機構制度。而一位年輕、懷抱雄心壯志、獨裁，又能煽動人心的新德皇出現，加上俾斯麥退場，使得德皇的形象也轉變為羽翼豐滿、充滿個性的霍亨索倫（Hohenzollern）[5] 帝王式偶像。[6] 根據一名當代主要政治人物的說法，威廉二世的身上結合了「主導政治家和沉睡英雄皇帝的兩種形象」，另一位知名基督新教神學家則表示：「每個德國人的心中也都住著一幅明確的德皇形象，這是我們整個歷史的表現和產物。」[7]

然而，德國右翼寄託在這位新德皇身上的誇大希望與期待迅速幻滅，卻因此助長了另一股相反的英雄形象崇拜風潮，激起人們對遭罷免的「鐵血宰相」的懷念與崇敬之情。帝國各地都有民眾前往佛德烈希斯魯（Friedrichsruh）的俾斯麥居所朝聖；俾斯麥「在世時就已成為了神話後來被稱為『民族反對派』的政治原型。此反對並不同於帝國敵人（Reichsfeinde），他們心繫國家利益，並由一位偉人負責領導。凡是夢想要建立偉大日耳曼帝國的反猶太主義者、民族主義者和泛日耳曼主義者都搭上了這股崇拜風潮」。[8] 在一九〇〇至一九一〇年間，就有大約五百座「俾斯麥塔」建成，展現出民眾對

---

3 下文詳情請見 G. L. Mosse, *The Nationalization of the Masses*, New York, 1975, chs. 1-4. T. Nipperdey, 'Nationalidee und Nationaldenkmal in Deutschland im 19. Jahrhundert', *Historische Zeitschrit*, ccvi (1968), L. Kettenacker, 'Der Mythos vom Reich', in Bohrer, *Mythos und Moderne*, pp. 261-89以及K. Vondung, *Magie und Manipulation*, Göttingen, 1971, ch. 1.

4 參見 Mosse, G. L., *The Nationalization of the Masses*, New York, 1975, pp. 62-3 和 P1. 9。

5 譯註：統治前德意志帝國的家族。

6 德皇形象的變化請見 E. Fehrenbach, *Wandlungen des deutschen Kaisergedankens 1871-1918*, Munich/Vienna, 1969; 'Images of Kaiserdom: German attitudes to Kaiser Wilhelm II', in J. C. G. Röhl and N. Sombart (eds.), *Kaiser Wilhelm II. New Interpretations*, Cambridge, 1982, pp.269-85. 帝國和君主制崇拜的延伸另見 W. K. Blessing, 'The Cult of Monarchy, Political Loyalty, and the Workers' Movement in Imperial Germany', *Journal of Contemporary History*, xiii (1978), 357-75.

7 引自 Fehrenbach, E., *Wandlungen desdeut schen Kaisergedankens 1871-1918*, Munich/Vienna, 1969, p. 276.

8 G. Mann, *The History of Germany since 1789*, Harmondsworth, 1974, pp. 413-14.

俾斯麥的堅定崇拜，這些石塔分布於德國各地，風格仿照位於義大利拉維納（Ravenna）的哥德王迪奧多里克（Theodoric）陵墓，以紀念這位促成了德意志統一的人物。[9]

右派民粹人士對威廉二世的不滿漸增，使得社會上出現了「人民的德皇」這樣的概念；概念中活力充沛的強大德皇會擊垮德國的內部敵人，同時以「低等人民」作為代價，為新民族帶來他們應得的偉大榮光，也會為「沒有生存空間的人民」[10] 打下整片帝國。一九一二年，泛日耳曼聯盟（Pan-German League）主席亨利・克拉斯（Heinrich Class）以化名發表了一篇沙文主義辯論文章〈若我為德皇〉（"Wenn ich der Kaiser wär"），文中以極誇張的措辭描繪未來德國「人民皇帝」的英雄形象，這篇文章更於兩年內發行了五個版本：

> 今天，我們最優秀的人民仍然有必要追隨一位強大能幹的領袖；只要是未受非德國之民主教義誘惑者，都渴望這樣一位領袖，並非因為他們願意卑躬屈節或性格軟弱，卻是因為他們明白，只有集眾人之力才能實現真正的偉大，而要集眾人之力，就只能服從一位領袖。如果能有這樣一位領袖起而摘下王冠，那就是我們人民的福氣。[11]

在克拉斯寫作之時，他所代表的思想本來就特別受到新教中產階級和「知識分子」很大的支持（但支持者也絕不僅限於這些人）。應德國政治文化意識形態壓力而生的「英雄」領袖形象（就如我先前簡述的）也包含在內，且是克拉斯思想很重要的一部分。浪漫民族主義（Romantic-nationalist）

的理想領袖，也引起了許多資產階級青年運動的共鳴。[12] 一戰前，德國右翼民粹民族主義圈內的「英雄」領袖概念便已越發吸引人（在法西斯主義出現前的義大利也有相似之處，雖然強度稍弱，但也為後來出現的領袖崇拜奠下了基礎），[13] 這個現象形成的原因，很大程度上在於理想和現實之間的鴻溝漸增——人們認為有必要推動民族融合與統一，但現實中卻顯然舉國缺乏統合。[14] 這道鴻溝本身之

---

9 Mosse, G. L., *The Nationalization of the Masses*, New York, 1975, pp.36-7.

10 參見 Fehrenbach, E., *Wandlungen desdeut schen Kaisergedankens 1871-1918*, Munich/Vienna, 1969, pp. 158-83.

11 D. Fryman (= H. Class), *Wenn ich der Kaiser wär*, 5th edn., Leipzig, 1914, p. 227.

12 有一套後被本土右翼和納粹主義吸收的「日耳曼」用語（含「元首」〔Führer〕、「大區」〔Gau〕和「萬歲禮」〔Heil-Gruß〕等詞彙），以及納粹推行的火焚儀式和其他新異教崇拜形式，在世紀之交的青年運動中已相當盛行。參見 Vondung, pp. 16-17。然而，我們當然不能過分簡化地認定希特勒青年團（Hitler Youth）是直接由戰前的資產階級青年團體所造就，這點請參閱 P. D. Stachura 的文獻探討 'German Youth, the Youth Movement, and National Socialism in the Weimar Republic,' in P. D. Stachura (ed.), *The Nazi Machtergreifung*, London, 1983, pp. 68-84; *The German Youth Movement 1900-1945. An Interpretative and Documentary History*, London, 1981.

13 參閱以下論點：J. Petersen, *Der italienische Faschismus. Probleme und Forschungstendenzen. Kolloquien des Instituts für Zeitgeschichte*, Munich, 1983, pp.34ff; M. Knox, 'Conquest, Foreign and Domestic, in Fascist Italy and Nazi Germany', *Journal of Modern History*, lvi (1984), 26ff.

14 欲了解德義兩國（戰後）「缺乏多元民族融合」與「法西斯主義成長」兩者間的關聯，請參閱此篇發人深省的論文：W. S. Allen, 'The Appeal of Fascism and the Problem of National Disintegration', in H. A. Turner (ed.), *Reappraisals of Fascism*, New York, 1975, pp. 44-68.

所以會深化和加劇，有以下三個彼此關聯的因素：第一，德國差不多在此時也正過渡到民族國家、憲政政府（卻帶有強烈獨裁性質）及工業化社會，社會和政治混亂也隨之而來；[15] 第二，政治制度嚴重分裂（反映在基本的社會分歧上）；[16] 最後的重點，則是沙文帝國主義意識形態的散播，支持者大聲疾呼，德國這個被認定是「一無所有」的國家，理應獲得「陽光下的一席之地」。[17] 要讓人更加接受「英雄」領袖思想、僅一味指望即將出頭的領袖，其基本條件在於結合以下兩者：其一，遠大的「世界政策」（**Weltpolitik**）懷抱充滿侵略性和擴張主義的希望；其二，社會主義的民主力量對政治和社會秩序帶來的挑戰加劇，令人深切感受到資產階級政黨和利益政治的軟弱與危險。我們也許能推測，若社會內部的裂痕越深，加上政府的實際作為讓人民原有的高期望落空，因而損及政治制度的合法性，那麼「魅力」或「英雄」領袖的概念就更有可能廣為流傳，因為他們似乎有辦法徹底斬斷過去，迎接嶄新而美好的未來。

德國在一九一四年當然還遠未走到這個地步。當年在高漲的民族情緒中爆發的戰爭似乎克服了內部的張力與分歧，承諾將迎來雄偉的嶄新視野。可眾所皆知的是，這場戰爭的作用只有深化分歧，至一九一八年更是徹底失控。在本土民族主義和狂熱的擴張主義者圈子（其規模於戰爭結束前迅速擴大，從一九一七年成立的大型「祖國黨」〔**Vaterlandspartei**〕可見一斑）裡，「真實領袖」的「戰壕經驗」受到理想化（反映在一九一八年後的民族主義戰爭文學中），士兵之忠誠和戰友情誼等思想都變得更加強烈、激進，也重塑了一部分先前存在的「英雄」領袖理想。一九一八年之後，仍有人留在自由軍團（**Freikorps**）繼續奮鬥，其個人對軍事英雄（軍團中各旅更是以這些人物命名）的忠誠，也讓他們實際投身反革命政治。[18] 在整個威瑪時代（**Weimar Era**）繼續散播這種情緒的還有退伍軍人組織，其中勢力最大的就屬「鋼盔前線士兵」聯盟（**Stahlhelm**）。[19] 實際上，一九一八年右派受到的各種打擊——軍事崩潰、君主制和舊秩序垮臺、可恨的社會民主黨上臺掌權（他們先前還被批為「帝國敵人」）——改變了以往蟄伏著的威權「英雄」領袖概念，使之成為更廣泛的反革命力量，雖然這股力量起初並不明確統一，卻帶來了有別於威瑪黨政體系的願景。

促成了「英雄」領袖思想成形的政治與心理勢力為數眾多，其中偽宗教的渲染很值得注意。本土民族主義右派所宣揚的領導理念部分衍生於傳統上人民對權威的接納，部分衍生於基督教救贖信仰的世俗化（尤其是對教會依賴漸少的德國新教徒，但他們自小就被教導要服從權威，特別是國家權

15 參見此論述：W. Schieder, *Totaliarismus und Faschismus. Kolloquien des Instituts für Zeitgeschichte*, Munich, 1980, p. 47.

16 參見 Lepsius, M. R., 'From Fragmented Party Democracy to Government by Emergency Decree and National Socialist Takeover: Germany', inJ.J. Linz and A. Stepan (eds.), The Breakdown of Democratic Regimes, Baltimore/London,1978Lepsius, pp. 61ff.

17 這點請見 G. Eley, *Reshaping the German Right*, New Haven/London, 1980, esp. ch. 5; R. Chickering, *We Men Who Feel Most German*, London, 1984, esp. ch. 4. 從馬克思列寧主義之觀點來看，請見J. Petzold, *Die Demagogie des Hitlerfaschismus*, East Berlin, 1982, esp. pp.32ff.

18 參見 R. G. L. Waite, *Vanguard of Nazism. The Free Corps Movement in Postwar Germany 1918-1923*, Cambridge, Mass, 1952.

19 參見 A. Klotzbücher, *Der politische Weg des Stahthelm, Bund der Frontsoldaten, in der Weimarer Republik*, Erlangen, 1965, pp.122, 127.

威），這樣的領導理念也算是某種世俗化的救贖信仰。且新教教會早已因神學上的分歧而四分五裂，導致內部出現了「信仰危機」，結果便發展出另一結合了本土民族政治思想與基督教復興主義的險惡派系。[20]這種情緒的散播，也進一步在一般新教徒心中奠下了基礎，讓他們認定「真正」的國家領袖可以帶來「政治救贖」，相信基督教也會隨之復興。我們在探討一九三三年前後希特勒崇拜發展的過程中，也會多次遇到「英雄」領導概念裡強烈的宗教色彩。

在威瑪時代，人民對本土民族主義領袖的期待打破了傳統的君臣關係，取而代之的則是領袖與「追隨者」的關係，這種半新封建、但又半民主的思想認為領袖有代表人民意志的權威，卻又不像君主或獨裁者那樣凌駕其上及置身事外。[21]現在，理想的領袖應要是個出身於人民的人，其品格必須展現出鬥爭、衝突和戰壕價值。此人個性強硬、冷酷、果斷、絕不妥協、態度激進，他將摧毀舊有的特權和階級社會、帶來嶄新開始，並在種族純正、社會和諧的「民族共同體」中團結人民。較之威瑪「無領袖民主」[22]的形象，還有其由可鄙「政客」（不過就是黨工）管理的分裂制度，前述新興的領袖思想與其全然相反。

威瑪時代的政局極度分化，深受政治和意識形態分歧，都使得威瑪「體系」內的統一或整合再無希望，這不僅讓此種民族主義和本土右派的願景得以存續，更讓右翼傳單中對時局的尖刻攻擊更加令人信服，他們指稱：「這時代的思想如此貧乏，顯然缺乏值得我們銘記的領袖，這是精神和政治上永久危機的印記。」[23]時人稱，憲法「體制」中是找不到領袖的，領袖來自一個民族的內在本質。有篇文章便頗為神祕地指出：「領袖無法塑造，同理也無法推選。領袖之所以能自成領袖，是因為他了解其人民的歷史。」[24]只有「天選」之人才能帶來救贖，這位領袖將解救德國脫離困境，並恢復其榮光。後革命時代有位作家曾說：「生活在苦難中的我們渴望這樣一位領袖。他應能指引明路，教導我們如何行事，好讓我們的人民恢復誠實品格（wieder ehrlich）。」[25]這名領袖會成為人民需求和渴望的化身，將「背負命運和恩典的神聖力量」，[26]是「更高等力量的執行代理人」。[27]這名未來領袖與威瑪時代這票乏味、可悲又只會妥協的政客全然不同，他將是位具有傑出才能和政治實力的人物，做決策時果敢無畏，讓其「追隨者」投以欽佩和忠誠的眼光。一九二〇年，有篇文章具體列出了這種「領袖」的特質，而這些特質在大約十五年後也成了希特勒形象的重點特色：

---

20 參見 J. Conway, *The Nazi Persecution of the Churches, 1933-1945*, London, 1968, pp. 9-12. 另請見 R. P. Ericksen *Theologians under Hitler,* New Haven/London, 1985. 此書中對促成三位主要新教神學家支持納粹的知識背景有很精彩的分析。

21 欲了解「新菁英主義」，請見 W. Struve, *Elites against Democracy, Leadership Ideals in Bourgeois Political Thought in Germany, 1890-1933*, Princeton, 1973, esp. pp. 11ff.

22 參見 Sontheimer, K., *Antidemokratisches Denken in der Weimarer Republik*, 4th edn., Munich, 1962, pp. 268-70; Horn, pp. 25-8 和 Vierhaus, R., 'Faschistisches Führertum', *Historische Zeitschrift*, clxxxxviii (1964), pp. 616ft.

23 引自 Sontheimer, K., *Antidemokratisches Denken in der Weimarer Republik*, 4th edn., Munich, 1962, p. 270.

24 引用出處同上，p. 273.

25 引用出處同上，p. 272.

26 引用出處同上，p. 272.

27 引用出處同上，p. 275.

領袖不會從眾，而會奉其使命行事。他不會逢迎大眾；而是不論時局好壞，都以剛強、直接又冷酷的態度領導。這名領袖立場激進；他的行為完全體現自身個性，並全然奉自身使命行事。這名領袖態度負責；確切而言，他盡心落實體現在其身上的上帝旨意。上帝賜予我們領袖，引領我們走向真實的道路。[28]

雖然在一九二〇年代初期，此種情緒無疑也觸及當時支持資產階級保守黨派和運動的族群，但這種對「英勇」領袖的極端信仰形式，當然仍只占德國政治光譜中極右的邊緣位置。至一九二〇年代後期，尤其是在經濟大蕭條時期日益惡化的政治和經濟危機中，人們認定威瑪民主已一敗塗地，而整個政治體系都存在致命危機，因而讓「英雄」領袖的形象從政治邊緣來到了舞臺中心。先暫且不說納粹，墨索里尼（Mussolini）在義大利樹立的榜樣就啟發了所謂的右翼「愛國」組織，其中有許多人都呼籲讓獨裁者上臺，以解救德國脫離苦難。比方說，規模龐大的退伍軍人協會「鋼盔」就要求以「強力手腕」來擺脫德國的「議會制度的瘟疫」，並聲稱人民需要「一名獨裁者、一名墨索里尼來使用鐵掃把掃清糞土」，帶領德國走向「勝利與自由」。[29]「英雄」領袖思想已滲透至社會之中，這種思想不僅與反動浪漫主義、類宗教觀念有關，更牽涉到先進工業國的徹底唯物主義考量，而從一九二〇年代汽車產業經濟當代分析的用詞就能看出，這種思想已滲透到了什麼地步，這類分析得出結論：只有「卓越的領導人格，強而有力的行動派」才能克服產業中的磨難。雖然是在汽車製造的脈絡下，這些分析卻也提及了「救贖抑或毀滅」、「通向自由之路」和「爭奪世界霸權」。[30]

在一九二〇年代初期，希特勒還只是個在啤酒館煽動滋事的外地人，他本人那時遠非眾人心目中的「英雄」領袖，也尚未被人民當作上天派來統一德國、恢復其榮光的偉大領袖。但僅僅過了十年多一點後，至一九三〇代中期，原本只有極右翼瘋狂小眾才認真當回事的願景，卻已成了德國政治生活中普遍的核心思想。本章節的後續內容，主要奠基於針對納粹黨內部的歷史與發展，以及其在一九三三年之前支持度成長的近期分析，意欲勾勒出納粹運動中「希特勒神話」的發展：首先認可希特勒的人，為黨的核心狂熱分子，接著是越來越多的新黨員，再到一九三三年之前，更有三分之一的人口將選票投給納粹。本章同時也會試圖勾勒出希特勒在「奪權」前幾年中於非納粹族群內的部分形象。

早在一九二〇至一九二一年，納粹便偶爾會以「元首」（**Führer**）一詞稱呼希特勒，但當時黨內通常還有如主席安東・德雷克斯勒（**Anton Drexler**）等其他領袖。一九二一年七月，希特勒接管黨領

28 引用出處同上。Sontheimer, K., *Antidemokratisches Denken in der Weimarer Republik*, 4th edn., Munich, 1962, p. 272。Vierhaus, R., 'Faschistisches Führertum', *Historische Zeitschrift*, clxxxxviii (1964), p630 特別側重探討此種新型領導風格，其體現出的理想與自由資產階級政治截然相反，在「正常時期」可能會令人嗤之以鼻而非感到欽佩。

29 Klotzbücher, A., *Der politische Weg des Stahlhelm, Bund der Frontsoldaten, in der Weimarer Republik*, Erlangen, 1965, pp. 127, 334

30 引自 H. Heimann, 'Die Entwicklung des Automobils zum Massenkonsumartikel in Deutschland', Ruhr-Universität Bochum, Magisterarbeit, Bochum, 1983, p. 24, n. 67.

導權，隨後同年年底起，「我們的元首」一詞就逐漸受到頻繁使用，這主要與希特勒在黨會上的演講有關，[31]他在會上反覆強調自己對這場運動有多麼不可或缺，並自稱為其中最有天賦的演講家。「我們的元首」一詞此時仍然與「納粹的元首」互為同義，一九二一年十一月七日，這個詞出現在黨報《人民觀察家報》（*Völkischer Beobachter*）中，似乎是首次公開使用，取代了以往更為傳統的「納粹黨主席」。[32]所以說，「元首」一詞在一九二〇至一九二一年尚未脫離慣例，明確僅限於指稱希特勒在納粹黨中的領導地位。然而在一九二二年十月，墨索里尼發起所謂的「進軍羅馬」（**March on Rome**），此後「元首」的意義便出現了重大轉變，首次引申類比為義大利文的「領袖」。一九二二年十一月，該黨於慕尼黑一家名為「皇家啤酒屋」（**Hofbräuhaus**）的大型啤酒館開會，黨的領軍人物之一赫爾曼·埃瑟（**Hermann Esser**）宣布希特勒為德國的墨索里尼。此後，尤其自一九二三年中起，《人民觀察家報》便多次提及「我們的元首阿道夫·希特勒」，而不僅限於其黨內辦公室。[33]其實，《人民觀察家報》於一九二二年十二月發表的一篇文章，似乎是第一次明確宣稱希特勒就是德國正盼望著的**元首**。作者表示，希特勒的追隨者在慕尼黑遊行結束時，「滿心歡喜地確信，數百萬人渴望的領袖已然現身」。[34]同年，有一本獻給希特勒的書稱他為「偉大的實作家……帶頭復興德國的無懼領袖」，然而在一九三〇年左右之前，「正直的德國人」或「當今的德國戰士」等獻詞更為常見。[35]

當時在納粹黨內，希特勒個人崇拜的開端可以追溯到政變的前一年，這時希特勒已獲得一定的政治地位，至少在慕尼黑地區是如此，慕尼黑有位新聞記者就稱他「地位可比皇家啤酒屋……是慕尼黑唯一值得注意的珍品」。[36]一九二三年四月，時任衝鋒隊（SA）[37]司令的戈林（**Hermann Göring**）

在慕尼黑克朗馬戲團（Circus Krone）發表演講，他聲稱「數十萬人」都已經相信「阿道夫・希特勒是唯一能夠重新扶起德國的人」。[38] 這段時間巴伐利亞（Bavaria）邦右翼圈子寄給希特勒的信件，也反映出這群人寄予他的厚望，甚至將他與拿破崙相提並論。[39] 一九二三年底，納粹的新黨員於梅明根（Memmingen）鄭重宣誓「無論是生是死，都效忠希特勒」。而自由軍團艾爾哈特（Ehrhardt）旅先前的進行曲現在也有了新的副歌，歌詞中承諾要對「很快將帶領我們擺脫困境」的希特勒「至死」

---

31 A. Tyrell, *Vom 'Trommler' zum 'Führer'*, Munich, 1975, p. 225 n. 399, p. 274 n.152.

32 Weißbecker, M., 'Zur Herausbildung des Führerkults in der NSDAP', in K. Drechsler et al. (eds.), *Monopole und Staat in Deutschland 1917-1945*, East Berlin, 1966r, p. 121.

33 Tyrell, *'Trommler'*, pp. 274-5 nn. 151-2; Weißbecker, M., 'Zur Herausbildung des Führerkults in der NSDAP', in K. Drechsler et al. (eds.), *Monopole und Staat in Deutschland 1917-1945*, East Berlin, 1966r, p. 121; C. Berning, *Vom 'Abstammungsnachweis' zum 'Zuchtwart'. Vokabular des Nationalsozialismus*, Berlin, 1964, p. 82; W. Maser, *Der Sturm auf die Republik. Frühgeschichte der NSDAP*, Stuttgart, 1973, pp. 354-7.

34 引自 Berning, C., *Vom 'Abstammungsnachweis' zum 'Zuchtwart'. Vokabular des Nationalsozialismus*, Berlin, 1964, p. 82.

35 引用出處同上，p. 82。

36 Hitler. *Sämtliche Aufzeichnungen 1905-1984*, ed. E. Jäckel and A. Kuhn, Stuttgart, 1980, p. 939, no. 538.（此後引用均採 Jäckel and Kuhn 之名）。

37 編者註：Sturmabteilung 是德語，縮寫為ＳＡ，意思為「衝鋒隊」，是納粹德國黨衛軍的一個特種部隊。

38 引自 Tyrell, *'Trommler'*, p. 274 n. 151.

39 引用出處同上，pp. 161-2。

忠誠，據說這首歌在納粹圈子中越來越受歡迎。[40]

在這一小群狂熱的巴伐利亞納粹黨人之外，希特勒此時的形象和聲譽（若說德國大眾有在關注他的話），只不過就是個能煽動慕尼黑暴民激烈反對政府的俗人，除此之外一無是處。而希特勒原本還一直在培養「沙龍禮儀」，就為了讓慕尼黑右派的上層資產階級能接納自己，但前述的形象卻與此形成強烈對比。結果這些資產階級反倒願意相信，雖然這個有能耐爭取群眾支持反革命事業的遊說大師有點古怪，卻絕非毫無用處。[41]

儘管希特勒有部分追隨者對其寄予滿溢的期待和希望，但希特勒此時的自我形象與許多外界觀察者的看法並無太大差異。他也接受事實，認為自己扮演的是帶動群眾支持的「鼓手」角色，負責為真正的偉大領袖鋪路，這位領袖最終將出現，帶領德國脫離苦難，有人指出：「他的自我意識從其政治生涯開始時，直到政變未遂之日，原則上都沒有改變。」[42] 然而，綜觀希特勒在政變前的演講內容，似乎可看出其政治領導觀念在一九二二至一九二三年間出現了些微調整，部分無疑是因為他很欽佩墨索里尼在義大利的成就。希特勒越來越執著於「英雄」人格與領袖的概念：人民將無條件服從領袖，領袖也會對人民負責，而這位領袖肩負的「使命」更具有重大歷史意義。希特勒這樣的觀念轉變，在其一九二二年底和一九二三年的公開聲明中可見一斑，遲至一九二三年五月，希特勒仍說自己還只是在為將出現的獨裁者鋪路，讓人民準備好迎接此人的到來。[43] 就在僅僅兩個月後，他就有些曖昧不明地宣稱，議會的多數決制度無法帶來救贖，只能訴諸人格的價值，他更聲稱自己身為納粹黨領導人，具有「承擔責任」的任務。[44] 十月，希特勒認為，必須待到「製造出領袖必備的利器」，方能揭曉誰才是領袖，只有到達那個階段，才有必要「向我們的天主祈禱，請祂賜予我們正確的領袖」。[45]一九二四年三月，希特勒因受指控犯有叛國罪而在慕尼黑的「人民法院」受審，他承認魯登道夫（**Erich Ludendorff**）是「未來德國的軍事領袖」並將「帶領即將到來的大決戰」，卻自稱為「政治領袖」。[46]雖然希特勒的領袖觀念尚不明朗，但在一九二三年似乎已變得越發清晰、更加「英雄主義」，然而時人仍不清楚誰會是未來的「偉大領袖」，也不清楚希特勒在完成「鼓手」使命後又該扮演何種角色，在希特勒的自我形象中，他似乎正處於從「鼓手」轉變為「元首」的過程。由於任何當代「名人」都不符合希特勒對「英雄」領袖的想像，就連魯登道夫也一樣，所以啤酒屋政變的失敗，才讓一九二三年最後幾個月希特勒本還模糊的自我角色認知，轉變成了《我的奮鬥》一書中本人的英

---

40 引用出處同上，*Tyrell, Trommler'*, p. 274 n. 151.
41 參見 H. Auerbach, 'Hiters politische Lehrjahre und die Münchener Gesellschaft 1919-1923', *VfZ*, xxv (1977), 1-45.
42 Tyrell, *'Trommler'*, p.165。
43 Jäckel and Kuhn, A. (eds.), Hitler. *Sämtliche Aufzeichnungen 1905-1924*, p. 924, no. 525.
44 引用出處同上，p. 946, no. 544。
45 引用出處同上，p. 1268, no. N22。
46 引用出處同上，p. 1288, no. 620。欲知希特勒於一九二二至一九二三年對「英雄」領袖做出的進一步評論，可參閱的資料同上 pp. 578, 616, 641-2, 723, 767, 811, 837, 924, 932, 973, 1268。

雄領袖形象，而希特勒在受審時表現出越發強大的自信，已預示了此一轉變。[47]

希特勒被關押在蘭斯伯格（Landsberg）期間，好幾個月來熱切飢渴地閱讀和沉思、每天與同夥獄友舉行「討論會」、接待無數前來奉承他的訪客，並寫下了《我的奮鬥》的初稿；而正是在這段時間，希特勒開始相信自己不只是注定要爭取支持，更是要擔任「元首」。[48] 希特勒自我意識的轉變，很大程度上也許是因為他新扮演的「民族運動」烈士角色引起了德國右翼的回響，也許是因為在他缺席這段時間，黨內分崩離析、士氣低落，心灰意冷的黨員更奉承他、將他當作英雄來崇拜。所以在某種程度上，人們現在寄予希特勒的期望，也預先助長了他即將為自己樹立的形象。[49] 這則「元首神話」首先是希特勒追隨者的創作，而後希特勒本人才漸漸適應這個角色。

一九二五至一九二八年是納粹運動的「沉寂期」，非納粹媒體幾乎沒有提及一九二五年重組的德意志國家社會主義工人黨，而該黨在一九二八年國會選舉拿下的選票也少得可憐，僅有百分之二點六。然而正是在這幾年間，黨組織規模擴及全國，黨員人數也大幅增加。在此期間，納粹黨集結了政壇上所有剩餘的本土右翼集團，希特勒在黨內的領導地位也越發鞏固，幾乎無可撼動。雖然一九二五年二月黨的重組是由希特勒和其在慕尼黑的副手直接推動，但政變之後納粹運動出現分歧，加上他坐牢時曾有一段「無領袖時期」，所以說，一九二五年後希特勒在黨中穩固的領導地位並非得來全不費工夫。尤其就德國北部而言，希特勒在本土民族主義圈子中受推崇的程度遠不如在巴伐利亞地區，他的領導地位最初並非不受質疑。[50] 然而，在一九二六年二月班貝格（Bamberg）的納粹集會上，[51] 希特勒這方成功克服了北方派系的挑戰，這是很重要的一步，令其最後得以說服原本持懷疑態度的北方黨領導層，並確立自己的絕對霸權和地位。僅在不久後，原本支持納粹黨內另一更堅定偽社會主義派系的戈倍爾也轉變為狂熱的希特勒信徒，希特勒讓戈倍爾接管柏林大區（Gau），[52] 這是這位領袖為表支持而送上的第一份大禮，對戈倍爾來說意義重大，[53] 此後戈倍爾便成了納粹黨內「希特勒神話」最能言善道的代言人。同年稍晚，他寫下一封極盡阿諛的信，於信中直接將希特勒比作他心目中德國盼望的領袖。他宣稱，真正的領袖並非由選舉產生，群眾搖擺不定的心意也無法影響他，這位領袖並非議員，而是群眾的解放者。戈倍爾把元首說成是「一種神祕渴望的實現」，其中明顯帶有偽宗教意涵；他也說此人會在人民最絕望之時為其指引通往信仰的道路，並且已「在這個充滿懷疑和絕望的世界中，創造了啟蒙和信仰的奇蹟」，「就如我們驚詫目光前的一顆流星」。[54]

47 參見 Tyrell, *'Trommler'*, pp. 165ff.

48 引用出處同上，pp. 150-74。

49 引用出處同上，p. 173。

50 參見範例 J. Noakes, *The Nazi Party in Lower Saxony*, Oxford, 1971, pp. 65-78.

51 可參閱資料同上 pp. 78-81. Horn, pp. 240ff; D. Orlow, *The History of the Nazi Party, 1919-1933*, Pittsburgh, 1969, pp. 68-70.

52 編者註：大區：Gau 為德語，意思為地區、區域，作為行政劃分的名稱，用於管理和組織，最早於中世紀時期使用，類似於英語中的郡。納粹德國於一九三八至一九四五年間採用大區作為一級行政區劃單位，以取代傳統的邦（Länder）。

53 參見 Nyomarkay, J., *Charisma and Factionalism within the Nazi Party*, Minneapolis, 1967, p. 13; Orlow, pp. 72, 92.

54 引自 E. K. Bramsted, *Goebbels and National Socialist Propaganda 1925-1945*, Michigan, 1965, p. 199.

在黨重組之後的幾年裡，此種刻意打造「元首神話」的行為有著很明確的功能，也就是要彌補納粹運動不同派系間缺乏統一和明確意識形態的缺失。元首形象可以作為一種黏著劑，好將普通黨員和下層黨領袖結合在一起，如今納粹運動已超出其最初的巴伐利亞疆域，也吸收了國內其他地區相當多元的分子，所以打造這樣的團結點就變得更加重要。一九二六年，納粹黨推出強制性的法西斯式「希特勒萬歲」敬禮，對外表現出全黨團結一致效忠領袖，而這種做法早在一九二三年起就一直有黨員在零星使用。[55]「希特勒神話」在運動中具有穩定及整合的作用，其在功能上之重要程度也清楚體現在黨組織負責人格雷戈爾．斯特拉瑟（Gregor Strasser）的態度上。斯特拉瑟私下與希特勒絕不親近，也對希特勒多有微詞，但他卻也認可「元首神話」的價值，並毫不猶豫協助打造這樣的神話。舉例來說，他在一九二七年發表的一篇文章裡，便曾使用日耳曼的新封建術語來形容希特勒與黨員的關係，將兩者比作公爵與封臣：

> 對國家社會主義思想的徹底忠誠、對解放和救贖信條的勝利力量懷抱熾熱信念，結合了對我們領袖的深切熱愛，他是新自由戰士的閃耀英雄……公爵與封臣！這種領袖與追隨者的關係是古老的日耳曼傳統，既高貴又民主，只有日耳曼思想和精神才能融會貫通，納粹黨結構的精髓就存在其中……朋友們，請舉起右臂，驕傲地與我一起高喊，渴望鬥爭，至死忠誠，「希特勒萬歲！」[56]

早期像這樣「塑造」希特勒形象的人還包含魯道夫・赫斯（Rudolf Heß），他於一九二七年的一封私人信件中寫道：

> 最重要的是，元首在政治宣傳演講中必須態度堅決。他絕不能像學者一般權衡利弊，也絕不能讓聽眾有贊同其他觀點的自由……偉大的人民領袖就如偉大的宗教創始人：他必須向聽眾傳達一種絕對的信仰。唯有這般，才能將追隨者引導到他們該去的地方。若追隨者遇到挫折，他們也會繼續跟隨領袖；但有個先決條件：領袖必須先說服他們無條件相信自己的民族就是絕對的正義。[57]

此段落如實反映出赫斯本身的阿諛奉承的熱誠，就如戈倍爾對希特勒的態度一樣，這樣看來，說他們是在打造一種非宗教的世俗信仰並不為過。當然，還有許多黨內元老（尤其是在納粹運動中有其

---

55 A. Tyrell, *Führer befiehl...Selbstzeugnisse aus der 'Kampfzeit' der NSDAP. Dokumentation und Analyse*, Düsseldorf, 1969, pp. 129-30, 163-4.

56 同上，p. 163。J. Noakes and G. Pridham (eds.), *Documents on Nazism*, London, 1974, pp. 84-5.

57 Tyrell, *Führer befiehl*, p. 173.

地位的人，還有遠離慕尼黑黨派活動中心的人）私底下對希特勒仍抱持著更為冷靜的態度。只要無法完全確定剩餘的本土民族主義團體是否會投靠納粹，在黨內許多主要人物的眼中，希特勒就仍是黨內團結的象徵，無關乎他身上可能有的任何個人特質。舉例來說，漢諾威（Hanover）的區黨部副主委（Gauleiter）卡爾・丁克萊傑（Karl Dincklage）便於一九二七年的一封私人信件中表示，在他的大區中，大家都由衷支持希特勒，但「我們無須比較魯登道夫和希特勒誰更偉大，這麼做並無實質意義，而是留待個人判斷就好」。[58]

然而，隨著黨員數持續增長，元首崇拜的發展此時也加快了步伐。希特勒雖然充分認識到個人崇拜的宣傳價值，故也予以鼓勵，但若放任人們對「上帝派來的領袖」給予更加極端又索然無味的奉承，也可能造成窘境和不良影響，對此希特勒也急於避免。其中有一首於希特勒四十歲生日時出版，且尤其平庸的詩（驚人的是，希特勒的信徒經常用蹩腳詩來諂媚他），就稱他為日耳曼神話中的「名匠韋蘭德」（Wayland the Smith）、屠龍英雄「齊格菲」（Siegfried），還有「前線英雄」，這種口吻就算是對希特勒而言也顯然太誇張了。這首詩被反納粹媒體無情地模仿嘲弄，希特勒表示，該詩的撰寫與出版並未經他許可，也違背自己的明確意願，他更有段時間暫停了自己在《插圖觀察家》（*Illustrierter Beobachter*）上的每週專欄。[59] 然而，希特勒卻明顯對戈倍爾同天發表在柏林黨報《攻勢》（*Der Angriff*）上的生日問候沒有異議，文中表達了這樣的信念：「命運之神已選定此人作為德國人民的領路人。故我們敬之、愛之，只盼望他能為我們而活，直至達成使命為止。」[60]

就連大多數黨員也未必對這種熱情的諂媚持有同感，有鑑於一九二九年之前納粹黨對主流政治的影響力微乎其微，他們似乎沒有什麼明顯的客觀理由可以感到如此樂觀。儘管納粹黨在一九二八年的德國國會選舉中表現不佳，僅獲百分之二點六的普選票，且在國會中僅拿下十二席，但各邦黨員仍非常積極活躍，他們太清楚各種地方因素會影響未來成敗，因此不能把所有希望都寄託在希特勒身上。一九三〇年的國會選舉結果卻徹底扭轉了情勢，此時經濟狀況和國家本身的處境都日益艱難，納粹就是在這樣的背景下，於選舉中取得驚人的六百四十萬張選票（占投票總數百分之十八點三），並拿下一百零七席，一舉成為德國國會第二大黨。這是領導階層連做夢也想不到的結果，[61]難怪他們會對此欣喜若狂，這不僅代表他們在民眾支持上有所突破，更代表著大眾宣傳上的突破。一年前，該黨才

---

58 A. Tyrell, *Führer befiehl...Selbstzeugnisse aus der 'Kampfzeit' der NSDAP. Dokumentation und Analyse*, Düsseldorf, 1969, p. 167.

59 同上，p. 388，以及 illus. 5。兩年前，大概也是因為擔心「英雄」領袖崇拜的誇張行徑會遭到政敵鄙視，一幅本要作為代表大會禮堂背幕的希特勒巨幅油畫肖像被撤了下來，這幾乎可肯定是希特勒在紐倫堡開始前下的指令。引自 A. Tyrell, *III. Reichsparteitag der NSDAP, 19.-21. August 1927*, Filmedition G122 des Instituts für den wissenschaftlichen Film, Ser. 4, No. 4/G122, Göttingen, 1976.

60 引自 Bramsted, E. K., *Goebbels and National Socialist Propaganda 1925-1945*, Michigan, 1965 p. 201。然而在戈培爾的私人日記中，他仍對希特勒多有批判。參見 BAK, NL118/62，一九三〇年三月一日、六月二十九與三十日的日記。

61 戈培爾在日記中寫道：「一口氣拿下一百零七席，我們誰也沒料到。」引自 BAK, NL118/62，一九三〇年九月十六日之日記。

設法大大擺脫其「瘋狂小眾」的形象，也參與反「楊格計畫」（Young Plan）[62]，於前線大力宣傳胡根堡（**Alfred Hugenberg**）和其他備受尊敬的「民族反對派」領袖，為的就是吸引更多媒體關注，並向思想保守的資產階級爭取更多的政治和社會認同。但是現在，黨代會在一九三〇年九月十四日選舉勝利之後，納粹黨及其黨領袖成了大新聞，成為**媒體的話題**。正是在此階段，希特勒崇拜開始向數百萬德國人發出代表新政治時代的希望訊號，而不再只是一小撮狂熱黨員的痴迷。

即便在一九三〇年大選勝利之後，仍有許多才高識廣的德國政治觀察家認為納粹黨遲早會分崩離析。[63]這個黨的社會基礎很鬆散，十足就是個為了抗議而組成的黨派，[64]它沒有明確的政治綱領，也矛盾結合了社會革命的說詞和反進步衝動，尤其重要的是，納粹非常仰賴希特勒的個人崇拜，此人善於煽動民眾，被當作小資產階級的喉舌，總能伸張他們的怨氣，但希特勒終究是個半吊子，儘管在嚴重的經濟和政治危機中暫時得勝，最後仍注定要屈服於真正的權力堡壘和傳統的統治菁英之下。

一九三〇年，許多身處局外的批評家之所以會低估納粹運動，部分原因在於他們小看了個人崇拜的力量，也小看了在經濟大蕭條的重重陰霾下，群眾對強人和「魅力」領袖越發高漲的呼聲。一九三三年以前加入納粹的普通黨員留下一些政治「傳記」，其中有數百份資料倖存下來，學者於最近分析其內容時，發現了驚人的證據，證實這場運動中「元首神話」的力量，以及個人崇拜的號召力。有一名黨員寫道，在第一次聽到希特勒演講之後，「我只想著一件事，要不與阿道夫．希特勒一起獲勝，要不就為他而死。元首的個性令我為之傾倒」。[65]另一位則描述自己是如何「皈依」納粹主義：「我來到希特勒身邊並非偶然，我一直在尋覓他。我理想中的運動，應能團結偉大德意志祖國中的所有勞動人民，團結整個民族……這個理想只有一人——阿道夫・希特勒——能夠實現。德國的重生不能仰賴誕生於皇宮者，而要仰賴誕生於村屋者」。[66] 這類錯認不了的《聖經》典故在這些一般納粹黨員的自述中並不罕見，有許多都帶有世俗化信仰的味道，其中一例如下：

> 非納粹分子未曾體會過我們元首思想中根本的偉大力量，所以他們一定無法理解。但讓我來告訴這些人最深層的真相；每當我為了這場運動而努力、每當我獻身於元首，我總覺得自己無法再為阿道夫・希特勒做出更偉大、崇高的事了，也因此無法再為德國、我們的人民和祖國做出更偉

62 編者註：楊格計畫：由美國實業家、商人、律師及外交官歐文・D・楊格（Owen D. Young）提出的計畫，藉以協助德國在第一次世界大戰後償還賠款。

63 例如可參見 S. Neumann, *Die Parteien der Weimarer Republik*, Stuttgart, new edn. 1965, pp. 73ff; P. Fabry, *MutmaBungen iiber Hitler. Urteile von Zeitgenossen*, Düsseldorf, 1969, pp. 40-5.

64 欲了解納粹支持的社會基礎及其有何吸引人的選舉特質，可參閱此篇精彩分析：T. Childers, *The Nazi Voter. The Social Foundations of Fascism in Germany, 1919-1933*, Chapel Hill/London, 1983. 納粹黨員社會組成的統計資料詳列於 M. Kater, *The Nazi Party. A Social Profile of Members and Leaders, 1919-1945*, Oxford 1983; M. Jamin, *Zwischen den Klassen. Zur Sozialstruktur der SA-Führerschaft*, Wuppertal, 1984, pp. 11-45. 則對納粹支持者社會結構的相關文獻有深入調查。

65 引自 Merkl, P., *Political Violence under the Swastika*, Princeton, 1975, p. 539.

66 引用出處同上，p. 540。

大、崇高的事情……我人生真正的意義，在於我對希特勒和納粹德國付出的心血與承諾……希特勒是德國性格最純粹的化身，亦是納粹主義德國最純粹的化身。[67]

在黨會上，年輕的納粹分子會爭相說著元首正眼瞧了自己。其中有位「黨同志」就曾衝破親衛隊（SS）的警戒線，成功伸出手讓希特勒碰觸：「他看著我幾秒鐘，短暫按了按我的手……我的同志，這些見證了我有多幸運的人都聚集在我周圍。每個人都想握握那隻曾被元首右手握過的手。」這段經歷對這名同志來說是如此震撼，當下連「萬歲」的問候語都卡在了喉嚨裡；另一位「黨同志」則是收到了元首本人贈與的一小束三朵紅色康乃馨，結果這個人的朋友爭相搶奪毀掉了花，讓他只能將一些碎屑留在家裡當紀念品。[68] 這類如宗教般的迷信行為和情緒，極近似於中世紀時君王據信具有療效的觸摸。有名前衝鋒隊員在最近接受訪談時，就精準形容了希特勒當年在年輕黨員眼中的形象；一九二八年，這位前衝鋒隊員年僅十八，在此前就已是一名堅定的納粹分子：「我們自然在希特勒先生身上看到了無所不知、無所不能、凡事都能看得通透的特質，只要讓他有機會掌權，他一定什麼都辦得到。他早已是我們這些年輕納粹主義者的榜樣，這個人在我們眼中是個正直的人。」[69]

這些納粹黨的「老戰士」顯然是希特勒崇拜的極端例子。然而，黨員人數在一九三〇至一九三三年間迅速增長，表示有越來越多的德國人開始接觸「元首神話」。從一九三〇年起，希特勒在德國就已是一股必須嚴肅看待的政治勢力，雖然早前非納粹媒體對希特勒和納粹黨幾無關注，但自一九三〇年開始，希特勒就幾乎很少長時間不占據頭版，這個現象證實人們顯然越發認知到，無論是支持或反對，他都是一名與眾不同、無法忽視的政治人物。所以說，希特勒崇拜的形成現在不再主要僅限於納粹成員，而是擴展到更廣大的群眾。除去死忠黨員和納粹選民，希特勒的形象在大眾眼裡仍與他後來的傳奇地位相去甚遠，但希特勒依舊獲得了非凡的黨領袖名聲，無人對他抱持中立意見。在他所到之處，人民的政治情緒都呈兩極分化，幾乎難以在狂熱的讚賞和嚴厲譴責之間採取較不極端的立場。

我們在回歸探討希特勒在納粹眼中的形象之前，得先概略檢視一下社會主義及共產主義左派、政治天主教，以及民族主義資產階級保守右派這三個對立意識形態陣營對他抱持的反形象。其實，就連這些「反形象」也以不同的方式促使人們越發關注這位非凡的納粹黨領袖（即便這種關注的態度主要為負面）。

左翼媒體（無論社會主義還是共產主義）所描繪的希特勒形象，主要都是馬克思主義（Marxism）所塑造的刻板印象：服從資本家的右翼帝國主義走狗、工人階級敵人的工具。若是讓希特勒掌權，就

67 Merkl, P., *Political Violence under the Swastika*, Princeton, 1975, pp. 396-7.

68 C. Schmidt, 'Zu den Motiven "alter Kämpfer" in der NSDAP', in D. Peukert and J. Reulecke (eds.), *Die Reihen fast geschlossen*, Wuppertal, 1981, pp. 36-7. 一九二九年黨代會上對希特勒的崇拜，請見回憶錄：Otto Wagener in H. A. Turner (ed.), *Hitler aus nächster Nähe*, Frankfurt a. M. Berlin/Vienna, 1978, pp. 17-21.

69 L. Steinbach, *Ein Volk, ein Reich, ein Glaube?*, Berlin/Bonn, 1983, p. 31.

難免會造成貧困、壓迫、無盡的苦難，最終引發戰爭（這樣的預言倒是有幾分精準）。以義大利法西斯模式為基礎發展起來的反法西斯理論，或多或少也影響到了希特勒和納粹黨。社會主義媒體會直截地攻擊他（經常是充滿諷刺與誹謗，質疑他一戰期間是否真的曾在前線英勇奮戰、汙衊他接受企業或外國賄賂），這些媒體會直稱希特勒為「德國的法西斯領袖」，設法揭穿其虛假的個人崇拜，[70]「德國的救世主」被恰如其分地斥為「不過是個一等兵：自以為是又愛吹噓」。[71]媒體也會用這類標題來表示他的殘暴行為：「粗皮鞭暴行：希特勒車中發現鞭子」，接著就是一則故事，稱希特勒在訪問馬德堡（**Magdeburg**）期間，其車內乘客於路邊毆打一群與他們擦肩而過的黑紅金國旗團（**Reichsbanner**）[72]男性成員。[73]

左派也有低估希特勒的強烈傾向，只是方向與保守右派有所不同。就連在報刊《世界舞臺》（*Weltbühne*）上撰文、比大多數左翼政論家更有遠見的卡爾．馮．奧西艾茲基（**Carl von Ossietsky**）也稱希特勒為江湖騙子，且認為德國資產階級愚蠢到難以想像，竟會追隨這種「半瘋癲的小混混」（**halbverrückte Schlawiner**）、「膽小、柔弱又沒用的人」、只不過是「企業的傀儡」。[74]在一九三二年七月之前一直擔任社民黨（**SPD**）普魯士（**Prussian**）邦經理的奧托．布勞恩（**Otto Braun**）認為，希特勒只是一種「投機政客的原型」，靠著煽動群眾與來源可疑的資金，將亡命之徒、逐利者，還有反對現有政權的反動派等人聚集在一起，一九三二年社民黨的小冊子便將其形容為「出身布勞瑙（**Braunau**）的花衣魔笛手」。[75]而要說德共（**KPD**）的態度有何不同的話，那就是他們會在宣傳中更加大力貶低希特勒，淡化其性格及個人崇拜，《紅旗報》（*Rote Fahne*）就總是將他比作資本家和地主的爪牙。[76]另外眾所周知的是，德共領袖恩斯特・臺爾曼（Ernst Thälmann）也嚴重誤判了情勢，他曾於一九三一年聲稱「法西斯主義並非於希特勒上臺時開始；法西斯老早就開始了」，並稍後於一九三二年秋天表示布呂寧（Heinrich Brüning）會是「資產階級從政者之中最重要的人物、未來的領袖」，也認定「聰明又精打細算的德國資產階級」不可能會讓希特勒上臺，因為希特勒政府根本無法帶領資本主義走出死胡同。[77]德共自一九二八年起就一直全力攻擊社民黨的「社會法西斯主義」，對德共而言，一九三二年總統選舉的各個主要非共產候選人並無實質差別——投票給興登堡（Paul von

70 *Münchner Post*, 24 Mar. 1931.

71 *Fränkische Tagespost*, 24 Oct. 1932.

72 編者註：黑紅金國旗團（Reichsbanner）：目的為捍衛威瑪議會民主與社會民主黨工人團體的社民黨政治民兵組織。

73 *Frankische Tagespost*, 25 Oct. 1932。

74 Fabry, P ., Mutmaßungen über Hitler. Urteile von Zeitgenossen, Düsseldorf, 1969, pp. 57, 59；另參見G. Schreiber, *Hitler, Interpretationen 1923-1983. Ergebnisse, Methoden und Probleme der Forschung*, Darmstadt, 1984, pp. 39ff. Schreiberg. 書中的第一部分對當代出版品有關希特勒的看法有很精彩的調查。

75 Fabry, P ., *Mutmaßungen uber Hitler. Urteile von Zeitgenossen*, Düsseldorf, 1969, pp. 162-3.

76 參見範例 W. Ruge, *Das Ende von Weimar. Monopolkapital und Hitler*, East Berlin, 1983, pp. 177, 179. 摘錄自 *Rote Fahne*, 15 July, 6 Aug., 1930.

77 引自 S. Bahne, 'Die Kommunistische Partei Deutschlands', in E. Matthias and R. Morsey (eds.), *Das Ende der Parteien*, Düsseldorf, 1979, pp. 658, 677 and n. 6. 另請見 O. Flechtheim, *Die KPD in der Weimarer Republik*, Frankfurt a. M., 1969, p. 265.

Hindenburg）無異於投票給希特勒。[78]

然而，日益壯大的希特勒崇拜對左派政治思想卻並非沒有影響。其實還有人認為，在此時期，連臺爾曼周圍的支持者也曾刻意為其塑造德國工人政黨前所未有的領袖崇拜，稱他為「德國無產階級領袖」。[79]希特勒崇拜的現象難以為左派作家充分理解，他們也顯然對此感到惱火，往往只能將其歸因於納粹信徒的大規模歇斯底里。一九三二年十一月，知名社會主義報刊《自由詞》（*Das Freie Wort*）就有篇文章曾嘗試解釋此現象，作者訴諸女性大眾心理學領域，將希特勒的魅力比作一種近似於女性色情的吸引力，對沉淪、歇斯底里的「無知資產階級」特別有用。這篇文章題為〈女性希特勒：領袖心理學〉（"The Woman Hitler: Psychology around a Leader"），其作者指出，希特勒的「狂妄個性……反覆出現的手勢，他對自己和納粹運動的病態虛榮心」基本上就是女性特質，並贊同地引用義大利法西斯分子馬拉帕爾泰（Curzio Malaparte）對希特勒的描述；據他所寫，希特勒沒有任何男子氣概，「他女性化的一面解釋了希特勒為何能夠成功影響群眾」。[80]

左派媒體為希特勒描繪出的負面形象，大概也助長了工人階級對納粹主義普遍的深刻敵意（這些工人階級受社會主義和共產主義次文化的影響，傳統上也根植於工會組織）。一九三三年的頭幾個月，左翼政黨及其組織、宣傳機構和工會都遭到粉碎，批評希特勒的聲音也被迫轉入地下、成為反對派的次文化，此後希特勒的負面形象仍為非法工人抗爭運動宣傳的一環，他們會刊登簡易的大版面廣告，並在工廠牆面上作畫、於廁所裡塗鴉，試圖對抗政權對大眾媒體的壟斷。然而他們只會簡化地將希特勒比作巨型資本的爪牙，這種做法的缺失日益明顯，讓一九三三年之後本就迷失方向的左派更是無所適從，難以務實地分析新政權的權力結構。

納粹遇到的阻力不只來自於部分組織完善的工人階級，眾所周知，他們最難以滲透的就是天主教次文化，因為天主教「意見領袖」為希特勒塑造的主要形象同樣也是負面的，而教會攻擊的焦點，正是納粹運動及其領袖哲學的反基督教本質。[81] 各項出版物都設法證明希特勒的思想與天主教教理直接牴觸，[82] 尤其是在天主教和極端反馬克思主義均盛行的巴伐利亞，希特勒和納粹運動都被視作「無神論布爾什維克主義（godless Bolshevism）」的分支，這樣的聯想在一九三三年之後的「教會鬥爭」（Church struggle）期間經常出現。[83] 儘管天主教的反納粹論戰通常是將砲火集中於納粹主義的反宗

---

78 Ruge, W., *Das Ende von Weimar. Monopolkapital und Hitler*, East Berlin, 1983, p. 256.

79 Flechtheim, p. 256.

80 In IfZ, MA 731, NSDAP-Hauptarchiv 1/13.

81 部分主教曾下令禁止天主教徒入黨，另還有其他限制，詳見 G. Lewy, *The Catholic Church and Nazi Germany*, London. 1964, pp. 8-15.

82 參見Schreiber, G., *Hitler. Interpretationen 1923-1983. Ergebnisse, Methoden und Probleme der Forschung*, Darmstadt, 1984., pp. 88ff.

83 參見 Lewy, G ., *The Catholic Church and Nazi Germany*, London, 1964, p. 10。巴伐利亞有份省級報紙（雖非巴伐利亞人民黨〔BVP〕的官報，但也表達出以「藍白色」為代表的巴伐利亞天主教觀點）就嘲諷地稱納粹為「內裡是紅色的祖國救世主」，並認為「海報上對社會進步的整個宣傳」只不過是在「掩蓋無產階級和紅色集權國家的社會主義專政制度，還有一場變相的無神論運動」。引自 *Miesbacher Anzeiger*, 19 Apr. 1932.

教（尤其是反天主教）論調，但也有部分刊物對整個納粹學說都發動猛烈攻擊。希特勒個性殘暴、蔑視人權、好戰，更推動將武力作為政治行為之原則，以上種種都在一九三〇年代初期的天主教刊物中受到嚴厲抨擊。[84] 其中最知名的就屬慕尼黑出版的天主教週刊《筆直道路》（*Der Gerade Weg*），編輯為弗雷茲．葛立希（Fritz Gerlich）博士（他於一九三四年於達豪〔Dachau〕遭殺害）以及神父英伯特．納布（Ingbert Naab）；《筆直道路》一直大力批評希特勒。一九三二年九月，希特勒公開聲援五名因在波坦帕（Potempa）殘忍殺害一名共產黨員而被判處死刑的衝鋒隊員，但天主教中央黨（Centre Party）仍涉及與納粹協商；正是在此時間點，該報將希特勒形容為「邪惡的化身」。[85]

再往前推幾個月，希特勒被塑造出的反天主教形象，正是說服天主教黨派在德國總統選舉中支持「虔誠」新教徒興登堡的關鍵。天主教運動人士大力貶低「小角色」希特勒的人格，說他不適任國家元首這樣的崇高職位。巴伐利亞人民黨（算是德國中央黨的右派同袍）的發言人，引述巴伐利亞「當權派」政黨的所有社會偏見，對「表面工夫大師希特勒」能夠贏得國際尊重的觀點嗤之以鼻，稱他全無擔任國家元首所需的背景和教育素養，也說為了逃兵於一九一二年離開奧地利（Austria）的希特勒根本比不上戰爭英雄興登堡。[86] 他們也同樣全力抨擊和揭穿新異教式的希特勒造神運動，有位發言人便講述有名婦女在家裡擺起祭壇，上面掛著希特勒的照片來代替聖體顯供架，並說自己完全無法理解德國人怎會甘願被這種江湖騙子擺弄：「希特勒已經成功號召了白痴加入納粹黨，而且買帳的只有白痴、瘋子和傻瓜。」此人預言，希特勒若是當選，德國將會遭到無法挽回的傷害與破壞。[87]

希特勒本人很清楚，若政黨要在天主教地區有所突破，他就必須扭轉自己的反基督教形象。早在一九二〇年代初，他就已盡量避免與天主教會起不必要的衝突。[88]納粹在爭取掌權時，也於萊茵蘭（Rhineland）和巴伐利亞等天主教地區特別耕耘（但大都是徒勞無功），設法強調黨的「正面基督教」（Positive Christianity）運動，否認納粹為反宗教政黨，同時稱納粹主義便足以為教會抵禦馬克思主義。[89]一九三〇年，希特勒認為有必要與黨中的一位主要理論家艾弗雷德・羅森堡（Alfred Rosenberg）保持距離，此人的《二十世紀神話》（*The Myth of the 20th Century*）一書使其成為「新異教主義」的

---

84 Schreiber, G., *Hitler. Interpretationen 1923-1983. Ergebnisse, Methoden und Probleme der Forschung,* Darmstadt, 1984, pp. 91ff; Lewy, G., The Catholie Church and Nazi Germany, London, 1964, pp. 17-18.

85 引自 Lewy, G., The Catholie Church and Nazi Germany, London, 1964, p. 21；另請見 Fabry, P ., Mutmaßungen über Hitler. Urteile von Zeitgenossen, Düsseldorf, 1969, pp, 104-5。

86 IfZ, MA 731, NSDAP-Hauptarchiv, 1/13; GS Waldsassen an das BA Tirschenreuth, 29 Feb. 1932; GS Altenschönbach an das BA Gerolzhofen, 4 Apr. 1932.

87 同上，GS Plössberg an das BA Tirschenreuth, 11 Mar. 1932.

88 Lewy, G ., *The Catholic Church and Nazi Germany,* London, 1964, p. 7; J. Conway, 'National Socialism and the Churches during the Weimar Republic', in Stachura, *The Nazi Machtergreifung,* p. 135.

89 參見 Lewy, G ., *The Catholic Church and Nazi Germany,* London, 1964, p. 14; Childers, T., *The Nazi Voter. The Social Foundations of Fascism in Germany, 1919-1933,* Chapel Hill/London, 1983, pp. 258-9; F. J. Heyen (ed.), *Nationalsozialismus im Alltag,* Boppard a. R., 1967, p. *37*; and G. Pridham, *Hitler's Rise to Power. The Nazi Movement in Bauaria 1923-1933,* London, 1973, ch. 5.

主要代表，也確立其作為天主教會「公敵」的名聲。[90] 一九三二年四月，希特勒在天主教大本營巴伐利亞的群眾大會上發表演講，他告訴聽眾，雖然北德新教徒稱他為羅馬的走狗，南德天主教徒稱他崇拜異教神沃登（Woden），但他只覺得（這裡是為了討好人民普遍的反教權情緒）德國的牧師應比照義大利的同行退出政治活動，將教派事務和牧師職責打理好即可，希特勒總結道：這個在義大利受教宗認可的觀點，在德國也絕不會有錯。他其實還煞費苦心強調自己也篤信宗教，說德國人民在「精神上受到的苦難」遠超出其經濟困境，而德國對一千四百多萬反宗教的無神論馬克思主義者如此容忍，更令他感到非常遺憾。[91]

一九三三年之前，天主教圈子對納粹主義具有相對高度的免疫力，儘管希特勒發表了上述否認聲明，但納粹黨仍無法擺脫其「新異教主義」的負面形象，這無疑也更加助長了天主教界對納粹的抵制。即使是在第三帝國初期，天主教媒體銷聲匿跡之後，天主教神職人員仍能透過其細微的「政治宣傳」方式來維持自身的反納粹形象（這大半要歸功於納粹本身在「教會鬥爭」中對天主教常有的粗暴攻擊），在整個第三帝國時期，此形象都是信教民眾與政權疏離的重要基礎，也為天主教次文化中的部分反納粹意見奠定了根基。即便如此，仍有人認為納粹主義中可能仍存有些許專制、愛國、反馬克思主義的殘存「善意」，認為「有一天，納粹主義仍有可能從其綱領和活動中，消弭所有牴觸天主教的原則與實踐」。[92] 而在一九三三年三月，希特勒宣布寬容和支持教會之後，這類想法不僅讓天主教主教的態度有機會隨之大轉彎，同時也成了「敬畏上帝的政治家」希特勒和反基督教激進分子（尤其是羅森堡）雙方分裂的開端。[93]

現在，非屬納粹的主要意識形態陣營就剩下民族主義保守右派了，他們為希特勒描繪的形象當然不像左派和天主教徒那樣負面。整體而言，希特勒給他們的觀感仍是煽動群眾者、「鼓手」、善於蠱惑民心的政客，懂得點燃民眾對民族事業的高漲情緒。資產階級媒體對希特勒所代表的思想表現出極大支持，報導上給他和納粹運動的版面也越來越多，通常還展現出至少中等程度的好感。希特勒的極端民族主義和狂熱的反馬克思主義當然被視為非常正面的特質，其煽動才能也讓保守右派認為有望讓群眾擺脫社會主義。但同時間，也有人對德意志國家社會主義工人黨的「社會主義」感到憂慮不安，在為了一九三二年十一月選舉的競選期間，這種擔憂更因納粹在選前參與柏林交通罷工而加劇。[94] 人們對納粹暴力的程度看法不一，有人認為這是值得關注的議題，卻有更多人認為這是對共產主義暴行的英勇自衛之舉。然而，人們卻顯然認為希特勒本人不應直接牽扯暴力事件，從他因支持波坦帕殺

---

90 參見 Fabry, P., *Mutmaflungen uber Hitler. Urteile von Zeitgenossen*, Düsseldorf, 1969, p. 101.
91 *Fränkischer Kurier*, 8 Apr. 1932; *Miesbacher Anzeiger*, 19 Apr. 1932; GStA, MA 102144, RPvNB/OP, 19 Oct. 1932.
92 引自 Lewy, G., *The Catholic Church and Nazi Germany*, London, 1964, p.17。
93 參見資料同上，p. 23 與 ch. 2 *passim*，內載有一九三三年初天主教階級制地位的「調整」。
94 參見 Schreiber, G., *Hitler. Interpretationen 1923-1983. Ergebnisse, Methoden und Probleme der Forschung*, Darmstadt, 1984, pp. 69-71; Childers, T., *The Nazi Voter. The Social Foundations of Fascism in Germany, 1919-1933*, Chapel Hill/London, 1983, p. 204; R. Hamilton, *Who voted for Hitler?*, Princeton, 1982, pp. 95, 127, 142, 166-7, 178, 186, 192-3, 196-7, 208-9; Noakes and Pridham, G. (eds.), *Documents on Nazism*, London, 1974, p. 139.

人兇手而招致的尖銳批評便可見一斑。[95] 國內保守資產階級媒體對希特勒最負面的評價，是出現在一九三二年三、四月的總統競選活動期間：年邁的興登堡陸軍元帥再次無私地準備為國家履行義務、體現德國的民族價值，他的人品無可挑剔，但其對手相較之下卻只是個突然竄起的新人，是無知者、未受教育者和歇斯底里群眾的喉舌，此人帶領的運動也淨是些狂野極端分子和道德敗壞之人；而重點是，希特勒充其量就是個「黨員」，全然比不上國家領袖興登堡。[96] 一九三二年八月，希特勒拒絕擔任副總理一職，此事尤其讓資產階級民族主義媒體有新的機會可以攻擊希特勒的權力欲望，並警告大眾：此人野心勃勃，非獨自掌控政黨不可。然而在一九三二年間，非納粹右派媒體的整體態度卻變得更加親希特勒。無論如何，縱然媒體並不願助長希特勒的個人崇拜或公然展現熱忱、即使他們曾公開表達對希特勒可能執政的擔憂，但至一九三二年末，如柏林《德國日報》（*Deutsche Tageszeitung*）這類有德國民族主義傾向的保守派報紙都漸漸認為「除了讓希特勒負責解決危機之外，已別無他法」。[97]

在一九三二年的五次競選活動期間，隨著納粹運動的狂熱能量使德國陷入騷動，迅速擴張的納粹媒體也將元首崇拜推展到新的高度。[98]《人民觀察家報》的發行量在一九二九至一九三二年間就幾乎翻了五倍，[99] 而此報和其他的納粹宣傳工具也日復一日地強化這樣的印象：有一個人以拯救德國為己任，不顧暫時的挫折，堅持走出自己的路，而在他領導下的群眾運動團結一心，正勢不可擋地走向權力。非納粹黨媒體會以平淡的語調提及「希特勒先生」或「納粹黨領袖」，可在納粹媒體的口中，他卻是「阿道夫．希特勒」（他們從不只稱他為「希特勒」）、「我們的領袖」，或簡稱為「領袖」。[100]希特勒漸漸被形容成「未來德國的領袖」，這個稱號似乎是在表示，在歷史進程中，希特勒必將上臺掌權，並打造嶄新的德國。[101]

如今，狂熱分子對元首的崇拜已毫無界限，其表達方式也變得更異乎尋常，這也為納粹的意識形態敵人提供了一些實用的彈藥。比方說，社會主義雜誌《自由詞》就引用了一篇題為〈納粹主義者家中的祭壇〉（"The House Altar of National Socialists"）的文章，以嘲諷希特勒部分女性信徒的極端荒謬行為：

---

95 參見 Hamilton, R., *Who voted for Hitler?*, Princeton, 1982, pp. 95, 142。

96 參見 R. Morsey, 'Die Deutsche Zentrumspartei', in: Matthias and Morsey, pp, 303-4. 了解此時期興登堡「英雄」形象的描寫。

97 引自 Hamilton, R., *Who voted for Hitler?*, Princeton, 1982, pp. 95。

98 儘管納粹擁有的報紙數量比之資產階級、天主教和社會主義媒體仍相形見絀，但至一九三二年，納粹報紙已從原本一九三〇年的六份日報和四十三份週報增加到共計一百二十七種刊物，發行量更遠超過一百萬份。引自 Z. Zeman, *Nazi Propaganda*, Oxford, 1964, pp. 20, 28-9.

99 同上，p. 28.

100 參見 Noakes and Pridham, G. (eds.), *Documents on Nazism*, London, 1974, p. 104，其中有位於漢堡擔任教師之露易絲·索密茨曾如此評論一九三二年四月的一次希特勒會議：「沒有人會說『希特勒』，大家都只是直呼『元首』。」

101 *Flamme*, 3 July 1931, in: IfZ, MA 731, NSDAP-Hauptarchlv, 1/13; *Völkischer Beobachter*, 28 July 1931, 25 Nov. 1932.

希特勒是我們世界哲學的阿爾法和奧米伽。每位納粹主義者的家中都必須有這樣一處地方，讓人感受到元首就在身旁。在這裡，慷慨的雙手和心靈每日都必須奉上鮮花與植物，作為獻給元首的小小貢品。[102]

而地方黨部發言人偶有的「熱情」言論，產生的宣傳效果卻完全適得其反，他們甚至曾在天主教大本營聲稱，歷史上唯一可比希特勒的就是耶穌基督；希特勒起家時只有七人，現在卻吸引了一大群追隨者，耶穌基督則是一開始只有十二門徒，而後卻能發起有數百萬人參與的宗教運動。[103] 許多人都能輕易看出希特勒崇拜背後的偽宗教動機，而儘管因這種動機而生的奉承之情如此驚人又尷尬，但更常規的納粹宣傳卻多能找出更有效的方式來利用這種情緒。比方說，一九三二年九月，尤里烏斯·施特萊徹（**Julius Streicher**）轄下法蘭克尼亞（**Franconia**）大區的黨工於紐倫堡（**Nuremberg**）舉行會議，而《先鋒報》（*Stürmer*）就曾如此報導希特勒的驚喜出席：

我們懷抱著滿溢的喜悅之情感恩元首，他於在場數百人的心中注入了巨大能量。大家都為有這樣的人作為我們的領袖而感到驕傲。沒有一個出席者會忘記這次會議。對所有人來說，這都是一段神聖的經歷，代表著自己滿懷喜悅地為希特勒、為德國而戰。[104]

撇除刻意塑造的宣傳手段，即便此時納粹的追隨者急遽增加，但這種與希特勒的「情緣」卻絕對不為所有支持者接受。近期的研究已充分證明，解讀人們支持納粹主義的各種動機是很複雜的工作。[105]若無當代的民意調查，我們就永遠無法精準了解種種因素（其中攙雜了有形的個人利益與較為「不理性」的動機），也難免會需要揣測。我們顯然不可以只聚焦於希特勒崇拜，而淡化其他構成納粹魅力的重點因素。然而，希特勒崇拜無庸置疑是納粹宣傳訴求的重要支點，也絕對從根本上將納粹支持者的各種動機（源自模糊的意識形態準則和社會承諾）結合成此一元首形象，並創造出其個性。希特勒尤其是下層中產階級憤恨和願望的「代言人」——「小資產階級心態的化身」，[106]他闡述這些人的不滿、訴求與自身利益，並將其合理化；而個人對元首的忠誠則能鞏固運動中的認同點，抵銷總有分化此運動之虞的離心傾向。[107]而對於「地位穩固」的資產階級而言（至少在大城市，此階

---

102 Ih: IfZ, MA 731, NSDAP-Hauptarchiv, 1/13.

103 GStA, MA 102138, RPvOB, 22 Feb. 1932. 此發言人據稱還補充說，希特勒也像基督一樣曾遭受迫害和人格詆毀。同一份報告裡還提到另一位納粹發言人，此人稱希特勒是「肩負使命的天選之人」。

104 *Der Stürmer*, No. 36, Sept. 1932, in: IfZ, MA 731, NSDAP-Hauptarchlv, 1/13.

105 我已設法將部分此類研究的結果濃縮至'Ideology, Propaganda, and the Rise of the Nazi Party', in Stachura, *The Nazi Machtergreifung*, pp. 162-81.

106 L. Kettenacker, 'Hitler's Impact on the Lower Middle Class', in D. Welch (ed.), *Nazi Propaganda: Thr Power and the Limitations*, London, 1983, p. 11; Kettenacker, 'Sozialpsychologische Aspekte der Führer-Herrschaft', pp. 103, 119.

107 請參見 Broszat, 'Soziale Motivation', and Orlow, pp. 217-20 and 299-302。

級中有越來越多人認為納粹主義是頗吸引人的主張），[108]希特勒雖明顯缺乏「政治家」特質，卻能消除他們對納粹主義普遍有的懷疑（懷疑德意志國家社會主義工人黨是否真有能耐成為負責任的執政黨）。[109]至一九三二年，至少對於納粹支持者來說，納粹主義的「理念」早已融入了元首形象。反納粹者同樣也認知到，意識形態和組織都已聚焦在個人身上：德意志國家社會主義工人黨如今已常被稱為「希特勒運動」，當地的黨運動分子則被稱為「小希特勒」（The Hitlers）。

一九三二年三和四月，在德國總統競選期間，尤其是希特勒於第二輪決選中直接挑戰興登堡時，「希特勒神話」的重點元素更獲得了廣泛宣傳。此時，一九二九至一九三〇年之前在國家政治框架中本還相對沒沒無聞的納粹領袖，竟能贏下超過一千三百萬張選票，遠超出總投票數的三分之一，並躍升為堪比勝選者的候選人，而勝選者是受人尊敬的一戰陸軍元帥，除德意志國家社會主義工人黨和德國共產黨之外，各大政黨均予以支持。納粹宣傳的視覺衝擊力相當驚人，在選前最後幾天，德國各地都出現了印在全黑背景上的希特勒頭像，與其他的彩色選舉海報形成鮮明對比。簡潔有力的口號強調著這樣的訊息：「票投希特勒，就是票投變革；票投興登堡，就是票投現狀。」[110]這次選舉被形容成一場新舊之間的較量，由威瑪「體制」的代表人物對上新生德國的領袖；用戈倍爾的話來說，這位領袖是「元首、先知、鬥士……民眾的最後希望、德國人民渴望自由的光輝象徵」。[111]

第二次的總統競選被壓縮在四月十日大選之日前的一週，而整場活動在「希特勒神話」的大肆渲染下變得更是引人注目。以廣告宣傳的「元首的全德偉大宣傳之旅」[112]在選舉史上還是第一次大肆動用飛機，載著希特勒到全國各地參加競選會議。第一次競選時，希特勒還是透過公路來旅行，並在為期十一天的行程中前往十二座城市發表演講。但這次他踏上經過大肆宣傳的「德國飛行之旅」（*Deutschlandflug*），並以「元首遍訪德國」作為口號，這樣的安排讓希特勒得以在短短六天內至二十座不同城市的大型集會上發表演講。從一九三二年四月至十一月，希特勒共舉行了四次空運競選活動，期間他在一百四十八場的群眾集會上登臺演說；平均起來，希特勒每天出席了大約三場大型集會，大城市中的聽眾也經常多達兩萬至三萬人。在這一年內，他可說是曾親自現身（聲）在數百萬名德國人面前。[113] 無論如何，這樣的競選演講表現都很了不起，希特勒正是藉此成功接觸到廣大群眾，而在他之前，還未有任何德國政治人物辦到過。

這些群眾集會瀰漫著宗教復興主義的熱忱，希特勒則以政治「傳教士」和先知的語氣參與其中，

---

108 此為 Hamilton, *Who voted for Hitler?* 的主要發現。

109 參見露易絲・索密茨之評語：Noakes and Pridham, G. (eds.), *Documents on Nazism*, London, 1974, pp. 110, 139.

110 同上，Noakes and Pridham, G. (eds.), *Documents on Nazism*, London, 1974, p. 103。

111 引自 Bramsted, p. 201。選舉宣傳的詳細調查請見 Childers, pp. 196-8。

112 Noakes and Pridham, G. (eds.), *Documents on Nazism*, London, 1974, p. 104.

113 E. Deuerlein (ed.), *Der Aufstieg der NSDAP in Augenzeugenberichten*, Düsseldorf, 1968, pp. 382, 385, 394, 402; M. Domarus (ed.), *Hitler: Reden und Proklamationen 1932-1945*, Wiesbaden, 1973, pp. 101-3, 117-20, 138-42.

雖然其主要功能無疑是要一邊煽動原有的支持者，同時向投誠者傳道，[114]但「德國飛行之旅」也無疑有助於普及希特勒崇拜，觸及遠超出現有納粹成員和堅定支持者的範圍。在經濟危機最嚴重的時期，高漲的情緒就如同鐘擺，從恐懼和絕望擺動到狂喜以及對未來的烏托邦希望，希特勒的演講在此時之所以會如此吸引人，都是因為他能夠精準調整自己的演講內容，以適應眼前以中產階級占大宗的聽眾，迎合他們的危機觀念以及對「體制」無節制的攻擊與仇恨情緒。

漢堡（Hamburg）有一名教師露易絲．索密茨（Louise Solmitz）就在筆記上將其中一場集會的風貌記錄了下來：

> 幾個小時過去，陽光明媚，期望之情越發高漲……那時已將近下午三點。「元首來了！」人群中出現一陣騷動……希特勒就站在那裡，他穿著一件簡單的黑色外套，目光掃過人群，等待著——一面面卐字旗在空中飄揚，一片喧囂的敬禮聲宣泄出這一刻的狂喜。主題：從政黨中誕生一個民族：「德意志民族」……他的聲音在經過這幾天來的發言後已然沙啞。演講結束時，全場熱情高漲、掌聲雷動。希特勒敬禮、致謝，納粹黨歌〈霍斯特．威塞爾〉（Horst Wessel）也響徹全場。一旁有人幫著希特勒穿好外套，然後他便離開了。有多少人懷著令人動容的信念仰望他，視之為救星、救世主，視之為能將他們從難忍苦痛中解救出來的人——認定是他拯救了普魯士王子、學者、牧師、農民、工人、失業者，將他們從黨派中解救出來，回歸一統民族。[115]

在「德國飛行之旅」期間，希特勒不僅刻意將宣傳活動帶到大城市，更深入各邦，在地方上發揮更驚人的宣傳影響力。希特勒在巴伐利亞的進展於多份報導中可見一斑。在巴伐利亞邦寂靜的小鎮裡，希特勒見面會是當地居民過去從未經歷的現象。比方說，帶有巴伐利亞「白藍」政治色彩的地方報紙《米斯巴赫指標》（*Miesbacher Anzeiger*），就報導希特勒於四月十七日前往上巴伐利亞的米斯巴赫（Miesbach）小鎮發表演講，此為巴伐利亞地區議會競選活動的行程之一，數千人在滂沱大雨中為此等待了數小時，這在小鎮是「前所未有的轟動」。[116] 希特勒當然一直都是極具魅力的講者，[117] 但早期競選活動的出席人數卻遠不及一九三二年的規模。以根茨堡（Günzburg）為例，希特勒一九三〇年於該處的某次演講吸引了大約一千兩百人，此數字與部分社民黨集會的出席人數相當。而到了一九三二年十月，希特勒又返回同一處發表「選舉綱領演講」，這次卻估計有七千至八千人參與，有許多民眾更從外地前來，使得會議必須改至孟格勒（Mengele）工廠的大廳舉行，而非像先前一樣在鎮上的

---

114 這方面的納粹宣傳於此文中多有強調：R. Bessel, 'The Rise of the NSDAP and the Myth of Nazi Propaganda', *Wiener Library Bulletin*, xxxiii (1980), 20-9.

115 Noakes and Pridham, G. (eds.), *Documents on Nazism*, London, 1974, p. 104.

116 *Miesbachtr Anzeiger*, 19 Apr. 1932.

117 例如，有報告即估計一九三〇年八月出席格拉芬某場競選會議的人數約為四千人，並提到必須在另一大廳同時舉行會議。引自 GStA, MA 102138, RPvOB, 19．Aug. 1930。

體育館內。[118] 在希特勒的集會上，人們往往耐心等待他的到來，期待之情也隨著時間過去更加高漲狂熱，也因而增添了會議的氣氛還有群眾對希特勒的崇拜，《人民觀察家報》的制式報導便對此現象大作文章：

下午時分，人們開始大量移動。步行、騎腳踏車、摩托車、乘馬車和汽車的人群從四面八方湧入……活動還沒開始，兩個大廳就擠滿了人……好幾千人只能站在外面……然後元首來了。衝鋒隊幾乎無法為他在人潮中開路。民眾滿心歡喜地以「萬歲」禮向他致敬。布爾高（Burgau）施馬茲古柏衝鋒中隊長（Sturmführer Schmalzgruber）的三歲小女兒向他獻上一大束鮮花，衝鋒隊員林德（Linder）六歲的小兒子則獻上一張照片。我也再次見證，當元首把手放在孩子們頭上時，他的眼中也一如以往閃爍著喜悅的光芒……。[119]

先不論報導是如何誇大其辭，這場希特勒集會都受到了元首支持者「近乎歇斯底里的熱情」歡迎，並很可能翻轉了該地區競選活動的平衡。德意志國家社會主義工人黨於此地成功地為一九三二年十一月的選舉增加了選票，與德國全境的模式形成鮮明對比。[120]《人民觀察家報》的報導會以「希特勒時代的偉大進步」或「元首勝利進軍巴伐利亞大區」等字句作為頭版標題，另一邊則大肆誹謗德國的現任統治者，自然而然為兩者塑造出天差地別的形象。與擁有龐大後援的「人民元首」相比，法蘭茲・馮・巴彭（Franz von Papen）只不過是個毫無合法民意基礎、僅靠著「一小群反動分子」支持的政府首腦。[121] 希特勒在演講中採取攻擊路線，利用民眾對內閣部長高薪和舒適生活的刻板印象來抨擊巴彭（據稱他的家產價值五百萬馬克，但仍然領取總理的薪水），但希特勒自己卻總是拒絕領受這樣的薪資，他唯一有興趣的就是無私地為人民服務。[122]

當然，納粹媒體對希特勒運動的歌功頌德卻不能掩蓋這項事實：在一九三二年底之前，德意志國家社會主義工人黨都未能取得實質突破，難以撼動工人和天主教黨派的支持者。就連在納粹黨內部，希特勒的「魅力」也絕非無窮無盡。[123] 一九三二年三月有份報告指出，部分納粹主義者也稱希特勒並不具有擔任德國總統必備的特質和能力，他們表示：「希特勒迄今為止都很懂得操作政治，但你無

---

118 Z. Zofka, *Die Ausbreitung des Nationalsozialismus auf dem Lande*, Munich, 1979, pp. 41, 78, 89; *Völkischer Beobachter*, 13 Oct. 1932.（其中出席者的人數被誇大為三萬人。）GStA, MA 102149, RPvS, 19 Oct. 1932.

119 *Völkischer Beobachter*, 13 Oct. 1932.

120 Zofka, Z., *Die Ausbreitung des Nationalsozialismus auf dem Lande*, Munich, 1979, p. 41.

121 *Völkischer Beobachter*, 14 Oct. 1932.

122 IfZ, MA731, NSDAP-Hauptarchiv, 1/13, Pd Hof, 15 Oct. 1932.

123 一九三一年春季，東部衝鋒隊發起了「史坦納斯叛變」（Stennes Revolt），展現出內部對希特勒的強烈反對。另在一九三二年秋季，黨內危機日益嚴重，人們對希特勒的策略當然大失所望，最終導致格雷戈爾・斯特拉瑟辭職。參見 Orlow, pp. 216ff; P. D. Stachura, *Gregor Strasser and the Rise of Nazism*, London, 1983, ch. 6. 然而值得注意的是，史坦納斯危機發生時，希特勒卻能成功運用自身「魅力」來呼籲個人表示忠誠並緩和局勢，而在一九三二年末，斯特拉瑟辭職，但沒有試圖挑戰希特勒的領導地位。

法想像讓他擔任德國總統。」[124]希特勒的群眾集會也並不總是符合期待，各政府部門冷靜（雖可能仍有偏頗）的敘述口吻，與納粹媒體欣喜若狂的報導經常有著巨大反差。舉例來說，一九三二年四月六日，希特勒於烏茲堡（Würzburg）對著四千名聽眾發表演講，這場集會據說沒有達到觀眾「過高的期望」，且「就連黨的支持者都感到失望」；另外，《人民觀察家報》形容一九三二年十月巴伐利亞邦波京村（Pocking）的一次集會，「展現出下巴伐利亞農民對納粹主義的強烈信心」，但據說出席的七千至八千人大都是該地區的黨員，還有一些純粹出於好奇而前來參與的人。[125]

重點是，一九三二年秋天，選舉疲乏，再加上德意志國家社會工人黨的內部困境，都為希特勒「魅力」的號召能量帶來了考驗。戈倍爾在同年早些時候就曾擔憂納粹黨會因選舉而有「自取滅亡」之虞，[126]但在宣傳機器準備好要展開當年的第五次重大競選活動之時，治國大權卻看來仍如以往一樣遙遠。黨員們對彷彿無止境的權力鬥爭感到不耐，尤其是在一九三二年八月十三日的會議上，希特勒拒絕接受總統邀請他擔任副總理職位的提議，此外卻毫無其他想法，使得黨員紛紛表示「黨領袖搞不清楚自己想要什麼，也完全沒有成算」，他們已經受夠了。[127]同月，部分新教支持者也因黨與天主教中央黨協商欲組成聯合政府，而對此感到沮喪。[128]至一九三二年十月，希特勒前往納粹在法蘭克尼亞的中心地帶紐倫堡，竟罕見地在半空的禮堂裡發表演講。[129]由希特勒這段刻苦時期可以看出，製造出來的希特勒「魅力」有多麼仰賴天時地利、多麼脆弱，且只有不斷成功才能保證其活力不減。

然而，在納粹「掌權」之前，幾乎無疑就已有一千三百多萬德國人至少有機會成為「希特勒信徒」，吸引他們的大致上是「領袖至上原則（Führerprinzip）」[130]，還有以希特勒為中心所打造的個人崇拜。其餘大多數人對希特勒的看法，也依我們先前探討過的意識形態路線而有所不同：勞工組織中存在難以平息的仇恨，天主教徒則對其抱有深深的懷疑，但重點是，對民族主義保守派中產階級而言，儘管此人沒什麼社會地位，其政治運動還帶有「社會主義」傾向，但他可能暫時還有點用處。

雖說人們對希特勒的態度多有不同，往往更是相當厭惡他，但在一九三三年一月之後，元首崇拜卻能於極短時間內將其勢力範圍拓展到廣大民眾，並最終在某種程度上吸引到大多數德國人，我們在解釋此現象時，至少必須考慮三個大略的因素。

首先值得注意的是，人們普遍認為威瑪政治體系和領導階層已徹底崩潰，新的「領袖」也「即將

---

124 GStA, MA 102151, RPvUF, 4 Mar. 1932.

125 GStA, MA 102151, RPvUF, 19 Apr. 1932; GStA, MA 102144, RPvNB/OP, 19 Oct. 1932. 其中補充道，在即將舉行的選舉中，納粹獲得的選票數量預期會下降，而希特勒的競選之旅對此影響並不大。

126 Orlow, D., *The History of the Nazi Party, 1919-1933*, Pittsburgh, 1969, p. 254.

127 GStA, MA 102151, RPvUF, 21 Sept. 1932.

128 Morsey, R., 'Die Deutsche Zentrumspartei', in Matthias and Morsey (eds.), *Das Ende der Parteien*, pp. 315ff.

129 IfZ, MA 731, NSDAP-Hauptarchiv, 1/13, Pd Nürnberg-Fürth, 14 Oct. 1932; GStA, MA 101241/2, Pd Nürnberg-Fürth, 31 Oct. 1932; GStA, MA 102154, RPvMF, 19 Oct. 1932.

130 編者註：一個政治概念，表示對領導者的忠誠。根據這樣的原則，領袖的話被視為絕對的法律，黨內成員必須絕對服從領袖的命令。

到來」。有人試圖在布呂寧和胡根堡（Hindenburg）等稱不太上有「魅力」的競爭者身上尋找這種「領袖」特質，但這麼做卻是白費工夫。而在總統大選期間，興登堡也被視為「英雄人物」、被比作「德國民族的領袖」。[131] 一九三二年，各方新聞報導都讓人深信政府已近乎完全癱瘓，徹底分化的國家也正在一系列充滿仇恨的競選活動中四分五裂。在此情況下，一個活潑、精力充沛的「年輕」領袖正能帶來決定性的方向轉變，並得到大批狂熱追隨者的支持，這樣的形象絕不可能不吸引人。許多心存疑慮的人都準備要給希特勒一個機會。與前任總理的可悲無助相比，希特勒政府在新上任後幾個月裡明顯的衝勁和節奏似乎很了不起。

再來，一九三三年之前眾人嚴重低估了希特勒，這也同樣讓他在日後有令人刮目相看的機會。希特勒證明了自己有能耐在短時間內穩住國內政局，這似乎並非剛出頭又只會煽動滋事者所能辦到，因此起初不屑又瞧不起他的人，隨後往往都是全心全意地支持。

第三點，也是最重要的一點：希特勒體現出一種早已確立的廣泛意識形態共識，而大多數本不屬納粹陣營的人（除左派之外）也都有此共識。該意識形態的主要特質為惡毒的反馬克思主義，且認定必須強力抵抗左派勢力；他們也深深敵視失敗的民主制度，認為若要復甦就必得採取強勢的獨裁領導。此外，人們也普遍感覺德國在凡爾賽深受委屈，陷入了四面楚歌的境地（就連部分左派人士也有這種情緒）。這等本就存在的廣泛共識為民族領袖提供了潛在的強力後盾，在眾人的心中，此人要能夠全心奉獻、犧牲自我、無私奮鬥，致力於團結國內，並對外展現力量。

一九三三年一月三十一日，名為《慕尼黑最新消息》（*Münchner Neueste Nachrichten*）的保守派報紙於頭版上發表了一篇社論（該報在德國的發行量排名第五，也可說是比其他資產階級報刊更加敵視納粹），文中以充滿懷疑的筆調分析希特勒是如何憑藉背後總理的威望迅速贏得民意支持。文章作者為擁護君主制的厄爾文·馮·阿雷廷（Erwein Freiherr von Aretin）男爵，他經常與納粹交鋒，後於一九三三年三月迅速受到「保護拘留」：

> 過去幾個月來，我們目睹了國家秩序前所未有的崩潰……我們背後的權力陰謀是如此之大，所以若我們不誠實承認我們盼望一場持久的變革、希望此重責大任不會讓新執政者被黨派的狹隘和了無生氣嚇退，落入認定所有人都與德國人為敵的心態，那我們就是在自欺欺人……失業是這時代最大的經濟問題，就如同一座待攀登的高山矗立在新政府的面前，而前任政府都沒能有效處理。希特勒內閣接下來也會知道，贏得民心的最好方式，就是成功解決失業。沒有人能置身事外。要與需求和飢餓抗爭，就必須跳脫黨派。如今，多年來一直批評政府的人必須證明自己可以做得更好。如此一來，就絕不會有任何德國人吝於感謝新內閣，而新內閣的首要任務，正是要贏

131 參見Morsey, R., 'Die Deutsche Zentrumspartei', in Matthias and Morsey (eds.), *Das Ende der Parteien*, pp. 292, 294, 303-4; Childers, T., *The Nazi Voter. The Social Foundations of Fascism in Germany, 1919-1933*, Chapel Hill/London, 1983, p. 207.

得德國人民的感謝。[132]

這樣的觀點看來很清楚明確：若能成功達到國家目標，禁止政黨政治的意見分化，也許就能將希特勒抬升至國家領袖（而非僅是政黨領袖）的新地位，並有機會動搖以往較冷淡的支持者、搖擺不定者，或甚至是反對者，說服這些人轉而投靠元首，從而讓他們能至少稍微擁護納粹政權。納粹宣傳機構如今正迅速掌控媒體，到了近乎壟斷的地步，他們的任務就是要帶來這種轉變。

132 *Münchner Neueste Nachrichten*, 31 Mar. 1933. 請見厄爾文·馮·阿雷廷的自傳：E. von Aretin, *Krone und Ketten. Erinnerungen eines bayerischen Edelmannes*, Munich, 1955.

2 CHAPTER

「民族的象徵」：希特勒的政治宣傳形象，一九三三至一九三六年

「我們希特勒的一舉一動都令人驚奇得啞然失語……自此人將歷史掌控於手中起，萬事均順遂。」

——《施瓦本人民報》（*Schwäbisches Volksblatt*），一九三三年九月九日

「我們在他身上……見證了德意志民族堅不可摧的生命力的象徵，阿道夫．希特勒生動體現出這種生命力。」

——奧托．迪特里希（Otto Dietrich），一九三五年希特勒生日賀詞

一九三三年一月三十日晚間，柏林黨部主委戈倍爾發起了一場看似無止境的火炬遊行，隊伍蜿蜒經過在德國總理府露臺上觀看的希特勒和興登堡。活動的目的，在於表明希特勒被任命為總理一事並非尋常的政府更迭。這場專為希特勒個人成就及納粹運動「勝利」而舉行的盛大慶典，是為了讓德國人民知道，他們正見證與過去決裂的重大時刻，這是新時代的曙光。而此時已能聽到有部分聲音說

著：希特勒永遠不會放棄到手的權力。[1]

然而，希特勒晉升總理並沒能在一夜之間改變非納粹黨及非支持者現有的看法。一九三三年一月三十一日，《雷根斯堡報》（*Regensburger Anzeiger*，立場與巴伐利亞人民黨相同的報紙）發表了一篇頭條文章，其中表達的觀點無疑有許多仍堅守天主教黨派的人都認同。該文章指出，讓希特勒擔任總理等同於「躍入黑暗」。左派人士尤其普遍認為整個內閣都是反動分子，由胡根堡、巴彭及其友人，還有代表德國統治階級的一干人等所主導，而希特勒只不過是裡頭的「門面人物」。也有許多人覺得納粹綱領異質性高，其包羅萬象的政策為的就是許諾、迎合所有人的需求，所以德意志國家社會主義工人黨的廣大民意基礎很快就會徹底希望落空，使得希特勒的支持率迅速下降。[2]雖然大城市都在熱鬧歡慶納粹「掌權」，但希特勒接任總理一事起初並未影響到納粹至一九三三年都還遠未贏下的其他德國地區，經濟大蕭條的痛苦，還有看似無休止、毫無結果的競選活動及黨派鬥爭都讓人民感到冷漠又心存疑竇，此為納粹未能突破的一道牆。而許多人都悲觀地認定希特勒幾無可能有任何更好的作為，有些人還覺得「希特勒執政的時間肯定比不過他的前任庫爾特・馮・施萊謝爾（Kurt von Schleicher）將軍」。[3]

然而，在一九三三年二月期間，原本抱持這類觀點的人，對希特勒和新政府的態度卻已漸漸變得更加正面。就算許多人仍未完全信服，但他們至少已準備要給希特勒一個機會，看看他有什麼能耐，反正情況也幾乎不可能更糟了。以下巴伐利亞和上普法爾茨（Upper Palatinate）地區為例，二月初曾有報告指出，該地區占絕大多數的天主教農民都對政權輪替缺乏熱情，但至月底則有人表示，農業界對希特勒接管政府一事並「未有負面看法」，還有越來越多的人認為「希特勒是正確人選」，尤其是先前支持巴伐利亞農民聯盟（**Bavarian Peasant League**）的人。[4] 據報告顯示，上巴伐利亞的農民原本準備要觀望結果如何，且「德國新任政府幾乎未受到這些農民的抵制」。除此之外，牲畜進口稅增加、木材和牲畜價格小幅上漲，這些都已被視為政府的功績，也讓農民對未來有了更美好的期待。[5]

從一開始，希特勒政府就似乎充滿了動力與能量，全然有別於前幾任政府的癱軟無能。就連不太親納粹的報紙都開始報導該政權的活力，使得人們越發相信轉捩點已經到來，相信至少現在政府有所作為，就連非納粹現有的支持者都有這種感受。而新任德國總理就處於這些期許的中心。

---

1 參見範例 GStA, MA 106682, RPvS. 6 Feb. 1933, 21 Feb. 1933.

2 參見 GStA, MA 106670, RPvOB, 6 Feb. 1933.

3 GStA, MA 106672, RPvNB/OP, 3 Feb. 1933. 另參見 StAM LRA 76887, GS Landsham, Markt Schwaben, Anzing, Ebersberg, Markt Grafing, and Aßling，一九三三年二月十一及十二日的報告。

4 GStA, MA 106672, RPvNB/OP, 20 Feb. 1933. 從一九三二年十一月至一九三三年三月期間，巴伐利亞農民聯盟確實失去了四萬一千張選票（占其選舉支持率的百分之二十九）。在下巴伐利亞，該聯盟曾於一九二八年的國會選舉中贏下百分之三十五點三的選票，但其在一九三二年十一月的支持率為百分之十六點九，至一九三三年三月更下降至百分之九點五。引自 M. Hagmann, *Der Weg ins Verhängnis*, Munich, 1946, pp. 15*, 17*.

5 GStA, MA 106670, RPvOB, 20 Feb. 1933, 4 Apr. 1933; StAM, LRA 76887, GS Markt Grafing, 12 Feb. 1933.

不僅僅是希特勒現在擁有總理職位所帶來的威望支持他，納粹宣傳機構早已著手努力為他營造形象，讓民眾認為他是一位特別又創新的德國總理。為了三月五日德國國會選舉而舉行的競選活動正是個大好機會，讓黨派能夠賦予這位「民族起義」總理新的特質，並強調他個人的「天才」領導力。一九三三年初，競選條件有所「修正」，隨納粹勢力壯大、其意識形態敵人受到嚴厲打壓，大都市的「集會」風格這時也比以往更大肆地擴展到鄉村。希特勒就任總理一事被吹捧為「世界級的歷史大事」，而不僅是政權更迭而已，納粹發言人不厭其煩地將希特勒形容為抵禦共產主義威脅的最後堡壘、農工人民的最後希望、基督教的守護者。納粹的宣傳機構也特別呼籲選民給新總理一次機會：「希特勒至今還沒有辜負我們，我們一定要讓這個人有時間可以努力。」[6]

在納粹「掌權」後的幾週內，非納粹媒體只會簡約提及「德國總理希特勒」，《人民觀察家報》則創造了「人民總理」的稱謂，暗示人民與這位「出身於人民的人」之間已建立了新的偽民主關係，這人如今是眾人的領袖。二月下旬，紐倫堡舉行了一場希特勒群眾大會，有報導的標題寫著「真正的人民總理穿越大批支持民眾」。[7] 然而非納粹報紙就沒有這麼深受感動了，有家天主教報刊就評論道，「又是同樣的指控和承諾」，並語帶諷刺地報導「人民總理」即將於「紐倫堡的大日子」現身，還有納粹宣傳機器是如何處心積慮鼓動群眾依「元首」的心意來阿諛奉承他。報導總結道：「在『人民總理』的演講之後，思慮嚴謹的聽眾失望地離開講堂。」[8] 直到一九三三年三月之前，至少新聞和政治界「意見領袖」對希特勒的看法仍依黨派路線而有著分歧。希特勒會受到尊重，充其量也只是因為他的總理身分，他是政府首長，但在至少三分之二的德國人民眼中，他還稱不上是「元首」。

在一九三三年三月五日的選舉中，左派政黨（儘管遭到嚴厲鎮壓）和政治天主教黨派仍保有相當高比例的原有民意支持。然而，非左派人民對新政府政策的潛在支持度（尤其是對總理本人的支持），肯定多過於納粹在選舉中實際得到的選票。一九三三年三月，每一張投給非納粹政黨的選票，都未必等同是在反對希特勒的理念，就算不是堅定的納粹支持者，至少也受納粹主義表面上提供的某些願景吸引。其中一個因素是景氣略有改善，這點在一九三三年冬季大蕭條觸底後的頭幾週，就已明顯有感。然而更重要的是，在戈林的掌控下，納粹也協助普魯士警察殘酷鎮壓左派（尤其是共產黨人），使得希特勒在中產階級和保守派圈子中的威望越來越高，有著相當可觀的支持度。而希特勒之所以能在初期贏得民心（甚至吸引到天主教選民），無疑是因為其利用民眾對社會主義和共產主義（兩者幾乎都無差別地被當作馬克思主義的分支，因此也被視為現有社會秩序、宗教和德國本身的敵人）由來已久的仇恨，並對特定的左派團體發動恐怖攻勢。上巴伐利亞天主教農村地區即有一份報告，說明了人民對當局於普魯士「整肅」左派的積極響應，而這樣的態度早在德國國會縱火案

6 撰寫本段內容時，我直接引用了與上巴伐利亞邦斯坦柏格（Starnberg）區內宣傳集會相關的報告。參見 StAM, LRA, 28340, GS Gauting, 4 Feb. 1933, 13 Feb. 1933; GS Aufkirchen, 9 Feb. 1933, 10 Feb. 1933. 這完全是一九三三年競選活動的典型語調。

7 *Völkischer Beobachter*, 27 Feb. 1933.

8 *Bayerische Volkszeitung*, 27 Feb. 1933.

（Reichstag Fire）加劇人民對左派的偏見之前，就已有跡可循：

> 希特勒在普魯士的清理工作進展順利。他俐落地清除人民身上的寄生蟲和海綿動物。他也應該在巴伐利亞跟進，尤其是慕尼黑，在當地展開類似的整肅行動……如果希特勒能延續現有的成果，繼續這項工作，就能在即將到來的國會選舉中得到大部分德國人民的信任……。[9]

至少在部分外國觀察家的眼中，德國接下來的情勢於國會縱火案之後就已出現明顯徵兆：政府立即採取嚴厲措施，頒布〈人民與國家緊急保護法令〉（“Emergency Decree for the Protection of People and State”）以抵禦「共產主義武力行為」，一舉中止了德國憲法規定的最基本公民權利；在二月二十八日晚間，普魯士警方也大規模突擊搜捕數千名共產黨員。以上舉措幾無受到批評，還可說是廣受德國普通中產階級和農村人口的不少支持。一份在那時相當典型的報告便指出，這波對共產黨員的攻勢被視為「等待已久的必要解放行動」。[10] 幾乎無人意識到國會縱火案「緊急法令」會有的深遠影響，其受到的歡迎程度倒是在選舉前夕又助長了希特勒的人氣。[11]

儘管已經有不少人，甚至是非左派，都幾乎要認定國會大廈是納粹自己縱火燒了的，但大多數民眾仍無疑支持警察對德共採取的行動，這些舉措現在也似乎是「為了國家利益」著想，而正在將所謂的「紅色危險」問題連根拔除。[12] 偏執的反共情緒絕非參與納粹運動者才有，所以希特勒明顯有機會從中撈取巨大利益。此外，德共公然表現出親莫斯科的立場，雖然反共情緒並非由此而生，但這種立場也無疑助長了反共情緒。希特勒仍在野時便曾表示，納粹一掌權就會開始算帳，現在他的行徑極其殘忍，卻被形容成消滅國家危險的使者。以「和平與秩序」為由而衍生的殘忍與壓迫，就這樣提高了希特勒的聲望，並成為「元首神話」的重要元素，這不會是最後一次。

然而，雖然左翼受到攻擊，納粹宣傳也塑造出「民族起義」的濃烈氛圍，但在一九三三年三月的選舉中，仍只有不到一半的選民把票投給了德意志國家社會主義工人黨，納粹仍無法在左翼和政治天主教派的選舉陣營中取得重大突破。不過與此同時，投票率也創下紀錄，讓他們拿下了比威瑪時代其他政黨都要高比例的選票。農村天主教地區（如下巴伐利亞）的收穫尤其有顯著進步，與一九三二年七月的選舉相比，該地的納粹選票增加了百分之二十二點九。[13]至於以往從未完全融入政治天主教派的較貧困人口，現在則特別願意接納日益壯大的「希特勒神話」。似乎可以確定的是，在選舉時，

9 StAM, LRA 76887, GS Anzing, 25 Feb. 1933.

10 GStA, MA 106677, RPvOF/MF, 5 Mar. 1933; 另參見 GStA, 0MA 106682, RPvS, 4 Mar.1933.

11 參見 GStA, MA 106672, RPvNB/OP, 5 Mar. 1933. 其中明確指出，「對滋事者採取的嚴厲行動」滿足了「驚惶失措的民眾」，並因此提升選舉中的納粹得票率。

12 參閱一九三三年三月二日《米斯巴赫指標》的社評，其生動體現出國會縱火案後狂熱的反共主義，引自 Kershaw, *Popular Opinion*, pp. 117-18; 另參見 Noakes and Pridham, G. (eds.), *Documents on Nazism*, London, 1974, pp. 174-5.

13 Hagmann, M., *Der Wegins Verhiingnis*, Munich, 1946, p. 23.

希特勒的個人聲望已遠大於納粹黨的吸引力，但要等到大選之後，希特勒的民意支持率才急遽上升，同時間德國的政治局勢也發生了根本性的轉變，他的形象則真正從政黨領袖轉型為國家領袖。

希特勒狂熱現在正無節制地蔓延。比如說，有本小書的作者便將這幾個星期比作「德國希特勒的春天」，並用一首虔誠的偽宗教「詩」為他的「掌權」英雄故事作序：

> 神為我們派來了救世主，
> 苦難已然終結。
> 大地宣泄著歡騰和喜悅：
> 春天終於到來。[14]

即便這種「詩句」（這可不是單一例子）對於大多數非徹頭徹尾篤信納粹的人來說仍令人作嘔，但在一九三三年初的這幾個星期，德國發生的巨變卻為宣傳機構提供了充分又無限的機會來吸引對希特勒的關注，將之塑造為「民族復興」的焦點，而不僅是黨魁或政府首長而已。根本性的變革勢如破竹，正在整個民族和民族團結的利益前進，也終結了舊政策（舊制度只會迎合特定利益，也因此永久分裂了社會和政治），這種感覺並不只有納粹分子才有。[15] 三月二十一日，德國國會在波茨坦駐防教堂（**Potsdam Garrison Church**）的開幕慶典中壯觀戲劇式的壯舉，報刊很快就指出這天象徵著春天和新時代的到來，這種節慶氣氛不僅營造出「民族覺醒」的感受，也是鞏固希特勒國家領袖威嚴的重要一步。兩天之後，希特勒在國會演講時主張引入一項授權法，並對社會主義者表現出刻薄蔑視的態度（想當然，共產黨代表此時不是被捕，就是已經逃跑了），但希特勒也小心翼翼地不觸動天主教黨派對宗教的敏感神經，並鄭重承諾會維護教會在國家裡的地位。[16]

如今有大批投機分子想要加入納粹黨，黨內的「元老戰士」稱這些人為「三月歸降者」（March Fallen），這股風潮自選舉以來就有許多人想要搭上。現在波茨坦國會大廈啟用之後，幾乎每座德國城鎮都竭力對新政府表示效忠，有報告指出，絕大多數人的熱忱「都是絕對發自內心」。[17] 我們先前引用過的巴伐利亞報刊《米斯巴赫指標》就反映出非同尋常的「復興」氛圍，其針對「德國人民日」（The Day of the German People）的報導，便描寫出這群陶醉的民族主義者在三月下旬懷抱的民族復興期望：

14 W. Beuth, *Der deutsche Hitler-Frühling. Die Wiederaufrichtung Deutschlands durch den Volkskanzler des Deutschen Reiches Adolf Hitler*, Frankfurt a.M, 1933, pp. 9, 5off.

15 其中一例就是露易絲．索密茨，她為民族主義保守派而非納粹支持者，可參見其反應：Noakes and Pridham, G. (eds.), *Documents on Nazism*, London, 1974, pp.160-2.

16 參見資料同上，pp. 190-5。

17 GStA, MA 106677, RPvOF/MF, 7 Mar. 1933; 另參見 GStA, MA 106672, RPvNB/OP, 5 Apr. 1933.

德國現在發生的事，不僅是為了要革新國家的概念，更是為了重塑德國的靈魂……德國人民已經從折磨我們多年的噩夢甦醒過來，踏上一條通往嶄新（希望也是充滿幸福的）時代的道路……願三月二十一日成為一個起點，讓我們邁向團結、不可分割的自由德國人民共同體，擁抱所有善意的人民，並以基督教價值、民族認同和社會凝聚力為本。[18]

幾天內，數百座城鎮村莊都種下了「希特勒橡樹」和「希特勒菩提」，這些樹本就是古老的異教象徵，很久以前便已融入德國民族主義的禮拜儀式。各個社區都在爭相授予希特勒榮譽公民的頭銜，熱烈表示他們的欽慕之情；好比說魯爾區（Ruhr）的波鴻（Bochum）就在請願書中宣稱：「俾斯麥打造出德意志帝國，阿道夫．希特勒現則正將國家打造為團結的人民。」[19]授予希特勒（還有興登堡）榮譽公民身分（此現象遍及全國各地）的目的，在於象徵新舊德國之間的團結，這點先前在波茨坦（Potsdam）會議中也有所強調。一九三二年春天，選民曾面臨在希特勒與興登堡之間做取捨的問題，但競爭如今已化為一片祥和。德國總統受到萬人景仰，「波茨坦日」的活動編排便巧妙利用總統的權威和魅力，以服務新任納粹統治者的利益，在政權成立的最初幾個月，總理和總統惺惺相惜的情誼尤其不斷得到強調。競選期間，德意志國家社會工人黨就曾製作海報，其中德高望重的德國總統和「年輕」又有活力的總理站在一起，上方的口號寫著：「元帥和下士：與我們一起為和平與平等權利而戰。」[20]

顯而易見，如這般將新與舊結合、將興登堡的傳統權威與希特勒得到的民意授權結合，都是時人有意為之。這種宣傳手法無疑有助於將人們對興登堡的一部分信任（人民認為其為德國民族價值的體現）轉移到希特勒身上。在坐落於腓特烈大帝（Frederick the Great）陵墓上方的波茨坦駐防教堂裡，希特勒於這位年老陸軍元帥的面前誇張、謙恭地行禮；總統也對代表著「新德國」的總理表示「祝福」，這些舉動占盡媒體和新聞版面，可說是暗示性宣傳的傑出一手。不過，儘管興登堡在一九三四年去世前一直被融入納粹的形象，但毫無疑問，形象塑造者想打造的英雄，絕非七年多來一直代表著可恨共和國的老總統，而是「人民總理」希特勒，他的時機顯然正將到來。一九三三年三月二十四日，《授權法案》（Enabling Act）頒布，此後希特勒身為總理的統治地位獲得了制度上的保障，再也不必依賴總統的「緊急狀態權」。

三月選舉後的幾週，舉國都為希特勒感到歡欣鼓舞（也有人關注興登堡，只是數量要少得多），但同時當局也開始恐怖壓迫那些不願加入新「人民共同體」的人，但大多數人卻沒有因此感到擔憂。三月時，德國各地的共產黨員和其他「國家敵人」遭到大規模逮捕，就如先前在普魯士對左派的攻擊

18 *Miesbacher Anzeiger*, 22 Mar. 1933.

19 引自 J. V. Wagner, *Hakenkreuz über Bochum*, Bochum, 1983, pp. 219-20.

20 參見 H. Huber and A. Müller (eds.), *Das Dritte Reich. Seine Geschichte in Texten, Bildern und Dokumenten*, 2 vols., Munich/Vienna/Basle, 1964, i. 125; and F. V. Grunfeld, *The Hitler File*, London, 1974, p. 158.

以及國會縱火案後的嚴厲措施，此舉也得到了民眾的廣泛認可。下巴伐利亞的一份報告便無疑準確反映出多數民眾的意見，不僅限於該地區而已，報告指出，「大多數共產黨煽動者已無法再作惡」，這讓人民感到很滿意。[21]雖然在巴伐利亞，新任國家政府感到有必要制止與「任意大規模逮捕」相關的謠言，並稱只有德共或黑紅金國旗團的前黨工才會受到「保護拘留」，但他們也擴大了高壓措施，呼籲人民應「自我監管」，並援引一九三三年三月二十一日通過的《惡意行為法》（Malicious Practices Act）規定：「如有任何侮辱德國政府或貶低民族革命的行為，那麼每個心繫國家的人民同志……都必須向負責的國家憲兵隊（Gendarmerie）舉報。」[22]這樣的公開邀請受到熱切響應，激起了一波普羅大眾的舉發浪潮，但原因往往都是出自於與鄰居或同事的私人恩怨，其誇張程度就連警察當局都有所批評。[23]

社會上瀰漫著恐嚇和警惕的氣氛，若是無心說了什麼還得小心隔牆有耳，這自然有助於大大減少對希特勒的負面評論。現在，批評希特勒者會受到「特別法庭」格外嚴厲的懲罰，而新設這類法庭的用意，正是為了迅速處理政治犯罪。新聞審查和威逼手段限制了民眾公開表達異議的權利，這實際上就表示，希特勒的公眾形象，從今以後就只會剩下戈倍爾、迪特里希和其他官方政治宣傳機構為他塑造的樣貌了。反希特勒的言論現在被迫轉入地下，大部分只能出現在反納粹派系的非法小冊子、匆忙潦草的塗鴉，以及因酒精影響脫口而出的話語之中。

一九三三年四月二十日，從希特勒四十四歲的慶生活動，就能看出個人崇拜在如此短的時間內發展到了何種地步，程度已遠超出對政府首長的任何「正常」表彰，幾乎每座德國城鎮的街道和廣場上都懸掛著各種標語和裝飾，用來公開奉承及讚頌這位「人民的總理」。儘管宣傳機器已發揮絕佳水準，但他們顯然還是能夠利用廣大民眾原有的潛在支持度，讓日益壯大的希特勒崇拜至少有一部分能為人民所接納，戈倍爾仍不遺餘力地將希特勒與俾斯麥做比較，其他道賀其生日者更是誇張。由於希特勒以前曾被貶為無足輕重的「鼓手」和煽動者，「稱不上是政治家」，但他憑藉著「全心全意地投入」才取得了今天的成就，因此更加難能可貴。[24]

這股對希特勒的歡呼浪潮是很有感染力的，這不僅是原有信徒的強心針，更能夠孤立不情願和猶豫不決的人，讓他們感到自己是社會的局外人，因為在這個社會之中，數百萬人表現出的崇拜之情才是常態。報紙上的報導（雖然手法尚未完全「協調一致」）也傳遞出相同的印象，如今讀者量正迅速

---

21 GStA, MA 106672, RPvNB/OP, 5 Apr. 1933; 另請見 GStA, MA 106682, RPvS, 22 Mar. 1933.

22 *Miesbacher Anzeiger,* 24 Mar. 1933.

23 參見GStA, MA 106682, RPvS, 6 Apr. 1933; GStA,MA 106680, RPvUF, 20 Apr. 1933. 公開批評、舉報的社會和政治意義，請見M. Broszat, 'Politische Denunziationen in der NS-Zeit', *Archivalische Zeitschrift,* lxxiii (1977), 221-38; R. Mann, 'Politische Penetration und gesellschaftliche Reaktion. Anzeigen zur Gestapo im nationalsozialistischen Deutschland', in R. Mackensen and F. Sagebiel (eds.), *Soziologische Analysen. Referate aus den Veranstaltungen der Sektionen der Deutschen Gesellschaft für Soziologie beim 19. Deutschen Soziologentag,* Berlin, 1979, pp. 965-85. 安大略省倫敦市休倫學院（Huron College）的羅伯特・蓋拉特萊（Robert Gellately）教授即將發表一項研究，舉發行為也是其關注焦點。

24 *Völkischer Beobachter,* north German edn., 21 Apr. 1933; 另請見 Bramsted, E. K., *Goebbels and National Socialist Propaganda 1925-1945,* Michigan, 1965, pp. 204-6.

增加的《人民觀察家報》也大肆宣揚：「舉國都向元首致敬。全體德國人民都以莊嚴、樸實的儀式慶祝阿道夫·希特勒的生日。所有城鎮村莊都破天荒地掛上了彩旗、舉行宗教儀式、火炬遊行和慶典遊行。無數次展現出對這位人民總理的忠誠……。」[25] 有中產階級傾向的《慕尼黑最新消息》(Müünchner Neueste Nachrichten) 現在也自然遠比一九三三年之前更加支持納粹主義，該報將這些活動的規模解釋為一種明證，證明希特勒是多麼有資格獲得「人民總理」的「美稱」。該報也聲稱，這些活動根本不需要什麼誇張的宣傳或組織行動，就能啟發德國各地的人民如此積極參與，並得出結論如下：

人民團結一心，宣示尊阿道夫·希特勒為嶄新德國的領袖，這樣的態度在幾週前仍是難以想像的……簡而言之：人民如此熱情參與總理個人的光榮之日，這證明了阿道夫·希特勒就是全體人民心目中的元首，德國的心屬於他。[26]

巴伐利亞的「希特勒日」活動就如德國其他地區，也是「人民的歡樂慶典」。就連小村莊裡的房屋也裝飾著旗幟和綠色植物。在慕尼黑市中心，商店櫥窗裡陳列著希特勒的照片和半身像，上面掛滿了鮮花和月桂花環；民宅房屋也裝飾得富麗堂皇，路面電車掛著節日彩旗，還有大批人群滿懷期待地聚集在他們覺得可以一睹希特勒風采的地方，然而希特勒本人卻假意低調，只在自己的私人公寓裡度過一天。納粹演講者在歌頌希特勒時所使用的誇張言辭已突破上限，要實現其宣傳功能，就只能訴諸訊息受眾原本便有的情感，其實也就等同於人們投注在希特勒個人身上的「世俗信仰」表達，下方摘錄巴伐利亞教育部長漢斯・施姆（Hans Schemm）的演講內容作為範例：

> 只有把當代歷史事件與整個德國歷史做比較，我們才會知道希特勒這個名字的意義。現在看看德國的面貌，我們能見到其背後有另一位建築大師，他從德國靈魂中提取了最美好的元素……為德國創造出嶄新的面容，他是上帝賜予我們的藝術家和建築大師。綜觀過去兩千年，我們肯定能得出這樣的結論，成品至此刻才揭曉。能夠成為阿道夫・希特勒的石匠、木匠，甚至是最低階的臨時工，就已是上天的恩賜。希特勒的品格使德國人民百萬倍的渴望得以成為現實。

元首崇拜的製造者明白，在公開演講和新聞報導中大力強調希特勒在各方面的「天縱英才」會有弱化「人民總理」的「人性」之虞（一九三三年四月，他還被譽為舞臺和戲劇領域中「最偉大的專家」和「德國最厲害的建築大師」）。[27]要彌補這點，就要為其塑造出忠誠和同情的感人形象，有篇報導就指出，希特勒在一位納粹運動「元老戰士」垂死時來到對方的床邊，元首與他交談時「充滿了父親

---

25 *Völkischer Beobachter*, north German edn., 21 Apr. 1933.

26 *Münchner Neueste Nachrichten*, 21 Apr. 1933. 下一段落及引文也是參照同一篇報導。

27 同上，*Münchner Neueste Nachrichten*, 21 Apr. 1933.

般的溫柔和善良」，臨走前更與對方「依依不捨地握手」。[28]戈倍爾也在生日致辭中談及此事，強調希特勒身邊的親密戰友對他的「人性」有多麼熟悉，雖然新加入的數百萬追隨者還不太了解這點。他不僅是他們未來希望的象徵，他真正的偉大之處在於他純樸的個性。戈倍爾以一種病態的感傷語氣做結尾，意圖營造出領導者和被領導者之間的親密認同感（卻很老套），這個語調也成了他未來幾年生日頌詞的特色：「我們向你伸出雙手，發誓你將永遠不忘今日初衷：『我們的希特勒』！」[29]

一九三三年三月仍有大半選民不支持希特勒，而要贏下這些人的支持，他還有很長的路要走，但一九三三年四月的慶生活動已讓他向前邁出一步。在選舉後的六週內，希特勒的形象就已經發生重大轉變，他不再是持極端對立觀點和反對國家的黨領袖，而是在如今多少一致的黨宣傳下成了德國人民團結的象徵，就連許多仍視納粹為特殊利益政黨的人來說同樣如此。

在後續幾個月裡，納粹採取進一步重大行動，欲消滅所有潛在對手，讓人民在政治上除了效忠希特勒之外別無選擇。其餘政黨均被解散，因此有組織地公開反對已再無可能，這點也象徵性地體現在漸成所有德國人標準問候方式的納粹「希特勒禮」之中。無論是出於自願、無奈還是在壓力之下為之，簡單但經常使用的「希特勒萬歲」都成了向外表態自己支持該政權的方式，但若拒絕使用就擺明了是在與當局作對。如今，被刻意打造成的「德國式問候」既是宣傳又是脅迫手段，若不想被當作政治局外人，若不想承擔可能的後果，就都得多少敷衍一下地表示「希特勒萬歲」，每次大型集會都可見到海量群眾伸出的手臂，這樣的情景也為「領袖」和「人民」的團結提供了可觀的外在見證。

一九三三年七月十三日，這是所有非納粹政黨遭禁的前一天，德國內政部長威廉．弗里克

（Wilhelm Frick）頒布一道指令，強制規定所有公職人員使用「德國式問候」，旨在表達「全體德國人民與其領袖團結一致」。隨之而來的法令也強制要求非黨員在唱國歌和〈霍斯特．威塞爾之歌〉時必須行「希特勒禮」，該法令幾乎毫不掩飾，語帶威脅地說：「要是不想被懷疑蓄意行為不當，就應行希特勒禮。」就算殘障也不能當作理由。兩週後，當局又頒布了附加條款：如果殘障導致無法舉起右臂，「那就理當改用左臂問候」！[30]

「希特勒神話」不斷成長的另一個外在跡象，就是源源不絕的「朝聖者」，這些人會前往柏希特斯加登（Berchtesgaden）附近的貝格霍夫（Berghof），希望能一睹元首的風采。有份報告便指出：「上薩爾茨堡（Obersalzberg）已經成為某種朝聖之地」，並寫道：「瓦亨費爾德之屋（Wachenfeld House）周圍的區域經常擠滿了仰慕他的男男女女。德國總理就連在偏僻的地方散步，也會被一票唐突的崇拜者和好奇的人追逐。」[31]

巴伐利亞行政區首長的報告（其資料的連貫、豐富程度均是此時期德國他處所無法比擬）一致指

28 *Völkischer Beobachter,* north German edn., 21 Apr. 1933.

29 引自 Bramsted, E. K., *Goebbels and National Socialist Propaganda 1925-1945,* Michigan, 1965, p. 206.

30 BAK, R43II/1263, Fos. 93, 164.

31 GStA, MA 106670, RPvOB, 19 Aug. 1933. 索帕德於一九三四年中期收到的報告指出，在希特勒位於上薩爾茨堡的住宅花園中，柵欄上的木頭被「當作文物」拿走，還有一名女子甚至刮走了希特勒回家時踩過的泥土。引自 *DBS*, i. 101, 26 June 1934.

出，從一九三三年四月至九月期間，希特勒和納粹政權的支持度顯著上升，就連從前對他們懷抱敵意的民眾，或充其量態度冷淡的支持者都有所改觀。九月，「納粹掌權」後的第一次黨代會讓希特勒有充分的機會能讚揚納粹主義的成就——尤其是他自己的成就。[32]但若不是德國政府在表面上似乎已有了顯著的成功，那麼再華麗的詞藻、再高壓的手段都無法非常有效地樹立希特勒的形象，人民有感於政府正大力解決失業、農村債務及貧困等重大問題，也有感於這些領域首次出現了明顯的改善跡象，使得這種感受帶來新希望，並為希特勒及其政府贏得越來越高的地位和威望。[33]此時期，助長「希特勒神話」成形的因素，並不是景氣實質上的改善（最初改善的程度也相當有限），而是在於人們對經濟開始懷抱信心，這樣的信心也日益增長。小型地方報刊所使用的「樸實」語言也發揮了作用，只要當地有任何進步和變化的跡象，這些納粹編輯就會以浮誇又過度簡化的筆調，將其歸功於希特勒的偉大。其中一例就是一九三三年九月上旬發表於施瓦本（Swabian）一份小報上的文章，摘錄如下：

我們希特勒的一舉一動都令人驚奇得啞然失語……自此人將歷史掌控於手中起，萬事均順遂……自從希特勒掌權起，我們就有了工作。我們終於能有所成就，但其中最美好之處，在於每個人都在幫助創造工作機會，確實正應如此。隨後，我們就得以從泥淖中脫身了。看看我們的阿道夫．希特勒廣場，那裡正進行著各種建築工事，錘打、敲擊聲令人感到快樂。我只能一遍又一遍地表達自己的驚嘆之情。誰能料想得到根茨堡也能擁有多瑙河（Danube）港口？我告訴你，

根本沒人想得到。哈！看看下方新建的鐵路橋，這就是我所說的人民經濟……。[34]

文中卻沒提到，那座鐵路橋早在一九三二年希特勒掌權之前便已開始動工建設。根茨堡善良的鎮民也不會知道，即便在一九三三年曾有過討論，但根茨堡鎮最後並不會有自己的多瑙河港口，最重要的是，人們感覺事情又有了轉機。納粹宣傳的目的在於將氣氛的變化歸因於個人、將一切都歸功於希特勒，而民眾的心態更恰好與之吻合。

一九三三年十月，德國退出國際聯盟（League of Nations），而後續定於十一月十二日的全民公投，以及納粹完全掌權後的首次國會民選，也都進一步提升了希特勒的威望。當然，德意志國家社會主義工人黨現在是唯一參與競選的政黨，候選人名單只有一份（被稱作「元首的名單」）。儘管「選舉」的目的在於核可政府的整體政策和成就，並使其合法化，但附帶宣傳活動的主旨，卻幾乎全是為

32 Domarus, pp. 296-9.

33 例如 GStA, MA 106670, RPvOB, 20 Apr. 1933, 4 May 1933, 5 Aug. 1933; MA 106672, RPvNB/OP, 5 Apr, 1933, 6 June 1933, 5 July 1933, 7 Aug. 1933; MA 106677, RPvOF/MF, 20 Apr. 1933, 20 Sept. 1933, 6 Oct. 1933; MA 106680, RPvUF, 20 Apr. 1933, 6 May 1933, 21 July 1933, 18 Aug. 1933, 6 Sept. 1933; MA 106682, RPvS, 6 Apr. 1933, 22 Apr. 1933, 7 June 1933, 3 Aug. 1933, 19 Aug. 1933.

34 *Schwäbisches Volksblatt,* 9 Sept. 1933. 感謝茲德內克・佐夫卡（Zdenek Zofka）博士提供此參考資料。

了確保民眾能對希特勒本人表現出必要的忠誠。現在，就連非納粹媒體也越發頻繁地稱他為「元首」，「人民的總理」此稱呼則已不再那麼常出現。

儘管希特勒的成就還不甚完整，但納粹媒體總能想方設法予以讚揚。希特勒本人在十一月一日於威瑪演講時也樹立了這種論述，他表示，自己曾許諾要用四年的時間讓德國擺脫六百萬失業者，但在短短九個月內，他便已成功為兩百五十萬名失業人士提供了「工作和麵包」。[35] 德國農民組織（Reich Farmers）的領袖達里（Richard Walther Darré）曾於慕尼黑的一次演講中提到「政權移交」時農業的慘況，並將之與元首隨後的偉大成就做比較，這時據說臺下有一萬五千名農民不斷用「如雷的掌聲」打斷他。達里指出，每一位農民學到的教訓顯然都是「要與阿道夫．希特勒共進退」。公共工程和創造就業計畫是此時最有效的納粹宣傳主題，而這一切也首先都要歸功於希特勒，「是他為德國制定了即將實現的強大就業計畫」。[36]

即便這場「選舉」明顯缺乏自由，人民除了納粹的政策外別無選擇，投票箱前的選民身分也未必受到保密，但結果對希特勒來說卻是不容否定的成功——公投得票率為百分之九十，「國會選舉」則贏下百分之八十七點八，[37] 這也向外界公開證明了他在德國享有廣泛的支持。而膽敢不投票或投下「否（Nein）」的反對者和懷疑者結果只占了極少數。至於投票結果的可信度，看達豪集中營（這裡大概不算是納粹的民意堡壘）就知道了：該處囚犯在公投中投下「是（Ja）」的比例有百分之九十九點五！[38] 然而，儘管官方的投票數據毫無意義，但至一九三三年十一月，希特勒確實受到人民真誠的支持（尤其是在公投主要關注的國防和外交政策議題上），這點令人難以質疑，此時希特勒的支持度，已遠遠超出他在同年早前三月選舉中獲得的支持度。就算大多數德國人認為希特勒崇拜的偏激極端很可笑或令人作嘔，但如今他們卻已準備好接受此人並非等閒政客的事實，最重要的是，他的「成就」令人難以忽視。

千真萬確，就連年邁的德國總統本人也予以肯定，他在希特勒就任總理週年紀念日發表了一封公開信，並於信中對希特勒「奉獻的心血」和「偉大成就」表達「真誠認可」：

> 這一年來發生了很多事，我們致力於脫離經濟困境和重建祖國，也已取得了巨大進展……我有信心，在未來的一年裡，你和你手下的工人會成功延續這份工作，並在上帝的幫助下，以德國人民甫開心落實的民族團結作為根基，完成你們滿腔熱血開啟的德國偉大重建工作。[39]

---

35 *Münchner Neueste Nachrichten*, 3 Nov,1933.

36 同上，6 Nov. 1933。

37 參見 BAK, R18/5350, Fo. 83. 有關選舉違規行為的投訴調查則請見 Fos. 95-104, 107-22; 另參見 M. Broszat, *The Hitler State*, London, 1981, pp, 91-2. 詳盡分析請見 K. D. Bracher, G. Schulz, and W. Sauer, *Die nationalsozialistische Machtergreifung*, Ullstein edn., Frankfurt a. M. 1974, i. 480ff.

38 *Münchner Neueste Nachrichten*, 13 Nov. 1933.

39 同上，30 Jan. 1934。

在夏、秋季期間，希特勒還曾表現出一副準備要制止黨內激進分子和衝鋒隊隊員的樣子，似乎有意制止他們的「革命激情」和狂暴、專斷的行為（此為「納粹掌權」階段的特徵），並將運動的能量引導到「漸漸進步」的管道中。[40] 這消除了許多人原有的疑慮，讓他們越來越願意接受元首的權威，但同時仍對黨及其附屬機構持批判立場，並拒絕將希特勒與黨中激進分子的不端行為相提並論。

至「政權移交」後的第二次希特勒慶生活動之時，元首崇拜的風氣已經相對穩固。然而，一九三三年的民眾歡慶氣氛，至一九三四年已轉變為宗教般的偶像膜拜。報上刊登了德國首席新聞發言人（**Reich Press Chief**）奧托・迪特里希博士的賀詞，但迪特里希的讚頌之語卻是既老套又充滿了陳腔濫調：人民之所以能獲得「工作和麵包」、「德國人民的命運得以扭轉」，都全要歸功於希特勒，他「從人民之中崛起，至今仍屹立於人民之中」。[41]

納粹宣傳日日吹捧第三帝國的巨大好處，但對眾多尚未見識到這些好處的人而言，這篇賀詞聽來仍很空洞。至一九三三年末至一九三四年初的冬季，已有廣大民眾清楚意識到，實質的社會及經濟改善幾乎比不上納粹畫下的大餅，納粹聲稱的「經濟奇蹟」進展仍極其有限，想當然也讓許多人因「掌權」前的承諾未能兌現而首次感到失望，人們於一九三三年夏季對經濟前景懷抱的熱情至此時已然消退。有越來越多農民、中下層階級認為第三帝國的經濟現實與其宣傳沒有多大關係，產業工人和數百萬失業人士對此感受更是深刻。

來自德國各地的報告證明，人民的情緒於一九三四年上半出現顯著惡化，這也無疑使得元首慶生活動的氣氛變得更有所節制，[42] 人民對希特勒本人的態度也並非不受影響。一九三四年春末，一份來自德國西南部的索帕德報告指出，「批評的聲量已不再止步於希特勒」；來自薩克森邦（Saxony）的另一份報告則表示，人民不滿的對象正是「元首本人，對元首的彆扭讚頌正在減少」；一名柏林社民黨線民也同意，在大約四個星期前，人民在批判時本來還會說希特勒立意良好，只是因為身邊的顧問很糟糕才表現不佳，但希特勒本人現在也受到了攻擊，連勞役（Labour Service）營和衝鋒隊內部也出現了不滿的聲音，裡頭的人們逐漸意識到「希特勒根本不支持社會主義」。[43] 可是索帕德的分析專家也承認，他們的報告結果並不一致，他們收到的其他資料仍顯示希特勒廣受吹捧，連工人階級也開始擁戴他。[44] 據一位柏林的記者報導，人民認為希特勒的本意誠實，還說若是下屬管理不善他也無能為力；同一份報告也承認，這種態度僅有一部分是「系統化元首宣傳」的成果，另一部分的原因，則在於希特勒的個性對「常人」本就有無可置疑的影響力，「許多人仍非常信任希特勒本人，他

---

40 參見 Broszat, *The Hitler State*, pp. 204ff.

41 *Völkischer Beobachter*, north German edn., 20 Apr. 1934.

42 請參閱遍布普魯士蓋世太保辦事處一九三四年二月和四月的報告，尤其是有關經濟的部分：ZStA Potsdam, RMdI 25721, 26060. 巴伐利亞的狀況請見 Kershaw, *Popular Opinion*, pp. 46ff, 75ff, 120ff. 另參見 *DBS*, i. 9-14, 99-122，一九三四年五月十七日和六月二十六日的報告。

43 *DBS*, i. 101-2, 26 June 1934.

44 同上，i. 100-1, 26 June 1934。

尤其深受工人信任」。[45]

正如以上評論指出，對社會和經濟狀況持續的不滿情緒（表示不滿的人大都可能本就未完全被納粹主義說服，尤其是工人階級），並不妨礙人民認可該政權的其他「成就」，特別是歸功於希特勒本人的成就。人民因物質匱乏感到委屈，這樣的日常情緒雖是構成民眾態度的重要因素，卻未必表示要將納粹主義或元首完全拒之門外，從某種意義上說，元首已經跳脫了「體系」，獨立於絕望的「常態」、「日常」領域之外。[46]對景氣的不滿情緒日益高漲，「希特勒神話」雖然絕非毫髮無傷，卻顯然仍能凌駕於人民每日對物質匱乏的擔憂之上，並作為一種補償機制。雖然希特勒的演講或有重大外交政策成功時只能帶來一時的愉悅感，民眾不久後還是要面對陰鬱的日常生活，但顯然許多人都有一種持久的殘留感覺——無論有何種暫時的困難和憂慮，元首都將一切掌控在手裡，也知道該如何走上通往更美好時代的道路。所以說，「希特勒神話」在納粹體系內無疑具備重大的穩定和整合功能，可以化解不滿的情緒，並於「日常生活」的常態之外營造一種以「國家」政策和「國家」利益為重的場域，甚至能吸引到對該政權持批判態度的人，讓他們也支持納粹統治的核心元素。

民眾只要感受到希特勒政權提供了哪些社會效益，往往便會直接將之視為元首本人的功勞，不了解政治和經濟狀況不佳的人特別容易有這種傾向，由此清楚可見希特勒形象的「傳奇」性質。一九三五年秋季有份報告即是典型範例，此報告是由上巴伐利亞因河畔米爾多夫（Mühldorf am Inn）的一位納粹街區黨組織領導撰寫，其中記述了他向其所在街區貧困居民發配冬季援助（Winter Aid）的狀況。[47]他寫道，自己轄區內「最貧困的居民」（主要為失業者、退休人士和寡婦）的反應完全出乎他的意料，令他感到驚喜又深受鼓舞。其中有個領取退休金的長輩說的話令這位街區黨組織領導尤其印象深刻：

> 去年冬天，冬季援助計畫讓他的生活有了保障，他大讚冬季援助計畫是元首最偉大的舉措。這名老人住在一間非常破舊的房間裡，牆壁已經很久未上過油漆，牆面都被煙燻黑了，只見元首的照片掛在上頭俯瞰著房間。

一名女子告訴他，她非常感激國家當局現在真心關懷窮人。另一位女子被問及是否收到了冬季援助，她答道：「**你在想什麼？**自從希特勒上臺後，我先生在冬天也有工作，就是這樣我們才能維持生計。當然，以前可不一樣。」還有一位前共產黨員的妻子補充道：

---

45 DBS, i. 10-11, 17 May 1934。另參見 L. Eiber, *Arbeiter unter der NS-Herrschaft. Textil-und Porzellanarbeiter im nordöstlichen Oberfranken 1933-1939*, Munich, 1979, p. 110; 以及 T. W. Mason, *Arbeiterklasse und Volksgemeinschaft*, Opladen, 1975, pp. 123, 149 n. 233.

46 我曾於此篇論文中更詳細論證過這點：'Alltägliches und Außeralltägliches: ihre Bedeutung für die Volksmeinung 1933-1939', in Peukert and Reulecke, pp.273-92.

47 以下擷取自 StAM, NSDAP 494。我在 *Popular Opinion*, pp. 128-9 的另一情境中也曾提及此報告。

一開始的生活很艱難，你也知道，我們那時被貼上了共產黨員的標籤。但人在失業四年後，立場就會變得激進。這兩年來我先生都在特金（Töging）工作。看看這邊，住在這棟破舊小屋裡的我們也曾支持過共產主義，現在屋內卻掛著元首的照片，我曾在照片下方教女兒朗誦〈我們的天父〉（"Our Father"）。我本人在一九三二年便離開了教會，我的女兒則每天都要為元首朗誦〈我們的天父〉，因為是他讓我們能夠再次每天都享有麵包。

無論這名街區黨組織領導和他訪問過的民眾如何加油添醋，這類言論都有其真實性，這也再次反映出一種並不罕見的傾向：「不諳」政治的群眾，往往會將第三帝國給他們帶來的任何社會效益直接歸功於希特勒本人，並滿懷感激地認定社會利益均係由希特勒發起及推動。對於政治「文盲」而言，納粹黨為「行動宣傳」而實施的冬季援助及其他類型的「社會福利」分配，都被當作「元首個人的社會成就」，這些舉措往往已足以讓他們相信「元首與先前的馬克思主義政府不同，他是真心關懷窮人」的神話。[48]

一九三四年夏天發生的兩起關鍵事件，決定了元首形象的進一步發展：一是所謂的「羅姆政變」（Röhm Putsch）遭到鎮壓；二是興登堡於一九三四年八月二日去世後，總理和德國總統的職位合併。一九三四年六月三十日，希特勒本人下令血腥屠殺衝鋒隊的領導階層，民眾對此的反應很值得注意，此事件不僅沒有損及他的聲望，反倒使他的支持度急遽上升，這點我們會於下一章節討論。希特勒形象發展的第二個主要動力是興登堡之死，這讓宣傳機器有了進一步機會能利用死者的巨大威望來為納粹政權謀利。媒體在報導興登堡去世的消息和他的葬禮時，會稱他為「德國人民的民族神話」、「真正的本土民族詩人艾克哈特（Ekkehart）」、「來自遙遠過去、令人感念的偉大人物」，而興登堡最大的貢獻，就是在一九三三年一月三十日這天為「年輕的納粹主義運動」鋪平了道路。[49]

希特勒現在可以放心寬宏大度了。如今，唯一一個具備憲法職權、有可能協助保守派菁英對抗納粹領導階層的人，已經加入了用於紀念民族英雄的瓦爾哈拉神殿（Valhalla），不可能再構成進一步威脅。「與偉大死者名字不可分割」[50]的德國總統職位隨後迅速被廢除，公務員和德國國軍（Reichswehr）的士兵都必須以個人名義宣誓效忠希特勒，以上都是深具象徵意義的強權政治行為。八月四日，頭條新聞終於可以宣稱：「今天，希特勒就是德國的全部。」[51]

現在，希特勒在憲法上的元首權威已不受限制，八月十九日的公民投票雖然旨在使興登堡死後的變革合法化，卻只不過是一場用來慶祝元首權威的儀式。在第三帝國的四次全國性公投之中，這是唯一一次並非為了慶祝外交政策重大勝利而舉行的投票，與一九三三年、一九三六年和一九三八年的性

48 IML/ZPA, St.3/44/1, Fo. 180, LB of Stapo Breslau, 4 Mar. 1936.
49 *Münchner Neueste Nachrichten*, 3 Aug. 1934; J. C. Fest, *Hitler, Eine Biographie*, Ullstein edn., Frankfurt a. M., 1976, p. 651.
50 *Münchner Neueste Nachrchten*, 3 Aug. 1934.
51 同上，4 Aug. 1934。

質有所不同，這場投票僅是要讓人民表現出對希特勒的信心。公投前的宣傳也是異常短暫又相對低調，希特勒本人並未參與其中，活動主題是「必須向我們自己和世界提出一個比以往更有力的新證據，證明領袖和人民的團結」。宣傳指稱，希特勒團結分化的人民，開闢通往自由的道路。現在每個德國人都有責任展現出這種團結，與元首一同為了德國而奮鬥，口號是：「希特勒獻身德國——全德國獻身希特勒。」[52]

公投結果顯示，領袖和人民的團結並不如納粹冀望的那麼徹底，根據官方資料，百分之八十四點六的人投下了「是」，但在德國部分地區，尤其是工人階級密集的地區，卻有多達三分之一的人拒絕投票給希特勒。[53]相較於一九三三年十一月，這次的結果令納粹非常失望，「是」的得票率下降無疑反映出一九三四年人民普遍對景氣心懷不滿，也對納粹黨及其代表日益失望。亞琛（Aachen）的一份報告指出，在公投前，有部分選民對投票給元首持保留態度，「因為這張票可能會被當作對德國政府和納粹黨的信任票」；波茨坦有張選票上則潦草寫著：「給希特勒的票：是，給他手下的大人物：否」。[54]從這樣的情緒可以看出，人民有將希特勒與其下屬的骯髒形象分開的傾向——我們將在下一章中探討此現象。

儘管從納粹的角度來看，公投結果相對不理想，但毫無疑問，這兩件事——凝事的衝鋒隊領導階層被拔除、興登堡死後希特勒獲得新權力——都為元首崇拜提供了新的動力。在一九三四年九月的紐倫堡黨代會上，希特勒將夏天的創傷拋諸腦後，終於得以公開表達他的心滿意足，甚至是勝利之感。一九三四年，紐倫堡舉行了一場盛大的黨慶典，活動最大的重點就是作為傳播元首崇拜的工具。

當然，元首在先前的集會中本就是各場活動的焦點，但如今他更是高高在上，凌駕於前來向他致敬的黨員之上。極度放大的希特勒形象現在已經有意識地建立起來了，在希特勒的明確指令下，才華洋溢的年輕電影導演蘭妮・萊芬斯塔爾（**Leni Riefenstahl**）受命依希特勒自己發想的標題《意志的勝利》（**The Triumph of the Will**）拍攝納粹黨代會的畫面。儘管萊芬斯塔爾也仰慕元首，卻從未申請入黨，從頭到尾，她的影片都只聚焦在希特勒身上，就連他身邊的親信也完全站在其陰影之下，只稱得上是片中的臨時演員。經歷了動盪的夏天後，這部影片旨在展現力量和團結——克服重重阻礙、最終取得勝利的強大堅定意志；黨和人民團結一心效忠元首。影片一開頭就充滿了象徵意義：希特勒乘坐的飛機穿過紐倫堡上空雲層緩緩下降，在地面上投射出一道十字形陰影，而下方有衝鋒隊正在行進，街道上也有數千民眾滿心期盼地等待他。所謂「堅定的救世主基調」瀰漫整部影片，[55] 一直延續到集會

52 *Münchner Neueste Nachrichten*,19 Aug. 1934。

53 與一九三三年十一月相比，「是」的得票下降情形請參閱 BAK, R18/5355, 'Die Volksabstimmungen am 12. November 1933 und 19. August 1934'. 公投的地區分析可參見 Bracher et al., *Die nat. soz. Machtergreifang*, i. 486-98.

54 *Volksopposition im Polizeistaat*, ed. B. Vollmer, Stuttgart, 1957, p. 74; IML/ZPA, St.3/936, Fo. 17, RP Potsdam, 5 Sept. 1934. 同年稍早，索帕德在布蘭登堡邦（**Brandenburg**）的農村地區也觀察到了類似情緒。據說當地居民表示，如果再次舉行公投，他們會在選票上寫下：「給希特勒的票：是，至於衝鋒隊的褐衫大老：一千個否。」引自 *DBS*, i. 11, report of 17 May 1934.

55 D. J. Diephouse, 'The Triumph of Hitler's Will', in J. Held (ed.), *The Cult of Power: Dictators in the Twentieth Century*, New York, 1983, p. 51.

結尾的高潮，這時魯道夫・赫斯神祕兮兮地宣布領袖、黨和人民的團結：「黨就是希特勒。但希特勒是德國，德國也是希特勒。希特勒！勝利永在（Sieg Heil）！」[56]這部電影上映時座無虛席。[57]德國宣傳部製作的隨附節目單清楚說明了影片要傳達的訊息，片中強調元首在迎接身著傳統服裝來到紐倫堡的農婦時表現出的「真誠友好的態度」，也凸顯他在檢閱掌旗隊伍時「男子漢般的認真態度」，《意志的勝利》正是藉此手法來證明「這個國家是如此歸屬於元首，元首又是如此歸屬於這個國家！每一個眼神、每一次握手，都表現出『我們彼此歸屬，一同永表忠誠』的告解與誓言」。[58]觀看這部電影的人看的顯然不是一部關於德國黨代會的紀錄片，而是元首崇拜的影像呈現。

一九三四至一九三五年，元首崇拜也開始越發主導第三帝國的憲法學說。胡伯（Ernst Rudolf Huber）、福斯托夫（Ernst Forsthoff）和科爾羅伊特（Otto Koellreuther）等憲法學領域的頂尖專家現已自行打造出他們的「元首國家」學說，透過「希特勒個人是人民意志的化身」這樣神祕主義的概念來合法化元首的無所不能，並將政府矮化為希特勒的顧問機構。[59]正如納粹律師協會主席漢斯・法蘭克（Hans Frank）幾年後所說：「第三帝國的憲法是元首歷史意志在法律架構下的體現，但元首的歷史意志未必能滿足其自身行為的法律先決條件。」[60]此時，圍繞元首個人崇拜的「希特勒神話」早已贏下重要資產階級知識分子和社會菁英的心，他們仰仗其社會地位和知識分子所謂的「嚴謹態度」，對「希特勒神話」合法化可是大有貢獻。

一九三四年，人民對社會和經濟的不滿成為士氣漸低的一大原因，這無疑也導致八月公投的票數「少得可憐」，但在一九三五年的頭幾個月，兩次「全國性」的大成功卻又替納粹扳回一城。首先，一月的薩爾公投（Saar Plebiscite）為納粹政權帶來了出乎意料的好結果，有百分之九十的薩爾人口投票贊成併入德國；第二，一九三五年三月，德國重新實施全民義務兵役制度，並以一場壯觀的閱兵式慶祝新「德意志國防軍」（Wehrmacht）的誕生，此舉違反了《凡爾賽和約》（the provisions of Versailles）的規定，顯然是在公然蔑視西方盟國。索帕德的報告也悲觀地指出薩爾公投是如何影響德國民眾的情

---

56 引自 D. Welch, *Propaganda and the German Cinema, 1933-1945*, Oxford, 1983, p. 157. 同筆資料對這部影片有很詳盡的分析，請參閱 pp. 147-59。希特勒崇拜的氛圍主導了整部《意志的勝利》，其程度遠超出蘭妮·萊芬斯塔爾於一九三三年為上一場黨代會拍攝的影片：《信仰的勝利》（*Sieg des Glaubens*）。這部早前的影片在各方面都算是《意志的勝利》的「預演」，但不同於一九三四年的地方在於，《信仰的勝利》仍讓希特勒的親信有機會成為矚目焦點。恩斯特·羅姆（Ernst Röhm）的表現尤為突出，據說這就是希特勒在一九三四年「長刀之夜」後下令銷毀該片副本的原因，其實人們直到最近都還以為這部影片完全沒有留下任何副本。引自 H. Hoffmann, ' "Victory of Faith" (1933) by Leni Riefenstahl', unpubl. paper, pp. 5, 15-16.

57 然而有份來自柏希特斯加登的報告指出，《意志的勝利》於一九三六年十月的前三個週日在巴特海新哈爾（Bad Reichenhall）放映時，電影院裡的觀眾幾乎全是奧地利人，他們駕著汽車和自行車湧入剛開放的邊境。引自 StAM, LRA 29655, BA Berchtesgaden, 3 Nov. 1936.

58 引自 Welch, David, *The Third Reich. Politics and Propaganda,* London, 1993, p. 151。

59 參見資料同上，Welch, David, *The Third Reich. Politics and Propaganda,* London, 1993, p. 146; *Der Nationalsozialismus. Dokumente 1933-1945*, ed. W. Hofer, Frankfurt a. M. 1957, pp. 82-3; *DBS*, v. 525-31.

60 Noakes and Pridham, G. (eds.), *Documents on Nazism*, London, 1974, p. 254.

緒、如何使社會主義更加難以抵抗希特勒，[61]在無預警的狀況下宣布重新徵兵等同於一場驚人的政變，對索帕德的觀察家而言，重啟徵兵制的綜合效應也非常明顯，令人喪氣：

三月十七日，人民群情激昂，整個慕尼黑彷彿都站了起來。你可以強迫人民歌唱，但可無法強迫他們如此熱情地歌唱。我經歷過一九一四年那段日子，我只能說，宣戰當時對我的衝擊，可不如三月十七日人民接納希特勒那樣令我驚訝……人民越發信賴希特勒的政治才能和誠實意圖，希特勒也再次贏得廣大民眾的極力支持。他受到很多人的愛戴……。[62]

來自西發里亞（Westphalia）的一份報告補充說，希特勒在薩爾大獲成功，再加上他顯然能不顧風險重整軍備，這兩件事也讓他得到工人階級的青睞。就連之前支持共產主義的人（他們原本失業，現在則在軍備工業中賺取高薪）也很樂意捍衛此制度，理由是至少他們現在有工作，這是「其他人沒能給他們的」。[63]薩爾的勝利和重啟兵役都屬於外交政策領域的首度巨大成功，這似乎證實了希特勒不僅有能耐對內振興德國，更有能力帶領國家在外交事務上收穫新的認可及成功，一掃凡爾賽「充滿羞辱的和平」，恢復德國的榮光。

一九三五年四月希特勒生日時，軍事實力恢復、重整軍備的平等權利、德國的獨立，以上三者也構成了奧托．迪特里希所作賀詞的主題。國際政治方面的成功，現在為希特勒的形象又添了另一層特質——「民族的象徵」。迪特里希摘要說明了「元首神話」早期的主要特性：一九三三年，希特勒是

「德國統一的鬥士和締造者」；一九三四年，他是「嶄新德國的政治家和建築師」；而到了現在的一九三五年，希特勒則是「國家的最高領袖」，他以「無可匹敵的決心」成功恢復了德國的武裝自由。最初，希特勒以一名「普通工人」之姿恢復德國的「社會自由」，如今這位昔日的「前線小兵」又帶著偉大的「軍人功績」恢復了德國的「民族自由」。元首崇拜在迪特里希的「散文」中呈現出英雄和神祕主義的氛圍：

阿道夫・希特勒在英勇奮鬥中使德國人民重獲新生，同時我們也發現，德意志民族的永恆重生已融入他自己的人生道路……我們在他身上見證了德意志民族堅不可摧生命力的象徵，阿道夫・希特勒生動體現出這種生命力……。[64]

戈倍爾還比照自己在一九三三年使用的手法，徹頭徹尾捏造希特勒的「人性特質」，他的目的是

61 *DBS*, ii, 9, 12-14, 6 Feb. 1935.
62 同上，ii. 278-9, 14 Mar. 1935。
63 同上，ii. 283, 14 Mar. 1935。
64 *Völkischer Beobachter*, north German edn., 20 Apr. 1935.

要以元首親信的身分，將「希特勒，這位人格充滿魔力的男人」呈現給每個德國人。[65] 實際上深諳戲劇之道的希特勒，在他筆下卻成了「旁人無法想像他會裝腔作勢」的人。戈倍爾也再三強調希特勒本人有多麼樸素和謙虛：他的「簡樸」飲食，還有他的「簡樸」制服，制服上頭只別著一枚一級鐵十字勳章（Iron Cross），這還是希特勒「作為小兵時，因展現出個人最高尚的勇敢情操而獲得的」表揚。[66] 希特勒的「古怪」工作風格讓第三帝國的行政作業更加混亂，但他卻被形容成一個永不懈怠、在別人熟睡時仍辛勤為子民賣命的人。另外，戈倍爾還描寫希特勒是如何為人民犧牲了所有個人幸福和私生活，以格外感傷的筆調形容這種強烈的孤獨和悲傷之感；希特勒缺乏溫暖人性、友誼與愛，戈倍爾卻說他是為了高尚的職責而犧牲自我。最後，戈倍爾以祈禱般的語氣為這篇讚頌作結：

> 全國人民不僅對他懷著崇敬之情，更深深地、由衷地愛戴他。因為人民有一種感覺，感覺自己歸屬於他，血肉來自他的血肉，靈魂來自他的靈魂……他來自於人民，也一直與人民同在……連最底層的人都待他以友善與信任的態度，因為他們能感受到他是他們的朋友和守護者。但全體人民都愛他，因為人們在他的掌中感到安心，就如同在母親懷抱裡的孩子……無論是聚集在他身旁的我們，還是最偏遠村莊的小人物，在此時此刻我們都齊聲說道：「無論過去、現在或未來，他一定都會是：我們的希特勒！」

這篇賀詞中引人注目的論述（不僅是扭曲現實而已，更是直接推翻現實），除了讓人見識到戈倍爾極度依賴希特勒來維持自身權力基礎，他是如何極盡阿諛諂媚之能事，也讓我們能從中看出他本人對希特勒的崇拜。這位宣傳部長對「希特勒神話」的捏造貢獻大過任何人，他自己顯然已拜倒在這種力量之下（本人的日記也證實了這點）。但是，先不論戈倍爾是出於何種個人動機，而建構這則希特勒向「人民共同體」中所有人展現溫情與關懷的傳說，這則傳說顯然是利用了一種偽宗教的「世俗救贖」情感，在大眾心理中形成一股不容輕忽的力量。除了這點之外，民眾也很容易將個人情感投注在政治上，還有仰慕政治「偉大特質」的天真傾向，以上因素在很大程度上都讓人們更加接受元首崇拜。每天都有數千封信件——連同許多禮物和「詩情畫意」的讚美——大量湧入位於柏林的元首幕僚辦公室（Führer's Adjutancy），這證明戈倍爾確實能在大眾心理中引起共鳴。一九三五年四月，有位柏林女子給希特勒捎來生日祝福，這封信僅有一小片段留存至今，其內容就體現出這種「通信」的味道：「我由衷敬愛的元首！**您的**生日到了，而**我們**只有兩個殷切的願望：願祖國的現在與將來都能如**您**所願，也願上帝為我們永遠保佑您安康。E. E. 敬上。」[67]

65 下文來源同上，21-2 Apr. *1935*（刪節版），完整版請見 *Münchner Neueste Nachrichten*, 21-2 Apr. 1935.

66 根據 Fest, J. C., Hitler. Eine Biographie, Frankfurt am Main, 1973, p.713，希特勒喜歡旁人穿著華麗的制服，好完整凸顯他本人的「簡樸」裝束。

67 BAK, NS10/158, Fo. 172. 其他範例可參見 BAK, NS10/157, Fo. 126, 138 及 NS10/160, Fos. 150-150v.

然而，一九三五年卻絕非希特勒崇拜在德國的巔峰時期。一九三五年九月，斯德丁（Stettin）有份相當大膽的蓋世太保（Gestapo）報告指出，戈倍爾打造的「人性」希特勒形象並沒有完全說服許多人。許多「人民同志」在一九三五年的紐倫堡黨代會（期間頒布了惡名昭彰的反猶太法）後，「幾乎感受不到元首與人民同在，也難以察覺元首的同胞情誼」，報告接著說，「命令的語氣出現在各種場合，幾乎稱不上是親民，這種語氣與其說是有吸引力，不如說是令人反感」，並極其坦率地補充道：「尤其當國內的人民同胞察覺不到溫情，只能強烈感受到專橫的態度時，反感之情就油然而生，但這種反感的情緒並非針對傳遞的訊息本身，而是針對說話的人。」[68]

最重要的是，一九三五年景氣日益惡化，工資低、生活成本急遽上漲、食物短缺、失業率仍居高不下，種種經濟問題使得民怨四起，社會因此出現了可見的騷亂跡象，在大型工業中心最為明顯，這也使得納粹統治者感到憂心，甚至威脅到希特勒本人的聲望。各地的報告從四面八方湧入德國內政部，部長弗里克將這些報告做成摘要發送至德國總理府，提及物價上漲使得民心更加動盪，他認為這是「很嚴重的危機」。[69] 在弗里克提請元首注意的報告之中，來自明斯特（Münster，位於魯爾工業帶的邊緣）的報告表示，「民心不穩，令人憂心情況會惡化到極致」，並特別指出有謠言稱蓋爾森基興（Gelsenkirchen）的礦工即將絕食抗議；來自民登的報告則稱：「糧食價格若再上漲，當今政局將無法承受。」一個月後，北馬克（North Mark，漢堡地區）的勞工信託人（Trustee of Labour）則談到「工人階級的情緒是一片慘狀」，且當前的政局面臨著「異常巨大的危險」。[70]

另一方面還有低薪問題。一九三五年六月，來自艾福特（Erfurt）的蓋世太保報告指出，「工資問題」是「決定政局穩定與否的重大議題之一」，必須盡快解決，因為「只有讓工人階級心滿意足……才能保障納粹國家的存續和進一步發展」。[71] 索帕德委員會的記者指出希特勒的民意受挫，還開始樂觀地設想納粹制度將準備步向終結。來自西利西亞（Silesia）的一份報告指稱：「希特勒崇拜明顯在衰落」；薩克森邦的另一份報告則說：「民眾的疑竇正在磨蝕希特勒神話。」萊茵蘭等地也經常有傳言說沙赫特（Hjalmar Schacht）或布隆貝格（Werner von Blomberg）將成為「後起的人選」，並說軍事獨裁制將很快取代納粹政權。[72]

一九三五與一九三六年之交的冬季，情況不僅沒改善，反而還惡化了。在勞工陣線（Labour Front）的流動宣傳小隊到各地宣傳時，工人們並不情願一同為元首歡呼「勝利永在」，這在馬德堡蓋世太保辦公室的眼中，正是他們心懷不滿的徵兆。[73] 然而，政權內部對民心最直白的評估結果，卻

---

68 IML/ZPA, St.3/39/III, Fo. 625, LB of Stapo Stettin for Sept. 1935.

69 BAK, R43 II/318, Fo. 2, 弗里克致總理府祕書長蘭馬斯（Hans H. Lammers），一九三五年七月二十四日。

70 同上，BAK, R43 II/318, Fos. 28-9, 62. 一九三五年八月八日致蘭馬斯的報告摘要，報告來自阿恩斯貝格（Arnsberg）、明斯特及民登；勞工信託人處會議紀錄，一九三五年八月二十七日。

71 IML/ZPA, St.3/38/II, Fos. 312-13, LB of Stapo Erfurt, 6 June 1935.

72 *DBS*, ii. 757-60, 895, 899, 903-5，一九三五年七月及八月的報告。

73 IML/ZPA, St.3/ 44/III, Fo. 700, LB of Stapo Magdeburg, 5 Mar. 1936.

是柏林蓋世太保一系列坦率得令人驚訝的報告。一九三五年十月的報告指出，油和肉類短缺（儘管柏林有專門供應）、食物價格上漲及失業率再次上升，都是情緒惡化的主要原因。[74] 一九三六年一月，廣泛調查得出結論：人民的情緒持續惡化，和先前一樣是受到物質匱乏與「悽慘」生活水準的影響，物價飛漲更是令情勢雪上加霜；[75] 至三月初，民心更加動盪，「令人極其擔憂內部的政治局勢」。人們可能在柏林待上好幾天都聽不到「希特勒萬歲」的問候語，只剩下穿制服的公務員或來自外地的人會這麼喊——由此可見情勢之惡化。也有許多人嚷著要軍事獨裁或再來一個「六月三十日」（「羅姆政變」的日子），「整肅是為了要徹底清除濫權行為，軍事獨裁則是要在武裝部隊的主導下，打造嶄新、清廉的國家領導和行政機構」。據說民心思變的原因不僅是一時的糧食短缺，「如果人民普遍信任國家的領導階層和納粹運動」，就能體諒這種情況。報告直指主要的原因是在於黨領袖、黨工、整體政府和業界部門有害社會的行為、生活方式以及公然的貪腐行徑，報告也補充了下列引人注目的段落：

> 民眾對元首的信心確實也正在經歷危機，根據真相撰寫的民心報告對此不可忽視。元首下屬種種人為錯誤所造成的影響，大家都說元首不可能對此視而不見：時不時便有人在建造豪華別墅、他幾個同仁的生活是多麼奢侈，這種行徑往往會直接惹怒大眾。這類議論通常會以此問題作結：「為什麼元首要忍受這種事？」此外，元首在上一次黨代會上還特別袒護下屬，許多下級領袖之後肯定會趁此濫權，持續現有的惡形惡狀（民眾也普遍有這樣的觀感）。在廣大民眾之中，有越

來越多人認為元首周圍有一堵無形的牆，而反映真相的報告再也不得其門而入。[76]

向希特勒口頭摘要這樣充滿批評的報告是項艱巨任務，而這份工作就落在了副官弗雷茲・維德曼（Fritz Wiedemann）的身上，還沒等維德曼說完前幾句話，希特勒就憤怒打斷他，咆哮道：「民心不壞，好得很。我比較懂，這種報告才會讓民眾不開心。我不許以後再有這種事。」[77]希特勒不耐煩又不理性的反應，表示他內心也知道報告中對民心潰散的評估是準確的。無論如何，在一九三五年夏天到一九三六年春天期間，他也要求下屬回報物價的狀況，甚至還同意優先考慮民生用品，暫緩用來重

---

74 BAK, R58/535, Fos. 91-6, Stapo Berlin, report for Oct. 1935. 該報告是由柏林警察局長格拉夫・赫爾多夫（Graf Helldorf）簽署，他後來參與抵抗活動，並於一九四四年因涉及策畫反抗希特勒而遭處決。

75 BAK, R58/567, Fos. 84-92, Stapo Berlin, report for Jan. 1936.

76 IML/ZPA, St.3/44/I, Fos. 103-7, LB of Stapo Berlin, 6 March 1936.

77 Fritz Wiedemann, *Der Mann, der Feldherr werden wollte*, Velbert/Kettwig, 1964, p. 90. 自一九三四年中期起，各單位便會定期上呈普魯士的「情勢報告」，戈林擔心報告中的負面語氣會使得接受呈報者情緒惡化，故以此為由，表示應終止這類報告。一九三六年四月八日，報告於蓋世太保首長海德里希（Reinhard Heydrich）下令後終止。引自 Kulka, 'Die Nürnberger Rassengesetze', p. 595。

整軍備的原物料，[78] 這表示他對騷亂的情形也心知肚明。

當時，從政府的角度來看，進軍萊茵蘭前夕的民眾士氣絕對稱不上理想。一九三六年三月七日，萊茵蘭發生了重大變化，如果我們以為此舉主要是為了轉移國內騷亂的注意力，那就大錯特錯了。外交和策略條件顯然是關鍵要角，但至少在決定重新占領的時機時，國內考量似乎也多少有其重要意義。無論如何，這也是外交部長康斯坦丁·馮·紐賴特（Konstantin von Neurath）的觀點，他在與德國駐羅馬大使烏爾里希·馮·哈賽爾（Ulrich von Hassell）私底下交談時，確實曾表示自己認為當局之所以會發起萊茵蘭軍事化行動，完全是出於國內情勢考量。紐賴特也表示，希特勒察覺人民對政權的熱情普遍消退，因此感到有必要訴諸新的民族口號來再次煽動群眾。哈賽爾也同意希特勒最在乎的是國內情勢考量，而該「行動」正好提供一次有利的機會，讓大家可以先擱下供給困境以及黨與萊茵蘭天主教會之間的衝突。[79]

三月七日進軍萊茵蘭儘管有其風險，卻成功揭穿了西方盟國的虛張聲勢，早期外交政策的勝利都因此黯然失色，《凡爾賽和約》又少了一筆造成民族創傷的條款。然而這也表示，一九二五年外交部長古斯塔夫·施特雷澤曼（Gustar Stresemann）於瑞士羅加諾（Locarno）開創的集體安全精神將就此被埋葬，卻鮮少有人在乎。這場驚天動地的改變得到近乎一致的喝采和歡呼，再次被推崇為**這名男人**的傑出成就——民眾也相當認同。

國會意外遭解散，加上為三月二十九日「選舉」而舉行的宣傳活動，都激起新一波對元首的基本崇拜，這股風潮席捲了整個德國。儘管這次「選舉」的目的在於推選新一屆國會成員，但全黨上下和宣傳機器都將其狂熱的競選活動指向元首本人，並大舉對當局表示忠誠，藉此對內強調抵抗終將徒勞無功，也對外強調德國的力量與統一。宣傳的觸手並沒有止步於大城市，甚至還延伸到了小村莊，在上巴伐利亞的阿爾卑斯山（Alps）村落裡，街道上掛著巨大橫幅，上面寫著「只有一個人能把事做好：元首！繼續效忠他！」這類口號，民宅裡也裝飾著花環、希特勒的照片，還有各式各樣的節日裝飾。在選舉日當天，村民更經常在銅管樂隊的伴奏下一起遊行到投票所。[80] 三月二十八日和二十九日，報紙上刊登了希特勒的巨幅照片，並呼籲每位德國人支持他「奮力爭取真正的和平」，頁面上處處引用「元首的話」，文章和插圖也絕不讓任何人忘記元首的成就。有家報紙大力吹捧：「德國人又能工作了！」一旁則有張畫著一名德國工人的滿版插圖，工人的下方有條延伸至遠方的高速公路，配圖文字寫著：「各處人民都在朝共同的目標努力！人民團結、齊心、協力！德國人民都要感謝元

---

78 BAK, R43II/318, Fo. 31, 204-13, 219-20; R43II/318a, Fo. 45-53; BAK, Zsg.101/28, Fo. 331.（交由媒體的機密資訊〔Vertrauliche Informatlonen〕：一九三五年十一月七日，德國召開部長級會議研議如何應對食物供給危機。期間希特勒否決了實施配給制的提議，然而軍隊自願同意在春季前放棄部分外匯分配，以將外匯用於進口食品，希特勒同意了此提議）。

79 M. Funke, '7. März 1936. Fallstudie zum auBenpolitischen Führungsstil Hitlers', in W. Michalka (ed.), *Nationalsozialistische AuBenpolitik*, Darmstadt, 1978, pp. 278-9.

80 *Münchner Neueste Nachrichten*, 29 Mar, 1936.

首！」[81]

根據官方開票結果，這次「選舉」是迄今最成功的全民投票，有百分之九十八點九的人「支持這份候選人名單，因此也支持元首」。[82]這數字本身顯然很荒唐，選民除了納粹黨之外別無選擇，投票所也受到祕密控制，讓人民多害怕會受到報復；此外還有一些公然的操縱和捏造行為。[83]科隆（Köln）區域黨部主委（The Gauleiter of Cologne）在自己的選區甚至有百分之一百零三的支持度，因為他給了手下太多重複的選票。[84]然而，此結果也確實無疑代表著對希特勒和其外交政策的壓倒性贊同，似乎就此證實了競選期間不斷排練的主題：德國是一個「本土民族元首國家」，元首也不是獨裁者，而是「履行人民意志的人」。正如憲法律師的解釋：「人民對元首命令的認可」並非建立在統治者與被統治者之間的劃分、當局與人民之間的商討妥協之上，而是奠基於「支持者表現出的信任」。[85]「希特勒神話」已成為德國政府「體系」的基礎，它給政府、政府官員及法律理論家帶來了各種問題：他們設法從本質上毫無道理可言的「元首意志」中推導出邏輯和系統，並為希特勒提供偽民主的合法性，這麼做卻是徒勞無功。

一九三六年三月七日，漢斯・迪爾（Hans Dill）寫了一封信致前社民黨主席奧托・威爾斯（Otto Wels），精準道出公投大勝與希特勒決策之間的實際辯證關係。漢斯・迪爾在一九三三年之前曾任國會議員，現在則於索帕德委員會擔任北巴伐利亞的「邊境祕書」，他就居住在邊境外後人熟知的「蘇臺德地區」。迪爾在信中寫道：「希特勒的政策將讓他自己無所遁形。他解散國會、重新舉行選舉，讓自己再無逃避的可能。希特勒將於三月二十九日得到人民的許可；他的政策會獲得超過百分之九十的選票。此後，這個循環就會關閉，他也再無法踏出。這名獨裁者讓自己受到人民的約束，被他自己想要的政策束縛！」[86]

毫無意外，「選舉」三週後，希特勒的生日致敬活動又將阿諛奉承的行為拓展到了全新境界。奧托・迪特里希在他慣常的生日賀詞中也提到「巨人的政治成就」，稱希特勒在這三年來帶領人民走向「生命的尊嚴、自由的光芒，以及民族榮耀的財富」。德國人民將這位領袖視為自己的化身，「可能沒有哪個凡人能像阿道夫・希特勒——這位出身人民的人——一樣受到如此多的愛和信任」。[87] 戈倍爾也和去年一樣，專注探討「充滿人性的希特勒」，這次則特別稱頌他對兒童的熱切關愛，而這些孩子又憑藉著天生的敏感心思，意識到「他全心全意歸屬於他們」，孩子們在潛意識裡大概也明白「他一人就值得萬人景仰，因為他再次讓德國孩子們的生活有了意義」。這次的重點主題，一樣也是人民是

81 Münchner Neueste Nachrichten, 28 Mar. 1936.

82 BAK, R18/5038, Fo. 373. 此檔案還包含「選舉」的宣傳指南。結果發表於 *Statistisches Jahrbuch für das Deutsche Reich,* ed. Statistisches Reichsamt, Berlin, 1936, p. 565。

83 參見 T. Eschenburg, ‘Streiflichter zur Geschichte der Wahlen im Dritten Reich’, *VfZ,* iii (1955), 311-16。

84 Wiedemann, F., *Der Mann, der Feldherr werden wollte,* Velbert/Kettwig, 1g64, p. 74.

85 *Münchner Neueste Nachrichten,* 14 Mar. 1936.

86 ASD, ES/M33, Hans Dill to Otto Weis, 7 Mar, 1936.

87 *Münchner Neueste Nachrichten, 20* Apr. 1936.

如何一心一意地認同元首。戈倍爾聲稱：「歷史上從來沒有人能如他一般，集整個民族的信任和歸屬感於一身。」在科隆的群眾集會結束後，「選舉」運動也告一段落，戈倍爾於此時吟誦道：「人們感覺得到，德國已成為一個包容所有階級、職業和教派的偉大教會。而現在，這個教會的代禱人就站在全能上帝的高座前，提供民族意志和行為的明證。」而在返回柏林的火車旅途中，這個受到如此崇拜的人就靜靜坐在車廂窗前，「穿越他的土地、穿越他的子民，此時此刻或許也正享受著受到全民深深愛戴的幸福之感」。如今，這位妙筆生花的宣傳部長和「元首神話」的主要作者，更在人民和領袖親密團結的故事中添上新的一筆：如帝王般的父親形象，平靜又充滿威嚴地凌駕於凡人的所有日常憂慮之上，「就如大海中的一塊岩石」。值得注意的是，戈倍爾——迄今為止，他在讚揚中使用「希特勒」此名的次數比其他宣傳家都多——在這次演講的結尾並沒有高呼「我們的希特勒」，而是改成了「我們的元首」。[88]

至一九三六年，希特勒崇拜的羽翼已臻豐滿。就民意狀況來看，它在一九三八至一九四〇年發展至巔峰，這點我們會於後續章節細說。當然，我們無論何時都不可能評估戈倍爾投射出的極端希特勒形象究竟有多少人完全買單，不過，我們似乎能肯定——反納粹索帕德委員會負責報告的縝密分析家也多次承認這點——當局一連串表面上的成就與轟動功績，讓希特勒領導下的納粹政權能視之為自己的功勞，應該也給了許多天性多疑者，或甚至是完全敵對者留下深刻印象。此外，幾乎無人能完全逃過媒體不斷投射的「元首神話」，只要是有讀報紙、聽廣播或看電影的德國人基本上都不可能。除去心意已決的反對派之外，人們就算心有不甘，也越發不得不承認希特勒確實給德國帶來了顯著、甚至可謂是非凡的轉變，看似不言自明的偉大功績，結合無孔不入的宣傳手段，使得如毒品般的「元首神話」令人難以抗拒。然而，個人崇拜的本質也一再讓人看清，宣傳要奏效的前提，就是先讓廣大民眾不疑有他、心甘情願地信賴不受約束的政治領導階層。

想當然耳，黨內的元首崇拜現在已毫無界限。一九三六年九月，希特勒在紐倫堡黨代表大會上發表反布爾什維克（**anti-Bolshevik**）的長篇大論之後，來自萊茵河畔奧本海默（**Oppenheim**）的一位年長「黨同志」寫了封信（是眾多信件的代表作），表達其對希特勒救贖力量的偽宗教天真信仰，而其所揭示的意識形態觀點，也表示此人完全服膺於「元首神話」所傳遞之希特勒世界觀（**Weltanschauung**）中心思想。此信摘錄如下：

> 我的元首！……我無盡的愛讓我必須每天感謝我們的造物主，因為他將如此優秀的元首賜予我們和全德國的人民，在那個時候……我們美麗、親愛的祖國正面臨猶太布爾什維克主義的威脅，本有被徹底摧毀之虞。如果沒有您——我敬愛的元首——在當時因苦民所苦而找到勇氣，沒有僅憑七人組成的小團體躍升為六千六百萬德國人的救世主，那麼我不敢想像，在第一次世界大戰幾無癒合的傷口之後，還會流下怎樣的淚水和鮮血。您對每個人偉大的愛——從最小的孩子到最年

---

88 Münchner Neueste Nachrichten, 20 Apr. 1936。

長者——俘虜了所有人、女人、男人，還有全體德國青年的心……上帝創造了您——我的元首——讓您成為德國的工具，我很榮幸（這並非奉承，也絕非虛偽）能夠向上帝為您祈求健康，祈求人民對您的愛應堅定不移地成長，一如許多出於愛與榮耀而為您——我的元首——種下的橡樹，就連德國最小型的社區也有其蹤影……向元首高喊萬歲，與所有至今仍忠於元首、至死不渝的前線戰士一同取得勝利。因為即使我們終將死亡，德國也必得存續。您至死忠誠的前線同志阿道夫．多恩（Adolf Dörn）。[89]

那麼這種每日的吹捧狂潮，對被吹捧的本人來說又有何種影響呢？正如我們所見，希特勒在一九二〇年代對自我的認知，本來還與已經存在的誇張元首崇拜相去甚遠。即使在第三帝國早年，這種保留態度仍多少可以察覺。雖然希特勒的一貫本性便是極度以自我為中心，無法容忍任何形式的批評或反對意見，但至少在掌權的最初幾年，他似乎仍與圍繞自己所打造的信仰主體「人格」保持著一定距離。我們可以說，希特勒在一九三三至一九三五年仍認為，圍繞他個人建立的崇拜信仰主要是促進黨員乃至全體人民團結的重要手段，並同意將其作為一種「愚弄群眾」的工具，但他本人同時也對這股信仰保持著置身事外的態度。[90]

然而，我們很難想像希特勒能夠完全不受圍繞自己而打造的誇張信仰動搖，遑論這樣的信仰如今更日益將他包圍。而希特勒本人又是何時也拜倒在「元首神話」之下？許多人指出，萊茵蘭勝利後的幾週令人振奮，希特勒便是在這段時期完全信服了自己的「神話」。這個論點也有當代可近距離觀察希特勒者的回憶作為佐證，例如，首席發言人奧托・迪特里希便稱一九三五與一九三六這兩年對希特勒的發展具有關鍵影響，因為此時希特勒的個人行為發生了顯著變化，而蓋世太保前首長魯道夫・迪爾斯（**Rudolf Diels**）的回憶錄也有類似的論調。[91] 除了這類證言之外，希特勒公開演講的用詞也有所變化，展現出自我認知的轉變。在一九三六年三月之前，他很少使用戈倍爾等人會用的偽神祕、「救世主」、準宗教詞彙來談論自己，但在一九三六年三月十四日於慕尼黑的演講中，希特勒稱自己「帶著夢遊者般的明確意志」，沿著「天意」為他鋪就的道路行走。自此之後，希特勒與「天意」之間的神祕關係就很少在他自己的主要演講中缺席，他的言辭裡總透著偽宗教象徵主義，堅信自己就是絕對的真理。[92] 希特勒現在經常對自己誇下海口，也越來越常向德國人民強加主張，這種演講的風格和內容顯然表明希特勒的自我形象出現了變化。如今在一九三六年的德國黨代會上，他談到自己與德國人民之間具有神祕的連結：「你們能在數百萬人之中……找到我，這是我們這個時代的奇蹟！而

89 IfZ, MA 731, NSDAP-Hauptarchiv 1/1.
90 Weißbecker, M., 'Zur Herausbildung des Führerkults in der NSDAP', in K. Drechsler et al. (eds.), *Monopole und Staat in Deutschland 1917-1945*, East Berlin, 1966, p. 122.
91 O. Dietrich, *Zwölf Jahre mit Hitler*, Cologne/Munich, n.d. (1955), pp. 44-5; R. Diels, *Lucifer ante Portas. Zwischen Severing und Heydrich*, Zürich, n.d. (1949), pp. 48-50, 58-9, 61-2.
92 Domarus, p. 606, 另請見 pp. 16-19。

我找到了你們，這就是德國的財富！」[93] 種種跡象都指出，這不再只是純粹的煽動性語言，希特勒本人也成了「元首神話」的信徒，他本人也是納粹宣傳的「受害者」。若要為這樣的轉變找出一個確切日期，那麼三月七日（成功進軍萊茵蘭這天）也許最為接近，而我們似乎可以肯定地說，從希特勒開始相信自己「神話」的那天起，在某種意義上也標誌著第三帝國開始走向終結。[94]

---

93 *Der Parteitag der Ehre vom 8. bis 14. September 1936*, Munich, 1936, pp. 246-7.

94 參見 Fest, J. C., *Hitler. Eine Biographie*, Frankfurt am Main, 1973, pp. 713-14; A. Bullock, *Hitler. A Study in Tyranny*, Pelican edn., Harmondsworth, 1962, p. 375.

3 CHAPTER

「元首無罪」：希特勒與「小希特勒」

「不，各位先生。元首就是黨，黨就是元首。」

——希特勒，一九三五年

「希特勒還行，但他的下屬只不過是一幫騙子。」

——上普法爾茨的黨員，一九三四年十二月

至目前為止，我們一直都專注於回溯「元首神話」從初期至約莫一九三六年的整體發展（至一九三六年，「元首神話」顯然讓希特勒更加高估自己的權力，也妄想著自己是絕對的真理）。但為了清楚對照，本章會將重點擺在「希特勒神話」的一個特質上，此特質在一九三三年之後具有很重大的意義，可清楚闡述「希特勒信徒」是如何「從基層」協助打造「希特勒神話」，以及政治宣傳的操縱能力。此特質也能令人看清個人崇拜的功能作用，了解其是如何在納粹體系中作為政治整合的關鍵要素。本章會著重探討此一特殊現象：希特勒人氣的上升不僅沒有帶動納粹黨的人氣成長，甚至在某些方面而言，更是直接犧牲掉納粹運動作為代價才得以增長。為證明這點，我們必須先擱置納粹主要媒體機關和其他大報塑造「希特勒神話」的過程，改將重心轉至地方層級的意見表述：解析黨和國家機構定期做成的「民心」和「情勢報告」，以及反納粹政權社會主義分子透過自身情報網收集到的資訊。巴伐利亞有豐富的資源可供挖掘，不過我也會結合來自德國其他地區的材料，明確點出巴伐利亞人民的反應在全德國都很常見。

我們由民眾對元首和黨工的觀感便能看出納粹政權內部形象上的差異，這種差異在獨裁統治的最初幾年便已確立，是整個第三帝國政治輿論的基本特徵。然而，在轉而探討「小希特勒」本身的形象之前，我們可先觀察希特勒的聲望是如何以納粹運動作為代價而擴大，這也明顯表示「元首神話」在第三帝國有其重要的補償作用。要清楚了解這點，我們應先檢視民眾對一九三四年德國國內最關鍵的大事有何種反應：一九三四年六月三十日，在所謂的「羅姆政變」之後，希特勒旋即下令屠殺衝鋒隊領導階層。

「元首重整秩序」：長刀之夜，一九三四年六月三十日

在納粹政權對其早期「成就」的大力宣傳下，人民也感到歡欣鼓舞，但此後政權的民意基礎卻漸漸流失，而「羅姆事件」發生之際，正是人民初期的熱情明顯消退之時。持續的大規模失業和經濟衰退引發民怨，慘淡的日常生活與德意志國家社會主義工人黨誇下的海口相去甚遠，未兌現的諾言令民眾大失所望。但除此之外，納粹在地方「掌權」的實際成果（對地方政府、地方教會和學校、農工貿易及社區關係的影響）也常常令人民幻想破滅，原本普遍包容納粹主義的社會群體（下層中產階級和

保守的社會「建制派」），現在已開始受到納粹「革命」的衝擊。而黨內激進分子的反教權主義和反教會行為，也日益擾亂教會與國家之間相對平靜的關係（雙方關係在一九三三年間便已越發難以維持）。德意志國家社會主義工人黨仍在野時，曾塑造一種擁抱全民團結和「復興」的「運動」形象，截然不同於威瑪各黨派分裂的「拉票行為」。但如今，納粹黨上臺後，在「草根」層面上的表現卻完全稱不上是團結、和諧及整合的力量，看起來反倒像是只在意特定既得利益的典型「政黨」，就和先前的其他政黨沒什麼兩樣。納粹各代表公然擴張自己的野心、爭奪權勢，以明目張膽的下流行徑分化民心，使人民更加疏遠，少有人會樂見新上任的統治者在地方上演權力鬥爭及互相敵視的戲碼。隨著納粹從「鬥爭運動」轉變為第三帝國的執政黨，每個人卻都在打造自己的小型帝國，公然的貪腐之舉也變得無處不在，尤其是當社會上的無名小卒突然躍升為地方的大人物、拚命追逐名利時，這種行為更是令人無法容忍。最重要的是，新生第三帝國的「黑暗面」就反映在瘋狂渴望權力的衝鋒隊上，他們恃強凌弱、粗魯暴力，其令人厭惡的行為——在左派的「滋事者」和其他「反社會分子」被「清除」後——極度擾亂德國中產階級的公序良俗。

我們必須在這樣的背景下探究人民對「羅姆政變」的反應。絕大多數民眾都對高層的鉤心鬥角幾乎一無所知，尤其是國防軍領導階層的內部鬥爭，其目的在於消除以恩斯特・羅姆（Ernst Röhm）為首的龐大偽革命勢力。民眾也不知曉衝鋒隊領導階層與希特勒之間正醞釀著信任危機，並將引爆一九三四年六月三十日的大屠殺。除了權力菁英的圈內人之外，幾乎沒人曉得發動政變的企圖是有心人陰險捏造，就為了有個合理理由來清算羅姆和衝鋒隊高階領袖（還有找格雷戈爾・斯特拉瑟和施萊謝爾將軍等宿敵算帳）。即便如此，大家也許會覺得，若是沒有一點照著法庭規矩審判的樣子，便大舉槍殺曾經共事過的同仁，這樣可能會引發人民對希特勒一夥人的反感與憤怒，但就記錄著「羅姆政變」後德國各地「普羅大眾」反應的報告來看，真實情形卻竟然完全不是這麼一回事。

其實，即便是在事件發生後不久，就能明顯看出幾乎完全無人對希特勒提出任何批評。六月三十日下午稍早，隨著這件大事的消息傳出，施瓦本便有份報告稱：「民眾從一開始就普遍支持元首。」[1] 據說上巴伐利亞的人民也「毫無保留地認可元首的幹勁、聰明才智及勇氣」，這樣的聲音四處都能聽見。[2] 在特殊專員（Special Commissioner）和輔助警察（Auxiliary Police）的襄助下，衝鋒隊在巴伐利亞扮演納粹「基層革命」的前鋒，其行徑比在其他地方更為囂張，使得巴伐利亞的人民心生厭惡，結果槍決羅姆及其同夥還被批評為過於溫和，人們認為動用「人民的正義」更為適切。[3] 巴伐利亞各地的四十一處勞工介紹所尚存自一九三四年七月初起的「情勢報告」，其中記有各階層人民的感想（尤其是工人和失業人士）。這些報告一致指出人民壓倒性地對希特勒表示欽佩、認可他的行動，也普遍譴責羅姆，在清算之後民心士氣更有所提高。[4] 還有不少報告補充道，希特勒贏得了此前對納粹政權持保留態度者（甚至是先前反對納粹主義者）的支持與理解。[5] 有份來自一座工業小鎮（德共在一九三三年之前於此處的表現相對較好）的報告甚至稱「元首……不僅受到欽佩，更被奉若神明」，並說希特勒透過其「強而有力的行動」贏得了「極大支持」，原本對納粹主義猶豫不決的人更是對其有所改觀。[6]

巴伐利亞報告中呈現出的觀點與德國各地人民的意見相似。比如說，漢諾威有份「情勢報告」便指出，希特勒的地位和聲望「從未如此之高」；[7] 科隆的蓋世太保報告稱，由於「人民的敵人」遭到殲滅，使得「民眾對元首和政府的信心大增」；[8] 魯爾區則傳來這樣的消息，「絕大多數人民都完全贊同元首充滿幹勁、激進又勇敢的行動」。[9] 而對於清算衝鋒隊領導階層對民心產生的有利影響，政權內部也有一套看法。戈林便於擔任普魯士總理時，致信負責黨內行政的副元首魯道夫．赫斯，於信中總結當局對此事的觀點，戈林指出，普魯士各地區的「情勢報告」意見一致，認為希特勒要求衝鋒隊承擔責任之舉（他對其未來的行為提出了十二點要求）「對各階層人民都已達到最理想的成

1 GStA, MA 106682, RPvS, 3 July 1934.

2 GStA, MA 106670, RPvOB, 4 July 1934.

3 StAM, LRA 76887, GS Landsham, 12 July 1934. 另參見 *DBS*, i. 202, 21 July 1934，來自德勒斯登的報告。

4 所述報告可參考 GStA, MA 106765。

5 GStA, MA 106765, AA Cham, 10 July 1934; AA Marktredwitz, 9 July 1934; StAM, LRA 76887, GS Markt Schwaben, 12 July 1934; LRA 134055, BA Bad Tölz, 14 July 1934.

6 GStA, MA 106675, AA Marktredwitz, 9 July 1934.

7 BAK, R43 II/1263, Fo .262, LB of OP Hannover for July 1934.

8 同上，Fo. 320，LB of Stapo Köln for July 1934。

9 ZStA, Potsdam, 25732/2, Fos. 2, 7, LB or RP in Arnsberg, 10 Aug. 1934; 另見資料同上，Fos. 35-6, LB of OP der Provinz Westfalen, 11 Aug. 1934。

效」。[10]

而反政權者在調查「羅姆政變」對希特勒的形象和人氣有何種影響時，竟然也得出了完全相同的結論，這一點可從德國各地發送至索帕德布拉格總部的報告得證。索帕德委員會大致得出了多數報告都曾重複出現過的三點結論：「第一，廣大群眾並未理解〔一九三四年六月三十日發生之〕事件的政治意義。第二，大部分的人——顯然有非常多——甚至還讚賞希特勒的無情決絕，僅有極少數人細細思索此事或感到震驚。第三，連大部分工人階級都拜倒在希特勒之下，對其不加批判並視之為神明」。據來自巴登（Baden）的報告指出，希特勒因其勇敢採取行動而被「視作英雄」。來自東與西薩克森、西利西亞、巴伐利亞、波美拉尼亞（Pomerania）、柏林、德勒斯登（Dresden）、萊茵蘭等地的報告或多或少也是講述相同的故事，使得索帕德據此大致得出總結：屠殺衝鋒隊領導階層之舉非但沒有損及希特勒的地位，反倒還使之上升。[11]

一九三四年六月三十日發生之事件實際上有很重大的政治意義，但索帕德委員會的分析專家發現，人民對真正的局勢卻一無所知，也因而完全誤解了這場清算行動。當局顯然刻意透過宣傳來誤導大眾，大部分的民眾也都照單全收。往往相互矛盾的謠言四起，其中還有些是由外國廣播報導的，這也表明在清算之後的幾天裡，人們對此事件的「實質」了解有多麼貧瘠。還有傳言稱有人企圖刺殺希特勒，導致元首手臂受傷，「而最後一槍尚未發射」，所以內部可能還會有更多騷亂，也會有人想要再襲擊元首。[12]還有別的版本稱巴彭是共謀者之一，並已遭到槍決。另一方面，正確消息則很快在巴伐利亞傳開，前巴伐利亞邦務委員（State Commissar）古斯塔夫・馮・卡爾（Gustav von Kahr）就是受害者之一。據一份報告稱，被槍殺的人數並無確切根據，數字從四十六人到兩百人不等。[13] 工人們（據稱他們幾乎不支持衝鋒隊和黨內某些派系所宣揚的「第二次革命」）臆測著納粹運動如今是會變得更激進、失勢，抑或是轉向左派；也有傳言稱前保守黨派及天主教派系的支持者，還有一些官員都涉及這場「陰謀」。大家似乎都不懷疑這就是一場陰謀，而「就連德意志國家社會主義工人黨最資深的戰士——元首最信任的人——竟然也參與其中，這些人都受到嚴厲譴責」。[14]

希特勒的「干涉手段」之所以會如此受歡迎，人民對新一波動亂的擔憂似乎是一項主因。但從甚囂塵上的謠言就可看出，人們至七月初也越來越希望元首可以出面釐清究竟發生了什麼事。[15] 經過

---

10 BAK, R43 II/1263, Fos. 235-7, Der Preußische Ministerpräsident an den Stellvertreter des Führers, 31 Aug. 1934. 該檔案含摘錄的報告，戈林的評論正是以這些報告為基礎。「十二點」則包含在向新任衝鋒隊參謀長發布的命令中，Viktor Lutze, dated 30 June 1934。內文請見 Domarus, pp. 401-2。

11 *DBS*, i. 197-203, 249-53, 21 July 1934. 巴伐利亞邊境祕書也對羅姆政變之於民眾對希特勒觀感的影響做成詳細報告，請參閱 ASD, ES/M31, 19 July 1934, and M63，一九三四年七月的報告。

12 StAB, KS/III, 18470, BA Ebermannstadt, 14 July 1934; GStA, MA 106765, AA Donauwörth, 12 July 1934；至於有關希特勒受襲擊的謠言，請見 GStA, MA 106685, Pd München, 8 Dec. 1934。

13 GStA, MA 106765, AA Marktredwitz, 9 July 1934. 幾乎每份報告都提及有關受害者人數的謠言，還有對官方數據的普遍不信任。

14 GStA, MA 106765, AA Marktredwitz, 9 July 1934.

15 GStA, MA 106765, AA Pfarrkirchen, 10 July 1934; AA Marktredwitz, 9 July 1934.

幾天的焦慮之後，希特勒本人下了結論：試圖掩蓋此事終究是弊大於利（他一開始似乎曾考慮過掩飾，[16]但顯然紙很快就包不住火了）。因此在事件發生兩週後，他終於在國會發表了一場持續數小時的演講——這算不上是他最精彩的口才表演，但仍成功撫平了民眾的情緒。[17]德國政府首長公開承認自己應對這場等同於大規模謀殺的行動擔下全責，使得這場演講相當引人注目。他自稱是德國人民的「最高法官」，在衝鋒隊領袖「叛變」的這種緊急情況下，自己也只能毫不猶豫採取行動，也因此得下令槍殺主犯。希特勒在演講中將衝鋒隊的顛覆行動比作「深井中的毒害」和「潰瘍」，必須「燒得只剩下血肉」，這類論點完全符合人民的「健康心態」。其中有兩點特別引起共鳴：他先是強調衝鋒隊高層不道德的生活方式（尤其是同性戀情），並聲稱要打擊之；然後說明自己介入的理由，稱唯有這樣才能維持內部的秩序與安全。這兩點都是希特勒為自身行為辯解的核心，而又以後者為最重要的考慮因素。當希特勒譴責那些將革命視為永久狀態的「破壞分子」時，他不僅確定能保住廣大德國「平民」對自己的讚揚，更會受到軍隊、經濟和公部門領袖的欣賞（這些人原本都對部分派系延續納粹革命的企圖越發感到擔憂）。

即便這位政府首長以國家利益之名，而毫不猶豫地大肆屠殺，可是這次演講非但沒有讓人們對其殘酷作風感到更加不安，反倒還使得大家對希特勒的信心大增。巴伐利亞地方有份地方報告便不出所料地稱，這場演講（許多人都是在酒吧裡，或街道和市集廣場上安裝的廣播喇叭收聽）揭曉了「陰謀」的「完整幕後消息」，具有「大快人心的效果」。[18]另一報告也持相同意見，並指出在希特勒演講後，人民起初的疑惑和「法律上的不安感」已經消逝，取而代之的則是普遍的「欽佩和感激」。大家認定，元首的干涉讓人民得以從「強烈有感的壓迫中掙脫」。報告還補充道，大多數民眾「顯然對元首充滿信任，他無疑贏得了極大的尊重和歡迎」。[19]

希特勒完全無視司法程序，卻能激起人民如此支持，這都要先歸結於大眾對衝鋒隊內部專制作風和放蕩生活的普遍譴責，但除此之外，還有一個索帕德委員會也敏銳地意識到的原因：自第三帝國成立以來，甚至在此之前，依法行政與遵循法定程序的精神，已徹底被破壞，加上民眾原本就「強烈支持速裁速決的正義，也希望懲罰越嚴厲越好」，第三帝國正是迎合了這樣的情緒。就這樣，「希特勒透過他的國會演講，非常巧妙地重新滋養這種群眾心態：毫無疑問，廣大群眾也從這次演講中得到了這樣的印象：希特勒運用自己的殘暴能量，阻止了一場更大的血腥屠殺」。[20]

雖然大家可能會理所當然地以為意識形態敵人並未受到觸及，但新一波的希特勒狂熱確實跨越了

---

16 參見 Fest, J.C., *Hitler. Eine Biographie*, Frankfurt am Main, 1973, pp. 642-3。

17 原文請見 Domarus, pp. 410-24。

18 StAB, K8/III, 18470, BA Ebermannstadt, 14 July 1934. 若要了解這場演講的影響力，另見 GStA, MA 106670, RPvOB, 18 July 1934; MA 106677, RPvOF/MF, 21 July 1934; MA 106680, RPvUF, 20 July 1934; MA 106685, Pd München, 8 Aug. 1934。

19 GStA, MA 106691, LB of RPvNB/OP, 8 Aug. 1934. 另參見 MA 106696, LB of RPvS, 8 Aug. 1934：「元首廣受尊崇，人民對他的信任不可動搖。」

20 *DBS*, i. 249-53, 21 July 1934.

社會的藩籬。工人和失業人士——若沒有支持遭禁的左翼政黨——就如社會上的其他群體一樣，很容易在眾人大肆讚揚希特勒時受到這種氣氛的感染。殷戈城（Ingolstadt）有份報告就提到，失業人士「對元首尤其信心大增，信仰也更加堅定」，工人們還吵嚷著要購買希特勒的照片。[21] 正如我們先前所見，索帕德自己也承認，對希特勒的欽佩之情已深深滲透工人階級。[22] 農村居民對他更是讚譽有加。來自巴伐利亞鄉村地區（這裡當然不算是納粹的大本營）的報告就評論道，人們對事態的走向感到「非常滿意」，也因而「非常尊崇」和「支持」元首。[23] 此外，儘管與衝鋒隊毫無瓜葛的「天主教行動」（Catholic Action）知名領袖艾里希·克勞森納（Erich Klausener）也名列「長刀之夜」的受害者清單，但天主教地區對希特勒的稱讚卻也不比新教地區少。[24] 正如國防軍的領袖並未對庫爾特·馮·施萊謝爾和費迪南·馮·布雷多（Ferdinand von Bredow）兩位將軍遭到謀殺提出抗議，兩大基督教派系的領導階層也同樣都未對一九三四年六月三十日的事件公開發表任何批評。大屠殺發生幾天後才舉行的一場宗教復興「宣道活動」據稱甚至還為元首祈禱。[25] 雖然有報告指出，人們對這種任意的槍殺行為（還有反覆發生的清算行動，可能會連非黨員的性命都受波及）感到有些焦慮，但他們通常不會將這種「暴行」歸咎於希特勒本人，卻說這種事都是「在元首和領導人物不知情、違背其意願的情況下」才發生的。[26]

「羅姆事件」及人民對這件事的反應都讓地下左派反抗組織措手不及，而他們自己的應對方式卻是軟弱無力。這類團體的非法小冊子和傳單都無法透過此事得利，往往只是將這次整肅簡化地比作「同夥之間的屠殺」，或者天真地期待希特勒也很快會受黨內權力鬥爭所害。[27] 部分呈交給索帕德的報告也同樣不切實際，來自萊茵蘭的某報告便聲稱，民眾大都認定「現有的制度和德意志國家社會主義工人黨正在自曝其短，絕不會有人再錯認其破壞力」，並以荒謬的樂觀語氣作結：「希特勒很快就完蛋了！」[28] 不過索帕德的報告通常實事求是又平衡，這類評語實屬例外，在彙整用於整體分析時也理所當然地被忽略了。而就另一層面來說，慕尼黑特別法院（此類法院負責處理違背政治常規的較輕微罪行）的檔案也未有跡象表明，在整肅後的那段時間內針對希特勒的指責有所增加。[29]

---

21 GStA, MA 106765, AA Ingolstadt, 10 July 1934.

22 參見 *DBS*, i. 197, 21 July 1934。

23 例如 GStA, MA 106765, AA Ingolstadt, 10 July 1934; StAM, LRA 76887, GS Markt Schwaben, GS Steinhöring, GS Zomeding, all from 12 July 1934。

24 原巴伐利亞人民黨支持者的認可跡象，請參閱 StAB, K8/III, 18470, GS Unterweilersbach, 1 Aug. 1934 and GStA, MA 106670, RPvOB, 18 July 1934；巴伐利亞新教地區的反應則請見 StAN, 212/13/II, 654, BA Neustadt an der Aisch, 2 July 1934 and GStA, MA 106765, AA Marktredwitz, 9 July 1934。

25 GStA, MA 106765, AA Ingolstadt, 10 July 1934.

26 GStA, MA 106767. AA Kempten, 9 Aug, 1934; M Straubing, 10 Sept. 1934.

27 H. Bretschneider, *Der Widerstand gegen den Nationalsozialismus in Münchm 1933 bis 1945,* Munich, 1968, pp. 44, 102; StAB, K8/III, 18470, BA Ebermannstadt, 14 July 1934. 欲知魯爾區地下德共慢半拍又軟弱的反應，參見D. Peukert, *Die KPD im Widerstand,* Wuppertal, 1980, p. 220。

28 *DBS*, i. 202, 21 July 1934.

29 人們偶爾會因發表評論（例如譴責希特勒是殺人犯）而遭到起訴（StAM, SGM 8930），這樣的案例似乎很少見。

「羅姆政變」後，希特勒在民眾眼中的形象具有兩大特徵：首先，他是「自然正義」的執法者（即使他公然藐視所有法律慣例），捍衛「小人物」免受「大人物」濫權的侵害；第二，他是公共道德的守護者，負責將衝鋒隊領袖放蕩悖德又腐敗的行為從公共生活中清除。[30]在許多人看來，希特勒就是人中之人，他勇敢挺身抵抗納粹運動中妄自尊大、狹隘放蕩的暴君。據稱有民眾曾表示：「德國總理的行為一直都是針對所謂的權貴」、「我們的元首一心只想要維持和平與秩序，他行事也很公正」，由此可見，人民是一廂情願又天真地全然信任希特勒權力背後假想的善意。[31]據說其中又以窮苦人家和弱勢群體格外感激元首為他們減輕痛苦，而如今，人們就這樣認定「元首願意隨時為人民的利益採取必要行動，絕不顧慮有罪者的階級與地位」。[32]從報告中人民的反應看來，大家也同樣極力捍衛傳統道德。一份來自巴登的索帕德報告指出，希特勒醜化遭殺害衝鋒隊領袖的同性戀傾向，稱他們將三萬德國馬克揮霍在放蕩的生活上，人民則將希特勒這樣的行為視作英雄之舉。根據巴伐利亞的一份報告所言，他證明了自己堅持只錄用「乾淨的隨從」；另外也有報告指出，柏林人民認為希特勒「鋪下了道德復興的道路」。[33]至於希特勒為「清理」衝鋒隊而針對領導階層道德行為提出的「十二點」要求，政權的內部報告竟然也頻頻將其特別點出，稱這十二點尤其受到人民好評。[34]

就這樣，希特勒被宣傳塑造成道德標準的守護者，此種形象顯然緊密貼合社會普遍對貪贓腐敗的譴責，以及對同性戀抱持的價值觀與偏見。希特勒完全顛倒是非，人們卻多半認定他代表著「正常」價值觀的勝利，他成為真正的「平民」代表，甚至在自己的政治運動中為了人民的利益而打擊權貴。民眾讚嘆道，德國之前可沒有哪位總理敢像他那樣行事，[35]他的「道德」並未被視作法庭中的道德，卻是正如納粹所稱，被視為「人民健康心態」的道德。索帕德的分析專家仍一如既往地敏銳，他們清楚意識到，該政權利用資產階級的道德標準來合理化希特勒的「行動」是多麼靈驗有效。雖然乍看之下，有人認為「政權像這樣曝光衝鋒隊領導階層的道德墮落，似乎是自殺行為」，但此舉「其實是極其巧妙的宣傳伎倆」，成功「將廣大民眾的注意力從政治背景轉移到此行動上，而在醜事被攤在人民眼前的同時，身為納粹運動淨化使者的希特勒就更受景仰了」。[36]

最重要的是，傳統資產階級需要的「和平與寧靜」和「法律與秩序」因衝鋒隊不守規矩、公然恣意施暴而受到威脅，他們在這方面的需求若能獲得滿足，自然也就讓希特勒有合法理由下令展開這場

---

30 例如可參見 GStA, MA 106670, RPvOB, 18 July 1934; StAA, BA Amberg 2398, GS Freudenberg, 23 July 1934。

31 StAB, K8/III, 18470, GHS Ebermannstadt, 12 July 1934. 索帕德有份來自巴伐利亞的報告也指出，工人尤其相信希特勒的鐵拳是打在了權貴階級身上，此現象相當令人詫異。引自 *DBS*, i. 200, 21 July 1934 (from ASD, ES/M63, report for June 1934, pp. 7-8)。

32 GStA, MA 106765, AA Traunstein, 11 July 1934; MA 106767, AA Ingolstadt, 9 Aug.1934.

33 *DBS*, i. 198-9, 201, 21 July 1934.

34 參見普魯士地區的報告：BAK, R43II/1263；另見 M. Jamin, 'Zur Rolle der SA im nationalsozialistischen Herrschaftssystem', in Hirschfeld and Kettenacker, pp. 349-53, and R. Bessel, *Political Violence, and the Rise of Nazism*, New Haven/London, 1984, pp. 143-6。

35 *DBS*, i. 200, 21 July 1934.

36 同上，i. 249。

國家謀殺。索帕德的報告無奈指出，人們忽視了此事的政治衝擊，只想著「既然希特勒已經恢復秩序，一切都會再次好轉；破壞他重建工作的人都已經被消滅了」。有位來自薩克森的小商人無疑道出了許多人的心聲，他認為希特勒是「一個絕對誠實的人，他只希望讓德國人民過上最好的生活」，但他的下屬一直以來都在阻撓他。這位小商人對希特勒應對謀殺負起全責的論點不以為然，並反駁道：「重點是他從馬克思主義者手中救下我們」，還擺脫了只會害人的「可怕衝鋒隊」，所以現在可以降低工資了，工業也有機會開始盈利。小商人仍然堅信「即使希特勒是大屠殺的兇手」，他仍是個具有不凡特質的領袖。[37] 很明顯，為了維護資產階級看重的「秩序」而採取冷酷手段，正是希特勒會受到歡迎的主要原因。

然而納粹當局非常清楚，「羅姆事件」也開啟了讓非議湧入的空間，遭批評的並不會只有衝鋒隊，納粹黨本身更會受到牽連。深植於元首崇拜的幻想被完全攤在陽光下，人們希望清算衝鋒隊會是進一步清算的開端，以清除那些「在眾人眼中，性格和過往生活方式均不合格的」黨工，還有那些疏遠人民而非贏得民心者，但這樣的希望卻是枉然。[38] 物質和個人動機自然也有其影響力，因為黨內失望的「元老戰士」一度也再次夢想能迎來他們原以為在一九三三年之後將屬於自己的晉升機會，而如今，清算行動似乎仍有可能為他們實現夢想，[39] 早在「羅姆政變」之前，便有報告指出就連黨員也喪失了信心，他們感覺納粹黨的領導階層已經「與人民脫節」，並有人表示希望能夠展開一次「大整肅」。[40] 據說人們希望能夠「擺脫小人的壓迫」，並指責黨和勞工陣線的管理部門都過度膨脹，譴責其花費不必要的巨額支出。[41] 在多數人都仍受經濟匱乏所苦的情況下，少數納粹「權貴」公然的奢侈生活似乎完全牴觸元首苦口婆心宣揚的「簡樸與節儉」（雖然他自己的生活就被描述為簡樸的典範）。[42]

一九三四年夏天，類似的評論在全德國各地都有所聞。戈林在寫給赫斯的信中（我們先前也引用過）援引「羅姆政變」事發後來自普魯士各地的報告，強調各地民眾都期望「被整肅的不只有衝鋒隊，黨的所有附屬機構也都要徹底整頓一番」，信裡也指出人們普遍擔心「在六月三十日的行動之後，局勢基本上仍會保持不變」。戈林敦促赫斯展開全面整肅，他本人認為，考量接下來冬季即將出現的困頓生活和經濟困難，整肅具有「至高的政治意義」，以便「利用一切心理手段來維持和提振士

---

37 DBS, i. 199, 201。

38 GStA, MA 106691, LB of RPvNB/OP, 8 Aug. 1934; GStA, MA 106767, AA Marktredwitz, 7 Aug. 1934. 亦見同上., AA Hof-Saale, 10 Aug. 1934; MA 106765, AA Marktredwitz, 9 July 1934; StAM, LRA 76887, GS Markt Grafing, 31 Dec. 1934; LRA 134055, GHS Bad Tölz, 17 July 1934; NSDAP 655, NS-Hago Penzberg, 6 July 1934。

39 比方說，雷根斯堡（Regensburg）的「元老戰士」就對於高層沒有再深入整肅表示失望，因為整肅能讓他們心心念念的黨部職位出現空缺，但這樣的願望仍然沒有實現。引自 GStA, MA 106767, AA Regensburg, 9 Aug. 1934。

40 GStA, MA 106765, AA Weißenburg i. B., 9 June 1934（日期原錯標為一九三四年五月九日）。另參見索帕德對「羅姆政變」前民情的評估：*DBS*, i. 9-14, 17 May 1934 and i. 99-122, 26 June 1934.

41 GStA, MA 106767, AA Cham, 10 Sept. 1934.

42 GStA, MA 106672, RPvNB/OP, 7 Aug. 1934.

氣」，也保障即將到來的冬季援助計畫能夠成功。戈林這封信的一份副本也被交到了希特勒本人手裡。[43]

正如我們所見證，要提升希特勒本人清白的形象，就只能利用他與黨內爪牙在大眾眼中形象的強烈對比。一九三四年春夏，人民對當局的理想越發破滅，元首和黨的兩極化形象也在大眾意識中根深柢固。「要是元首知道就好了」的神話已經開始發酵。許多人由衷相信，都是其他人故意將希特勒蒙在鼓裡，尤其是見不得人的醜事，如果讓他知道了，他一定會立刻撥亂反正。[44] 一九三四年六月三十日的整肅行動似乎證實了這點，看來元首終於發現事態令人無法容忍，並馬上無情地做了了結。巴伐利亞的一份報告指出，希特勒的介入消除了「『元首一直被周圍的人瞞著，他對黨和衝鋒隊的狀況毫不知情』這種不斷出現的主張」（表示他其實一直都知道），這麼說雖然合乎邏輯，卻是不符實情。[45] 真實情況的確頗無道理可言，在這次事件中，大家都以為是希特勒發現了黨內的惡行，並加以矯正，這也似乎坐實了此則傳說：當希特勒沒有行動時，那都是因為他被下屬蒙在鼓裡，因為一旦治理不當的真相暴露了，這些人的下場就會無比悽慘。一九三四年十二月，有位巴伐利亞的黨員評論道：「希特勒還行，但他的下屬只不過是一幫騙子。」在「羅姆政變」之後的幾個月裡，這句話已成了老生常談。[46] 許多在一九三三年一月相信「民族革命」的人，如今也很樂意區分以下兩者，不將其混為一談：一，黨工惡劣行徑所反映出的外在表現；二，體現在政治正義象徵中的「理念」本身，以一位沒有過錯的人作為代表，正如一份報告明確寫下的——「無罪的元首」。[47]

很明顯，納粹黨根本無法有效整合第三帝國的政局。但在「羅姆政變」發生後，希特勒卻能在政權面臨真正的危機之時趁此加固自己（以及政權）的民意基礎，同時也利用「人民的健康心態」、訴諸傳統上粗糙的道德和秩序感，讓民眾更加認同元首，以達整合和約束之效，甚至不惜犧牲參與自己政治運動的成員。此事件是一次極致的政治宣傳政變。

二　「小希特勒」：地方黨部老大的形象

在「納粹掌權」後一年多的時間裡，黨內地方代表人物的公眾形象又是如何惡化至此？使得「羅姆政變」之後——正如我們所見——就連戈林也要求大規模整肅整個政黨？黨工的負面形象又有哪些特質能如此彰顯出元首純潔的形象？要找出答案，最好的方法就是探究幾個黨與地方「基層」民眾關

43 BAK, R43II/263, Fos. 235-7, Göring to Heß, 31 Aug. 1934.

44 GStA, MA 106765, AA Weißenburg i. B., 9 June 1934.

45 GStA, MA 106767, AA Kempten, 9 Aug. 1934.

46 StAA, Amtsgericht Cham 72/35. 另可參見的資料有 GAtA, MA 106767, AA Cham, 9 Aug. 1934; AA Marktredwitz, 7 Aug. 1934; AA Schwandorf i. B., 10 Sept. 1934, 10 Jan. 1935; AA Straubing, 10 Sept. 1934; MA 106691, LB of RPvOB, 8 Aug. 1934; 並參見 Kershaw, *Popular Opinion*, pp. 122-3.

47 GStA, MA 106767, AA Marktredwitz, 11 Sept. 1934.

係的典型例子。

當然，我們有必要明白，人民就算對黨工（他們經常被稱為「小希特勒」）有所非議，也未必等於就是在拒絕納粹黨本身，更不等於否定納粹主義的意識形態和目標，而且毫無疑問，許多攻擊都是由與政權為敵者所煽動（儘管正如我們指出，黨員本身也經常提出批判）。此外，地方黨員也並非在各地都不受歡迎，近年就有研究分析了納粹黨在一九三三年之後的社會組成，[48]結果顯示，在納粹黨先前贏得社會和政治菁英代表支持的地區，地方政治整合的潛力便相當可觀，因為這些菁英本就享有一定程度的社會認可與地位，他們也對「納粹掌權」後地方機構或多或少僅限於「名義上」的配合未有埋怨。同樣地，「受人尊敬」又「溫和」的在地賢達，若是於一九三三年趕上納粹潮流，並於當地政府和地方黨部組織中擔任領導職位，那麼黨在這些地區的運作也相對順利。最後，在一九三三年之前意識形態衝突很少的社區中，發生衝突的機會也較小。另一方面，較嚴重的分歧則普遍出現在一九三三年局勢變動更劇烈的地方，比方說，原本幾無社會地位的「元老戰士」一躍接下地方政府和黨內的領導要職，「突然發跡」的黨工則採取激進的行動，來攻擊和顛覆傳統的社會權力和勢力結構。

總而言之，這類「小希特勒」雖然絕非無所不在，但他們的勢力範圍仍廣大到足以引發眾怒，有損黨的形象，無可挽回。從某種意義上來說，黨工先前針對地方政客和「權貴」播下的偏見種子，現在已長成果實，並由他們自行收穫。而當初由他們一手打造的第三帝國烏托邦希望已然幻滅，如今這些黨工遭其反噬，因此得天天面對人民的不滿與爭執。站在地方前線的「小希特勒」首當其衝，只能擔下民怨。而與之形成鮮明對比的是，「希特勒神話」（顯然多少是作為一種潛意識機制，可用來彌補第三帝國人民感受到的「日常生活」缺陷）卻能遠離民間爭端，地位崇高而不可觸及。

上巴伐利亞的埃伯斯貝格（Ebersberg）區即為一例，可說明當地黨工的低下地位是如何讓黨發展出極度負面的形象。就如許多其他天主教地區，德意志國家社會主義工人黨要等到一九三三年三月才能在選舉中取得重大（卻仍不完整的）突破，而且就如其他地方，這次成功最終也只是轉瞬即逝。[49] 一九三三年四月村鎮議會重組後不久，埃伯斯貝格地區就有幾處社區開始出現不和的跡象。在格拉芬（Mark Grafing）這座市集小鎮，摩擦很快就浮出檯面，從當地警方的報告可以明顯看出，民眾對新政治「菁英」的認可度很低。根據一九三三年九月的一份報告，鎮上曾有人談論要發起一場大規模的「民眾運動，以反抗社區內擔任民族運動要職（如地方基層領袖）者，還有試圖影響市長者。主要對象都是那些沒有受到特別尊重、未受民眾信任的人」。[50] 六個月後，該地區「民族運動」的招募效果

---

48 參見 Z. Zofka, 'Dorfeliten und NSDAP', in *Bayern IV*, pp. 383-433; Zofka, *Die Ausbreitung des Nationalsozialismus auf dem Lande*, pp. 238ff, 294ff; E. Fröhlich and M. Broszat, 'Politische und soziale Macht auf dem Lande. Die Durchsetzung der NSDAP im Kreis Memmingen', *VfZ*, xxv (1977), 546-72; and E. Fröhlich, 'Die Partei auf lokaler Ebene. Zwischen gesellschaftlicher Assimilation und Veränderungsdynamik', in Hirschfeld and Kettenacker, pp. 255-69.

49 一九三二年十一月，德意志國家社會主義工人黨僅獲得百分之二十四點三的選票，但到了一九三三年三月，其支持度卻幾乎翻倍，達到了百分之四十七點五。引自 Hagmann, M., *Der Wegins Verhiingnis*, Munich, 1946., p. 22.

50 StAM, LRA 76887, GS Markt Grating, 12 Sept. 1933.

不彰，原因正是在於當地領導階層從未得到人民的信任，[51] 而實際上，該鎮在一九三三年之後似乎還是由聲名敗壞的人物來管理。甚至還有許多黨員都對地方黨部主委（Local Group Leader）懷抱深深的敵意，此人顯然極其惹人厭又專橫跋扈，他在一九三三年六月為了競選市長不惜使用骯髒手段，一路上煽動抹黑他的主要對手，就為了讓對方陷入貪汙指控，而他的對手就是地方農民領袖（Local Peasant Leader）兼啤酒廠合作社的廠長；[52] 其實農民領袖本人也同樣不討農民喜歡及尊重，因為他自己的農場管理不善。另一方面，他身為在地啤酒廠廠長，使用的生意手段也於先前疏離了鎮上的酒館老闆，加上他規畫在廠區開發屠宰場，如今更引起現有屠夫團體的憤怒。[53] 總而言之，他不太受鎮上商界領導人物的青睞。

一九三四年秋，人們埋怨當初說好的「政黨整頓」從未實現，表示他們仍持續敵視著擔任市長的地方黨部主委。一九三四年十一月的報告也吐露出格拉芬農民和當地市民的不滿心聲：「只要對當地政治一無所知的人不被解雇，改由真正有能力、具有民族思想的人上臺，人民對政府就不會有信心。」值得注意的是，這些批評還特意排除了希特勒。報告接著說：「他們完全同意希特勒元首的命令，他們對希特勒的愛勝過一切，他們認為希特勒確實是為了人民好。但對於從以前到現在都毫無能力又無知的好事者，人民可不認同，絕對不認同。」[54]

人民一方面尊敬希特勒，一方面卻蔑視當地黨部及其領導階層，這種態度上的對立也是該地區其他社區的顯著特徵。有份頗為典型的報告指出：「民眾衷心支持擔任德國總理的元首阿道夫．希特勒。我從未聽過有任何人指責他本人。我們反而時不時會耳聞這類言論：『沒錯，如果希特勒可以一手包辦所有，那麼情況就會有些許不同。但他就是沒辦法監督一切』。」[55]這與黨在該地區人民眼中的形象形成罕有的強烈對比。在蘭斯罕（Landsham），人民對德意志國家社會主義工人黨的熱情之所以會瓦解，則要歸咎於他們招募共產黨員和罪犯，還有當地黨內「令人難以置信的狀況」；[56]在埃伯斯貝格本身，黨領導階層對地方政府事務的干涉引起一種「非常緊繃」的氣氛；[57]至於在附近的佐爾內丁（Zorneding），據說人民對當地黨部領導階層失去信心是衝鋒隊及納粹青年與婦女組織難以招募新血的原因。[58]除了景氣不振還有對天主教會的強烈依附之外，派系爭端再加上黨工不受尊重又缺乏社會地位，以上顯然也都削弱了埃伯斯貝格地區黨工的權威，在「羅姆政變」事發六個月之

51 StAM, LRA 76887, GS Markt Grating, 26 Mar. 1934。
52 同上，31 July 1934。
53 同上，12 Jan. 1934。
54 同上，StAM, LRA 76887, GS Markt Grating, 30 Nov. 1934.
55 同上，GS Steinhöring, 31 Jan. 1935, I Aug. 1935。其他報告也出現了幾乎一模一樣的意見，另請見 GStA, MA 106691, LB of RPvOB, 8 Aug. 1934; and StAM, OLG 127, PLG Eichstätt, 28 Dec. 1935.
56 StAM, LRA 76887, GS Landsham, 10 Aug. 1933.
57 同上，GS Ebersberg, 26 June 1933。
58 同上，GS Zorneding, 13 May 1934, 1 Nov. 1934，與教會宣道的募捐活動相比，佐爾內丁（Zorneding）的農民大都不願向冬季援助計畫捐款，這種態度上的巨大反差也記錄於 GStA, MA 106670, RPvOB, 3 Mar. 1934.

後，該地區的人民仍在熱切等待黨內整肅。[59]

不過埃伯斯貝格絕非單一案例，即便是在一九三三年以前納粹黨支持度相對較高的地區也能看到類似趨勢。以慕尼黑附近的沃爾夫拉茨豪森（Wolfratshausen）為例，納粹在一九三三年三月贏下了絕對多數的選票，當地被吸收為黨員的人口比例也遠高於平均，但至一九三四年秋天，納粹黨的處境顯然很悲慘。只有四個社區的黨部士氣被記錄為良好。其他地方則是「士氣不振」、「黨內疲倦」、「情緒低落」，人民紛紛從衝鋒隊和福利組織辭退、拒絕沒完沒了的募款活動、對青年組織深感不滿，也嚴厲譴責地方黨部領袖的生活方式和道德標準。[60]

缺乏道德節操同樣也是黨在上普法爾茨安貝格（Amberg）的重點問題，「羅姆政變」後不久，六名特別受該地區人民詬病的地方黨部領袖便遭指控有酗酒、負債、性生活淫亂、盜竊、欺詐、偽造、貪汙及暴力等惡行。[61]地區行政長官本人顯然很厭惡這些自己必須與之打交道的黨部領袖，他主張當務之急是要展開「無情且激烈的整肅」，並認為該地區在一九三四年八月十九日的公投中之所以會表現不佳，都要歸咎於「無數小心眼『領袖』」的惡形惡狀。[62]

在旅遊勝地加爾米施—帕滕基興（Garmisch-Partenkirchen），納粹於一九三三年之前原本還表現頗佳，此地區在物質層面也為第三帝國帶來了豐厚利潤，但在納粹統治的最初幾年，黨的威信卻急遽下滑，原因可能同樣與當地黨工予人觀感不佳有關。一九三四年，人民對個別黨部領袖行為的怨言大增，次年也一樣，一九三四年八月有報告指稱：「人民將希望寄託在強大的領袖身上，期望這個人能拯救與保護大家。人們也很樂意聽從這位領袖。但在另一方面，下屬領導機關的小肚雞腸或不當措施仍造成政治摩擦，結果又削弱了廣大民眾對新國家的喜悅之情。」[63]在該地區的另一社區，人民則因政黨干涉市長任命而忿忿不平，「領袖至上原則」本身也飽受批評，大家都說只有讓背景毫無瑕疵的能人上任，這個原則才能發揮效益。[64]黨內不斷出現分歧，加上地區的領導人物涉及各種醜聞（無論是否確有其事），這大體上也明顯使得民眾要不對黨興趣缺缺，要不就是完全將之拒於門外。[65]一九三五年初，有份報告指出：「元首一心為了人民好，但黨需要真正的整肅。」這樣的觀點絕對不是

---

59 StAM, LRA 76887, GS Markt Grafing, 31 Dec. 1934.

60 StAM, NSDAP 249，有關十五名地方黨部領袖（Ortsgruppenleiter）與基層領袖（Stützpunktleiter）的會議報告，18 Oct. 1934。黨籍的統計資料可於同一文件和 NSDAP 256 中查看，並與上巴伐利亞的資料做比較：*Parteistatistik*, ed. Reichsorganisationsleiter der NSDAP, Munich, 1935, i. 34-5. 選民支持度請見 Hagmann, M., *Der Wegins Verhängnis*, Munich, 1946, pp. 12-13, 22.

61 StAA, BA Amberg 2399, BA Amberg, 29 Aug. 1934. 另參見一九三四年七月三十一日的報告。

62 同上，StAA, BA Amberg 2399, BA Amberg, 30 Aug. 1934.

63 StAM, LRA 61612, BA Garmisch, 2 Aug. 1934. 有關一九三三年之前德意志國家社會主義工人黨的選舉支持度，請參見 Hagmann, pp. 23*, 2-3, 12-13, 22, and G. Pridham, *Hitler's Rise to Power: The Nazi Movement in Bavaria 1923-1933*, London, 1973, pp. 284-5。

64 StAM, LRA 61613, GS Mittenwald, 30 Dec. 1934; 28 Feb. 1935.

65 StAM, LRA 61612, BA Garmisch, 3 Nov. 1934; LRA 61613, GBF Garmisch, 3 Apr. 1935; GS Wallgau, 28 Feb., 30 Nov. 1935. 黨的會議的出席率很低、人民對紐倫堡黨代會的新聞興趣缺缺、忽視納粹媒體、對薩蘭邦（Saarland）回歸德國的消息態度冷漠，也有人抱怨「多數本地人仍對黨綱知之甚少」，以上現象可參見 StAM, LRA 61612, BS Garmisch, 2 Oct., 3 Nov., 3 Dec. 1934; LRA 61613, GS Partenkirchen, 30 Dec. 1934; BA Garmisch, 6 Mar. 1935; GBF Garmisch, 3 Apr. 1935.

單一現象。[66]

大城市中的情形也差不多，這點從一九三四年秋天奧格斯堡（Augsburg）直言不諱的報告可見一斑，報告還特別提到，自命不凡的黨部大老總有汽車接送，這在較貧困的民眾看來尤其刺眼。在一九三三年之前，遭指控腐敗又自私的工會和威瑪黨派大人物一直是納粹無情誹謗的目標，但奧格斯堡的工人很快就點出，這些新興「權貴」揮霍物質之程度可是遠遠超越舊權貴。就如其他地方，人民同樣也會以強烈的道德語氣指責當地的黨代表，據說他們只會花時間上酒吧、不償還債務又忽視家人。詆毀的謠言（無疑有許多是由外國廣播或地下反對派的小冊子所煽動，但顯然也有許多人相信）也是一項指標，表示國家黨內人物的名聲不佳。有關勞工陣線領袖羅伯特・萊伊（Robert Ley）飲酒習慣的故事當然有一大堆，這些故事在奧格斯堡也廣為流傳；還有人謠傳說，希特勒青年團的團長巴爾杜爾・馮・席拉赫（Baldur von Schirach）在貪汙揮霍了兩百萬德國馬克後開槍自盡。德國宣傳部柏林辦事處則有一名要員被指控在奧格斯堡某家頂級飯店的眾多賓客面前醜態盡現；還有另一個謠言指出，元首某次突然訪視奧格斯堡，並在一家飯店酒吧的酒會上發現了「其他人」，於是在盛怒之下逮捕了連同當地區域黨部主委卡爾・瓦爾（Karl Wahl）在內的二十人，這則故事卻耐人尋味地對希特勒的道德汙點隻字不提。[67]

以上示例均取自於巴伐利亞。但德國還有很多地區也出現類似證據，可用來佐證這些示例，證明早在第三帝國初期黨和元首形象之間便有著巨大鴻溝。一九三五年二月來自萊茵（Rhine）邦的一份報告指出：「元首不斷在尋找……適合打造、實踐真正人民共同體的詞語」，他一心一意想要克服以往的政治分歧，然而地方黨部領袖卻只顧著加深彼此宿仇、「為了一己之私而製造對立」，種種行為「每時每刻都在違背」元首的理念。而就如其他地方，人們同樣認為希特勒是被蒙在鼓裡，並未掌握實情，然而此報告也隱約提及這種想法暗藏的危險（予人一種不祥之感），並語焉不詳地總結道：「俄羅斯（**Russia**）人在戰前也曾說過：『沙皇（**Father Tsar**）只是對此一無所知，但他絕不會期望或容忍這種事。』但俄羅斯的下場證明，這樣的想法很危險。」[68]

一九三五年中，薩克森有名納粹支持者匿名致信德國內政部長弗里克，我們從信中可以窺知，在理想化的希特勒形象與黨內大老受到的攻訐之間，背後是隱藏著什麼樣的真切失望。作者懇求弗里克密切注意民眾的騷亂，而這種動盪又與黨內職位的大規模擴張和隨之而來的猖獗腐敗有關，藉此提醒他，當局在「掌權」之前是如何鼓吹精簡及減少政府開支之必要。希特勒本人雖被當作「簡約」的代表，但他的下屬卻對待人民如奴隸、極盡剝削之能事，且只為自己偏愛的少數黨員提供工作。作者接著寫道，如果再次舉行選舉，有數千人將會這麼說：「阿道夫．希特勒和他的左右手，沒錯，我們完

66 StAM, LRA 61613, GBF Garmisch, 4 Feb. 1935.

67 GStA, MA 106697, LB of Pd Augsburg, 1 Sept., 1 Oct., 1 Nov. 1934. 如欲了解巴伐利亞其他地區的類似批評，可參閱資料同上，LB of Pd München, 3 Sept. 1934; MA 106694, LB of RPvNB/OP, 6 Sept. 1934; MA 10094, LB of RPvOF/MF, 9 Nov. 1934.

68 Heyen, F.J. (ed.), *Nationalsozialismus im Alltag,* Boppard am Rhein, 1967., pp. 287-8.

全信任他們。但是剩下的人只為自己謀求美好生活，犧牲人民同志，同時間卻有這麼多人正在挨餓，中產階級也陷入困境。不！絕不投票給他們！」[69]

先入為主的印象並不容易受到動搖。在第三帝國早年，民眾對黨的態度和觀感已經形成。縱使有種種努力，這樣的態度和觀感仍一直延續到納粹掌權期間，實際上也對黨及其代表產生了揮之不去的信任危機，尤其是在地方和區域層面。

德意志國家社會主義工人黨在「掌權」之前曾口口聲聲稱他們不會只是「另一個」政黨，而是全民族的社會革命「運動」，他們將消滅與跳脫「黨派體系」，以建立嶄新緊密的團結關係，這樣的主張非常有吸引力，也表現出納粹主義吸人眼球的充沛精力。一九三三年之後的現實生活似乎有所變化，喊著民族重生和社會復興的浮誇口號卻與黨和衝鋒隊領袖及運動人士的行為形成鮮明對比。無論位於柏林的德國政府在「草根」層面有何作為，納粹黨都無法將自身塑造成令人信服的形象，難以讓人民相信他們會是能打造出「人民共同體」的正向力量。事實恰恰相反，黨員不擇手段、唯利是圖的德性，也讓眾人看清德意志國家社會主義工人黨終究只是一個「政黨」，與其他貪腐的政黨並無二致，他們的所作所為都是為了一己之私。雖然有許多在一九三三年初幾個月加入納粹黨的新血，在社會上比大多數「元老戰士」更「受人尊敬」，[70] 但地方黨部的領導職位，往往還是落在如今爭相擠進公家機關的「社會新貴」手中。正因如此，德意志國家社會主義工人黨在地方上經常被視為外來體系，由不配治理人民的新「菁英」所主導，而他們在個人生活和政治作為上的缺陷，也就因為這樣而更受民眾迫切關注及嚴厲批評。

此外，納粹黨活躍分子的運動能量往往狂熱又具破壞性，這樣的能量若是用來針對現有機構（特別是教會）和價值體系，就很容易激起潛在或新的衝突，並引發人民深深的敵意，在農村地區尤其如此。所以說，納粹在各個方面給人的觀感，都是只會不時干預（及損害）普通民眾日常生活的政黨。我們必須在這樣的背景下看待極為正面的元首形象，希特勒就如大家熟知的中世紀國王，該受責難的都是他周遭的邪惡大臣，「小希特勒」們的臭名也仍保護著主子的名聲不受玷汙，第三帝國日常生活中的怨氣和不滿也無損於他的「魅力」。[71]「如果讓元首得知下屬每天的惡行，他就一定會果斷干涉」這樣的信念本身就是這類惡行直接造成的產物，源自於人們在心理上對清白無瑕「正義」權威的需求，在民怨漸漸積聚的同時，此信念也可作為一種逃避機制，所以也就如同政權的安全閥，讓人民有發洩情緒的途徑。

---

69 ZStA, Potsdam, 27079/36，致弗里克的匿名信，一九三五年六月二十一日。人民對政黨腐敗和專橫「大老統治」的毀滅性批評也彰顯出制度本身日益嚴重的信任危機；如欲了解，請參閱第二章註 74-6 提及的柏林報告。另請參閱來自德國不同地區的索帕德報告（這些報告有時明顯會誇大其危機評估）：*DBS*, ii. 895, 899, 903-5, 21 Sept. 1935.

70 參見 Fröhlich and Broszat, 'Politische und soziale Macht auf dem Lande', and Zofka, 'Dorfeliten'. M. Kater, 'Sozialer Wandel in der NSDAP im *Zuge* der NS-Machtergreifung', in W. Schieder (ed.), *Faschismus also soziale Bewegung*, Hamburg,1976, pp.25-67 中展現了一九三三年後黨員日益中產階級化的特徵。另請參見 Kater, *The Nazi Party*, pp.85 ff,97 ff.

71 另參見 M. Mayer, *They Thought They Were Free. The Germans 1933-1945*, Chicago, 1955, pp. 64-5, and Stokes, *SD*, pp. 514-16.

希特勒本人明顯也很清楚自己的人氣與納粹黨的惡名有著強烈對比，雖然他無法公開承認，尤其是在政黨忠實信徒的陪伴下更不可以，畢竟「元首神話」本身就是靠著這些信徒才能成長茁壯。所以在一九三五年的紐倫堡黨代會上，希特勒也為了駁斥這樣的觀念，而直接提及自己與黨之間的區別：「我必須在此反駁……大家經常聽到的老話，資產階級尤其常常這麼說：『元首沒問題，但黨就是另一回事了！』對此，我的回應是：『不，各位先生。元首就是黨，黨就是元首』。」[72] 縱有希特勒的否認聲明（他此言確實也為自己招來一些批評），[73] 我們在此探討過的黨和元首形象之間仍有著天壤之別。戈倍爾同樣也明白這點，他在許久之後的一九四一年曾表示「元首神話」（他稱這是他自己的創作）解釋了「為何至今仍有數百萬德國人會區分元首和黨，在相信希特勒的同時，卻仍拒絕支持後者」。[74]

---

72 *Der Parteitag der Freiheit vom 10.-16. September 1935. Offizieller Bericht über den Verlauf des Reichsparteitages mit sämtlichen Kongreßreden, Munich*, 1935, p. 287.

73 請參閱第二章所引用的柏林警方報告，其中對希特勒於黨代會袒護下屬有所怨言（見註76）。

74 Semmler, R., *Goebbels. The Man Next to Hitler*, London, 1947, pp. 56-7.

4
CHAPTER

元首對比激進分子：希特勒的形象與「教會鬥爭」

「帝國總理無疑將他對上帝的信仰落實在生活中。他也承認，基督教是西方文化的建設者。」

——紅衣主教傅赫伯（Faulhaber），一九三五年

「感謝主，因為有您的恩典，他至今才能一次次成功造福人民。」

——主教梅澤（Meiser），一九三七年

我們在前一章中指出，在社會內部的意識形態衝突最劇之處，元首和政黨形象的兩極對比也更加明顯。而第三帝國意識形態惡鬥最明顯的例子，就是納粹政權與主要基督教教派的對立。這也因此讓我們有機會探討「希特勒神話」在這場持久的激烈衝突中是如何形成，而教會作為衝突的其中一方，其主要代表有著非常大的勢力（仍忠於新教或天主教會的人口比例極高），足以影響輿論的走向。

同樣地，我們研究中的大部分證據都是來自巴伐利亞，而此地當然是「教會鬥爭」的典型地

區。[1] 巴伐利亞以天主教徒占大宗，這對納粹激進分子來說是種明顯的挑釁；另一方面，在非屬新教重鎮的法蘭克尼亞，新教徒卻也異常虔誠，因此即便納粹在這裡享有很高的支持度，這種情形卻也加劇了該地區與黨內反教權分子的尖銳摩擦。然而在第三帝國其他地區（無論是新教區還是天主教區），仍不難找到與巴伐利亞「教會鬥爭」普遍觀點相似的態度。如果要預測整體結論的話，所有證據都表明，「教會鬥爭」雖然加深了人民對黨——以及更廣義上的納粹政權——的敵意，但希特勒聲望受到的負面衝擊卻遠低於我們想像。希特勒不僅成功避開人民因激烈衝突所生的厭惡之情，實際上還經常被視為基督教宗教價值的捍衛者，抗衡著納粹運動的意識形態狂熱分子；值得注意的是，有部分教會領袖似乎也這麼認為。

正如我們先前所述，人民對「英雄」領袖的期望從一開始就含有強烈的「救世主主義」色彩。在納粹「掌權」之前，民族保守派和本土民族主義作家及神學家就已提出結合世俗和「敬神」領袖的概念。以下例子即摘錄自民族主義神學家兼辯論家威廉·斯塔佩（Wilhelm Stapel）於一九三二年出版的著作：

> 真正的政治家會集父愛、尚武精神及魅力於一身。他就如慈父一般，管理著託付給自己看顧的人民。如果人民能繁衍茁壯，他就會集結人民好戰的能量，為他們提供生存的空間。但上帝更賜予他福氣與榮耀，讓人們待之以敬畏與信任。如此一來，這位政治家就能將戰爭與和平掌握於手

中，並且與上帝交融。他對人文的關懷成了祈禱、成了決策。他的決定不僅是理性計算的結果，更是源自於充沛的歷史能量。他的成與敗均非人為的偶然，而是天注定的命運。因此，真正的政治家同時是統治者、是戰士，亦是牧師。[2]

早在一九三三年之前，納粹宣傳家的推波助瀾之下，一股浸透著偽宗教意象的世俗版救贖觀便已牢牢附著在德意志國家社會主義工人黨領袖不斷壯大的元首崇拜上。雖然對狂熱的天主教徒而言，希特勒的立場基本上就是反基督教，他在「掌權」之前也從未擺脫過這道指控，但對其他教徒而言，尤其是地位較高的新教神職人員，他無疑成功為自己塑造出這樣的形象，雖然希特勒並非傳統上會上教堂做禮拜的虔誠教徒，但他仍相信上帝或「天意」，也願意跳脫教派分歧，為德國的道德和倫理復興

---

1 我於 *Popular Opinion*, chs, 4-5 中探討過因巴伐利亞「教會鬥爭」而生的民眾異議之本質。欲了解第三帝國教會與國家之間衝突的整體進程，請參見 J. Conway, *The Nazi Persecution of the Churches 1933-1945*.

2 引自 Sontheimer, K., *Antidemokratisches Denken in der Weimarer Republik*, 4th edn., Munich, 1962., p. 271。眾多民族保守右派當時都正在尋覓理想中的「領袖」，並於威瑪共和期間大力宣導「英雄」領袖的理想，但他們最後認為希特勒和第三帝國背離了他們的期望，斯塔佩也是一樣。參見 Weinstein, F., *The Dynamics of Nazism. Leadership, Ideology, and the Holocaust*, New York, 1980, pp. 11-13, 39-40 (nn,35-7)。

而努力。[3]

希特勒一就任總理，就開始使用明顯帶有「救世主」意味的語言，他的公開演講經常充滿宗教象徵意義；「民族覺醒」的概念也暗暗結合了宗教復興，兩者也都根植於元首的「使命」。一九三三年二月十日，希特勒首次以總理身分在柏林體育宮（Berlin Sportpalast）發表公開演講，並於總結時重新闡釋了〈我們的天父〉新教版本的最後幾行，談及「新德意志帝國的偉大、榮譽、力量、輝煌及正義」，甚至以「阿們」作結，以浮誇的詞藻將演講推向最後高潮。[4]幾週後，希特勒於五月一日（第一個「全國勞動日」）發表演講，他在結尾時直接向上帝呼喊：「主啊，您看，我們已有所改變。德國人民不再是沒有榮譽的人民，不再是充滿恥辱、四分五裂、怯懦、信仰薄弱的人民。不，主啊，德國人民已重拾意志、堅定不移、願意堅持忍受一切犧牲。主啊，我們沒有拋棄您。現在請祝福我們為自由而戰，也賜福我們的德國人民和祖國。」[5]而希特勒「救世主」論調的第三個例子，則是他在一九三六年紐倫堡黨代會上向納粹黨政治領袖發表的演講，他不停援引《約翰福音》（Gospels of John）和《馬太福音》（Gospels of Matthew）以及《聖經》的其他段落，故這次演講又被稱為「《聖經》文本的高超剪接之作」。[6]

在此時刻，我們怎能不再次感受將我們齊聚一堂的奇蹟。你們曾聽見一名男人的聲音，它震撼你心，將你喚醒，而你們也追隨了這個聲音。各位多年來一直追隨著它，即便你們只聞其聲，不見其人。你們只是聽到了一個聲音，便就此跟著它走。當我們在這裡相會，這次聚首的奇蹟也充盈我們所有人的心。現場並非每個人都看得見我，我也無法看見現場每一個人。但我感覺得到你們，你們也感覺得到我！……現在我們齊聚一堂，我們與他同在，他與我們同在。而此刻，我們就是德國。

這類群眾集會的目擊者也已證實，對於出席者來說，元首在現場營造的氣氛和效果更類似於宗教復興的集會，而非「普通」的政治集會。[7] 毫無疑問，對於已是「希特勒信徒」或正在「皈依」的數百萬人來說，「宗教」元素的確是「元首神話」的重要組成。在這段時間，雖然制度化的宗教活動

---

3 參見 Schweitzer, A., *The Age of Charisma*, Chicago, 1984, pp. 68ff; Diephouse, D.J., 'The Triumph of Hitler's Will', in]. Held (ed.), *The Cult of Power: Dictators in the Twentieth Century*, New York, 1983, pp. 54ff; W. Carr, *Hitler: A Study in Personalily and Politics*, London, 1978, pp. 5, 132-6；以及F. Heer, *Der Glaube des Adolf Hitler. Anatomie einer politischen Religiosität*, Munich, 1966. 另外，R. P. Ericksen 一九八五年的著作 *Theologians under Hitler* 則有提供深入見解，說明「精神復興」的概念是如何促使新教教會中部分地位重大的神學家歡欣接受納粹主義，並對希特勒的領導才能寄予厚望。

4 Domarus, p. 208；另參見 von Kotze, p. 41。戈倍爾對這段話帶來的影響力感到非常高興。引自 J. Goebbels, *Vom Kaiserhof zur Reichskanzlei*, 21st edn., Munich, 1937, p. 260.

5 Domarus, p. 264.

6 同上，p. 641。Stem, p. 90 則分析了此次演講的基督教意象，欲知一九三六年其他運用此意象的場合，請參見 Domarus, p. 570 及 Carr, W ., *Hitler. A Study in Personality and Politics*, London, 1978, p. 135.

7 參見 W. Shirer, *Berlin Diary 1934-1941*, Sphere Book edn., London, 1970, pp. 22-3; Carr, pp. 5, 136.

正面臨壓力（對於人口中占大宗的新教徒尤其如此），但基督教的傳統習慣，甚至是樸素的民間習俗（popular pirty）仍大都不受影響。在這樣的背景下，希特勒所宣揚的世俗版救贖觀和民族救亡論便非毫無吸引力、毫無效果的替代信仰。戈倍爾似乎很清楚這點，也沒有放過可以善加利用的機會，然而這名宣傳部長會這麼做，卻可能不純粹是出於一己之私，他本人似乎也已拜倒在希特勒的「彌賽亞主義（messianism）」之下。戈倍爾自己在描述希特勒的重大集會和演講時，語氣就經常明顯透出一股神聖的宗教色彩，例如在一九三六年，他就曾將希特勒重占萊茵蘭後於科隆的「選舉」演講形容為「最深刻、最神祕的宗教表現」，而在這場演講中，「舉國人民經由其發言人之口表達對上帝的信仰，並放心地將自身命運與生命交到他的手中」。[8] 即便是在一九四五年的柏林地堡，戈倍爾在自己一廂情願的世界中，仍然保有對「救世主」希特勒的信仰，甚至能夠於日記中寫道：「元首一開口，就像是在舉行一場宗教儀式。」[9]

就這樣，戈倍爾完全臣服於自己一手為元首打造的宗教光環，而遠比此事更引人注目的是，就連知名神職人員（其中有些還幾乎不信服納粹主義）似乎也相信希特勒的性格具有濃厚的宗教色彩。就任弗賴辛（Freising）及慕尼黑教區大主教的紅衣主教傅赫伯就非等閒之輩，他在天主教會擁有極大勢力，並曾在許多場合直言不諱地批評納粹政權的反教會政策。一九三六年十一月四日，傅赫伯曾私下與希特勒會面三小時，並於會後在一份機密報告中寫道，希特勒給他留下了深刻印象，並說自己相信他是非常虔誠的人。「帝國總理無疑將他對上帝的信仰落實在生活中，」傅赫伯寫道，「他也承認基督教是西方文化的建設者」。[10]

希特勒明顯有能耐把自己偽裝成一副熱衷於維護基督教的領袖形象，就連態度可能較尖銳的教會領袖都能瞞過，而正是這樣的能力，才有辦法讓兩大教派的大人物向上教堂的民眾傳達這樣的形象。這就是為什麼定期上教堂的基督徒——若經常受到教會高層「意見領袖」的鼓勵——在譴責無神論納粹意識形態和反基督教激進分子時，往往能把希特勒排除在外，同時持續視他為保護基督教免受無神論布爾什維克主義侵害的最後希望。[11]

所以說，我們在探討教徒普遍對希特勒的態度之前，首先必須思索神職人員的公開聲明。毋庸置疑，他們對第三帝國的輿論一直有很大的影響力。

---

8 引自 Bramsted, E. K., *Goebbels and National Socialist Propaganda 1925-1945*, Michigan, 1965, p. 209。戈倍爾在兩年後寫給希特勒的生日賀詞中，稱希特勒「奉獻一生為民服務，不遺餘力造福人類」，這「或許也是一種宗教」。引自 *Völkischer Beobachter*, north German edn., 21 Apr. 1938.

9 J. Goebbels, *Tagebücher 1945. Die letzten Aufzeichnungen*, Hamburg, 1977, p. 49.

10 引自 L. Volk, 'Kardinal Faulhabers Stellung zur Weimarer Republik und zum NS-Staat', *Stimmen der Zeit*, clxxvii (1966), p. 187；另參見 Lewy, G., *The Catholic Church and Nazi Germany*, London, 1964, pp. 207-8.

11 除了主要教派之外，許多基督教小教派（但「耶和華見證人」是明顯的例外）也經常熱情滿溢地讚揚希特勒，甚至有時還擁戴耶穌為「理想元首」，接著視希特勒為德國正在尋找的元首。參見 C. King, *The Nazi State and the New Religions*, New York/Toronto, 1983, pp. 91-3, 99, 122-4, 127, 130-1, 141, 188-9, 194.

當然，在第三帝國時期，教會對納粹主義的矛盾立場眾所周知。當教會機構、傳統、實踐方式和信仰直接受到納粹攻擊時，人們便會大膽堅強地反抗，有時甚至還能成功將其擊退。而在其他情況下，人們則會尋求一定程度的通融與「暫時協定」（**modus vivendi**）。

在第三帝國之初，兩大教會的統治集團發揮了關鍵作用，成功平息信眾的焦慮和不安，並讓人民服膺希特勒身為德國總理的權威，就連一九三三年之前對納粹運動態度十分保守的天主教主教也不例外。即使撇開已經受納粹同化的派系不談，新教教會對納粹主義的態度在整體上也比天主教神職人員要有熱忱得多。另一方面，更加集權的天主教會也並沒有像附屬於認信教會（**Confessing Church**）的新教少數派那樣出現有組織的運動，從教義上的對立漸漸變得與政治疏離。只要納粹主義沒有公開造成威脅，兩大教派至少都還可以忍受，無異議地接受對種族、社會和政治少數群體的攻擊，擴張主義的外交政策則是廣受歡迎。[12]

就拿巴伐利亞新教教會的領袖梅澤主教作為例子，我們會發現，即使教會事務早期曾受納粹干涉，這段經歷卻也沒有太過削弱民眾對希特勒本人的認可。一九三四年秋季，梅澤被柏林國家宗教事務部部長（**Reich Church Minister**）派往慕尼黑的政務委員罷黜，還暫時遭到軟禁在家，並且要等到法蘭克尼亞虔誠新教民眾群起抗議六週之後，當局才恢復他的職務。[13]然而這一切卻也沒有導致梅澤疏離希特勒。他重新就職後不久便於慕尼黑公開宣稱：「如果新教徒在服務福音的過程中無法服務人民，無法排除萬難全心全意效忠於我們的人民元首，那他們應引以為恥。」[14]經過一段時間，在一九三六年三月二十九日「國會選舉」之前（於德國重占萊茵蘭之後），梅澤向神職人員和宗教課程的教師發出一份通知，暗示他也清楚這種親希特勒言論所造成的兩難局面。梅澤承認，「響應元首的號召」可能會被解讀為認可該黨的反基督教論述。儘管如此，他還是宣稱自己「期許牧師和民眾能支持這位受託付領導人民的人，誓無二心支持他的解放與和平願景」。梅澤也同意要提請元首注意「教會鬥爭」的疑慮，希望能藉此「為所有人開闢道路，讓人們相信元首明白他們的苦難，以便能夠在三月二十九日這天，本著人民的愛與對元首的服從與忠誠做出決定」。[15] 在新教教會與國家經歷了四年空前的衝突後，梅澤竟還能在一九三七年一月「納粹掌權」四週年之際公開為希特勒祈禱，他吟誦道：「在這一天，我們要特別向您稱許我國的元首兼總理。感謝主，因為有您的恩典，他至今才能一次次成功造福人民。」[16]

---

12 近期有研究探討第三帝國期間各教會配合和反對的程度，欲知其中各派系採取的不同立場，請參閱 J. Schmädeke and P. Steinbach (eds.), *Der Widerstand gegen den Nationalsozialismus*, Munich, 1985, Pt. 3 and pp. 1125-7.

13 我在 *Popular Opinion*, pp. 164ff 中探討過梅澤遭免職時引起的民眾騷亂。

14 *KL*, i. 36.

15 同上，ii. 82。欲知兩大教派神職人員公開鼓勵人民於一九三六年及一九三八年德奧合併（Anschluß）後公民投票支持元首的例子，可參見資料同上，i 136; ii. 83, 276; iii. 100, 161; GStA, MA 106687, report of BPP, 1 Apr. 1936, pp. 16, 18; StAM, LRA 134057, BA Bad Tölz, 3 Apr. 1936. 以及（探討對象為天主教派）Lewy, G., *The Catholic Church and Nazi Germany*, London, 1964, pp. 201-5, 211-18。

16 *KL*, i. 193.

一九三六年，西班牙內戰爆發，納粹宣傳隨後也趁此大肆渲染「布爾什維克危機」，教會便以此為由特別強調人民應忠於元首。就連尖刻批評納粹政權的反教會政策者，也願意公開支持元首「抵抗布爾什維克主義」。這點有個很好的說明例子：一九三七年六月，有位巴伐利亞的新教牧師於「認信陣線」（Confessing Front，教會的一個派系，曾公開反對企圖抨擊新教傳統基礎的人）集會上發表評論，據稱他表示：「我們都堅定支持我們的元首。大家知道，第三帝國現在崩潰的話，布爾什維克主義就會取而代之。所以，請忠於我們的元首，他曾從布爾什維克主義解救我們，給了我們更美好的未來。」[17]

人們以為，對教會的攻擊可能只是納粹政策的單一缺點，要不然大眾可能會普遍接納甚而公開歡迎之，這樣的誤解也標誌著第三帝國期間新教教會根本矛盾的立場。雖然天主教會較為低調（他們與政權的意識形態衝突更為根本，「教會鬥爭」更是一場激烈的消耗戰），但他們仍一邊認可政權的「民族成就」，尤其是對元首個人的認可，一邊強烈譴責當局處處干涉教會領域，這樣的態度同樣也是一種令人不安的雙重標準。這一點明顯體現在一九三六年十二月發布的〈德國主教牧函：談與布爾什維克主義的抗爭〉（"Pastoral Letter of the German Bishops about the Defence against Bolshevism"）中，這封信與同年稍早的其他牧函一樣，宣稱主教們為了「宗教使命」而毫無保留地配合擊退布爾什維克主義的威脅，並且支持「思想和抱負都旨在防範駭人險境」的元首，更稱他有先見之明。這封牧函繼續寫道：「即使我們反對國家侵犯教會權利，但我們仍願意尊重當局在其正當管轄範圍內的權利，也對元首的勞苦功高有目共睹。」[18]

帕紹（Passau）教區時事通訊的主張也體現出這種矛盾立場。此地區的「教會鬥爭」仍酣戰不休，但時事通訊卻在希特勒就職總理四週年時，倡導為「元首及祖國」祈禱：「我們帶著對全能上帝的誠摯感謝，於今天回顧這四年來元首極力促成的各種偉大成就，他總是不遺餘力打造更堅韌的德國與人民共同體。」[19] 立場相似的還有紅衣主教傅赫伯，他在一九三六年某次講道時，先是「大力批評當今時局」（尤其是納粹對教會學校的攻訐，還有涉及天主教神職人員的「道德審判」），但在末尾卻要求現場的眾教徒與他一起為元首唱一首〈我們的天父〉。[20] 另一名因敵視納粹主義而聞名於巴伐利亞的神職人員則是大膽的耶穌會神父魯伯．馬業（Rupert Mayer），他在一九三七年遭當局逮捕並被成功噤聲前不久，才於布道時表示元首是「一位受到上帝恩典啟發的人」，所以德國才會受到所有他國的羨慕，藉此淡化自己對納粹政權的正面攻擊。[21]

---

17 *KL*, ii. 195-6.

18 引自 Lewy, G., *The Catholic Church and Nazi Germany*, London, 1964, pp. 209-10。另參見 *KL*, i. 190-1; iii. 118。信件內文是由傅赫伯在私下拜會希特勒後起草，這次會面對傅赫伯的衝擊很大。引自 Lewy, G., *The Catholic Church and Nazi Germany*, London, 1964, p. 209.

19 *KL*, iv. 115-16.

20 同上，i. 148-9。

21 同上，i. 195-6。

有少部分天主教神職人員的公開親希特勒立場更超出了本書目前引用過的言論。比方說，一九三六年十一月，在班貝格的天主教工人協會教區會議上，據說講者宣稱：「我們天主教徒都是德國人……因此，無論發生什麼事，我們都會是我國元首的堅強後盾。我國元首已得到教宗首肯。我國元首也已經認可宗教協定（Concordat），因此每個天主教徒都必須支持元首。元首還向兩大教派保證會維護他們的信仰，元首此言對我們來說神聖無比。」[22]

當然，我們不可能重建此類布道大會當下的氣氛，警方的觀察員很容易聽錯或誤解講臺上的言論，要不就是遺漏表面忠誠下隱含的刻意反諷，而教會領袖公開表現出的立場自然也未必符合他們的實際觀點。對元首公開表示忠誠的行動一部分也是種策略，其目的在於抵消他們對黨、親衛隊或教會的頭號納粹敵人艾弗雷德．羅森堡的批評力道。然而若我們以為希特勒獲得的每次讚美都並非出自內心，那就是過度延伸了，況且不論讚揚背後的動機為何，其實質效果都是在強化希特勒的元首神話：他出淤泥而不染，以自己的「善良」抗衡黨內邪惡的激進派。這也表示，教會反納粹的立場可以簡單解讀為對該體系「雜質」的批評，或者充其量反映出兩種水火不容的「世界觀」，其眼中真正的敵人是羅森堡的「新多神異教主義」（Neo-heathenism），而非希特勒的種族帝國主義。索帕德在報告「教會鬥爭」時，則明顯透露出對教會矛盾立場的不耐。委員會有份報告便以輕蔑的語氣指出，教會高層縱使因「教會鬥爭」而吃了大虧，但他們仍樂意為元首祈禱，意圖與納粹政權**和解**，「也難怪許多社會主義者不再把神職人員的所作所為當回事」。[23]

然而，低階神職人員比之基督教會高層的領導人物，其措辭往往明顯不帶有那麼官方又討好的語氣。這些人在嚴厲抨擊納粹時，有時候無疑連希特勒也會一起罵（雖然常常都是間接影射），甚至公開口頭攻擊他，不過這麼做的牧師通常會慘遭當局報復。根據一份報告指出，有位新教牧師宣稱：「國家萬萬不可再次支持德意志基督教會（German Christians）」，[24]而且「元首應說到做到，給予他當初承諾我們的自由」，該牧師正是在影射一九三三年「就連元首也參與宣傳德意志基督教會運動」一事。[25]據說還有其他牧師「幾乎不加掩飾地批評元首說過的話」，他們在祭壇前為遭拘留的神職人員祈禱時，也會為德國人民祈福，「但不是為了元首」。[26]

新教神職人員很少直言不諱地批評，他們反而更常將元首所謂的「正義」拿來與黨活躍分子的激進行為做比較，原因無疑多是戰術考量。就拿身為「認信教會」主要代表的赫穆特・柯恩（Helmut Kern）牧師來說，他絕不支持納粹，然而他也援引元首說過的話，視之為一九三七年教會選舉將享有

---

22 *KL*, ii. 128.

23 *DBS*, ii. 673-4, 15 July 1935，來自萊茵蘭西發里亞的報告。

24 譯註：納粹時代的教會，支持納粹的意識形態。

25 *KL*, ii. 165.

26 同上，ii. 165, 197。一九三七年一份來自薩克森的索帕德報告指出，隨著當局宣布要為總宗教會議舉行新選舉（卻從未落實），加上有部分神職人員（包括馬丁・尼默拉〔Martin Niemöller〕）被捕，新教的「教會鬥爭」局勢也再次緊繃起來，這時牧師們已不再出聲認可希特勒，而「『元首絕不樂見此事』、『如果元首知道的話，他就會……』這類先前過度頻繁出現的『論調』已經銷聲匿跡」。引自 *DBS*, iv. 502-3, 8 May 1937.

自由的保證，柯恩還信誓旦旦地說：「讓元首在上帝和世界面前撒謊的人將遭報應。」[27]還有另一位因敵視政權而為當局所熟知的牧師，他有次於布道時宣布：「我們自己的土地上存在布爾什維克主義」，然後曖昧地補充道，「元首認定布爾什維克主義是頭號敵人並與之對抗，他值得我們的感謝。」[28]這種別有深意的言論似乎不太可能削弱希特勒的人氣，反倒更有機會助長「希特勒神話」；比方說，一名非納粹牧師便曾假稱希特勒也反對引入受到激烈爭議的納粹化「社區學校」來取代宗教學校，結果這麼做反而壯大了希特勒的聲勢。[29]

天主教的低階神職人員則是稍微更直率地表達他們的反感。例如，有位天主教神父就曾直言不諱地說：「我們需要的領袖，是教宗和主教。」[30]另一位神父也在宗教課堂上批評納粹黨的行為，據說他還指著掛在教室裡的元首照片大聲喊道：「這些事他也有份。」[31]還有個例子是有一名神父據稱因曾私底下說：「元首的膽子太小了，無法自己挺身對抗教會，才需要羅森堡及其一干人等來代勞。」這名神父因而被告發。[32]納粹雖然有意將羅森堡的觀點與黨的官方立場切割，但顯然不成功。來自亞琛的一份報告也暗指羅森堡受到的攻擊與希特勒脫不了干係，甚至還含蓄地對元首稱「『二十世紀的神話』不代表黨路線」的說詞表示疑竇。[33]

根據最近的一項完整調查，高達三分之一（可能還更多）的天主教低階教區神父都曾於第三帝國期間遭受某種形式的政治報復，他們大多數的「罪行」自然都與教派問題有關，但其中有約三分之一為「批評政權」（百分之十二點七）、「政治態度不可靠」（百分之十六），以及「採取與國家敵對的行為」（百分之五點八）。[34]然而這類案件卻罕有涉及對希特勒的直接批評，甚至連隱晦的批評都沒有，況且不論這些牧師的真實感受如何，他們大都願意在公開場合順從當時的政治行事，即便人們常透過拒絕行「希特勒萬歲」禮這種較小的舉動，來象徵性表達自己的政治立場。[35] 無論如何，在公開場合中，就連低階神職人員也未多做什麼來破壞「希特勒對納粹教會政策之暴行所知甚少」及「下屬不尊重元首的意願」的神話。[36]

---

27 *KL*, ii. 161.

28 同上，ii. 118。

29 同上，ii. 73。另參見 pp. *144,* 211 及 i. 213。

30 StAM, LRA 76887, GS Landsham, 30 June 1935.

31 *KL*, ii. 126.

32 同上，iv. 224 ‥另參見 i. 127. 。

33 *Volksopposition im Polizeistaat,* p. 141.

34 U. von Hehl, *Priester unter Hitlers Terror. Eine biographische und statistische Erhebung,* Mainz, 1984, pp. xiii-iii, liii.

35 取自許多範例‥ *KL,* i. 126-7; ii. 181; iii. 129; iv. 163; GStA, MA 106687, report of BPP, 1 July 1936, p. 42; StAB, K8/III, 18472, GS Königsfeld, 24 Feb. 1937. 當局的報告鮮少出現天主教下級神職人員直接讚揚希特勒的例子，例如據報告，有位天主教神父曾表示「主上帝派遣德國總理希特勒這樣的人來給我們……我們無法充分表達感謝之情」（LRA Obernburg am Main, file 'Kirche und Nationalsozialismus', GS Sulzbach am Main, 6 Aug. 1934.），這類評論顯然是非常情形。

36 LBA Obernburg am Main, file 'Kirche und Nationalsozialismus', BA Obernburg to BPP, 23 Oct. 1935, re. 'Kath. Mission in Mömlingen'.

一方面，教會人員大力對試圖實踐納粹意識形態的黨派狂熱分子直接批評（實際上希特勒是此種意識形態的中心驅力），另一方面各大教會領袖則公開對元首表示尊重（低階神職人員在較小程度上也是），在猛烈的「教會鬥爭」延續六年之後，兩種態度之間顯見的差異別有深意地表現在各天主教區主動頒布的命令中：在一九三九年四月二十日希特勒生日那天，教堂敲響鐘聲以示歡樂致敬，並於接下來週日的彌撒為元首祈禱。[37]

我們可以從哪些跡象看出「教會鬥爭」是如何影響到上教會的「平民」對希特勒的普遍觀感？而他們的觀感又有多大程度是奠基於元首的虛構故事之上？在這則故事中，元首並未如他自己的政黨一樣受到大力譴責，反而是被塑造成「溫和派」，準備要捍衛教會免受自身黨中「激進分子」的侵犯。而要回答此問題，人民對「梅澤事件」的反應提供了一些線索，就讓我們來簡要回顧一下。

一九三四年秋天，梅澤主教被草草罷免，巴伐利亞的路德教會（Lutheran Church）也遭到攻擊，人民將兩件事情都直接歸咎於納粹黨，引發了一場雖然短暫卻引人注目的抗議風暴。[38] 法蘭克尼亞鄉村中有著虔誠傳統的新教徒（一九三二年和一九三三年，此地居民曾以壓倒性高票支持德意志國家社會主義工人黨）毫不含糊地宣泄他們對納粹黨的憤怒。幾個忿忿不平的法蘭克尼亞農民代表團找上了巴伐利亞總理，總理則在親身體驗到民眾的火爆情緒後，致函德國內政部長，強調納粹黨在該地區的地位及繼續執政的權威岌岌可危。[39] 然而從這類代表團的態度也可清楚看出，納粹黨予人的負面觀感完全無關乎希特勒本人的形象，元首實際上幾乎沒有受到批評，人們甚至還認為他是在保護傳統宗教免受激進黨員的摧殘。民眾的訴求是要讓希特勒了解真實的情況，他也被視為基督教與納粹主義真正相互依存的化身，而激進分子正在破壞雙方的共生關係。元首唯一受到的些許批評，就是他竟然對這種事坐視不管。然而，希特勒雖然起初明顯帶有置身事外的態度，而後卻又果斷介入，恢復梅澤的職位以結束爭端，此舉似乎再次坐實了「黨內激進分子是在他背後行事」的觀點，讓人們更加認定希特勒在發現黨員行為不端之後，就會迅速採取行動平息騷亂。希特勒對教會的積極態度、他的宗教姿態以及他的「溫和」立場似乎得到了重申。就這樣，此事件雖然幾乎摧毀了人民對納粹黨的信心，卻毫不損及希特勒的人氣，反而更加鞏固其地位。

以下再提供一個具體的地方案例，來說明緊張又曠日持久的天主教「教會鬥爭」（在戰前於一九三六至一九三七年達到頂峰）是如何影響人民對黨和元首的態度。

安貝格是上普法爾茨一個相當典型的地區，絕大多數人都信奉天主教，大部分人口係以務農或經營小規模工商業維生。一九三三年之前，納粹在上普法爾茨的表現並不太好，在安貝格受到的挫折還比大多數地方更甚，儘管他們於一九三三年三月的表現有所改善（和其他地方一樣），但至「掌權」

37 *KL*, i. 307.
38 參見 Kershaw, *Popular Opinion*, pp. 170-3.
39 GStA, MA 107291, Siebert to Frick, 20 Oct. 1934.

之時，德意志國家社會主義工人黨在該地區顯然仍未取得廣泛又穩定的民意基礎。[40] 接下來幾年更因「教會鬥爭」之故，納粹黨在地方的地位明顯有所削弱，任何殘餘的民心都無疑漸漸流失。

早在一九三四年夏天，一場針對「怨民」和「好發牢騷者」的宣傳運動顯然就已展開，當局意圖藉此對抗同年稍早於民眾心中漸增的失望情緒，結果卻適得其反地消除了天主教徒心中殘存的大部分友善態度。早期支持天主教巴伐利亞人民黨的人不斷被貼上「敗類」或「叛徒」的標籤，不意外地，他們的耐性並非毫無限度。由於這些人在媒體或公共集會上幾無自衛手段，因此除了忍受侮辱和退縮之外無能為力，然而由此而生的怨氣卻引起了地方政府的關注。地方當局認為，要是宣傳方法未有實質改變，那麼原有的黨派政治分歧就會演變為新的「民族分裂」，就如同斯巴達人（Spartan）和黑勞士奴隸（Helot）之間的對立」。[41] 地方報告強調，比起納粹甫「掌權」之際，人民對政權的熱忱在納粹統治兩年後已大大消退，這些報告也確信神職人員（他們的影響力很強大）的態度一直都是決定性的因素。[42]

隨著「教會鬥爭」加劇，地方民眾不得不挺身捍衛宗教活動，因此與黨內激進分子發生衝突也是在所難免，就算是對地方黨工拳腳相向也並非聞所未聞。在一次事件中，該地區有名黨部主委因為傻到去詆毀神職人員，而惹毛了兩個村莊的居民，結果在啤酒館裡遭到毆打。報告明確提到此人當時正穿著「地方黨部主委」的制服，並也補充道，一旦消息傳開，他在鄰近村莊可能也會受到相同待遇，所以黨部主委的位子他大概也坐不下去了。[43] 另外兩名黨工則是在對鄰近的天主教民眾貶損一番後，及時逃離他們致辭的會場才免受攻擊。[44] 地區行政首長在一字不差提交給巴伐利亞內政部的一份報告中指出：「此類事件在幾天內摧毀的善意與信心，比數年來可以累積的還要多」，並補充道：「我們不斷聽聞有人說：元首一心為了大家好，但他的下屬卻一意孤行。而由於這類事故，這樣的說法也就三人成虎了。」[45]而人民對於納粹黨干涉傳統聖體節（Corpus Christi Day）遊行也群情激憤，但元首同樣並未遭殃，大家都認定為他對此事一無所知。[46]人們漸漸從國家社會主義人民福利機構和婦女協會辭退，新黨員的招募活動也踢到鐵板，民眾拒絕加入一個想要廢除宗教的政黨。報告指

---

40 在一九三二年十一月的選舉中，納粹在安貝格周圍地區僅獲得百分之十點九的選票。一九三三年三月，納粹黨在安貝格鎮中本身的得票率（百分之二十八點二）略低於上普法爾茨各城鎮的平均水準（百分之三十點二），安貝格周圍地區（百分之二十六點二）則仍遠落後於該地帶農村地區的平均水準（百分之三十五點一）。引自 Hagmann, M., *Der Wegins Verhiingnis*, Munich, 1946, pp. 14-15, 23.

41 StAA, BA Amberg 2399, BA Amberg, 30 Aug. 1934. 另參見 *KL*, iv. 30-1.

42 StAA, BA Amberg 2398, GS Freudenberg, 21 Dec. 1934.

43 StAA, BA Amberg, 2399, GS Freihung, 26 Jan. 1937. 另參見一九三七年三月二十五日的報告，欲知事發前的情形，請見一九三六年五月二十六日的報告。下巴伐利亞和上普法爾茨行政區首長的報告中亦特別提及此事。引自 *KL*, iv. 113.

44 同上，StAA, BA Amberg, 2399，GS Freihung, 26 Jan. 1937 and 'Sonderberlcht' of 14 Feb. 1937。

45 *KL*, iv. 113.

46 StAA, BA Amberg 2398, GHS Amberg, 13 June 1936.

出，民眾往往表示「支持元首，但通常反對他的部下」。[47] 上教堂的人會說：「我們對元首和第三帝國機構既感激又認可，也很樂意遵守命令；只是教會不該被捲入衝突。」[48]

正如安貝格的例子（此例也可與其他天主教地區的類似案例做比較）清楚所示，人民雖然厭惡納粹黨中的反教權和反基督教激進分子，卻不妨礙他們以正面的態度看待希特勒、國家權威，以及所有不直接衝擊教會領域的重大國內和外交政策。但要是想像希特勒能夠毫髮無傷逃脫「教會鬥爭」所激起的敵意，那就太過火了。例如，一九三七年有份報告就拿希特勒與墨索里尼做比較，暗指希特勒的不是：「在天主教圈子裡，有人說墨索里尼的政策非常聰明，因為他對天主教會採取了正確行動，但德國卻尚未解決此問題。」[49] 當局光是從同一地區的某處太平間移走聖母、基督以及兩位聖人的雕像，就足以引起虔誠信眾議論紛紛，他們說自己迄今一直相信希特勒，「但是如果他對此事坐視不管，我們就不會再相信他了」。[50] 下巴伐利亞的一位牧師甚至計算得出，至一九三五年，他所在教區的民眾對希特勒的信心下降了百分之六十（儘管其他證據全都考慮上了，這個數字聽來仍相當誇張），因為宗教協定的承諾並未落實。[51] 來自萊茵蘭的索帕德報告則指出，天主教徒批評希特勒是「兩面倒」，因他一方面聲稱自己想要保護各宗教教派，另一方面卻又試圖清除「兩千多年來的遺產」。希特勒宣稱要忠於「正面的基督教」，可是卻「讓羅森堡這種新日耳曼多神教主義者負責管理全德國人民的文化」，他們也問這點又該如何解釋。[52]

然而，儘管希特勒的人氣明顯受到「教會鬥爭」的影響（在天主教勢力壯大的地區尤其如此），但元首享有崇高地位，人們則是普遍蔑視及厭惡其政黨，這種態度上的差異仍相當驚人。有鑑於教會領袖的公開立場，一般教徒會有這種態度上的差別也是可以理解的。同樣，人們普遍天真地認為：「元首並不了解真正的情況，教會政策更是在他的背後偷偷推行，有違他的意願。」[53] 而要解釋為什麼會有這種觀點，似乎只能歸結於大眾在心理上對一名民族領袖的需求，他們希望這位領袖能跳脫日常政治舞臺的「衝突領域」、存在於更高層的境界之中。而對於會固定上教堂的信眾來說，他們每天經歷的現實，就是當地的「激進黨員」試圖干擾和破壞基督教的生活結構，而在這些人背後撐腰的，則為教會領袖親自指名攻擊的惡魔羅森堡。至於希特勒在教會鬥爭中是扮演何種角色？他最終對教會受到的攻擊又應負有何種責任？在納粹宣傳機構打造出的元首崇拜迷霧中，人民也只能依稀瞥見問題

47 StAA, BA Amberg 2398, GS Schnaittenbach, 24 Aug. 1936. 類似言論也出現在 GHS Amberg, 13 June 1936 及 StAA, BA Amberg 2399, GS Freudenberg, 28 May 1936. 欲知民眾從黨附屬機構辭退的情形，還有地區招募之困難，請參見 StAA, BA Amberg 2399, GS Freudenberg, 22 July 1936, 22 Jan. 1937.

48 *KL*, iv. 112（摘錄自 Bürgermeister der Stadt Regensburg 的報告，日期為一九三七年一月）。欲知安貝格地區類似的民眾情緒，參見資料同上，iv. 117-18 及 StAA, BA Aberg 2398, GHS Amberg, 24 Feb. 1937; BA Amberg 1 Mar. 1937.

49 StAM, LRA 61615, GBF Garmisch, 3 Oct. 1937.

50 StAM, LRA 61614, GS Mittenwald, 30 June 1936; BA Garmisch, 4 July 1936.

51 *KL*, iv. 356.

52 *DBS*, ii. 236-7, 14 Mar. 1935. 來自萊茵蘭西發里亞的報告。

53 StAM, LRA 47140, BA Bad Aibling, 5 Jan. 1937.（日期錯標為一九三六年一月五日。）

的答案。人們不願相信，元首本人表態要支持教會可能是在撒謊，也不願意相信他實際上也許是在背後支持黨內的反基督教勢力，而現在希特勒再次介入恢復了秩序並制止黨內激進分子（就如「梅澤事件」），更是讓大眾對他的人格深信不疑。這也就表示希特勒本人受到相對嚴實的保護，他的人氣並未因「教會鬥爭」而有任何重大損傷。正如馬克斯．韋伯所言，魅力的力量基礎主要源自於日常生活領域之外。[54]

54 Weber, M., *Economy and Society*, ed. G. Roth and C. Wittich, Berkeley, 1978, p. 246.

5 CHAPTER

政治家希特勒：取捨戰爭與和平

「除了安寧與和平，我夫復何求？」

——希特勒，一九三五年

「該如何解決『丹濟格（Danzig）與波蘭走廊（the Corridor）』的問題？一般民眾的答案仍然不變：併入德國？是的。發動戰爭？絕不。」

——上法蘭克尼亞，埃柏曼區縣長，一九三九年七月

在前幾章中，我們以第三帝國的內部發展作為背景，探討了元首形象與黨形象之間至一九三〇年代中期的鮮明反差。正如我們所見，此種反差大可歸因於納粹黨與「日常」政治衝突密不可分的關係，而黨也得對有時極不為人民所喜的舉措負起責任（或至少遭到咎責）。另一方面，元首似乎還端坐於遠離日常塵囂的更高境界，人們認為他只是心繫國家「大業」，忙著思索外交、國防政策，以及戰爭與和平等問題，國家的命運就掌握在元首的手中。至少在和平時期，希特勒扮演的角色幾乎不會直接、明顯地影響到民眾的物質生活，卻可用來激起人民的強烈情感、團結整個民族，即使效果只是一時。

這種「元首處於比日常政治爭論更高之境界」的盛行想法並不全然是神話。從一九三五至一九三

六年起，希特勒確實越來越少參與國家內政，也更常把政府的日常事務指派給職位重疊、互相較勁的各首長、部會及特殊全權代表組織來處理（其中一例就是使德國內政陷入行政混亂的「四年計畫」），自己則專注於外交及外務政策。

在外務政策領域，希特勒崇拜的補償功能也顯而易見。元首與黨不同，外交政策的重大成功和民族勝利總要歸功於他，大家會說，元首代表了政權的「陽光面」。而為了維持「元首神話」，最重要的就是讓成功延續下去、讓政權對外的「國家」政策保持「陽光明媚」（這點在一九三五至一九三六年首次重大勝利的後續幾年一直維持得很好），外交政策不該落入失敗的「陰影」中，以免危及「日常生活」及人民的物質利益。

希特勒可謂煽動天才，他一直很懂得該如何激起更多德國民眾的民粹式民族精神、希望和侵略渴望，尤其擅長利用「凡爾賽」一詞引發的深刻怨念來達成目標。但他也有意識地（也許此舉非常明智）避免在公開場合過度談論自己帶有吞併主義和帝國主義色彩的「生存空間」目標，也不會多談細節，因為他的野心遠不只有修改《凡爾賽協議》這麼簡單。[1] 這麼做在外交和內政上都有其風險，若是太過張揚，民眾在情感上對恢復國家「偉大榮光」的政治統一願望，就會立刻蒙上對新一波戰爭和苦難的恐懼。絕大多數民眾明顯都盼望著「民族成功」——恢復德國在歐洲的權力和榮耀，但他們同樣也顯然不願為此目標做出重大犧牲，最不樂見的就是又一場戰爭，老一輩人更是如此，他們還記得一九一四到一九一八年間的慘重損失。這等於是「元首神話」的某種「運作基礎」，希特勒對此心知肚明，透過一系列對外政治和外交政策予以滿足，並於戰爭頭兩年以閃電戰（**Blitzkrieg**）快速進攻，相對輕鬆取得了勝利。

納粹政權的機密意見報告（有關希特勒的外交政策）和索帕德報告中的民意呈現，都提供了清楚的證據來佐證以上結論。隨著納粹政權外交政策的成功，其宣傳機構定能創造熱情、盲目的歡騰氣氛，卻無法將大多數人的歡欣鼓舞之情轉化為對新戰爭的支持。民眾對另一場戰爭的恐懼仍持續著，無論是公開還是隱含的恐懼，總是伴隨著迎接希特勒勝利的民族歡騰，而這也給慶祝的氣氛設下了一定的限制。儘管第三帝國能夠煽動好戰的沙文主義（對德國年輕人的影響力尤甚），但對戰爭的恐懼仍存在於民眾心中，此種情緒在一九三〇年代仍比修正主義和擴張主義欲望更為盛行，這正是影響民眾對希特勒外交政策看法的關鍵點。

當然，希特勒作為政治家、國家政治人物、德國領袖的正面形象，確實把他描繪成狂熱的民族主義者和愛國人士，他大膽又堅定，努力為自一戰以來便遭受不平與歧視的德國人民討回公道。然而，希特勒同時也被形塑成愛好和平者，欲藉由政治技巧而非武力來實現自己的目標，他打造軍事力量是

1 其實，希特勒在一九二〇年代初期似乎很少於公開演講上使用這個詞。埃伯哈德・雅克爾和阿克塞爾・庫恩（Eberhard Jäckel/Axel Kuhn）編纂的希特勒演講（一九一九至一九二四年間）收錄了六十多萬個希特勒詞彙，但據我所知，「生存空間」（Lebensraum）一詞一次也沒出現過。可是希特勒的「生存空間」概念至遲在一九二二年底就已經確立。參見 Jäckel and Kuhn, A. (eds.), Hitler. *Sämtliche Aufzeichnungen 1905-1924*, p. 773 No. 452 與 G. Stoakes, 'The Evolution of Hitler's Ideas on Foreign Policy 1919-1925' in P. D. Stachura (ed.), *The Shaping of the Nazi State*, London, 1978, pp. 39-42。

為了抵禦外侮，而不是作為侵略武器。成立強大的德意志國防軍據稱是合理的必要之舉，在大多數德國人眼中也是如此，這樣一來，國家才能再次與先前戰時的敵國平起平坐，也能打造與西方民主國家外交談判的有力基礎（時人還是普遍視西方國家為國安威脅）。這位政治家元首「不僅一心要恢復德國的偉大榮光，更要維護和平」的形象無論聽來多不合理，又與希特勒的實際心態和意圖多麼相悖，這樣的宣傳形象卻並非毫無效果。

一九三八年十一月，希特勒曾私下與德國媒體的幾名編輯相談。他也直接提到這種刻意設計的「和平形象」與此種形象會造成的後果，「和平形象」帶來了幾個問題，讓宣傳機構難以為人民備戰：

> 幾十年來，因情勢所逼，我幾乎只能談論和平。我唯有不斷強調德國人對和平的渴望和和平意圖，才有可能……為德國人民提供不可或缺的軍備，作為下一步行動的基礎。不必多說，這種醞釀多年的和平宣傳並非全然可靠。這種做法很容易讓許多人形成這樣的看法：現任政權確實決心並願意在任何情況下維持和平。[2]

希特勒提到的最後一點，正是民意基礎的弱點。每隔一段時間激起舉國狂熱是一回事，要將大半德國人民「教育」成納粹理想中的戰爭心態，就又是另一回事了。要做到這點，表示得將希特勒崇拜的心理基礎（這種崇拜至今之所以有效，都是因為輕鬆的外交成就提供了「良好的政治運作環境」）轉變成一種狂熱的意識形態上的執著，而目前這種痴迷僅成功灌輸給相對少數的民眾，甚至尚未為所有黨員所接受。然而若要達成這種讓全體民眾陷入瘋狂的目的，黨就必須採取截然不同的整合方式，而政黨和元首形象原有的補償關係也會隨之徹底改變。考慮到納粹政治架構的基本前提，就算那時給他們更多時間，我們也很難看出在這種情勢下該如何實現這點。

以上省思也道出了「元首神話」的潛在條件和局限性，這點我們會於後續章節再完整說明。這些條件和局限性無論是對於「希特勒神話」的進一步崛起、還是後來之衰落都具有關鍵影響。

一「沒有流血的勝利」

從一九三三年退出國際聯盟起，至一九三五年恢復徵兵制以及與英國簽訂海軍協定，希特勒早期每每於外交方面有的驚人之舉和成就，都伴隨著他長篇大論的和平聲明。一九三三年五月十七日，希特勒於一次重要演講中為自己在國內外的和平宣傳奠定了基調，他在講臺上滿腔熱血地宣稱，他本人與其他德國領袖「只有一項偉大任務」，那就是「保障世界和平」。希特勒後來於各種場合也頻頻在表面上誠意滿滿地宣稱，恢復德國榮譽的目標應以對他國權利的誠心尊重作為基礎，納粹德國「發自

2 W. Treue, 'Rede Hitlers vor der deutschen Presse (10 Nov. 1938)', *VfZ*, vi (1958), 182; Domarus, p, 974.

內心渴望與這些國家和平共存、互助友好」，[3]兩年後，希特勒幾乎是逐字逐句地重申道：「納粹德國的意識形態信念是發自內心渴望和平……德國需要和平，也渴望和平。」[4]據說，這場重大的外交政策演講（此時法蘇和捷蘇恰簽訂完協議，正有重新包夾德國之虞）給聚集在收音機和廣播喇叭周圍收聽的數百萬德國人留下了深刻印象。來自下巴伐利亞和上普法爾茨的報告指出，人民重新燃起了摧毀法國「條約網絡」的希望，「對元首號召的信念再次壯大」，對戰爭原有的恐懼（尤其是邊境區域）也隨之消散。[5]有傳聞說，自此次演講後，魯爾區「民眾的情緒出現了徹底的變化」，人們不再認為納粹政府無能外交，對法蘇結盟帶來的危險亦不再擔憂。[6]希特勒這一場「偉大的外交政策演講」據說得到「全體人民同志的一致贊同和無異議好評」，就此使元首和人民更加團結一心。有人稱，這場演講「進一步證明在國家存亡之際，德國人民也能跳脫瑣碎的日常問題，形成統一的整體」。然而還是有人補充道，就連這場演講也無法持久改變大多數民眾普遍有的悲觀情緒。[7]在仍未去軍事化的亞琛地區，人民「滿懷緊張情緒」等待著希特勒的「和平宣言」，有人稱，希特勒這番話（還有其在國外得到的意外正面反響）終結了民眾心中的「噩夢」，讓人不再擔憂「難以忍受的情勢（德國遭受的威脅不斷，另一方面卻不停有人說是德國在威脅其他國家）」。據報導，希特勒的演講「讓人們無法繼續懷疑德國對和平的渴望」，且有人補充道，這個地區當初因對教會政策有異議而與黨及當局相當疏遠，但我們再次見證到，這樣一批疏遠的民眾「在外交政策問題方面卻幾乎無一例外地贊同元首」。[8]

我們在先前的章節中讀過，外交政策的首次重大勝利（一九三五年的薩爾公投成果及重啟徵兵制）是如何有利於推廣希特勒的人氣和政治整合，還有在一年後，納粹宣傳是如何利用下一次破天荒的勝利（一九三六年三月萊茵蘭重新軍事化）將人民對政治家希特勒的欽佩推上新的巔峰。[9]就如早期成功的外交政策，進軍萊茵蘭起初也搞得人心惶惶，讓民眾憂心戰爭可能會再次爆發，這種焦慮感持續了大約一週，「人們需要幾天時間……才能平靜下來」。[10]然而西方列強除了口頭抗議顯然不會有其他作為，這令德國人民鬆了口氣，無疑也讓他們隨後得以無所拘束地為元首打破「《凡爾賽和約》最後枷鎖」的「解放行動」[11]大聲喝采。而在部分觀察家看來，這股熱情可媲美一九一四年八

---

3 Domarus, pp. 273, 277.

4 同上，p. 506。

5 GStA, MA 106672, RPvNB/OP, 7 June 1935. 另參見Shirer, W., *Berlin Diary 1934-1941*, Sphere Books edn., London, 1970, pp. 37-9。演講全文請見Domarus, pp. 505 ff.

6 IML/ZPA, St.3/38/II, Fo. 198, Stapo für den Regierungsbezirk Amsberg in Dortmund, LB for May 1935.

7 IML/ZPA, St.3/38/IV, Fo. 695, Stapo für den Regierungsbezirk Münster in Recklinghausen, LB of 6 June 1935.

8 *Volksopposition im Polizeistaat*, pp. 211-12.

9 參見第二章。

10 StAM, LRA 99532, GHS Aichach, 29 Mar. 1936. 另參見GStA, MA 106670, RPvOB, 8 Apr. 1936 and *Volksopposition im Polizeistaat*, pp. 370-1。多數索帕德報告均強調人民對戰爭爆發的可能性感到憂心忡忡：*DBS*, iii. 300ff, 2 Apr. 1936。

11 GStA, MA 106697, LB of Pd Augsburg, 3 Apr. 1936.

月高漲的情緒。[12]

各觀察家立即就清楚察覺到這場勝利對國內局勢有何種影響。地處邊境的亞琛居民多為虔敬的天主教徒和工人階級，此地對納粹主義的熱情程度一直以來都低於德國其他地區。然而蓋世太保的報告指出，當地民眾這時表現出前所未有的熱情，像是不需黨或當局命令即自發於屋上懸掛納粹黨徽，也比往日更積極地參與無數的街頭遊行和火炬遊行。報告補充道，這類活動又進一步提高了元首的地位，「仍反對元首本人或其外交政策者如今已少之又少」；[13]索帕德也持相同意見。西方列強未採取任何反制措施，讓反對派深深陷入絕望：「有人說，希特勒做什麼都能成事，原本尚未被埋葬的希望——對境外勢力能介入讓政權倒臺的希望——已再次湮滅。」[14]

在一九三六年三月「競選」活動期間，希特勒在德國所到之處都會出現瘋狂的歡呼。國家的勝利帶來一片歡騰，未流血即取勝也令人感到欣慰。大城市裡有數十萬德國人湧上街道，他們一邊聽著希特勒的演講廣播，一邊歡呼雀躍，不然就是參加有火炬和煙火表演可看的造勢活動。[15]當局舉行了盛大的集會，例如在慕尼黑，據說就有多達三十萬人聚集於泰瑞莎草坪（Theresienwiese）聆聽希特勒演講，現場還放著煙火、數十萬支高舉的火把形成一片「火海」——不過，人群中的索帕德觀察員卻指出，不耐煩又受凍的民眾早早就點燃火把取暖，結果搞砸了原本安排好的壯觀場面！[16]魯爾區有位絕望的索帕德觀察家談到，會被這種集會感動的只有「普通公民」、「歇斯底里的工人階級婦女」還有「智力有限、第三帝國對他們來說並不會引起任何問題的人」。他補充道：「這種人的數量夠多，『元首』的目標就是他們！」[17]內部報告則說，社會上經濟較為弱勢的工人和原本因低工資和食品短缺而心懷不滿的消費者，現在他們的心態卻有了變化，[18]他們樂觀期盼著未來長遠的變革。舉國短暫歡騰過後，民生問題重新成為主流的關注焦點，改善社會的呼聲很快又出現了。[19]然而我們也再次見證到，希特勒的外交成就是非常有效的政治整合工具：藉由煽動高漲的民族情緒、鼓吹跳脫社會分歧、利益衝突和德國社會中造成緊張局勢的其他面向，至少能暫時、假意地統整政局。即便納粹統治仍有諸多令人不滿之處，卻不妨礙人們歌頌希特勒，視之為德國嶄新世界地位的締造者。人們對他的信賴如今已沒有界限，只是打心底篤定「他會成功為德國帶來美好結局」[20]。

---

12 GStA, MA 106677, RPvOF/MF, 7 Apr. 1936. 另參見 GStA, MA 106670, RPvOB, 8 Apr. 1936; MA 106682, RPvS, 6 Apr. 1936; MA 106672, RPvNB/OP, 7 Apr. 1936; MA 106680, RPvUF, 7 Apr. 1936; MA 106687, BPP, 1 Apr. 19376; and Shirer, pp. 47-51。

13 *Volksopposition im Polizeistaat*, pp. 370-2.

14 *DBS*, iii. 460, 4 May 1936. 另請見同前資料中上一個月的報告，pp.300-20。

15 針對巴伐利亞類似集會的報告，參見 GStA, MA 106697, LB of Pd Augsburg, 3 Apr. 1936; MA 106687, BPP, 1 Apr. 1936; MA 106685, Pd München, 5 Apr. 1936.

16 *Müchner Neueste Nachrichten*, 16 Mar. 1936; ASD, ES/M64, report for Mar. 1936, p.9.

17 *DBS*, iii. 304, 2 Apr. 1936.

18 GStA, MA 106687, BPP, 1 Apr. 1936; MA 106670, RPvOB, 8.May 1936. 索帕德報告員指出，進軍萊茵蘭確實有轉移民眾注意力之效。引自 AdSD, ES/M33, 18 Mar. 1936; ES/M64, report for April 1936。

19 參見 GStA, MA 106686, Pd Augsburg, 30 Apr. 1936.

20 StAM, LRA 47140, BA Bad Aibling, 6 Apr. 1936. 另參見 GStA, MA 106687, BPP, 1 May 1936.

索帕德觀察家無奈只能接受變化結果，「懷疑的聲量」已經減少，元首再次證明「他是既成政治現實（fait accompli）的至尊」。[21]慕尼黑有項縝密的調查便詳述萊茵蘭勝利時的輿論氛圍，許多熱情的「希特勒信徒」完全相信希特勒想要維持和平，他們也認為希特勒是為了維護德國權利，才採取不屈不撓的政策來抗衡一群想要剝奪德國權利的敵國，除此之外他別無他法。社會上占多數的「冷漠民眾」光想到戰爭就害怕不已，但他們同時又感到無助，而希特勒也沒有受到譴責。罕有人想到是希特勒自己讓德國人陷入了「孤立無緣的境地」：「幾乎所有人——即便他們在別處有諸多不滿——此刻都承認政府的外交政策是正確的。」據稱大多數工人都是抱持這種態度，雖然他們對經濟等問題有所埋怨，卻也承認希特勒做了很多正確的事情；天主教徒則認為，比起布爾什維克主義，希特勒的罪行較小。至於不認同現任政權者——「但說他們是反對派就太過分了」——則沒有明確的想法，他們只是越發認為戰爭已無法避免。而年輕人在這裡也有自己的立場，他們越來越少批評時局，僅會以納粹主義的眼光來看待世界，且越來越接受他們每天被灌輸的「強權意識形態」觀念。在這種輿論氛圍下，希特勒突進萊茵蘭之舉，還有他對自己行動的大膽辯護，都「給所有人留下了深刻印象，否則大眾也不會如此支持他……每個人都覺得希特勒的訴求有其道理。全德國人都憎恨《凡爾賽和約》的主張。現在希特勒撕毀了這份受詛咒的條約，將其扔回法國人的腳邊」。常有人會說「『希特勒真是偉大，他很有冒險犯難的勇氣』」，可是「人們卻似乎都沒有意識到，希特勒這次的行為是通往鬼門關路上的又一個里程碑」。[22]

後來兩年間，外交政策就多少不再是主導公眾輿論的因素了。這段時間德國並未取得什麼突破性的新勝利，然而西班牙內戰爆發、德國部署「禿鷹軍團」（Condor Legion）、反布爾什維克運動進行得如火如荼，墨索里尼也為慶祝德義「軸心」結盟，而於一九三七年九月前來國事訪問，以上事件都是助長民族沙文主義認同感的新契機，還能餵養與之緊密相關的希特勒崇拜。當然，這些事件也讓反納粹的少數人有了不祥的預感，他們越發確定一場大災禍即將來臨。然而，我們從一九三七年十一月的霍斯巴赫備忘錄（Hoßbach memorandum）和戈倍爾此時期的日記可以看出，希特勒和德國領導高層其實已在思索未來發動侵略的帝國主義野心，但一般民眾對此卻一無所知。[23] 不過，一九三八年二月發生布隆貝格佛—里奇（Blomberg-Fritsch）危機，隨後國防軍領導階層重組，因此便有謠言稱希特勒與武裝部隊高層之間因戰爭主張而有不和。例如，有傳言說希特勒本有意想派遣兩萬名士兵前往西班牙或奧地利，也有人說當局曾規畫戰爭，但這些被解雇的將領卻強烈反對。[24] 然而希特勒於

21 *DBS*, iii. 304, 2 Apr. 1936. 魯爾區的報告。

22 同上，*DBS*, iii. 304, 2 Apr. 1936, pp. 306-8，取自 AdSD, ES/M64，一九三六年三月的報告。

23 霍斯巴赫備忘錄請見 Noakes and Pridham, pp. 521ff. 戈倍爾日記的相關內容摘錄可參考 I. Kershaw, *The Nazi Dictatorship*, London, 1985, p. 123。

24 GStA, MA 106673, RPvNB/OP, 8 Mar. 1938; 亦見 StAA Amberg, BA Amberg 2398, GS Schnaittenbach, 24 Feb. 1938; StAM, NSDAP 983, NSLB Kreis Erding, 8 Feb. 1938; LRA 61616, GBF Garmisch 2 Mar. 1938; GS Mittenwald, 26 Feb. 1938。

一九三八年二月二十日又發表了一次有效演講，很快就撫平了不安的民心，[25]就在三週後，德國進軍奧地利，從此「德奧合併」（Anschluß of the 'Ostmark'），此事又讓民眾對元首的欽佩之情更上了一層樓。這次新勝利也許標誌著希特勒威名的整體巔峰，也標誌著廣大民眾對其所作所為的共識與認可，是希特勒數年來經營的成果。

不過就如重占萊茵蘭一事，德奧合併首先激起的卻是人民對新一波戰爭爆發的強烈恐慌。德國各地的納粹內部報告與索帕德的觀察都強調，一九三八年三月十日至十一日的部分軍隊動員導致各處人心惶惶，又以邊境地區尤為嚴重。當局下令媒體不得提及「戰爭」一詞（無論語氣為正面還是負面）、不得報導任何「恐慌情緒」，亦不得指出德英關係因此一行動而受到威脅。[26]就在大家意識到西方列強這次同樣只準備袖手旁觀、無所作為時，人民初時對戰爭的恐慌也由歡呼雀躍取代。西方國家的態度再次證明，希特勒又一次滴血不流斬獲成功——統一德國和奧地利兩國、實現「大日耳曼」（Greater Germany）的理想；而自十九世紀以來，人民一直多少嚮往著「大日耳曼」的統一，尤其是在天主教盛行的德國南部。本來巴伐利亞與奧地利接壤的各地區對戰爭恐懼尤甚，但這時從該處的民意評估可顯見民眾事後之寬慰。報告指出，柏希特斯加登地區「四處都是發自內心的歡呼。最重要的原因在於，我們的元首不流一滴血就成功了」。[27]加爾米施—帕滕基興地區也有類似情形，有資料指出，許多原本不支持納粹主義的人現在都全心支持這個納粹國家，「因為元首不流一滴血就成功統一德奧兩國」，且人民「毫無保留地信任我國元首」，因為德奧合併「如此順利，沒有流血」，所以不必對「此事如此嚴陣以待」。[28]

戰爭危機一過，希特勒的「德國奇蹟」壯舉便激起了人民的熱情，且格外受到這類邊境地區的歡迎，政府機構也極盡誇張之能事，將大眾的反應描述為「一股強大的熱情狂潮」。[29]在緊鄰奧地利邊境的柏希特斯加登地區更有群眾站在路旁數小時，熱烈地向經過的部隊揮手致意。[30]至於別處（像是與奧地利未有密切歷史或宗教淵源的巴伐利亞北部新教地區），民眾對德奧合併的反應似乎更加淡漠。來自該地的一份報告便言簡意賅地指出：「此地區並未觀察到人民特別熱烈的情緒」，並且「四處都能聽聞一些愚蠢評論，說奧地利是個貧窮的國家，那裡的人並不可靠。」[31]

---

25 演講原文收錄於Domarus, pp. 792-804。民眾反應請見GStA, MA 106671, RPvOB, 10 Mar. 1938; MA 106673, RPvNB/OP, 8 Mar. 1938; MA 106678, RPvOP/MF, 9 Mar. 1938. 並非所有人都有心關注希特勒澄清政府和軍隊高層人事變動的理由。在柏希特斯加登地區，有三百名來自杜塞道夫和柏林的「歡樂帶來力量」（Strength through Joy）旅客就解釋道，他們忙著從事冬季運動，沒時間聆聽元首演講。引自StAM, LRA, 29654, GS Markt Schellenberg, 28 Feb. 1938.

26 H. Auerbach, 'Volksstimmung und veröffentlichte Meinung in Deutschland zwischen März und November 1938', in F. Knipping and K.-J. Müller (eds.), *Machtbewußtsein in Deutschland and Vorabend des Zweiten Weltkrieges*, Paderborn, 1984, p. 278.

27 StAM, LRA 30678, GS Anger, 31 Mar. 1938.

28 StAM. LRA 61616, GS Mittenwald, 29 Mar. 1938; GS Wallgau, 30 Mar. 1938.

29 GStA, MA 106683, RPvS, 8 Apr. 1938.

30 StAM，LRA 30678, GS Anger, 31 Mar. 1938.

31 StAB, K8/III, 18473, GS Unterweilersbach, 26 Mar. 1938；GS Ebermannstadt, 29 Mar. 1938; BA Ebermannstadt, 1 Apr. 1938; GS Heiligenstadt, 25 Mar. 1938; GS Waischenfeld, 25 Mar. 1938; and GStA, MA 106678, RPvOF/MF, 8 Apr. 1938.

索帕德的一些地區報告也指出人民對此興趣缺缺，儘管其中有些報告帶有一廂情願的語氣，而非指出殘酷的現實，也有不少報告明顯偏頗地只記錄反政權者的感受。[32] 這類圈子對西方民主國家的軟弱和無所作為深感沮喪，但索帕德的報告也承認，希特勒的人氣——以及納粹政權的核心政治基礎——都已變得更加壯大。巴伐利亞的納粹支持者聲稱希特勒比拿破崙更偉大，他不像那位法國皇帝，他不需要戰爭也能征服世界，就連較不亢奮的民眾也對希特勒極為欽佩，「這人真厲害」是種常見的說法。[33] 在西發里亞，德奧合併被視為將人民注意力從國內日益緊張的局勢轉移的必要舉措，也是希特勒至今「最大的成就」，當地人認為，這表示如今「他們沒必要再反對當局犯險了」，因為「國家現在已做足準備，讓『元首』可以隨心意行事」。[34] 魯爾區的報告則有點過於簡化地依階級歸納民眾對德奧合併的反應，據說此地的工人對西方民主國家坐視不管感到義憤填膺，資產階級則是普遍支持沙文主義，「對軍隊抱有一種幼稚的驕傲感」，並認為希特勒是個「厲害人物，他已經掌控了歐洲，如今更不會止步於捷克斯洛伐克（Czechoslovakia）」。[35]

薩克森有份詳盡的報告還區分了人民對此事件的情緒：第一階段是對戰爭的恐慌，第二階段則是在他們意識到戰爭不會發生時無盡的歡呼雀躍。報告指出，隨之而來的喜悅部分源自於對該事件和平結果的寬慰，但毫無疑問，其中還夾雜著「對希特勒成就的深深敬佩與認可」。就連以往對希特勒態度冷淡或完全反對他的民眾現在也欣然承認「希特勒是偉大又聰明的政治家，他會將德國從一九一八年的挫敗重新扶起，恢復其偉大榮光」。這份薩克森報告接著指出發生在大約兩週後的第三階段輿論形成；這時儘管公民投票在即，人民對奧地利的興趣卻下降了。[36] 眾人都知道此次公投只會有一種結果——官方宣布有超過百分之九十九的同意率，打破以往的所有紀錄。雖然這個數字荒謬可笑，但仍無疑代表了廣大民眾對希特勒外交「成就」的共識。[37]

二　緊張局勢

德奧合併是希特勒最後一次能在未有西方列強干涉下幾不費力就取得的偉大外交成就，重大政變來得迅雷不及掩耳，讓「戰爭精神官能症」（War psychosis）[38]幾乎沒有時間真正累積起來，萊茵蘭和奧地利的案例都證實了這是非常成功的手段，德國人和外國列強只能接受定局。儘管正如我們所見，以上事件的消息一於德國傳開，大多數民眾首先有的反應就是擔憂戰爭再次爆發，但每回德國都

---

32 *DBS*, v. 256ff., 9 Apr. 1938.

33 同上，p. 260。

34 同上，pp. 267-8。

35 同上，pp. 268-9。

36 同上，DBS, v. 256ff., 9 Apr. 1938 , pp. 263-4。

37 公投情形請見 Auerbach, H., Volksstimmung und veröffentlichte Meinung in Deutschland zwischen März und November 1938', in F. Knipping and K.-J. Müller (eds.), *Machtbewußtsein in Deutschland am Vorabend des Zweiten Weltkrieges*, Paderborn, 1984, p. 279。

38 譯註：作者於下文有說明此字。

能迅速化險為夷，接下來就是人民無盡的歡呼，大眾不僅是因勝利本身而歡呼，更是因為能和平取勝而歡呼。但一九三八年的蘇臺德危機卻首次出現了變化，一九三八年夏天，民眾陷入了一場持續數週的「心理戰」，一波更尖刻的新聞宣傳指控捷克虧待蘇臺德區的德意志居民。種種跡象都顯示，此種反捷克的宣傳並非毫無效果，人們普遍認為德國理當援助「受壓迫」的蘇臺德區人，至少在一開始，人們似乎也對蘇臺德區很快就會「回歸德國」抱有些許樂觀態度，還覺得不必訴諸武力就能實現這點。然而，危機拖延得越久，人們就越害怕戰爭終將引爆。毫無疑問，這種對戰爭的恐懼（有時是近乎恐慌的地步）是大多數人議論的焦點，遠超乎吞併主義的願望，而這是希特勒的聲望頭一遭有蒙上巨大陰影之危險。

保安處在其一九三八年的年度報告中，曾提及一種「戰爭精神官能症」，這個症狀隨著五月捷克動員軍隊開始，並一直持續到九月底《慕尼黑協定》（Munich Agreement）簽訂為止，報告也稱民眾的情緒「嚴肅而沮喪」，且極度悲觀。[39] 另外索帕德調查德國各地得出的報告，還有納粹政府的內部報告（目前巴伐利亞可取得的資料比德國其他地區更為豐富）都為這個現象補上更為充分的資訊，以佐證前述保安處的概括結論。巴伐利亞當局報告講述的「嚴重戰爭精神官能症」，在該地區東部接壤捷克斯洛伐克的下巴伐利亞和上普法爾茨邦各城鎮尤為嚴重，[40] 有名縣長甚至回報自己轄下的當地居民陷入了「恐慌」，[41] 特別是老一輩人，他們對一戰的記憶仍歷歷在目，看來民眾對新衝突的恐懼明顯超越了對民族主義的熱情還有對元首的盲目支持。一九三八年夏季（尤其是九月事態緊急時）有大量報告指出，民眾的態度主要依世代及黨派而有顯著差異。例如，有位觀察者就認為，民意主要可分為三個走向：魯莽的「行動派」會問，如果手邊擺著強大軍隊不用，那還養兵做什麼？他們也認為不能光是空談，德國應立即解救深陷「苦難和壓迫」的蘇臺德人；另一方面，「焦慮」派則確信戰爭將會爆發，德國也會因經濟薄弱而無法與整個世界抗衡。歐洲最後的下場，就是像當初的西班牙一樣被俄羅斯夷為平地，這一派人認為蘇臺德人應服從捷克人，他們會問元首怎麼可能會想讓人民陷入又一場戰爭。然而，第三派——也就是黨及其分支機構的成員——則堅信「元首永遠是對的」，元首一直以來都證明自己是對的，之後也絕不會有錯，此派系認定，人們這回也可以全心信賴他，相信他可以為德國帶來有利的結果。[42]

引用自本報告和其他報告的觀點雖然粗糙，但也顯示出有相當一部分民眾之所以對希特勒有信心，主要是因為希望希特勒能不靠戰爭解決蘇臺德問題。從這些報告當然也能清楚看出，納粹宣傳煽動的沙文主義侵略一樣已在輿論中留下印記，並讓民眾有了一絲不耐的期望，盼著德國能盡早出兵捷克，這一點也能從部分民眾的意見中看出，報告指出他們對元首的耐心表示佩服。[43] 德國的年輕一

39 *MadR*, ii. 72-3.
40 GStA, MA 106673, RPvNB/OP, 8 Sept. 1938.
41 StAA, BA Amberg 2399, GS Hahnbach, 21 Sept. 1938.
42 StAM, NSDAP 983, NSLB Kreis Weilheim, Abschnitt Peißenberg, 3 Oct. 1938.
43 同上，report to NSLB Kreis Traunstein, 23 Sept. 1938.

代尤其有這樣的想法，他們不曾經歷過戰爭，「社會化」的性格形成期也都是在第三帝國度過。上巴伐利亞當地有名的希特勒青年團領袖以「關鍵時期青年士氣」為主題編寫了一份報告，其中指出，比之老一輩，年輕人對戰爭毫無疑慮，大家都堅定不移地相信德國終將勝利，他們只因自己無法參戰而感到遺憾，但仍希望能以其他方式為元首服務。至於他本人這代十六至二十歲的年輕人，他能報告的「也只有好消息」，儘管大家對戰爭的後果心知肚明，但仍願意「團結作為元首的後盾（就算有些人沒有那麼熱衷），並準備為元首盡心盡力」。這名青年團領袖的結論是「元首可以儘管依靠德國的年輕人」，並說如果全體「人民同志」也是同樣可靠，那麼「戰爭一開打，勝利就會屬於我們」。[44]

可就連這名狂熱青年領袖的納粹式言論也表明，多數民眾有著不同的想法。在第三帝國的歷史上，人們首次出現對希特勒政策嚴重的懷疑，有跡象顯示，民間已出現對希特勒的潛在信任危機，然而要在官方報告找出這些跡象，就必須在字裡行間細細解讀。從民眾對蘇臺德危機的焦慮反應就可看出多數人對希特勒信仰之膚淺，也可看出元首的民意基礎有多麼仰賴他不間斷的成就。就連黨工也打算要承認這點，如納粹黨的一位地區領袖就坦言，當戰爭在關鍵的九月顯得迫在眉睫時，「許多黨員都未能無條件信任元首，如果事態惡化，我們就不能指望這些人了」。[45] 還有些類似的例子，巴伐利亞某地區有一納粹女性組織「納粹婦女協會」（**NS-Frauenschaft**）的領袖表示，有些女性「在危急時刻就不信任我們的元首了」，同地區的某位街區黨組織領導則回報道，有些人把和平的希望寄託在墨索里尼和西方政治家身上，兩名返家途中的預備役軍人也告訴他，英國和法國值得感謝，因為他們阻止了戰爭。[46] 巴伐利亞其他地區的幾份報告暗示道，在蘇臺德地區發生戰爭時，人們對元首的信任不堪一擊。[47] 還有更多報告指出，民眾（尤其是之前參戰過的士兵）在「心理上還沒準備好」要戰鬥，他們缺乏對戰爭的「心理準備」，並稱「沒有人應該為蘇臺德的德意志人犧牲」。報告也說，雖然人民堅定支持元首，但「他們更希望能維持和平」。[48]

索帕德觀察家對於一九三八年夏天的民眾情緒有類似描寫。來自德國西北部的一份報告聲稱，就連大多數希特勒的狂熱支持者都反對戰爭，他們相信希特勒的和平主張，認為他在蘇臺德問題上只是在虛張聲勢。薩克森的報告將民情分門別類：首先是認為會勝利的納粹支持者，然後是恐懼戰爭者（尤其是曾於一九一四至一九一八年參戰的人），最後則是認定只有戰爭才能解救德國於法西斯主義

---

44 StAM, NSDAP 440, 'Bericht über die Stimmung der Jugend in den kritischen Tagen'. 日期不詳，應為一九三八年十月。

45 StAM, NSDAP 126, KL Erding, report for Oct.-Dec. 1938. 有一條線畫掉了引用的這段話，這則評論後來在最終版報告中由更中立的論述取代。

46 StAM, NSDAP 440, NS-Frauenschaft Ebersberg, 31 Oct. 1938 及 *Blockwart's* 'Stimmungsbericht über die ereignisreichen Tage im September 1938 vor dem Einmarsch ins Sudetenland'（日期不詳）。檔案中有另一份報告提到中產階級的失敗主義言論和批判，還有農民對徵用馬匹的怨言，取自'Reichsbund der Deutschen Beamten' to the 'Ortsgruppe Ebersberg', 29 Oct. 1938。

47 StAM, LRA 59595, BA Schrobenhausen, 4 Nov. 1938; LRA 47140, GS Feilnbach, 18 July 1938; LRA 134059, BA Bad Tölz, 2 Sept. 1938.

48 StAA, BA Amberg 2398, GS Hirschau, 22 Aug. 1938; StAM, LRA 99497, BA Aichach, 1 Sept. 1938; GStA, MA 106681, RPvUF, 7 Sept. 1938.

的反政權者。報告補充道，人們普遍認定德國贏不了一場長期抗戰。巴伐利亞的報告員推測，如果希特勒明顯不得不懸崖勒馬，退出一場將等同於世界大戰爆發的衝突，納粹政權就很可能會威望大跌——事實證明這是大錯特錯。[49] 索帕德的布拉格總部總結了來自德國各地的報告要點，他們認為就士氣而言，德國人民的「戰爭潛力」遠低於一九一四年。至於民眾對戰爭的整體態度，可以說絕大多數人都害怕戰爭，沒有人認為德國贏得了，但大多數年輕人都受當局宣傳的戰爭理念所吸引，也有許多反對者則樂見戰爭爆發，以此作為終結獨裁統治的手段。[50]

政權當局的報告和政治「特別法院」的檔案都顯示，在這事關重大的幾星期中，公然批評希特勒的案例急遽增加，也有越來越多人說若戰事因蘇臺德問題之故而爆發，希特勒就要負起全責。部分負評是來自先前支持德共或社民黨者，但慕尼黑的「特別法院」卻沒有資料顯示大多數遭提審的人是來自這些背景。[51]

一九三八年九月，英國首相尼維爾・張伯倫（Neville Chamberlain）在情勢最危急之時造訪巴特哥德斯堡（Bad Godesberg）和慕尼黑，並於當地受到熱烈歡迎，顯見當時有多少仍然保持沉默者對希特勒的政策感到不安。[52] 這點從柏林民眾對九月二十七日於柏林舉行之閱兵式悶悶不樂的反應也可看出，根據目擊者指稱，沿著威廉大街（Wilhelmstraße）行進的大規模機動部隊並未獲得熱烈掌聲，但遊行的時間卻是經過特意安排，就為了趕上數千名剛下班的柏林人，大多數人只是「閃進地鐵、拒絕觀看，真正站在路邊的少數人則是一片寂靜，嘴裡吐不出一個字能為這些於風華正盛之時奔赴光榮戰場的人歡呼」。根據報告，在露臺上觀看的希特勒「對人群的冷漠感到厭惡」。[53]

當然，現在要說「元首神話」驟然瓦解就太過頭了，畢竟「元首神話」是納粹宣傳多年來塑造而成，顯然也已在廣大民眾心中打下堅實基礎。就算假設大多數德國人會為了維護和平，而願意放棄對蘇臺德區的主張，這卻並不代表他們會就此對希特勒改觀，因為許多人都認為希特勒是在虛張聲勢，採用邊緣政策，但他沒打算因為此議題將德國帶入戰爭。而民眾受到納粹宣傳的影響，似乎大都相信

49 *DBS*, v. 685-9, 24 Aug. 1938.

50 同上，pp. 684-5；另參見 pp. 913-39, 10 Oct. 1938。

51 據粗略統計，慕尼黑「特別法院」在一九三七年審理的共四百四十八起「惡意行為」（*Heimtücke*）案件中，有八十一例（百分之十八點一）是直接批評希特勒；一九三八年的共一千三百零二起案件中有二百九十七例（百分之二十二點八）；一九三九年共一千二百六十九起，其中有二百九十例（百分之二十二點九）；一九四〇年的共八百一十二起案件中則有二百二十四例（百分之二十八點八）。雖然在獨裁統治初期，人們對希特勒的評判多半不是具體的羞辱，其中包括極少數針對其性取向的評論（約在「羅姆政變」期間較多），但一九三八至一九四〇年間的評論卻更關注希特勒對特定國際議題（德奧合併、蘇臺德地區和大戰爆發）應負的責任。關於其性向的笑話和評論幾乎徹底消失，非具體謾罵的百分比也有下降。有七十九人（大都為非技術勞工、技術工人和工匠，以及農民）就是因為對蘇臺德地區問題發表反政權評論，而被捕接受「特別法院」的審判。引自 StAM 的 SGM 資料。

52 N. Henderson, *Failure of a Mission*, London, 1940, pp. 154, 161, 166.

53 Shirer, W., *Berlin Diary 1934-1941*, Sphere Books edn., London, 1970, p. 117; Stokes, L. D., 'The *Sicherheitsdienst (SD)* of the *Reichsführer SS* and German Public Opinion, September 1939-June 1941', Johns Hopkins University Ph.D. thesis, Baltimore, 1972, SD, p. 272; R. Andreas-Friedrich, *Schauplatz Berlin. Ein deutsches Tagebuch*, Munich, 1962, pp. 5-6; 另參見 Steinert, M. G., *Hitlers Krieg und die Deutschen*, Düsseldorf, 1970, pp. 77-9.

德國有權利捍衛蘇臺德區的德意志人。

即便如此，在蘇臺德危機之後，希特勒的支持度仍首次受到威脅。如果發生戰爭，一九三八年夏天考慮發動的軍隊政變就有可能得到民眾的支持，就此方面而言，西方列強將蘇臺德地區移交給德國的《慕尼黑協定》正是決定性的一步。此時，反對希特勒的政變不僅失去了成功的希望，元首更大大恢復了威信，這份協定在德國人民心中為希特勒奠下了「近乎傳奇般的地位」，[54]所有反納粹政權者都卸下了心防，所有批評的理由都已消失。在列強簽訂《慕尼黑協定》後的幾天內，所有報導都反映出民眾如釋重負，他們對希特勒滿懷新生的欽佩和感激之情。元首一出擊就消除所有疑慮，也贏得了民眾的信任與信心基礎，人們相信，這位天才政治家在旁人全都動搖時，仍能保持勇氣，再次取勝。

這種喜悅之情，主要卻是來自於經過幾週劍拔弩張後的解脫。維護和平的喜悅之情，讓人們有時幾乎要遺忘蘇臺德區德意志人的「回歸故土」，「德國成就的世界歷史意義也未獲充分認識」。[55]德國媒體接到明確指示，他們不僅得特別強調德國人民與元首在存亡之際的團結，在表達感激、讚揚和盲目服從元首時，也要避免讓人感覺以上的喜悅都只是純粹出於解脫。[56]

當時幾乎沒有人預料得到，希特勒在贏下蘇臺德地區的那一刻，實際上卻是怒不可遏，因為他被擺了一道，迫不得已才用外交方式解決這個問題。[57]這回也是一樣，希特勒在民眾心目中的形象與現實相去甚遠。儘管他痛斥人民對和平的渴望，但他本人的威望卻因為再次不流一滴血即取勝而達到了嶄新高度。正如一份報告指出，「就連至今還未完全服膺納粹主義的人民同志，現在也見證到，他國沒有任何一位領袖能取得如此成就」。在一片政治歡呼聲中，人們對「我國元首的政治家才能」感到滿心歡喜。[58]希特勒在慕尼黑取得輝煌外交成功的附帶效果，就是讓國內反對派再也動彈不得。對西方民主國家的深切失望、憤怒及沮喪，是慕尼黑協定之後所有索帕德報告的一個突出特點，[59]就算是在最危急存亡之際，元首至高無上的天才仍能為德國做出最好的貢獻——當時許多人肯定都是這麼想。在來年的波蘭危機期間，這種對希特勒政治家才能的堅定信念，的確是德國民眾情緒相對平靜的一項主要因素，時人對危機引發戰爭的擔憂遠不如一九三八年那麼普遍。而元首之所以能營造出現在的形象，顯然是要歸功於他以往的成就，蘇臺德危機之後的勝利尤其能證明他在外交活動上的無懈可擊，臻於傳奇的境界。一九三八年十月初，索帕德觀察入微地評論道：「希特勒又一次在不發動戰爭的情況下實現了目標。德國人的心態並非完全不受此影響。大多數民眾在不久前還對戰爭感到越

54 Steinert, M. G., *Hitlers Kriegund die Deutschen*, Düsseldorf, 1970, p. 79.

55 GStA, MA 106671, RPvOB, 10 Oct, 1938. 另參見Stokes, L. D., 'The *Sicherheitsdienst (SD)* of the *Reichsführer SS* and German Public Opinion, September 1939-June 1941', Johns Hopkins University Ph. D. thesis, Baltimore, 1972, SD, pp. 270, 273; Steinert, M. G., *Hitlers Kriegund die Deutschen*, Düsseldorf, 1970, pp. 78-9; Shirer, W., *Berlin Diary 1934-1941*, Sphere Books edn., London, 1970, p. 122。

56 Auerbach, *Volksstimmung*, p. 285.

57 參見 Henderson, N., *Failure of a Mission*, London, 1940, pp. 175, 179。

58 GStA, MA 106671, RPvOB, 10 Nov. 1938. 另參見 MA 106681, RPvUF, 10 Nov. 1938。

59 *DBS*, v. 939-47, 10 Oct. 1938.

發恐懼，但在希特勒又一次不戰而勝之後，人們最終難道不會一掃焦慮，改為相信希特勒可以恣意妄為，而其他人總是會讓步嗎？元首的狂妄自大又難道不會感染到更廣大的群眾嗎？」[60]

三 戰爭

戰前希特勒最後幾次外務政策的成功——一九三九年三月十五日進軍布拉格，以及一週後吞併梅梅爾（Memel）地區——都發生得過於快速，德國人民甚至來不及擔心可能會爆發戰事。民眾的第一個反應是驚訝，[61]隨後是重燃對元首政治英才的欽佩之情，尤其是因為他又一次成功地不戰而勝。[62]然而，以上德國的新勝利卻幾乎沒有激起堪比前一年德奧合併和《慕尼黑協定》帶來的狂喜情緒。正如納粹的一位巴伐利亞地區領袖所說，「人們對元首的偉大事蹟感到高興，對他充滿信心，但民眾是如此關照日常民生需求，大家的情緒又急遽低落起來。」[63]雖然就連許多前社民黨支持者據說也接受了德國吞併梅梅爾地區（〔Memel district〕該地主要講德語）的理由，但占領捷克斯洛伐克一事卻招致了些許批評、困惑和懷疑，畢竟這是第一次不存在德國土地「回歸」的問題，不像先前德國開疆拓土至同是使用德語和具備共有文化的土地，人民這回自然沒有什麼認同感。[64]即便如此，正如萊茵蘭西發里亞有份索帕德報告所言，德國進軍布拉格首先又一次讓希特勒聲名大噪，而在他勢如破竹之際，就算說占領捷克斯洛伐克在道義上並不合理，此言卻是無足輕重。[65]索帕德分析家只得趕緊將總部從布拉格遷至巴黎，他們總結道，捷克斯洛伐克毀滅的主要效果，就是再次助長了希特勒的威勢，同時讓民眾感覺元首不管做什麼都會成功，而他國在面對德國的強大實力時，也只能未戰先妥協。[66]

幾週後，在一九三九年四月二十日這天，柏林舉行了一場盛大的閱兵式，驕傲展現國防軍的強大威力，以此慶祝希特勒的五十歲生日，這也是個向元首表示無盡忠誠的特殊場合。這麼說絕不誇張，除了仍堅守自己以往的社會主義及共產主義信念者，還有除了因「教會鬥爭」而與納粹政權徹底漸行漸遠的人之外，目前絕大多數德國人都能多少找到對希特勒及元首「成就」的認同感。慶生活動結束後，索帕德評估了元首崇拜的現象，他們指出，儘管「英雄」領袖的概念在德國由來已久，但希特勒

---

60 *DBS*, v. 940, 10 Oct. 1938.

61 參見 *DBS*, vi. :281, 14 Apr. 1939，德國西南部的報告；StAM, NSDAP 126, KL Wasserburg，一九三九年一至三月的報告。另參見 LRA 29654, GS Bad Reichenhall, 28 Mar. 1939; StAB, K8/III, 18473, GS Königsfeld, 27 Mar. 1939.

62 StAB, K8/III, 18473, GS Waischenfeld, 26 Mar. 1939. 另參見 *DBS*, vi. 278ff, 14 Apr. 1939. 索帕德的報告有明確指出。

63 StAM, NSDAP 126, KL Aichach, 31 Mar. 1939. 另參見 GStA, MA 106683, RPvS, 7 Apr. 1939; MA 106678, RPvOF/MF, 10 Apr. 1939; MA 106673, RPvNB/OP, 11 Apr. 1939; MA 106681, RPvUF, 11 Apr. 1939; MA 106671, RPvOB, 12 Apr. 1939. 其中載有巴伐利亞行政區首長上呈的民眾反應。

64 參見 *DBS*, vi. 282，德國西南部的報告。

65 同上，*DBS*, vi. 282，p. 278，萊茵蘭西發里亞的報告。

66 同上，p. 275，報告點出（p.276），民眾普遍的反應有「漠然置之」、有對德國帝國主義的批評（稱其如今首次褪下了解放「受壓迫德意志少數民族」的偽裝），也有對戰爭已更進一步的擔憂。

的獨到之處，不僅在於他的社會下層出身與其民粹主義煽動才能，更是因為他一直以來都有能耐說服人民相信自己。雖然了解德國的人都知道，在希特勒逐漸崛起成為「神話人物」期間，絕大部分民眾仍保持冷靜和懷疑的態度，可任何批評都受到國內的恐怖打壓，而西方民主國家「一次次將成功交到元首手上」的外交政策也動搖了民眾最初的保留態度。儘管民眾普遍害怕戰爭，但對元首的信仰仍深植於大多數人的心中，為了證明這點，報告收錄了德國報紙於希特勒生日當天刊出的大量信件、詩歌和奉承之詞，這些信件從「民間」湧入，且經常以最華麗的詞藻表示對元首的忠誠。索帕德的分析師補充說，這種表示忠誠的行為不能被草率認定為政治宣傳的結果，卻「肯定有部分是源於一種無法輕易摧毀的天真信仰」。[67]

儘管一九三九年夏天的局勢因「丹濟格問題」而日益緊繃，但基本上德國人對戰爭威脅的感受，遠不如去年夏天蘇臺德危機期間那般緊張焦慮。自從《慕尼黑協定》簽訂後，希特勒的外交手段似乎就沒什麼值得懷疑的空間了，他在一九三九年春夏兩季的演講——尤其是四月二十八日斷然拒絕羅斯福（Roosevelt）總統[68]——也有相當大的影響力，這也似乎向許多德國人證實了，他的根本目標是維護和平，而非發動戰爭。此外，很多人都認為，既然先前不必打仗就能讓西方列強犧牲蘇臺德區和整個捷克斯洛伐克，這回各國也不會願意為了丹濟格而冒著戰爭的風險。因此與前一年相比，這年的整體氣氛充滿了信心，許多人相信，這一次希特勒也能不訴諸武力就達成目標。[69]有位十七歲的德國女孩相信「希特勒是一位偉人、天才，是上天為我們派來的人」，她無疑道出了當年夏天許多人的心聲：「戰爭在即的謠言四散，但我們不必過分擔心。我們相信希特勒是愛好和平的人，他一定會盡己所能和平解決問題。」[70]

話雖如此，對新衝突即將爆發的擔憂卻肯定是有，這同樣也成為了民眾議論的焦點，一九三九年夏季的報告（無論是納粹的內部報告還是索帕德報告）幾乎全都清楚指出這點。上法蘭克尼亞（**Upper Franconia**）埃柏曼區縣長的報告尤其直言不諱，清楚點明了時人普遍的心境。他於一九三九年六月底寫道：「人民對和平的渴望比對戰爭的渴望更甚。因此，若要讓絕大多數人同意解決丹濟格問題，就只能像先前吞併東部地區那般，採取迅速又不流血的手段……一九一四年的那種熱情絕非今日可比。」[71] 一個月後，這名縣長用一段話概括了數百萬德國人對波蘭危機日益嚴重的感受：「該如何解決『丹濟格與波蘭走廊』的問題？一般民眾的答案仍然不變：併入德國？是的。發動戰爭？絕

---

67 參見 *DBS*, vi. 282 , pp. 435-54, 10 May 1939.

68 演講原文收錄於 Domarus, pp. 1148ff。部分觀察員認為，希特勒駁斥羅斯福的演講，是他「最精彩」的話術表演，參見 Fest, J. C., Hitler. Eine Biographie, Frankfurt am Main, 1973, pp. 795-8。

69 GStA, MA 106673, RPvNB/OP, 7 Aug. 1939. 並參見 MA 106671, RPvOB, 10 Aug. 1939; Steinert, M. G., *Hitlers Kriegund die Deutschen*, Düsseldorf, 1970, pp. 84-5.

70 I. McKee, *Tomorrow the World*, London, 1960, p. 27.

71 StAB, K8/III, 18473, LR Ebermannstadt, 30 June 1939. 並參見 GI Ebermannstadt, 29 July, 1939.

不。」[72]戰爭就這樣漸漸逼近，並於九月一日德國入侵波蘭時正式爆發，當代所有調查民間輿論的資料都證實了人民的心態，觀察家一致認為，與一九一四年八月那段一頭熱的日子相比，此時眾人有的只是焦慮，全無熱忱可言。[73]儘管政府大肆宣傳了數星期，但根據一些報告指出，許多人仍不確定戰爭到底是為了什麼；人們並未「更深入理解戰爭之必要」，也有很多人不全然清楚「對波蘭採取行動的意義」。[74]在和平的最後一天，埃柏曼區的又一份報告再次強調，民間對元首的信任在很大程度上取決於他能否避免戰爭：「民眾對元首的信任如今可能將受到最嚴峻的考驗。絕大多數人民同志都期盼他能阻止戰爭，就算只能犧牲丹濟格與波蘭走廊也在所不惜。」[75]

由此可知，希特勒名聲的維繫仍有賴他維持和平的能力，可是德國仍於一九三九年秋季迎來了戰爭。儘管在之前的幾年，特別是在一九三八至一九三九年間，人民對又一場戰火的恐懼明顯表露無遺，但他們仍跟隨元首投入了一場新戰爭，雖然不帶熱忱，卻也沒有抗議或反對，希特勒根本沒有失去人氣，他的支持率至年底（戰爭開始四個月後）仍是一如既往地穩固。無論是當局態度大轉彎，與意識形態敵人——蘇聯布爾什維克主義——簽訂協議，還是與西方國家開戰，種種巨變都並未損及民眾對希特勒的支持。[76]儘管多年的恐怖和鎮壓在很大程度上讓人們不敢公開反對希特勒開戰，但當局的統治手段卻難有助於解釋「元首神話」為何仍完好無損，主要因素必須從別處尋找。首先，雖然除黨內及其分支的狂熱青年和忠實信徒外，納粹宣傳顯然未能喚起民眾對戰爭的滿腔熱血，但事實證明，當局反而成功壓制了反戰情緒，將反戰的態度斥為不愛國和失敗主義，也有效阻止民眾公開發表這類言論。雖然民間存在對戰爭的恐懼，但就拿一九三八年來說，大眾仍普遍做好了最壞的打算，也準備好要戰鬥。這種備戰狀態得利於成功的政治宣傳，當局讓人們相信，這場衝突是境外強加於德國，因此向波蘭開戰是合理的必要舉措，宣傳報導著波蘭境內的德裔少數民族是如何遭受迫害，對這類消息買帳的並不僅有黨內人士而已。[77] 德國的宣傳輕而易舉就利用普羅大眾對波蘭根深柢固的偏見，說服人們相信，若要結束波蘭的挑釁，德國剩下的唯一選擇就是動用武力。[78] 此外，納粹宣傳

72 StAB, K8/III, 18473, LR Ebermannstadt, n.d. (end of July) 1939.

73 可參見資料如 Shirer, W., Berlin Diary 1934-1941, Sphere Books edn., London, 1970, pp. 152, 158-9; Steinert, M. G., *Hitlers Krieg und die Deutsche*, Düsseldorf, 1970, pp. 91-2; Stokes, L. D., 'The Sicherheitsdienst (SD) of the Reichsführer SS and German Public Opinion, September 1939-June 1941', Johns Hopkins University Ph. D. thesis, Baltimore, 1972, p. 471; Fest, J. C., *Hitler. Eine Biographie*, Frankfurt am Main, 1973, p. 849。

74 GStA, MA 106671, 11 Sept. 1939. 另參見 MA 106678, RPvOF/MF, 7 Sept. 1939; MA 106683, RPvS, 8 Sept. 1939.

75 StAB, K8/III, 18473, LR Ebermannstadt, 31 Aug. 1939.

76 參見 *DBS*, vi. 985-9，了解民眾對《德蘇互不侵犯條約》的反應；欲知民眾早期對戰爭的反應，請見資料同上，pp. 975-83。該報告係於一九三九年十月二十四日做成。

77 參見 Shirer, W., *Berlin Diary 1934-1941*, Sphere Books edn., London, 1970, pp. 152, 158-9; Steinert, M. G., *Hitlers Kriegund die Deutschen*, Düsseldorf, 1970, p. 138。

78 此類看法可參見資料如 GStA, MA 106673, RPvNB/OP, 9 Oct. 1939; MA 106681, RPvUF, 10 Feb. 1940; MA 106678, RPOF/MF, 7 Apr. 1940; StAM, LRA 29655, GS Bad Reichenhall, 29 Dec. 1939.

更一再訴諸人們長期以來對「強敵環伺」的擔憂，宣導突破此種威脅的必要性，這是人民與政權之間的一項基本共識，無疑比源於納粹特有意識形態的教條吸引到更多人的支持。而一旦戰爭爆發，政府周圍就會集結一定程度的團結和支持，而這樣基本的忠誠情緒，也進一步鞏固了與元首的連結，這點在所有國家皆然。如今，在戰爭期間反對當局就等同於叛國，希特勒的戰爭就是德國的戰爭，就連反對納粹主義意識形態者也出於愛國原因和「對祖國的責任」（這時已很難與「對元首的責任」區分開來），準備好要追隨希特勒參戰，無論這場戰爭是多麼不受待見。[79]

另外不容低估的一點是，人們還是認定希特勒一心急著想盡快回歸和平，許多人顯然仍相信希特勒已竭盡全力避免戰爭。[80] 在過去幾年中，納粹宣傳已逐漸建立希特勒渴望和平的願景，這顯然能對人民產生影響，因為他們無法接觸到外國媒體這種宣傳的對比解釋。[81] 希特勒私下倒是坦率表示，他把自己的「和平形象」當作向德國人民出示的不在場證明，「好向他們證明我已盡己所能維護和平」，[82] 戰爭開始後，他也試圖維持這種「和平形象」，強調他最由衷的願望就是迅速了結衝突。最終，德國於波蘭一役勝出，希特勒旋即於一九三九年十月六日的國會演講上向西方列強提出了「和平提議」，[83] 當然，許多德國人都懷疑希特勒是否為真心誠意。這項訴求實質上就是在要求西方列強無異議接受德國的條件，若英國首相張伯倫和法國總理愛德華・達拉第（Édouard Daladier）一口回絕此「提議」，宣傳部也能藉此大做文章，稱這明顯再次證實了西方列強應為拖長戰事負責，而這套說詞也有許多德國人樂於買單。許多報告都特別強調這種心態，其中就有報告指出，在敵國拒絕德國「伸出的和平之手」後，人民便意識到「英國一心想消滅德國」，因此大家也「比以往更加團結、毫無保留地信任元首，相信他能在這場德國被迫參與的鬥爭中奮戰到底，最終取得勝利」。[84]

人民終究還是繼續天真地相信，希特勒只是一心為了人民好，這樣的信念在戰爭早期並未受到影響。新聞短片中播放著現代德國國防軍的行軍場面，還有由元首親自指揮的高明閃電戰策略，這些畫面又再度提高了德國的威望，況且德國在波蘭的損失極少，又能迅速取勝，所以原本於九月初還普遍感到絕望的人民，很快就又打起了精神。[85] 民間普遍認為西方列強最終只能展開和平談判，戰爭也很快就

79 可參見資料如 GStA, MA 106673, RPvNB/OP, 8 Sept. 1939.「從所有報告都可看出……人們無意了解戰爭，但儘管大眾缺乏如一九一四年那般對戰爭的熱情，可是一旦開戰，他們仍會秉持對元首的信任，從容自信地承擔一切不可避免的結果」。另參見 GStA, MA 106678, RPvOF/MF, 7 Sept. 1939; Shirer, pp. 165, 173; and Steinert, pp. 95-7.

80 GStA, MA 106671, RPvOB, 11 Sept. 1939. 另參見 Stokes, L. D., 'The Sicherheitsdienst (SD) of the Reichsführer SS and German Public Opinion, September 1939-June 1941', Johns Hopkins University Ph. D. thesis, Baltimore, 1972, p. 472.「沒有理由認為大多數人不接受希特勒將自己描繪成一個沮喪的尋求和平者。」

81 參見 Shirer, W., Berlin Diary 1934-1941, Sphere Books edn., London, 1970, pp. 152, 158-9; Steinert, M. G., *Hitlers Krieg und die Deutschen*, Düsseldorf, 1970, p. 138。

82 P. Schmidt, *Statist auf diplomatischer Bühne*, Bonn, 1953, p. 469.

83 全文收錄於 Domarus, pp, 1377ff。另參見對此次演講的評論：Shirer, W., *Berlin Diary 1934-1941*, Sphere Books edn., London, 1970, pp. 182-4。

84 GStA, MA 106678, RPvOF/MF, 7 Nov. 1939. 另參見 Stokes, L. D., 'The *Sicherheitsdienst (SD) of the Reichsführer SS* and German Public Opinion, September 1939-June 1941', Johns Hopkins University Ph. D. thesis, Baltimore, 1972, pp. 473-6; Steinert, M. G., *Hitlers Krieg und die Deutsche*, Düsseldorf, 1970, pp. 108-9。

85 StAB, K8/III, 18473, GKF Ebermannstadt, 29 Sept. 1939.

會結束。[86]而德國對破壞波蘭之殘酷幾乎毫無道德顧忌可言。美國記者兼作家威廉．夏勒（William Shirer）就指出：「我還是找不到一個認為德國摧毀波蘭有錯的德國人，就連不喜納粹政權者也一樣……只要德國能取勝，且人民不必過度勒緊褲頭過日子，這將不會是一場不受人歡迎的戰爭。」[87]

總而言之，儘管德國如今又捲入了一場戰爭，但在一九三九年秋天，並沒有什麼能動搖人們對希特勒領導才能的信心。其中一名甫從波蘭返國的年輕軍人無疑便道出了當時許多德國人的心聲：社會主義組織「新開始」（Neu Beginnen）的一位支持者當時正於德國旅行，他曾記錄下自己與該名軍人的對話，據稱這名士兵無條件地信任軍事領導階層，欽佩希特勒大膽無畏，認為其無可挑剔，他也說德國畢竟現在占有軍事優勢，所以強烈希望英法兩國不要發動戰爭，這名軍人也認定希特勒最後會如願以償。[88]

一九三九年十一月八日，慕尼黑貝格勃勞凱勒啤酒館（Bürgerbräukeller）發生暗殺事件，而人民對此事的反應，正是證明希特勒的人氣在戰爭初期並未受挫的一項指標。內部民意報告指出，各界都對暗殺一事感到震驚與憤怒，同時卻也如釋重負，就連先前因「教會鬥爭」而使得納粹黨與當地居民種下嫌隙的地區也不例外。[89]保安處宣稱「慕尼黑的暗殺企圖已更加鞏固德國人民的認同感」、「人民又更加忠於元首了」，且「各界民眾對戰爭的態度也因這次襲擊變得更加積極」；納粹宣傳聲稱英國是這次暗殺的始作俑者，這使得國人極度仇視英國。[90]據一份來自柏林的索帕德報告指出，在暗殺企圖之後，有一派人認為（這樣想的人並不少），暗殺成功只會導致德國內部的混亂，反而對敵國有利，德國隨之而來是戰爭的失利，其帶來的苦難將更甚於《凡爾賽和約》，而一九三三年以來的所有努力成果也會功虧一簣。就這樣，這次暗殺行動反倒成了一次成功的納粹宣傳：「根據我們的整體觀察，此回炸彈襲擊在政治上帶來的影響，就是堅定了民眾的決心。」[91]

一九三九年底，德國人經歷到這場戰爭的第一個冬天，也首次嘗到了困苦與匱乏，對波蘭一役告捷的熱情早已消退，部分物資的短缺（特別這是數年來最嚴峻的冬天，國內煤炭卻供應不足）顯然引起了中下層人民的不滿，尤其是公認對戰爭感到悲觀的工人。[92] 儘管如此，希特勒在戰前曾向國防軍高層致辭，說明自己採取行動的決心為正當合理，而直到四個月後，他本人對局勢的評估看來仍同樣站得住腳，他團結了人民、贏得其信任，希特勒的權威也受到民眾認可，達到了後繼無人的程度。

---

86 可參見資料如 BA/MA, RW20-13/8, 'Geschichte der Rüstungs-Inspektion XIII', p. 35; *Meldungen*, p. 8.

87 Shirer, W., Berlin Diary 1934-1941, Sphere Books edn., London, 1970, p. 173 (entry for 20 Sept. 1939).

88 WL, 'Deutsche Inlandsberichte', No. 56, 1 Nov. 1939.

89 巴伐利亞民眾的反應請見資料：GStA, MA 106678, RPvOF/MF, 7 Dec. 1939; MA 106683, RPvS, 9 Dec. 1939; MA 106681, RPvUF, 11 Dec. 1939; StAB, K8/III, 18473, GP Waischenfeld, 26 Nov. 1939; StAM, LRA 61616, GKF Garmisch, 28 Nov. 1939; GP Mittenwald, 24 Nov. 1939. 儘管這些報告自然而然會記錄民眾對希特勒的同情，不過有位當代觀察家認為（他本人為基督教保守派，因此非常敵視納粹政權），在慕尼黑幾乎沒有人不為暗殺希特勒失敗而捶胸跌足，這個看法就只能歸結為純粹的一廂情願了。引自 F. P. Reck-Malleczewen, *Tagebuch eines Verzweifelten*, Frankfurt a.M./Hamburg, 1971, p. 68.

90 *MadR*, iii. 449. 一九三九年十一月十三日的報告補充道，出席慕尼黑爆炸事件遇難者葬禮的人數很少，也罕見人民對此事表示同情。

91 *DBS*, vi. 1024-5, 2 Dec. 1939.

92 *Meldungen*, pp. 34-6；另參見 Stokes, *SD*, pp. 379-95; Steinert, pp. 110-22。

除了其他原因外，希特勒也認為這是「應當立即開戰」的重要原因，[93]不久後，他在向各將領致辭時也重申道：國內是不可能發生革命的，德國人民都會在背後支持他，希特勒也判斷戰爭的時機已經成熟，再等下去民眾的士氣「只會繼續走下坡」。[94]比起其他政治宣傳能手，希特勒的過人之處正在於他對普羅大眾的容忍程度極其敏銳——雖然他對民眾既輕蔑又不信任。[95]而正如希特勒所言，他在一九三九年秋天也意識到，儘管戰爭為民眾創造了愛國忠誠的新潛能，國家機器也更加大力鎮壓不服從者，但輕鬆就獲得民意支持的保鮮期限快要到了。然而，至少就目前來說，希特勒本人的權威和巨大的人氣——這是負責壓制和恐怖統治的機構的反面——構成政權的核心載體，說服普羅大眾認同納粹政權（即使這種共識至少有一部分是建立在對希特勒戰爭目標的誤解之上）。元首崇拜的其他要素（尤其是無與倫比的天才戰略家的形象）在一九四〇年西方戰役告捷後漸漸興起，但隨著戰事持續越久、德國的犧牲越大，「元首神話」注定會有的衰落與破滅也越發難以挽回——即便衰落的速度在起初出奇得緩慢。

---

93 Domarus, p. 1234; Noakes and Pridham, G. (eds.), *Documents on Nazism*, London, 1974, p. 562.

94 Domarus, p. 1426; Noakes and Pridham, G. (eds.), *Documents on Nazism*, London, 1974, p. 575

95 參見 A. Speer, *Erinnerungen*, Frankfurt a.M./Berlin, p. 229. 可了解希特勒是如何一心想保住民眾的士氣，他尤其想阻止自己的支持率下跌，以免政權出現內部危機。

2

PART

一九四〇至一九四五年：

「希特勒神話」破滅

6 CHAPTER

閃電戰勝利：一九四〇至一九四一年的聲望巔峰

「德國就是希特勒，希特勒就是德國。」

——納粹宣傳標語，一九三九年

「我們可以肯定地說，舉國上下都對元首懷抱著前所未有的高度信任。」

——奧格斯堡市區域黨部領袖，一九四〇年

到戰爭爆發前，希特勒最後一次全國勝利時，「元首神話」的創造已幾近完成，但神話中的元首還缺一個主要特質：軍事天才。然而，納粹政權的宣傳專家早在戰爭爆發前就已努力塑造希特勒這方面的形象了，長達一萬公尺的影片膠卷記錄了一九三九年四月為慶祝希特勒五十歲生日而舉行的盛大閱兵式，鏡頭捕捉著希特勒的身影，有意識地將他描繪成「正在集結武裝部隊的未來軍事領袖」，而不僅僅是一位「政治家」。[1] 戰爭一開始，希特勒身為最高戰爭領袖和軍事戰略家的形象，便開始主導大部分「元首神話」的情節。雖然正如我們所見，輕鬆無痛的勝利大致上消弭了人民最初對新戰爭的焦慮，但戰爭的開端仍可說是標誌著「希特勒神話」發展的停滯。

從最初幾週起，民眾對軍事勝利的欣喜，很快就因經濟困境和戰爭衝擊民生物資而漸漸消散，儘管事後回想起來，種種干擾比之戰爭後期倒是顯得沒那麼嚴重了。[2] 然而在民眾心目中，希特勒仍是一名能夠跳脫瑣碎日常的國家領袖，他的地位並未受到戰爭物資問題的實質影響。另一方面，民眾對希特勒之所以會有情感上的連結，是因為他們認定元首代表著民族共同體和民族偉大特質的理想，他正帶領德國走向繁榮昌盛，而無論現下要做出何種犧牲，全體人民的福祉都已近在眼前。當然，大家很少認真思考該如何打造出這樣的仙境。

然而從定義上來說，這種軍事天才的光環（他會迎來最終勝利，為將來的持久繁榮鋪路）若要持續發熱，就只能仰賴一次又一次光榮取勝，而且全無重大的物質犧牲和損失。而後勝利轉敗、國內情勢惡化、民眾必須勒緊褲帶過生活、日子越發辛苦，烏托邦的願景也成了現實中的全面戰爭與迫近眉睫的災難，希特勒的形象本來還能夠補償越發辛苦、犧牲日益增加的日常生活，但這個作用逐漸失效，而後幾乎完全崩解。本書第二部主要探討的就是神話瓦解的漸進階段，我們會檢視遺留下來的資料，了解民眾對希特勒宣傳形象的接受度在戰爭期間有何變化，以拼湊出神話瓦解的過程。然而在討

1 F. Terveen, 'Der Filmberickt über Hitlers 50. Geburtstag. Ein Beispiel nationalsozialistischer Selbstdarstellung und Propaganda', *VfZ*, vii (1959), 82.

2 參見 Stokes, *SD*, pp. 375-95 與 Kershaw, *Popular Opinion*, ch. 7。

論「希特勒神話」的式微之前，我們需要勾勒出它的巔峰狀態，也就是希特勒以閃電戰席捲近乎全歐洲、使整個地區都在他的掌控下之時。

一九四〇年的頭幾個月，大半德國人都懷著既期待又忐忑不安的心情。儘管德國對波蘭一役的勝利來得出人意料地輕鬆，但真正的考驗似乎尚未到來。人們仍如常過著生活，一些新措施當然有其必要，不過戰爭整體上帶來的變化並不如一九一四年那般劇烈，尤其是消費品沒有嚴格配給，大量技術工人和農民也免除了兵役，這表示事態發展都在當局的掌控之中，政府並不擔心戰爭規模會達到一九一四至一九一八年的程度，物資供給的安排甚至相當慷慨。然而以上種種並無法完全掩蓋緊張的氣氛，人們普遍有種預感，一切即將風雲變色，現在是暴風雨前的寧靜。[3]這時，少有人能想像德國在春季和初夏能以如此迅雷不及掩耳的大規模攻勢席捲西歐，直至六月徹底擊垮宿敵法國，諂媚的陸軍元帥凱特爾（Wilhem Keitel）宣稱，希特勒在籌備戰役中的戰略才華使他成為「有史以來最偉大的軍事指揮官」。[4]

在戰場上得利的幾個月期間，希特勒本人也不遺餘力宣導自己的形象。在一九四〇年一月與一九四一年六月期間，他就以廣播發表了至少九次重大演講，展現出絕無動搖的信心，鼓舞民眾士氣，還有給大家繼續帶來戰爭會盡早終結的希望。相較之下，後來幾年儘管有戈倍爾等人再三鼓勵，希特勒越來越少公開致辭，顯見他本人非常明白，若要讓自己的口才發揮成效，就只能持續報捷，讓民眾有戰爭即將結束的希望。

早在一九三九至一九四〇年冬季異常平靜的「假戰」（**Phoney War**）期間，希特勒就暗示這場衝突將於一九四〇年成功作結，他同時進一步指控英法兩國是在刻意動搖先前的中立國家，以此延長戰爭。[5]這類指控也讓德國在一九四〇年四月占領丹麥（**Denmark**）和挪威（**Norway**）有了合理依據，這時英國軍艦與德國海軍幾乎在同一時間現蹤挪威水域，英國軍隊也於挪威的那維克（**Narvik**）和特隆罕（**Trondheim**）登陸，此種情形使得希特勒的說詞更顯得煞有其事。而德國人的解釋，就是因英國計畫登陸和違反中立，德軍才有必要進行危險的斯堪地那維亞（**Scandinavia**）行動，有了前述的狀況，這種解釋乍聽之下才很有道理，且似乎已由德國民眾廣泛接受。[6]丹麥和挪威占領行動的折損出人意料地低，被視為對英國的一次重大打擊，人們將此次行動譽為「元首大膽、堅定政策的偉大成

---

3 民眾的整體心態請見 Stokes, L. D., 'The Sicherheitsdienst (SD) of the Reichsführer SS and German Public Opinion, September 1939-June 1941', Johns Hopkins University Ph. D. thesis, Baltimore, 1972, pp. 284ff, 395ff 和 Steinert, M. G., *Hitlers Krieg und die Deutsche*, Düsseldorf, 1970, pp. 121ff。

4 Fest, J. C., Hitler. Eine Biographie, Frankfurt am Main, 1973, p. 862.

5 參見 Stokes, L. D., 'The *Sicherheitsdienst (SD) of the Reichsführer SS* and German Public Opinion, September 1939-June 1941', Johns Hopkins University Ph. D. thesis, Baltimore, 1972, pp. 282-8。

6 德國的說詞卻並非毫無根據。參見 D. Irving, *Hitler's War*, London, 1977, pp. 82-6。另參見 Steinert, M. G., Hitlers Krieg und die Deutschen, Düsseldorf, 1970, pp. 123-4 及 Stokes, L. D., 'The Sicherheitsdienst (SD) of the Reichsführer SS and German Public Opinion, September 1939-June 1941', Johns Hopkins University Ph. D. thesis, Baltimore, 1972, pp. 481-2。

功」，[7]而一九四〇年四月正值元首生日月，也可見宣傳人員絞盡腦汁，就為了想出更華麗的辭藻來表達希特勒「追隨者不可撼動的忠誠」。[8]一九四〇年四月，索帕德觀察家最後彙整了幾份報告，他們仍指出：「許多人寧願留住希特勒，也不願設想戰敗的後果」，且大多數資產階級民眾仍對混亂和革命懷抱恐懼，可是「毫無疑問，大半民眾至今還是相信德國會打勝仗」。[9]大約在同一時間，新開始組織的倫敦辦事處收到了一份報告，該報告是取材於與一位前社民黨活躍成員（這名長輩當時居住在德國中部城市）的對話，其中也描寫了類似觀點。據稱大多數工人都認為，若德國戰敗情況會更糟，結果就是更加苛刻的《凡爾賽和約》、德國遭到瓜分和大規模失業。德國青年則是團結起來支持納粹，並「無條件相信希特勒」，他們認為希特勒是貨真價實的社會主義者，他成功對付資本家，社民黨卻未能做到這點，這些德國青年也盼望德國在戰勝後能擁有更光明的未來。[10]一九四〇年四月，前線普通士兵在寫給親屬的信中，天真地表達出他們的信念：「只要我們有前線士兵阿道夫・希特勒，他的子民就只有忠誠、勇敢和正義」、「我們元首一生中最美好的一天尚未到來」，到那天「所有人民都將恢復自由、和平與平等」。[11]

一九四〇年五月十日，德國對入侵比利時（Belgium）與荷蘭（Holland）的解釋是為了防止敵國違反中立，但這個解釋的說服力不如斯堪地那維亞行動那麼強，[12]然而這點在劍拔弩張的氣氛中本身並無多大意義，因為眾人也憂心進攻西方不太可能如波蘭和斯堪地那維亞戰役那樣順利。[13]所以說，雖然德國廣播電臺的「特別公告」播報著國防軍在西部幾乎暢通無阻地快速推進，這個消息卻令人難以置信。攻勢開始一個月後，施瓦本行政區首長發表了一份相當典型的內部報告，其內容歌功頌德道：「所有人都屏住呼吸，緊張地注視著這一世界歷史成就，自豪地欽佩著勇敢的軍隊和元首的天才。而我國的損失相對較小，又使民眾感到更有希望。一九四〇年六月五日，元首號召民眾升起國旗，他的呼聲得到了各地熱烈響應。回響於鐘聲中的祈禱不只是為了元首和軍隊，更是為了祈求德國為自由和未來的奮鬥會有個美好結局。」[14]

一個月後，德軍於六月十四日進入巴黎，法國則於六月二十二日在貢比涅（Compiègne）正式投降，象徵性洗刷了一九一八年德國在同一處投降的恥辱，這次勝利再次將希特勒的地位提升至無與倫比的高度。此時，上述的施瓦本行政區首長也在報告中對當時民眾的心情做了自己的描寫，這場「史上最光榮、最偉大的勝利」帶來了一股「充滿雀躍、欽佩、敬畏、驕傲、追求卓越與奉獻、對勝利的

---

7 GStA, MA 106683, RPvS, 7 May 1940.
8 例如 GStA, MA 106678, RPvOf/MF, 8 May 1940。
9 *DBS*, vii. 221-2, 8 Apr. 1940，來自柏林與萊茵蘭－西發里亞的報告。
10 WL, 'Deutsche Inlandsberichte', No. 61, 29 Apr. 1940.
11 *Das andere Gesicht des Krieges. Deutsche Feldpostbriefe 1939-1945*, ed. O. Buchbender and R. Sterz, Munich, 1982, p. 51.
12 保安處仍判斷德國宣傳「違反中立」之說是有效的。參見 Steinert, M. G., *Hitlers Krieg und die Deutsche*, Düsseldorf, 1970, pp. 125-6。
13 *Meldungen*, p. 66.
14 GStA, MA 106683, RPvS, 10 June 1940.

信心以及和平的希望」的浪潮，同時間「全體國民也連同元首，謙卑地感謝天主的祝福」。據說，所有「善良」的公民都「高興、心懷感激地完全了解到元首的偉大與他超凡的心血成果」，而在這樣的「偉大」面前，「所有的瑣碎和牢騷都靜默了下來」。[15] 此時，奧格斯堡市的地區領袖則以「相較之下」一貫冷靜的態度補充報告道，民眾對元首的信任已達前所未有的程度，且「如果人民對阿道夫・希特勒的感情還能再加深的話」，那麼德軍從西線「返回柏林的那一天，他們的情感便確實已變得更加深厚」。[16]

勝利為政權帶來更廣大人氣的作用似乎不容否認，保安處回報說，在德國戰勝之後，前線（**Front**）與大後方（**Heimat**）之間出現了「前所未有的凝聚力」和緊密連結，「各處的人民再無支持反對派活動的理由」，任何批評的聲音都會招來敵視的眼光。[17] 反納粹政權者自己後來也寫下他們在這種輿論氛圍下的難處，有些人甚至承認，勝利帶來的一片歡欣鼓舞讓人很難無動於衷。[18] 國防軍「軍械局」（**Armaments Inspectorates**）的報告宣稱，軍火工廠中免服兵役的工人不願被排除在軍隊之外，他們反而迫切希望可以從軍。[19] 送交政治「特別法院」受審的案件數量下降，這也可說是一九四〇年夏季批評當局者有所減少的指標。[20]

許多人似乎都認為，光榮的和平肯定會隨著法國戰敗而來。一九四〇年六月底或七月初左右，哥利茲（**Görlitz**）有位公民致信前線士兵，信中無疑寫出了許多人的心聲。這位公民表示，在發生新聞片段週週報導的「難以想像的偉大」事件之後，「我們永遠報答不了元首和英勇軍隊的恩情，他們讓在國內的我們免遭戰爭折磨」，「在最終勝利之後，建設歐洲的過程中」，德國也將迎來「無比偉大」

的未來。[21]而在達到最終勝利的途中，似乎只剩下英國這個阻礙了（如今眾人都認為德國打勝仗是理所當然），戰勝法國的陶醉之感此時結合了一種想徹底毀滅英國的普遍欲望，而這種欲望是由近乎瘋狂的反英仇恨宣傳煽動而生。在第二次世界大戰期間，這是德國第一次也幾乎是唯一一次，可說是普遍瀰漫著一種「戰爭情緒」，人們不屑與英國維持和平，認為談和是言之過早，也太過便宜了英國。七月十九日，希特勒為安撫世界輿論而提出了新的「最後」和平邀約，這個舉動甚至讓大眾感到有些失望。有份報告指出，人們迫不及待等著德國出擊，每個人都想親眼見證英國迅速吞敗，而且若說民眾還對其他戰敗國存有一點同情的話（不得不說這個說法令人存疑，尤其以波蘭人來說），這時

15 GStA, MA 106683, RPvS, 10 June 1940，一九四〇年七月九日。
16 StANeu, vorl. LO A5, KL Augsburg-Stadt, 10 July 1940.
17 *Meldungen*, pp. 77-8. 另參見 GStA, MA 106671, RPvOB, 8 June 1940; MA 106678, RPvOF/MF, 8 July 1940.
18 可參見資料如卡爾．塞弗林（Carl Severing）的評論，引用自 Stokes, L. D., 'The Sicherheitsdienst (SD) of the Reichsführer SS and German Public Opinion, September 1939-June 1941', Johns Hopkins University Ph. D. thesis, Baltimore, 1972, p. 399. 以及奧格斯堡市飛機製造商梅塞施密特（Messerschmitt）工廠中一位工頭的回憶，引用自 W. Domarus, *Nationalsozialismus, Krieg und Bevölkerung*, Munich, 1977, p. 90.
19 BA/MA, RW 20-7/16, 'Geschichte der Rüstungsinspektion VII', p. 105.
20 Steinert, M. G., *Hitlers Krieg und die Deutsche*, Düsseldorf, 1970, p. 137; BAK, R22/3379, OLGP München 3 Sept. 1940.
21 *Das andere Gesicht des Krieges*, p. 62.

「全體人民卻都認為應不惜一切代價摧毀英國」。[22]

結果德國當然從未大舉入侵，而隨著戰爭期間第二個冬季的來臨，一九四〇年秋天的民心也開始低落起來。報告仍稱人們焦急等待著對英國發動最後一擊，但無論反英情緒強烈到何種程度，這種不耐的心境，卻是第一個表示最終和平並非近在眼前的重大跡象，夏天的歡欣鼓舞漸由悲觀取而代之，民眾感到這最終可能會是一場持久戰。希特勒的地位尚未受到影響，大多數人還是相信，希特勒的軍事和政治天賦會重新找到對英國發動致命一擊的正確時機，但民眾渾然不知的是，一九四〇年秋天的「海獅行動」（Operation Sealion）已被無限期延遲。

在一九四一年春天以前，民眾對元首的信任一直毫無動搖，這很大程度是因為戰爭並未嚴重干擾「民生」條件。而在一九四〇年底至一九四一年初，希特勒發表的一系列演講又再次滋養了人民的信任感，這些演講的目的是在於增強國人對戰勝的信心，並讓大家認為終結戰爭的最後一擊將會於接下來十二個月內成真（人們仍認定英國會是德國出擊的目標）。[23]

「元首神話」的功能，是在於轉移民眾的「日常」憂慮，以及鞏固政權的民意基礎，這點在有關希特勒演講影響力的報告中清楚可見（保安處很熱衷於密切觀察這類演講的作用）。例如，一九四〇年十一月，據說由於戰爭期間的第二個冬季即將到來，「個人對經濟景況的擔憂」普遍存在，並因此引發了「不滿和懷疑的想法」。然而德國各地均有報告指出，希特勒十一月八日對納粹運動「元老戰士」的演講便消弭了這種情緒，並重振「廣大民眾」的活力。施威林（Schwerin）有一則很典型的評論便表示：「元首一開口，所有疑慮都會消失，那些曾懷疑我國是否會於正確時機採取行動者都會感到羞愧。」[24]一九四一年初，下法蘭克尼亞的保安處機構也記錄到類似的反應。悲觀主義者本來還說戰爭可能會持續四到七年，而從未吃敗仗的英國這次也絕不會輸。可是在一九四一年二月二十四日希特勒演講過後，據說這樣的觀點就消失了，現在民眾反而大都認為「戰爭將於一九四一年夏天以勝利收場」。希特勒對早日勝利的信心給人們留下了深刻印象，如今大家普遍都相信，最後的衝刺將於三月或四月開始，[25]有位女子評論道：「元首致辭時充滿了信心，真是了不起」，據報告，她還說只有這樣的演講才能讓人知道「日常生活是如何將人消磨得如此膽怯」，而她現在可以再次滿懷信心展望未來了。[26]一九四一年三月中旬，希特勒在演講中再次表示，英國將被征服，戰爭也會於明年以對德國有利的局勢作結，人們口耳相傳著，「元首提出的預測從未失準過」，因此大家無庸置疑可以相

---

22 StANeu, vorl. LO A5, KL Augsburg-Stadt, 10 Aug. 1940. 巴伐利亞行政區首長的報告也特別點出暴力的反英情緒：GStA, MA 106678, RPvOF/MF, 7 Aug. 1940; MA 106681, RPvUF, 10 Aug. 1940; MA 106683, RPvS, 8 Aug. 1940; MA 106673, RPvNB/OP, 8 Aug. 1940.

23 希特勒於一九四〇年十二月十日、一九四一年一月三十日、二月二十四日及三月十六日的演講全文收錄於 Domarus, pp. 1626-34, 1667-70, 1674-5。

24 *MadR*, v. 1763, 14 Nov. 1940.

25 StAW, SE/13, AS Bad Kissingen, 25 Feb. 1941.

26 StAW, SD/22, AS Schweinfurt, 4 Mar. 1941.

信英國即將吞敗，戰爭也終將結束。[27]我們從此類報告中，可清楚見到民眾對希特勒近乎宗教的天真信仰基礎，然而其中也顯示出，人們之所以會聆聽希特勒的演講，是為了在其中找出戰爭會早日結束的線索，而他在民眾眼中的地位則大都取決於這樣的希望能否兌現。一九四〇年夏天的戰爭狂熱只是一時，至當年年底，狂熱情緒退燒，大多數人民再次不耐煩地渴望著戰爭結束。

一九四一年春季，南斯拉夫（Yugoslavia）政變阻撓了希特勒進攻蘇聯（the Soviet Union）的計畫（蘇聯是英國在歐陸的最後一個潛在盟友），戰爭威脅擴大到巴爾幹（the Balkans）地區也使得人心惶惶，此時保安處的民意評估再次寫下：「一般民眾尤其以一種如孩子般的信任仰望著元首和我國的領導階層」，民眾也堅信「『元首已經做好萬全考量，並會妥善處理問題』。」[28]「元首」對人民來說就像是毒品，每當人們心生懷疑、憂慮和不安時，就需要用毒品來求得心安。一九四一年三月，下法蘭克尼亞行政區工業城鎮施威福特（Schweinfurt）的保安處就指出，較貧困的民眾不滿得向負責為冬季援助募捐的人提供大量捐贈，才能拿到印有元首照片的徽章，他們還抱怨徽章數量太少，供不應求。[29]來自德國許多地方的報告指出，「沒有附上元首照片的新聞片段被民眾認為不符合標準」。「人們總是想看看元首的樣子，無論是嚴肅還是大笑」，並對長時間沒有在新聞片段中聽到他的聲音而表示失望，因為正如一份報告所言，「元首的一席話就是人民的福音」。[30]

因戰爭之故，當局下令一九四一年四月二十日的希特勒慶生活動一切從簡。即便如此，人群還是聚集在一起，甚至讓下巴伐利亞和上普法爾茨用來舉行典禮的大廳擠得水泄不通，不得不交由警察封鎖。[31]戈林的公開賀詞奠定了慶典的基調，他說道：「我們……回顧一連串不間斷的光榮勝利，只有一個人能夠僅花一年就取得這樣的勝利，這個人不僅是政治家和軍事指揮官，更是人民的領袖、人中之人：我們的元首……。」[32] 當天宣誓加入德意志少年團（Deutsches Jungvolk）和德意志青少女聯盟（Deutsche Jungmädelschaft）的十歲孩子必須立下近乎宗教信仰的誓言：「您，元首，是我們的統帥！以您的名義，我們昂然而立。德國是我們奮鬥的目標，是開始，亦是結束。」[33]

民眾對希特勒的信心沒有界限。巴爾幹戰役於一九四一年四月六日開始後不久，保安處報告的中央摘要就記錄到人民「無條件相信」南斯拉夫和希臘（Greece）一役將迅速取勝，有些人認為，戰爭可能會如先前的挪威行動僅持續短短三週，幾乎無人認為戰事會耗時超過六到八週，[34] 其圓滿結束

---

27 StAW, SD/35, HAS Würzburg, 25 Mar. 1941; SD/23, AS Würzburg, 18 Mar. 1941; SD/22, AS Schweinfurt, 18 Mar. 1941; SD/17, AS Kitzingen, 18 Mar. 1941.

28 StAW, SD/17, AS Kitzingen, 1 Apr. 1941. 另參見 *Meldungen*, p. 129; Steinert, pp, 125-6。

29 StAW, SD/22, AS Schweinfurt, 7 Mar. 1941.

30 *Meldungen*, pp. 116-17; StAW, SD/17, AS Kitzingen, 21 Mar. 1941.

31 GStA, MA 106674, RPvNB/OP, 8 May 1941.

32 *Rheinisch-Westfälische Zeitung*, 20 Apr. 1941.

33 Heyen, F.J. (ed.), *Nationalsozialismus im Alltag,* Boppard am Rhein, 1967, p. 228.

34 *Meldungen*, p. 133; Steinert, M. G., *Hitlers Krieg und die Deutsche*, Düsseldorf, 1970, p. 187; Stokes, L. D.,'The *Sicherheitsdienst (SD) of the Reichsführer SS* and German Public Opinion, September 1939-June 1941', Johns Hopkins University Ph. D. thesis, Baltimore, 1972, p. 334.

確實只用了不到三週時間。儘管這場戰役幾乎未如戰勝西方國家時那般引起人們想像（有些報告暗示，人民並未充分了解這場戰役的意義，打勝仗也僅能在短時間內影響民心），但這似乎又是一個能展現希特勒戰略天才的例子。不料這卻是閃電戰最後一次得以在損失最小的情況下完全取勝（這同樣也是影響民眾看待巴爾幹一役得勝的關鍵因素）。[35] 另外先不管勝利的歡呼聲有所減弱，更重要的是人民「仍希望、迫切渴望著戰爭能在今年結束」，[36] 儘管德國打了勝仗，但戰區向東南歐擴展仍使人們越發憂心如今戰爭可能會繼續拖延很長一段時間，[37] 有傳言說德國與蘇聯關係惡化，也有消息稱德國正於東部邊境調動軍隊，以上都為人民本就黯淡的心情再添上一層陰影。此外，希特勒在最近的演講中也暗示前方會是「辛苦的奮鬥之年」，並承諾「明年」會為國防軍提供更精良的武器，這些話可無法緩解人們的擔憂。[38] 然而在德國入侵蘇聯前夕，希特勒的民意支持並未減弱，絕大多數民眾對其領導才能的信心也未曾動搖。

然而，希特勒的巨大聲望和納粹黨整體低落的地位之間存在著鴻溝，兩者的落差在開戰最初幾年再度擴大，雖然戰爭確實強化了愛國團結的情感觀念，但這仍根本比不上黨一直大力宣揚的「人民共同體」理想。國防軍和新一代軍事英雄身穿綠灰色軍裝，讓著棕色襯衫的黨工相較之下比戰前更顯難看，民眾對國防軍的熱情，與對黨的不屑態度形成了鮮明對比。戰爭開始時，元首也大方穿上了綠灰色，除了強調自己與軍隊團結一心，也強調自己作為德國第一軍人的形象，而不受歡迎的黨內政客則經常被看作不願上前線的怕事者。早在一九三九年九月，上法蘭克尼亞某地區的農人就曾抱怨，黨的

「元老戰士」明明有著「為目標奮鬥的大好機會」，他們卻還是選擇穿著黨的制服「閒居」在家，占據著「沒用處的黨官職」，這樣的想法並非單一個案。[39] 儘管新聞媒體經常提及有多少黨工在前線擔任領導職務，但這種批評聲浪仍然存在。

儘管黨工總是不遺餘力地宣傳「元首神話」，但他們自己卻沾不到希特勒高人氣散發的光輝。在大家都認為希特勒正埋首思考重大戰略問題的同時，黨代表卻必須在國內處理衝擊民生的各項瑣事，這些事情多半乏味且往往不受待見。元首和軍隊能攬下打勝仗的功勞，可黨員雖然也越發努力（往往也很有意願）想為格外受戰爭影響的民眾解決社會問題，他們也因此時常必須接觸心懷不滿的「人民

---

35 GStA, MA 106674, RPvNB/OP, 8 May 1941; MA 106681, RPvUF, 12 May 1941.

36 GStA, MA 106681, RPvUF, 12 May 1941.

37 GStA, MA 106674, RPvNB/OP, 8 May 1941.

38 Domarus, pp. 1692, 1708.（'Aufruf zum 2. Kriegshilfswerk für das Deutsche Rote Kreuz', 18 Apr. 1941；致國會的巴爾幹戰役報告，一九四一年五月四日）。欲知民眾的反應，請見 GStA, MA 106674, RPvNB/OP, 8 May 1941; MA 106684, RPvS, 10 June 1941; MA 106671, RPvOB, 10 June 1941; *Meidungen*, p. 143; Steinert, M. G., *Hitlers Krieg und die Deutsche*, Düsseldorf, 1970, pp. 188ff.; Stokes, L. D., 'The *Sicherheitsdienst (SD) of the Reichsführer SS* and German Public Opinion, September 1939-June 1941', Johns Hopkins University Ph. D. thesis, Baltimore, 1972, pp. 337, 490.

39 StAB, K8/III, 18473, LR Ebermannstadt, 30 Sept. 1939; 另參見 BAK, R22/ 3355, OLGP Bamberg, 1 July 1940.

同志」，卻少有人為他們喝采，黨亦無威嚴可言。[40] 儘管如國家社會主義人民福利機構（NSV，黨的福利組織）等常有人犧牲奉獻，但黨仍無法有效扭轉形象，這要追溯到一九三〇年代黨在社會和政治方面許多不受歡迎的表現：因打壓基督教會而失去民心、「小希特勒」的盛氣凌人、組織的暴徒和粗俗行徑，其腐敗和唯利是圖的形象也揮之不去。而從很多意義上來說，前述種種都與人民對希特勒的信仰（基本上既保守又帶有偽宗教色彩）形成鮮明對比。聽來也怪，但希特勒在戰前的高人氣，卻大都無關乎人們是否狂熱支持希特勒種族帝國主義「世界觀」的中心教條，更幾乎無關乎人們是否支持以他為首的納粹黨。而在戰爭期間，雖然黨未能提高自身聲望，但在一九三九至一九四一年間，民眾普遍對戰爭的成功進程和即將實現光榮和平的前景懷抱期望，這也讓身為此種共識焦點的希特勒能夠從中受益。

雖然在戰爭的最初幾年，黨大幅減少了專用於意識形態議題「培訓」的集會數量（這些議題一直都不太受歡迎），並將精力集中在地方的日常工作中，努力滿足「民眾想更積極參與日常事務的需求」，但就如一份報告所說，這麼做仍無法激發人們對黨內工作的興趣，也無法讓地方黨組織更受歡迎。一九三三年，黨員和衝鋒隊員本來自認為能以其激進的民粹主義來取代保守的國防軍，但他們現在退居次席，只能從旁看著從前線休假回家的年輕國防軍英雄受到熱烈歡迎，由他們講述自己是以何種激勵人心的事蹟贏得了騎士十字勳章（Ritterkreuz）。[41] 比方說，一九四〇年十月，在納粹黨於施威福特舉行的一次集會中，有大批當地居民湧入海軍徵召活動，就為了歡迎海軍潛艇（U-Boat）的退伍軍人，但同樣一批人「卻幾乎完全沒有參與納粹黨舉行的其他活動」。[42] 幾個月後，下法蘭克尼亞的保安處報告員提到了黨員和一般民眾對意識形態「教育」的「厭倦」，報告也評論說，爭取仍對黨漠不關心者的青睞「還是未解決的問題」；[43] 人們感興趣的大都只有國防軍和前線的「狀況」。[44]

事實上，黨在戰爭中也承擔了許多新任務，儘管這些任務未必能提高地方官員的聲望，但其中有些仍對社會福利和組織有著重要作用。例如，地方農民領袖或市長（通常也是黨工）就必須負責裁定區域中農民的「免兵役職業」申請，當然，這就是在公開鼓勵小額的貪腐和賄賂行為，而無論何種決策都難免會引起申請遭拒者的家屬不滿；監管停電限制是地方黨代表的另一項任務，在戰爭初期空襲還幾乎不構成威脅時，這點常常成為另一個惹怒民眾的原因。另外，諸如為陣亡軍人的非婚生子女提供福利、為一九三一年秋季從德國西部邊境撤離的人員安排住宿和援助，或者管理寄給前線親屬的包裹等種種工作，則都落到了納粹社福的身上。然而，這類活動頂多只能讓納粹社福本身攬下一點功

---

40 參見 Stokes, *SD*, pp. 499ff.
41 GStA, MA 106674, RPvNB/OP, 8 Mar. 1941.
42 StAW, SD/31, SD-Abschnitt Würzburg, 4Nov. 1940, 'Volksleben und Nationalsozialismus'.
43 StAW, SD/10/12, AS Würzburg, 13 Feb. 1941.
44 StAW, SD/19, AS Lohr, 25 Mar. 1941.

勞，對主要組織德意志國家社會主義工人黨的形象卻幾乎沒什麼影響。[45]

有些黨報告將民眾漸增的要求解讀為他們對納粹黨活動信心增強的跡象，[46] 然而比起另外的大量報告（尤其是來自鄉下地區的報告），這些報告的態度似乎非常樂觀，因為在另外的報告中，納粹黨對民生事務（尤其是福利和經濟事務）伸出的觸手都受到了嚴厲批評。[47] 至於在大城市（從奧格斯堡市地區領袖相對敏感和「具有社會意識」的報告來看），人們原本便會攻擊黨工就像是寄生蟲，這點在戰時的環境下又更加引人詬病；奢華的黨建築與據說還有大量人口居住的貧民窟比鄰而居；「人們尤其以負面的眼光來看待黨和國家領袖如封建般的生活及住宅形態。」將希特勒當作英雄崇拜的同一群人也不會容忍「能與元首並肩的無能大人物（Nebengötter）」，並希望能停止「吹捧那些徒有虛名之輩」；民眾也希望黨能屏棄沒有必要的奢華生活，畢竟他們當初掌權時便宣稱會剷除此類腐敗行徑。[48] 這種對黨內「要人」的強烈情緒在一九四一年初的德國很常見，在眾人眼中，他們的生活方式與大多數人辛苦的生活條件有著明顯對比。[49]

社會上不時就會流傳與納粹要人有關的謠言，雖然內容並無根據，但從中就能看出黨領袖給民眾的普遍觀感，這些謠言的始作俑者無疑多為外國廣播或德國境內的反政權者，但顯然還是有非常多人買單。舉例來說，在一九四〇年曾有大量傳言稱尤利烏斯．施特萊徹捲走三千萬德國馬克的款項越境逃亡，當時這位在紐倫堡迫害猶太人的可惡官員正面臨貪腐指控，而負責訊問的不是別人，正是戈林本人。[50] 另外，魯道夫．赫斯飛往蘇格蘭（Scotland）一事尤其引發了各種可以想像得到的臆測，就連巴伐利亞有份報告都將一九四一年五月稱為「謠言之月」，[51] 因為有關不忠、貪腐、鉅額竊盜的故事，以及希姆萊（Heinrich Himmler）和萊伊等德國知名政要及巴伐利亞多位黨部大老逃逸的傳言隨處都能耳聞，其中更有人稱區域黨部主委阿道夫．華格納（Adolf Wagner）從修道院遭解散時充公的資產中竊走兩千兩百萬馬克，並於試圖捲款穿越瑞士（Switzerland）邊境時被捕。[52] 類似的「謠言和

---

45 關於納粹社福和納粹戰時的「福利」和「社會工作」，請參閱 C. A. A. Smith, 'The National Socialist organisation NSV: "NS-People's Welfare", propaganda and influence, 1933-1945', Univ. of Edinburgh Ph.D. thesis 1986, ch, 7.

46 例如 StANeu, Vorl. LO A5, KL Augsburg-Stadt, 9 Mar., 10 Aug., 10 Oct. 1940.

47 黨或納粹社福對特定人士或家戶的選擇性經濟援助及家戶津貼的額度常受鄉下地區的羨慕和批評。人們認為，因戰爭而被疏散的民眾（例如來自薩蘭邦的人，他們顯然幾無在農場辛苦勞動的能力）得到的財務援助太過豐厚，這使得農民要脅停止捐款給納粹社福。可參見資料如：StAB, K8/III, 18473, GKF Ebermannstadt, 31 July, 30 Aug. 1940; LR Ebermannstadt, 31 July 1940; GStA, MA 106671, RPvOB, 10 May 1941.

48 StANeu, vorl. LO A5, KL Augsburg-Stadt, 10 Aug. 10 Nov. 1940.

49 參見 Steinert, M. G., *Hitlers Krieg und die Deutsche*, Düsseldorf, 1970, p. 174。一個尤其受攻擊的目標就是黨官員的上流生活，在眾人縮衣節食時，他們卻在頂級飯店裡享樂，這也使得人們將之比作一戰期間官員的豪奢作風。引自 StAW, SD/23, AS Würzburg, 8 Apr. 1941; StAM, LRA 61618, GP Mittenwald, 25 Feb. 1941.

50 GStA, MA 106678, RPvOF/MF, 7 Apr. 1940; BAK, R22/3381, OLGP Nürnberg, 8 Mar., 8 May, 4 Nov. 1940; GenStA Nürnberg, 11 Apr. 1940; StAB, K8/III, 18473, GKF Ebermannstadt, 29 Mar. 1940; LR Ebermannstadt, 30 Mar. 1940.

51 GStA, MA 106671, RPvOB, 10 June 1941.

52 StANeu, vorl. LO 15, Fo. 168, KL Memmingen, n.d. （一九四一年五月底）。這段時間幾乎所有報告都有提及這類謠言。

揣測也以前所未見的規模湧現」，[53]就如叢林野火蔓延至德國各地。據不同版本指出，後於一九四四年七月涉及密謀造反希特勒的柏林警察局長赫爾多夫伯爵（Wolf Heinrich Helldorf）、尤利烏斯・施特萊徹、艾弗雷德・羅森堡、阿道夫・華格納，以及納粹農業政策的「血與土」專家瓦爾特・達里（Walther Darré）都因與赫斯同謀「叛國罪」而被捕，其中有幾人已遭到槍決。還有傳言說有一張名單列齊了黨、勞工陣線和納粹社福中「令人無法忍受」的地方領袖。[54]顯見就算是在戰爭的勝利階段，黨在民眾眼中的地位也非常低，民眾明顯普遍認為黨內代表多少都有重大的不檢行為。

相較之下，希特勒形象的一項基本要素就是他的貌似無辜，下屬沾染的任何腐敗和自利惡習都與他無關。比如值得注意的是，慕尼黑「特別法院」的卷宗雖有約一千四百起案件都是有關各式各樣涉嫌羞辱元首之言論，但其中指控希特勒貪腐者卻相當罕見。[55]人們持續相信「清白的元首」，同時嚴厲譴責納粹黨的腐敗，民眾如先前一樣被蒙蔽了雙眼，看不見通往毀滅的道路就在眼前，而這座「希特勒國度」正於沿途系統性地破壞憲法和法律規範，元首對「無私」目標的狂熱追求也在蠶食鯨吞著德國。比之這條仍受「希特勒神話」掩蓋的必然災難之路，黨高層中飽私囊的行徑無論再怎麼觸動社會和政治的敏感神經，卻也可說是小巫見大巫了。

在戰勝法國的歡騰氣氛中，甚至有風聲說待戰爭結束時，國防軍就會解散整個黨，德國也會成為「純粹的軍事國家」。[56]一九四〇年十一月，也就是幾個月後，烏茲堡的保安處機構做成一份報告，特別探討戰爭對納粹黨地位的影響。其中總結道，戰爭大事使得黨務有必要先退居幕後，該報告也將民眾的反應分為三類。第一類為普通軍人的反應，他們在前線發展出新的同志情誼，結果與「國內黨及黨附屬機構的關係就生疏了」，一些軍人曾說，等到戰爭結束後，他們也不想再為黨工作了：「其中有許多人認為，自己親上前線或從事前線的後勤工作就已經做得夠多了，並拿那些年齡相仿或更年輕卻沒當兵的人來比較。」第二類則是以往對黨漠不關心者或態度不善者（甚至還包括一些黨員），他們認為現在正是道出自己心聲的時機，這類人抨擊的事項包含黨領袖的傲慢舉止、他們的過失曝光時卻能受到從輕發落、「盼著的黨內整頓一直等不到」、當局不斷向人民榨取錢財，還有黨工上下班總能乘坐「寬敞優雅的汽車」。第三類是活躍的黨分子和黨工本身，他們一方面工作量大幅增加，一方面也越來越難招募有心加入的黨員。報告指出，地方的「政治領袖」，還有尤其是街區黨組織領導和黨小組領導（**Cell Leader**）等負責第一手接觸普通公民、最能直接面對民意者，都正面臨同樣的課題：「他們的心血並未得到人民同志和上級黨職員應有的重視和認可。」[57]

三個月後，烏茲堡的保安處機構又將黨及納粹政權各方面的惡名形容得更是不堪。顯然有形形色

53 *Meldungen*, p. 146.

54 Stokes, L. D., 'The *Sicherheitsdienst (SD) of the Reichsführer SS* and German Public Opinion, September 1939-June 1941', Johns Hopkins University Ph. D. thesis, Baltimore, 1972, pp. 511-12.

55 StAM 的 SGM 檔案。

56 StAW, SD/31, SD-Abschnitt Würzburg, 13 June, 12 Sept. 1940, 'Volksleben und Nationalsozialismus'.

57 同上，25 Nov. 1940。

色的個人和團體正聯合起來反抗納粹主義，他們似乎正在組成「新的非法政黨」——這麼說倒是頗為生動——並以此為基礎，漸漸形成他們自身對國內政治和戰情的解讀。據說就連納粹黨及附屬機構的部分成員也參與其中。根據報告指稱，批評政權者對「新法條、有關未來黨所屬建築的政府公告、規畫中的社會立法、學校改革等」公開表示不滿，並直指「稅收更高、個人自由遭到限制、『基督教哲學受到威脅』、公務員的晉升機會幾乎完全取決於人選的態度與入黨與否，而未考量其能力」，另外還有「蓋世太保的活動、『恐怖統治』（Schreckensregiment）、『腐敗』」，以及黨內政客和高層的管理不善，據說這些人也正在向「更廣泛的民眾」傳達他們的不滿和疑慮。[58]

當時，在一九四一年五月「赫斯事件」造成巨大衝擊前，顯然民情低落，人們對黨及其代表就已深感厭惡。但在赫斯逃往蘇格蘭的驚人消息傳出後，民眾的反應也一如往常：「赫斯案」重創黨的形象，但對希特勒的威望卻幾乎未有任何負面衝擊。人們甚至還對元首深表同情，因為早已諸事纏身的元首竟然還得承受這樣的痛苦。[59]

中央保安處將總部收到的所有區域報告彙整成摘要，結果顯示「民情非常低迷」，黨員尤其「極度抑鬱」。[60] 巴伐利亞的報告提到此消息帶來「令人癱瘓的驚恐情緒」，[61] 並——以一如往常的誇張語氣——將其比作一九一七年的低迷景象，[62] 其他報告則評論說，工人們認為這是黨和第三帝國終結的起頭，有關慕尼黑發生騷亂的謠言也紛傳各處。[63] 根據萊比錫保安處一份冗長且突出的報告，黨員們感到「震驚不已」，並認為此事是「一場失敗的戰鬥」，說其對黨的打擊至少是一九三四年衝鋒隊危機的兩倍。商界譴責赫斯此舉是背叛了元首和人民，並將廣受輕視的新聞和廣播報導視為「黨的騙局」；民眾還對希特勒本人表示同情，因為他不斷被自己的老同胞辜負。有些人認為，又一次「帶著勝利幾乎走向死亡」的納粹主義正開始步向終結。如今，大家都覺得當務之急就是立刻大舉攻擊英國，並「徹底摧毀這座島」；民眾覺得德國也許能撐過戰爭的第三個冬季，可是損失也會更加慘重，若是最後再迎來一個「一九一八年十一月」也不足為奇。根據報告，萊比錫工人還暗指衝突可能會因美國也參戰而延長，元首有必要「以閃電般的速度摧毀英國，有必要就出動毒氣」。最後，報告也稱「知識分子」和學術界（據信是從屬於萊比錫大學）在譴責赫斯時，也多少指責希特勒竟會挑這種「精神錯亂的人作為可能的繼任人選」，不過報告也立即補充說，這類圈子的多數人「無論如何，

---

58 StAW, SD/23, AS Würzburg, 25 Feb. 1941.

59 *Meldungen*, pp. 145-6; Steinert, p. 195; Stokes, *SD*, p. 511; GStA, MA 106684, RPvS, 10 June 1941; MA 106679, RPvOF/MF, 8 June 1941; StAM, LRA 29655, GP Anger, 29 May 1941; LRA 135114, LR Mühldorf, 4 June 1941.

60 *Meldungen*, pp. 145-6.

61 GStA, MA 106684, RPvS, 10 June 1941.

62 StAM, LRA 61618, GP Mittenwald, 24 May 1941.

63 StAM, LRA 135114, GP Kraiburg, 29 May 1941. 另參見 GStA, MA 106674, RPvNB/OP, 8 June 1941; MA 106679, RPvOF/MF, 8 June 1941; MA 106671, RPvOB, 10 June 1941; MA 106681, RPvUF, 11 June 1941; BAK, R22/3355, OLGP Bamberg, 1 July 1941.

仍都確信元首根本無法聽聞德國國內的實際民情和局勢，他身邊的人都將他蒙在鼓裡」。[64]

「元首神話」的中心基礎（也就是希特勒對納粹主義「陰暗面」的無知）顯然仍在發揮作用。「元首，可以！黨，不行！」[65] 正是德國入侵蘇聯前夕在民間廣為流傳的觀點。一九四一年從春季至初夏期間，士氣低落、民心消沉，普羅大眾也每日都感到忿忿不平，但民眾對希特勒的信任卻是幾無動搖。希特勒在民眾心目中的非凡地位，是在和平時期以各種表面上的個人成就為基礎堆疊而成：他克服了經濟和政治危機、解決德國的失業問題，更透過一連串驚人的外交舉措重振國家雄風。希特勒的地位在戰爭的第一階段得以維持，但接著他又以極少損失和犧牲連續打了幾場令人難以想像的勝仗，尤其加上他持續描繪一幅戰爭即將光榮作結的前景，這又再次推高了希特勒的威望。可是，儘管德國在東部戰役初期能夠取勝，但在俄羅斯首次冬季遭受的軍事挫敗，卻也標誌著「希特勒天時地利」——也就是建構「元首神話」所仰賴的輕鬆勝利——的終結，這是希特勒人氣下滑的開始。

---

64 IWM, 'Aus deutschen Urkunden'，未發表文件，日期不詳，pp. 243-6。欲知納粹對「赫斯事件」的宣傳手法及其後續影響，請參見 M. Balfour, *Propaganda in War, 1939-1945*, London, 1979, pp. 217-21.

65 H. Picker, *Hitlers Tischgespräche im Führerhauptquartier 1941 bis 1942*, Stuttgart, 1963, p. 132.

7 CHAPTER

戰事失利：「希特勒神話」開始瓦解

「現在，我們尤其會成功占領史達林格勒（Stalingrad）……各位儘管放心，沒有人能再把我們從這裡趕走！」

——希特勒，一九四二年九月三十日

「元首自己也曾說過史達林格勒有多麼重要，結果他現在自己跑了，還丟了這座城。」

——奧格斯堡某推銷員，一九四三年二月三日

從一九三九年九月至一九四一年四月的這十八個月期間，德國相繼於波蘭、斯堪地那維亞、歐洲西部與東南部打了勝仗，隨後從一九四一年六月二十二日俄羅斯一役開打起，至一九四三年一月底德國於史達林格勒戰敗的十八個月期間，戰爭局勢則出現了巨變，德國在戰場上的運勢也就此開始走下坡。一九四一年秋季，德軍挺進俄羅斯，起初來勢洶洶的軍隊在逼近莫斯科（Moscow）時卻停了下來，而德軍也是靠著咬牙苦撐和付出高昂的人力代價，讓裝備不足的軍隊忍受極區的嚴酷環境，才暫時沒有從俄羅斯的冬季冰原大敗撤退；一九四一年十二月十一日，德國向美利堅合眾國宣戰。現在人

們很難想像衝突該如何早日結束了。一九四二年，同盟國的機群第一次大規模轟炸德國城市，隨著德國空軍失去制空權，許多驚恐的德國人也開始嘗到自一九三九年起遭自家空軍恐怖轟炸的許多歐洲城市，在當初是何種滋味，而同盟軍現在正集中更加強大的火力反擊德國。

在此階段，老百姓也越來越能看清、辨識納粹的意識形態狂熱、政權的道德敗壞和犯罪行為，以及警察國家鎮壓之殘酷（隨著德國首次面臨壓力）。休假軍人透露的消息傳回國內，可知道東線的意識形態戰爭是無與倫比的野蠻：蘇聯政委一被俘即遭槍殺，數千名猶太人也遭到屠殺。德國國內紛傳各種令人憂心的故事，如精神病患和不治之症患者在精神病院中被毒氣殺害；當局與宗教勢力（尤其天主教會）重啟鬥爭，執政者的反基督教傾向這次已不容錯認；軍中和國內的保守勢力受到打壓，公務員和法官也遭到誹謗。以上種種都反映出，持續擴大的安全警察（Security Police）網絡破壞了行政秩序和殘餘的憲政國家體系，毫無掩飾的權力和鎮壓力道也越來越強。

只有具備極佳洞察力、掌握清晰資訊和有廣闊視野者，才能充分了解各事件走向之間的關聯。有鑑於戰爭本身之殘酷，加上多年來德國人也反覆被灌輸著納粹的意識形態訊息，不可否認這至少有一部分也發揮了作用，所以現在發生的一切——就算是將德國扯入深淵的一切——也並非不受人民待見。儘管如此，即便如今真正的民意潮流比以往更難以捉摸（因為自一九四二年起，迫害的力道逐漸加重，就連批評政權或「顛覆」戰時法令這類相對的輕「罪」也會受重罰），但種種跡象都顯示，「沉默的多數」在這段時間也漸漸增加，他們對納粹政權越發抱持批判態度——即使往往只是隱晦地表達，並認為日益惡化的戰局都應歸咎於執政者。

隨著鎮壓網絡緊縮，人們也更小心翼翼避免發表「危險」言論，這自然直接影響到民眾評斷希特勒本人的方式。當然，說元首的壞話本來就很危險，但現在這已等同於叛國罪，話說出口就會受到相應的懲罰。有鑑於此，我們在解讀納粹特工「民意報告」所記內容背後的意義時，也必須考量到這一點。報告資料記錄著民眾對希特勒的態度，其中含有含蓄的批評，亦有被告發和法庭起訴所披露的公開言論，這些案例也有必要被視為冰山一角。然而，此時期所有現存證據給人的主要感觸，卻是軍事力量的平衡有了關鍵轉變，且德國民眾的情緒普遍大幅惡化，但「希特勒神話」——儘管無疑開始崩潰、漸漸失去其無懈可擊的光環——仍保有相當大的力量與作用。有鑑於民眾之所以會信任希特勒，主要係歸因於大家認定他會帶領德國快速實現光榮和平；有鑑於戰爭早日結束無望，是士氣低落的根本原因；有鑑於對蘇聯閃電戰失敗還有對美國宣戰造成戰事拖延，這在邏輯上很難向希特勒以外的人咎責；有鑑於以上種種，「希特勒神話」在現實中為何並沒有更快崩潰，是值得探究的問題。

第一部分的解釋，要歸結到一九四〇年以前打造出的希特勒信仰程度。雖然極端的個人崇拜可能只影響到少數人，但這些少數人卻是握有實權與影響力。不僅如此，個人崇拜的要素已成功引起更廣泛民眾的共鳴，正如我們於先前章節所見，這些要素可說是影響了絕大多數人口。而完全不受動搖的，只剩下在意識形態上仍完全扎根於左翼哲學的人、因政權打壓教會而完全遠離當局的人，以及知識界中的少數傑出人物和上層資產階級，他們鄙視元首崇拜的不理性，打從心底厭惡納粹粗鄙的民粹主義，且能夠預見國家災難迫在眉睫。對其餘的大多數人來說，希特勒至少代表著他們欽佩的**某些**特質。對許多人而言，希特勒更已成為民族復興的象徵和體現（在眾人眼中，第三帝國在許多層面都已成功實踐民族復興）。他以極端的方式喚起許多非理性、但仍然真實又強烈的情感，其中有無私奉獻、犧牲，以及對民族理想的熱情承諾，並將這些情感集結在自己身上，這樣的情緒在一戰期間和之後也發展出根本的巨大威力。就這樣，希特勒在某種程度上成為民族偉大願望的投射，這種願望可追溯到德皇威廉（Wilhelmine）時代的帝國野心，並在納粹統治下以更強勢之姿引起德國民眾的廣大回響，尤其可作為一種對晦暗現實的補償。考量到希特勒的追隨者之多，以及其「成就」和大量宣傳為其領導才能打造出的民眾信仰，如果「希特勒神話」竟能在一夜之間徹底崩潰，那就太了不起了。

再者，雖然從「邏輯上」看來，至少從一九四一年夏天起，希特勒就是擴大和拖延戰事的罪魁禍首，但多年的宣傳和意識形態灌輸早已打造出一個平臺，足以讓人民將矛頭改指向德國的外部敵人——布爾什維克主義、猶太人、英國人、美國人——或者內部官員的無能（元首自然不算在內），好比一九四一與一九四二年之交的冬天，陸軍元帥瓦爾特・馮・布勞希契（Walther von Brauchitsch）就成了東線戰略和調度失策的代罪羔羊。

此外，民眾對希特勒的信任不僅是建立在早日結束戰爭的期盼之上，也是建立在早日取勝的基礎上。種種線索都表明，在一九四二年末至一九四三年初以前——正是史達林格勒一役戰敗、北非戰局逆轉、同盟軍亦持續掌握制空權之時——只有少數德國人（根據美國一九四五年進行的調查，約占人口的三分之一）願意承認德國已然戰敗。[1] 根據相同的調查，大約有相同比例的人口直到最後都從未想過放棄抗爭，不然就是成功屏棄這種失敗主義的想法，所以我們能合理推測，希特勒對這些人來說仍然是延續希望和決心的象徵。[2] 在這方面，納粹宣傳也很成功讓大多數民眾對再次戰敗的後果心生恐懼；確實，許多人都將戰敗後的生活設想得比受納粹主義統治要糟糕得多，而這種想法也繼續構成支持希特勒的消極基礎。

最後，我們必須考量「希特勒神話」的物質和情感層面。希特勒的統治為大批投機分子提供了大好機會，讓他們可以穿上納粹黨制服、獲取小官職的利益與派頭，從而「提升自己的地位」。這些資深小黨員已與希特勒一同自斷了退路，且就像黨內領導人物一樣依賴著希特勒持續的支持度——依賴「希特勒神話」的延續。對於從一開始就作為「希特勒神話」支柱的廣大小資產階級來說，第三帝國在物質上墜入無盡災難的時期似乎是從一九四二年才開始。[3]

由於以上種種原因，「元首神話」才不可能立即瓦解，而是經歷了漫長的衰落過程，民眾在起伏之中漸漸感到這則神話的幻滅，並與之漸行漸遠。在民眾情緒迅速惡化的背景下（一九四一年與一九四二年之交的冬天已經很明顯），我們更能顯見「希特勒神話」比較像是一顆緩慢洩著氣、而非迅速刺破的氣球。

---

1 *USSBS*, iv. 16.

2 大約有一半的德國人直到最後一刻都不願意接受無條件投降。就算是在戰後，仍有相當高比例的人口承認，他們當時仍堅信德國領袖是以人民的最大利益為重。引自同上，pp. 14-18。

3 參見 Kershaw, *Popular Opinion*, p. 329。

不同於戰爭早期階段，當局並未大舉宣傳讓德國人做好與蘇聯開戰的準備。事實上，當大多數人還在期待不久後與英國決一死戰時，俄羅斯戰役就開始了。紐倫堡的軍械局曾對成功掩飾侵俄準備工作一事有所評論指出：「大量部隊集結在東部地區，讓人們猜測那裡有大事正在醞釀之中，但儘管如此，德國大多數民眾大概都沒料想到我國會與蘇聯發生任何軍事衝突。」[4]一名女子在侵俄當天寫信給派駐前線的一位親戚，說自己才打開收音機，就冷不防聽到希特勒公告東部戰役一事，這消息讓她「無言以對」。但她一轉念，就想到根本沒人是真心對待與蘇聯的友誼，現在她才知道元首先前不曉得為此有多煩惱，而「他偉大的外交手段」讓她感到自己「相當渺小」。[5]德軍一侵俄，保安處就根據來自德國各地的報告記錄到民間對此消息的反應，有「驚訝無比」，也有「一定程度的沮喪」（雖然沒有引起嚴重不快）。人們也明白前方鬥爭之辛苦及其後果，但整體上還是感到平靜從容，只是仍對於要征服「那片廣大空間」的重重困難表現得有些緊張。[6]

幾個月後，慕尼黑及上巴伐利亞區域黨部主委阿道夫・華格納在黨工會議上坦言，如果希特勒當初在東線戰事開始前，就先徵詢德國人民是否已準備好接受俄羅斯戰役，那麼絕大多數民眾肯定都會說：「天啊，親愛的阿道夫・希特勒，請收手吧。您是我們敬愛的元首，但看在老天的分上，快收手吧，別參戰了。」[7]由此可見，在東部開闢新戰線有多麼不符民眾普遍對迅速結束戰爭的渴望，民眾感受到擴大衝突的風險又有多大。

國防軍初期進攻得迅速又順利無比，這餵給了民眾一粒定心丸，並很快就消除眾人早期對俄羅斯戰役的焦慮。第一則「特殊公告」稱德國圍捕了大量蘇聯戰俘並扣押俄羅斯的戰爭物資，此消息似乎也坐實了納粹的宣傳路線：最強大的德國軍隊會迅速消滅較弱小的紅軍，閃電戰的又一次勝利已近在眼前。看來元首這回又是對的，距俄羅斯戰役結束只剩下幾週了。希特勒本人也鼓勵助長這樣的觀點，一九四一年十月三日，他於柏林體育宮發表重大演講時，[8] 不僅辯說入侵蘇聯是一場先發制人的預防性戰爭，讓德國能在緊要關頭阻止預謀好要攻擊的布爾什維克分子，[9] 更讓民眾相信蘇聯的軍事實力已被攻破。凡是長耳朵的人一定都有注意到希特勒說的話：「我們有所不知的是，這個敵人為了進犯德國和歐洲做了多少準備、局勢有多麼危險，而我們這次又是多麼僥倖地逃過死劫——僥倖的不只是德國，更是整個歐洲。」但演講中最大的重點，似乎是在說俄羅斯「已經潰敗」且「永遠無

---

4 BA/MA, RW20-13/9, 'Geschichte det Rüstungsinspektion XIII', p. 156.

5 *Das andere Gesicht des Krieges*, p. 70. 欲了解希特勒於一九四一年六月二十二日公告侵蘇聯一事，請見 Domarus, pp. 1726-32。

6 *Meldungen*, pp. 155-6.

7 BDC, Personalakt Adolf Wagner, address of Wagner given at the 'Kreisappell der Ortsgruppenleiter und Bürgermeister' in Rosenheim, 22 Oct. 1941.

8 全文收錄於 Domarus, pp. 1758-67。

9 演講幾天後，施瓦本行政區首長提到「越來越多人意識到與俄羅斯開戰是必要的，且布爾什維克主義已準備要進犯全歐洲」。引自 GStA, MA 106684, RPvS, 8 Oct. 1941.

法捲土重來」，[10] 最後的結論就是「與俄羅斯的戰爭可以說是已經結束了」，而希特勒曾宣布即將發動的大規模攻勢，則可謂「德國國防軍對殘餘布爾什維克大軍仍能抵抗者的致命一擊」。[11] 德國首席發言人奧托・迪特里希在十月九日發表之評論也予人俄羅斯戰役即將結束的印象，報紙上也刊登著諸如「東部戰役大勢已定，與布爾什維克之軍事衝突已終結」之類的橫幅標題。[12] 許多人都很驚訝與布爾什維克主義的抗戰竟然差不多要結束了，[13] 但同樣地，支持這種觀念的不是別人，正是元首本人。十月二日，希特勒向東線士兵發出公告，表示「甚至不必等到冬季來臨，就能給敵人最後一次致命重擊」。[14] 有名士官在寫給家人的信中說道，他推測當信送到家時，「鐘聲將響徹全德國，宣布我國戰勝文明最強大的敵人。因為戰爭不會持續太久，元首的話就是我們的福音」。[15]

接下來幾週，從東線傳來的消息卻是全然不同的故事版本，當初當局對勝利在即言之過早，又給予民眾終將落空的希望，這些空頭承諾就這樣為此時民心的必然流失播下了種子。在一九四一年十一月，保安處便已回報道：「軍隊並未如預期般迅速給布爾什維克致命一擊，且東部戰役仍看不到盡頭，以上都讓民眾倍感失望。」初雪的消息澆熄了樂觀情緒，讓人感覺要再向前推進可能極其困難；號稱裝備不精又窮酸的俄軍卻能讓德軍動彈不得，這也讓民眾百思莫解；蘇軍持續頑強抵抗的報導令人憂心忡忡，而眾人也悲觀地認為「通往烏拉山（Urals）的路還很長，游擊戰可能會再持續一段時間」。保安處在討論東部軍情時，也指出人們總會問俄羅斯戰爭究竟是否有可能結束。[16] 另外，希特勒於十一月八日在慕尼黑向黨內「元老衛士」致辭卻未廣播一事也引起民怨，因為據說有許多人對俄羅斯一役的期待落空，所以「感到有必要再聽到元首的聲音，好從他的話語中汲取新動力」。[17]

一九四一年，就在耶誕節前夕，當局突然號召為東部的德軍募集冬裝，使民眾大為光火震驚。領導階層竟然沒有為在俄羅斯過冬的軍人提供充足物資，這種事似乎是匪夷所思。[18]同時間傳來的消息則說，陸軍總司令布勞希契已遭革職，軍隊的直接指揮權改由希特勒本人接管。另外，德國進軍停滯也是不可否認的事實，只能半撤退才能暫時拖延蘇聯在莫斯科附近的反攻，尤其是現在又有美國介

---

10 Domarus, pp. 1762-3; *Meldungen*, p. 180.

11 Domarus, p, 1758, StANeu, vorl. LO A5, KL Augsburg-Stadt, 10 Nov. 1941; GStA, MA 106674, RPvNB/OP, 8 Nov. 1941.

12 *Meldungen*, pp. 182, 184; GStA, MA 106684, RPvS, 8 Nov. 1941.

13 *Meldungen*, pp. 182-3. 保安處的報告指出，亦有民眾對德國宣傳抱持懷疑和「等著看吧」的態度。

14 Domarus, p. 1757.

15 *Das andere Gesicht des Krieges*, p. 84.

16 *Meldungen*, pp. 184-6; Steinert, M. G., *Hitlers Krieg und die Deutsche*, Düsseldorf, 1970, pp. 234-5. 另參見 GStA, MA 106671, RPvOB, 10 Nov. 1941; MA 106674, RPvNB/OP, 8 Dec. 1941; MA 106684, RPvS, 8 Nov. 1941; MA 106679, RPvOF/MF, 7 Oct., 6 Nov. 1941; StANeu, vorl. LO A5, KL Augsburg-Stadt, 10 Nov. 1941.

17 *Meldungen*, pp. 191-2.

18 同上，p. 202; GStA, MA 106671, RPvOB, 9 Jan. 1942; MA 106679, RPvOF/MF, 5 Jan. 1942; MA 106681, RPvUF, 12 Jan. 1942; MA 106674, RPvNB/OP, 8 Jan. 1942; BAK, R22/3355, OLGP Bamberg, 1 Jan. 1942; R22/3381, GenStA Nürnberg, 10 Feb. 1942.

入，以上種種都在二戰期間給了德國人第一次重擊。[19] 有一份報告便指出「民心低落」；[20] 另一份報告則在一九四一年十一月就解釋了士氣低迷的原因，其中指出：「早日迎來和平的希望過於籠統」，而後在幾週之內，人民就已經「放棄早日結束戰爭的希望」。[21]

當然，納粹黨力捧的說詞就是「元首派駐東方的將帥給他帶來的都是錯誤消息」。[22] 可雖然直接指責希特勒者很罕見，但這個藉口聽起來肯定有些空洞，而結論難免就是，不久前還信誓旦旦說德國即將戰勝的元首這回錯判了情勢，他已經不再百戰百勝，希特勒表面上的無懈可擊首次出現了破口。不過人口中仍占很大比例的「希特勒信徒」卻是很慢才體認到這點，儘管心存疑竇者的數量已開始增加，但這樣的挫折仍不足以削弱他們的信仰。

一九四一年下半，士氣下滑、民心低落，原因並不只在於東線戰情的變化，國內的動態也有影響。精神病院中患者和重症病人遭到殺害的謠言甚囂塵上，這也成為民眾的一大擔憂（尤其是基督教徒，但關注此事的也不僅限於他們），更有危及政權支持度之虞。[23] 一九四一年八月，明斯特主教伽倫（Clemens August von Galen）勇敢地公開譴責「安樂死行動」的消息迅速傳開，這也似乎成功說服了希特勒停止殺戮（至少在德國國內停手）。[24] 納粹當局針對騷亂做成的一些報告指出，此事正衝擊著民眾對希特勒本人的信念，[25] 德國宣傳部故意放出謠言（誠然，這是戰後證詞所指），稱元首一發現真相後（但這其實還是由他本人書面授權過的「行動」），就下令立即停手。[26] 根據這樣的解讀，當局欲保護「元首神話」（也就是「希特勒對納粹政權罪行一無所知，並在得知後迅速採取行動」這樣的傳說）的意圖，才是結束「安樂死行動」的關鍵因素。

對教會地位新一波的打壓始於一九四一年春季，至夏秋季更越演越烈，這尤其影響到德國天主教地區的輿論，這波攻擊似乎是由黨務中央辦公室（Party Chancellery）的負責人馬丁・鮑曼（Martin Bormann）發起，可能是因為大區（Gau level）層級的反基督教分子向他施壓。戰爭期間教會顯然更能夠穩住民心，此事對這些人來說就是顯著的挑釁，當局針對教會採取的新措施（包括沒收修道院財產、進一步限制宗教教育和出版物的供應、將最後一批修女從任何形式的社會或教育工作除名，以及干涉宗教節日和學校的禱告方式）注定要激起天主教地區的對抗和騷亂。[27]

---

19 GStA, MA 106684, RPvS, 12 Jan. 1942; *Meldungen*, p. 203.

20 StAB, K8/III, 18474, GKF Ebermannstadt, 30 Jan. 1942.

21 GStA, MA 106684, RPvS, 8 Nov. 1941, 9 Feb. 1942. 另參見 *Meldungen*, pp. 200-1.

22 StAW, GL Mainfranken II/5, Kreispropagandaleiter Brückenau-Hammelburg, 26 Jan. 1942. 另參見 GStA, MA 106679, RPvOF/MF, 5 Jan. 1942; MA 106684, RPvS, 12 Jan. 1942 及 Steinert, pp. 264-8.

23 參見 Kershaw, *Popular Opinion*, pp. 334ff。

24 E. Klee, *'Euthanasie' im NS-Staat. Die 'Vernichtung lebensunwerten Lebens'*, Frankfurt a.M. 1983, pp. 333ff.

25 可參見資料如 Kershaw, *Popular Opinion*, p. 336.

26 Klee, E., *'Euthanasie' im NS-Staat. Die 'Vernichtung lebensunwerten Lebens'*, Frankfurt am Main, 1983, p. 341.

27 參見Conway, J., *The Nazi Persecution of the Churches, 1933-1945*, London, 1968, pp. 232, 259-60, 383-6; Kershaw, *Popular Opinion*, pp. 332ff.

巴伐利亞的大部分地區都是以天主教徒占大宗，而迄今為止，激起最大騷動的便是當局粗魯地打算從學校教室移走十字架。這個議題惹得群情激憤，一波非同小可的抗議浪潮也逼退了納粹當局，[28]黨把自己弄得空前地惹人厭惡，而這次事件則給這時候的「希特勒神話」添上了頗耐人尋味的表現。

希特勒也並非完全不受「十字架行動」引發的民怨風暴波及。有封寄給一名納粹地方黨部領袖的匿名信就嚴厲譴責他和其地區領袖，並要脅說「如果元首繼續讓這種惡棍統治，希特勒萬歲也很快就沒得唱了」。[29]根據報告，下巴伐利亞和上普法爾茨的農民均從家中撤下了希特勒的照片，作為對這次「十字架行動」的回應。[30]也有人指出，反教會措施使得上巴伐利亞某城鎮的人民「希望能重建君主制，並建立一個包括巴伐利亞和奧地利的國家」。[31]類似的想法在其他地區也能有所耳聞，慕尼黑就有人說，比起「來自貝希特斯加登（**Berchtesgaden**）的白痴」，自己更偏好「蒙上帝恩典的德皇威廉」，因而被逮捕。[32]

「十字架行動」是第一個徵兆，顯示民眾在大肆批評納粹黨時，已未必會再免除希特勒了。然而，仍有明顯的跡象指出，希特勒這時還是免於責難，民眾相信他與此事無關，並認為元首一定會反對這次「行動」（在此特殊案例中，也不能說民眾完全錯信了他）。[33]例如，一位在反拆除十字架示威中表現突出的女性就大聲喊道：「我百分之百支持希特勒，我自一九二三年來也一直都是納粹主義者。但這次太過分了。元首不會樂見此事，他對拆除十字架一事肯定毫不知情。」[34]就如其他許多人，這名女子的行為純粹也是出於她對希特勒的天真信仰，相信他的善意、相信他對現在的狀況並不知情。甚至還有人認為，黨是故意乘著元首在前線領兵與布爾什維克主義抗爭，趁機「在他背後」摧毀國內基督教的基石。貝希特斯加登附近的一位天主教婦女（她顯然也是狂熱的希特勒信徒）匿名致信當地市長兼黨領袖，她直白地寫道：「……你上身穿著棕色襯衫，但你骨子裡卻是布爾什維克和猶太人，不然你怎麼能夠背著元首繼續幹下去……因為你們這些狗熊的行徑根本幫不了阿道夫·希特勒。我們的元首絕不會下令做這種事。他每天都在為戰場上的士兵煩惱，才管不上學校裡的十字架……希特勒萬歲……。」[35]另一位女子則以懷疑的語氣重複道，當元首與軍人並肩站在前線抵禦布爾什維克主義時，這種事情怎麼可能還會發生？她說，學校的十字架會帶來祝福，「不僅是為孩子本

28 參見 Kershaw, *Popular Opinion*, pp. 340ff。

29 LRA Neumarkt in der Oberpfalz (Registratur), LRA Parsberg 939, anon. Letter to the Ortsgruppenleiter of Hemau, received on 20 Sept. 1941.

30 *KL*, iv. 290.

31 *KL*, i. 328.

32 StANeu, vorl. Sig. Schum. Anh. 3, KL Augsburg-Land, 20 Oct. 1941; StAM, SGM 5659, 8634. 罪行是複誦此簡潔的押韻對句：「Lieber Wilhelm von Gottes Gnaden, als den Depp von Berchtesgaden」。

33 據說，希特勒對區域黨部主委華格納竟會蠢到惹出這種動亂而大為光火。引自 E. N. Peterson, *The Limits of Hitler's Power*, Princeton, 1969, p. 219.

34 LRA Neumarkt in der Oberpfalz, LRA Parsberg 939, 'Durchführung des Kreuzerlasses in Parsberg', 19 Sept. 1941.

35 StAM, LRA 31933 GP Ramsau, 9 Oct. 1941.

身，更為我們的元首和他手下的軍人，這些軍人都是我們的父兄子弟」。[36] 在一座村莊裡，有三十到四十名居民發起抗議，示威隊伍最後來到了當地學校，並於十字架和希特勒的照片前為「戰士們、倒下的戰士們，還有為元首、人民和祖國」祈禱。[37] 希特勒離開德國駐守於東線的元首總部，現正投入與死敵布爾什維克分子的戰爭（他長久以來一直預言，為了捍衛基督教，這是一場難免的戰爭），這點顯然讓許多人難以想像他竟會與國內褐衫軍的「無神論布爾什維克主義」有任何瓜葛。一九四一年九月，施瓦本行政區首長道出了無疑是大部分民眾都有的感受，他寫道：「在這裡的人眼中，祖國的情勢走向顯得越來越『布爾什維克主義』，其矛盾之明目張膽令人難以理解；人們無法相信元首竟會允許這種事。」[38] 我們從「十字架行動」可見「元首神話」仍多麼深植人心，一九四二年的事件又再次證實這點：儘管德國在戰爭中的運勢越來越差（雖然特定軍事行動取得了些許成功），且早日止戰的希望是不增反減。

東部戰爭度過了第一個冬天之後，希特勒的人氣即便不是毫髮無傷，卻仍未有減弱。事實證明，比起德國宣傳在人們心中營造的「布爾什維克」形象，真實的布爾什維克分子是更加強大的敵人；德國耗損的漲勢令人擔憂、國內的物資限制開始產生衝擊、戰爭的結束也是遙遙無期。儘管民眾仍普遍非常信任元首，但一再為「希特勒神話」供應養分的輕鬆勝利基礎已然不在。此外，多年來人們一直都是經由重大演講來「接觸」元首，這樣的第一手體驗本是領袖與人民之間定期的「會面」儀式，但在一九四二年後此類全民參與的場合卻變得很少，希特勒已退居東線總部與世隔絕，成為一個越來越遙遠的人物。由於沒有新捷報可以宣布，希特勒越來越少公開現身，也鮮少發表演講，元首不再出現在人民眼前，反倒越來越常扮演「天降神靈」（**deus ex machina**）般的角色，雖然他時不時會現蹤柏林或慕尼黑，但大多數時候都只是個在異地處理軍務的遙遠統帥，很少與德國人民本身有任何進一步的實質接觸。然而人民還是需要與元首接觸，一九四二年一月底，保安處有份報告就指出：「民眾認為，來自元首總部的照片是新聞片段的高潮」，而「可以展示的元首照片並不夠」。據說，在所有收到的報告中幾乎都有出現如「元首的微笑。光是瞧見他，我們就能再次獲得力量和勇氣」這樣的評論。[39] 但早期宣傳為希特勒塑造出的「人性」，甚至是「家人」般的形象（出身平民、苦民所苦、理解「小人物」）似乎與現實越來越不相稱，俄羅斯戰役為這位領袖帶來了更疏離的新關係，宣傳手法也必須相應調整。一九四二年初，在新片《偉大國王》（*The Great King*）首映之際，戈倍爾將希特勒比作現代的腓特烈大帝（**Frederick the Great**），說他傲然獨立、遠走他鄉，代表國家和子民英勇地戰

---

36 StAM, LRA 48235, Letter to Bezirksschulrat Pfaffenhofen, 17 Sept. 1941.
37 StAL, 164/14, 5731, Pfarramt Ulbering to the LR Pfarrkirchen, 3 Sept. 1941; GP Triftem, 3 Sept. 1941; LR Pfarrkirchen, 26 Sept. 1941.
38 *KL*, iii. 223.
39 *MadR*, ix. 3225, 29 Jan. 1942.

鬥，最終排除萬難取得勝利。[40] 這種偉大形象旨在營造敬畏和尊重之感，卻幾乎讓人感受不到溫情，希特勒變得越來越像個軍事統帥，起初是正面的「英雄」形象，但後來卻越發表現出一種固執又幾無人性的嚴厲態度，普通民眾的利益和問題都與之無關。

雖然根據報告稱人民「需要再次聽到元首的聲音」，但希特勒一九四二年一月三十日「掌權」週年紀念日的例行演講卻留下了些許失望之感，因為人們期待的是聽他對東線戰況說些安慰或鼓勵的話，而不光是複述老套的納粹黨光榮史。[41] 巴伐利亞北部某天主教地區的保安處報告稱，「民眾沒有聆聽元首演說」，反而是手持念珠「上教堂禱告」。[42] 希特勒於三月十五日「陣亡將士紀念日」（Heroes' Memorial Day，感念一戰陣亡者的納粹節日）發表的演講也無助於提振士氣，保安處指出，比起元首的演講，人們更在乎的是糧食配給即將大減量的謠言。[43] 而當希特勒宣布「我們會在今年夏天徹底將……布爾什維克大軍拋諸腦後」時，部分民眾根據以往經驗也不會再深信不疑了。[44] 雖然更樂觀和不加批判的評論也能有所耳聞，他們會說元首不會對自己不確定的事信口開河，[45] 但這類言論比一年前聽起來更加空洞，當然也較沒那麼多人買帳了。當時於巴伐利亞流傳的笑話也反映出不同的觀點，其中一個笑話說，在部隊集結時，有人問一名參加武裝親衛隊（Waffen-SS）選拔的人在整個戰爭期間是否都願意從軍，他的回答是：「不，先十二年就好。」另一個笑話則是問戰爭會持續多久，答案是：「要等到戈林穿得下戈倍爾的褲子吧。」[46]

一九四二年，德國國會出人意料地重新召開，而後希特勒於四月二十六日發表了當年度最戲劇化的演講，[47] 他先是長篇大論講述戰爭的歷史背景，再對東部戰情評估了一番（暗示今年冬天戰爭會繼續拖延下去），接著——這是演講最引人注目之處——便要求讓自己全權採取行動，如有人經查並未履行自身對「人民共同體」的義務、未盡力抗戰，那他可以「不顧身分與地位」立即採取行動，絕不寬貸，希特勒也承諾「要重罰一切形式的貪腐和失職行為」。令人驚詫的是，希特勒也一邊大力抨

---

40 參見 Bramsted, E. K., *Goebbels and National Socialist Propaganda 1925-1945*, Michigan, 1965, pp. 222-3。媒體事實上在三月曾接獲指示，在評論這部影片時應避免將腓特烈大帝與元首做比較，也不得將片中情節類比當前的戰況，尤其是主導電影早期場景的悲觀情緒，這與德國人民在現下戰爭中的表現毫無關聯。引自 *'Wollt ihr, den totalen Krieg?' Die geheimen Goebbels-Konferenzen 1939-1943*, ed. W. A. Boelcke, dtv. edn., Munich, 1969, pp. 287, 298. 然而戈倍爾本人卻明白地將希特勒比作腓特烈。參見 *MadR*, x. 3660-2, 23 Apr. 1942。戈倍爾指出，元首現在「獨自在肩上扛著重責大任」，就如七年戰爭（Seven Years War）期間的腓特烈大帝，他在戰況最艱辛的時日裡也是這麼做。而地方報紙為了迎合希特勒的新形象，則稱其為「德國第一軍人」，指出「政治人物、政治家的一面現在似乎已退居幕後」，因為「鐵的紀律要的是軍人、軍事指揮官」。引自 *Völkischer Beobachter*, north German edn., 20 Apr. 1942; *Rheinisch-Westfälische Zeitung*, 20 Apr. 1942。欲了解電影《偉大國王》（*Der große König*），請參見 Welch, pp. 174ff.

41 *Meldungen*, pp. 216-17.

42 StAN, LRA Hilpoltstein 792, SD Schwabach, 2 Mar. 1942.

43 *Meldungen*, pp. 239-40.

44 Domarus, p. 1850; *Meldungen*, p. 239.

45 StAM, LRA 29656, SD Berchtesgaden, 31 Mar. 1942. See also GStA, MA 106679, RPvOF/MF, 7 Apr. 1942; MA 106674, RPvNB/OP, 10 Apr. 1942; MA 106684, RPvS, 10 Apr. 1942.

46 StAN, LRA Hilpoltsein 792, SD Schwabach, Mar. 1942.

47 全文收錄於 Domarua, pp. 1865-77。

擊司法部門和公務員系統（他號稱是在精準道出廣大民眾的心聲），一邊清楚點名他心目中的罪魁禍首，不僅威脅要取消這些人的特權地位及「既定權利」，也威脅要立即解雇違法者。這篇演講激起了各種不同（部分也相互矛盾）的反應，進而讓我們得以了解一九四二年初希特勒在民眾心目中的地位和形象。

保安處也得承認，民眾先有的反應就是對希特勒所言感到失望。[48] 關於國會重啟以及還有哪些大事將揭曉的謠言四起，人們隱約覺得，這麼不尋常的舉措背後肯定有重大原因，但當局卻將他們蒙在鼓裡（事實就是如此）。民眾還擔心東部的局勢是否嚴峻，而德國本身也「有些不對勁」，國防軍內部高層似乎存在衝突，元首也對國內的重要人物（他們的生活方式可不符當下的嚴峻時局）心懷不滿。而如此強硬的言論卻沒有立即付諸實踐，這也讓民眾感到失望，大家亦無法理解希特勒為何還要國家賦予他更多權力，更讓人失望不已的是，希特勒本承諾要為受到轟炸的德國城市報仇，但接下來幾天，外頭卻只傳來巴斯（Bath）、諾威治（Norwich）和約克（York）等英國城鎮受到轟炸的消息。人們並不指望「轟炸這幾個英國的療養聖地和地方城鎮」會有什麼實質結果，這種報復可與德國蒙受的損失不成比例，[49] 而最大的重點在於希特勒的言論令人失望，他聲稱已為今年冬天做足了準備——此話也讓人合理推測，「東線的戰爭不可能在下個冬天來臨前結束，這可不符合絕大多數人口迄今為止的期待」。[50] 就連黨的報告也只能承認，至少就這點而言，這次演講「並未在各地得到應有的響應」。有人說，「民心消沉，其中還有不少人似乎只被元首演講的部分內容打動，也就是在他提及一九四二至一九四三年之交冬季戰役的準備工作時。祖國人民越是意識到東線戰場在冬季的殘酷和艱辛，就越是渴望結束這場爭鬥。但現在距止戰仍遙遙無期。許多妻子和母親都因此而受苦。」[51]

從保安處回報的民眾反應來看，至今演講中最受歡迎的部分，就是聲稱徹底掌握新大權的希特勒抨擊法官和公務員，並威脅要大刀闊斧根除腐敗又如寄生蟲般的特權階級，無論牽連者的身分地位為何。「廣大平民」對這種民粹言論的熱烈回響，也多少讓人回想起一九三四年「羅姆政變」之後，民眾對希特勒所作所為的反應。然而，據說這回保守派、資產階級及知識界「仍小心翼翼地指出法律在未來也許將無保障，情況堪虞」，[52]而公務員、律師及法官等首當其衝者則是深感震驚和沮喪。雖然這種公開誹謗給典型納粹律師帶來的屈辱，據稱幾乎足以逼得他們自殺，但我們只要細細解讀法官和司法部門的回應，也就能看出訝異、懷疑、焦慮及批評的態度。而最直言不諱的反應，就是稱元首受到嚴重誤導，他「完全出人意料抨擊司法體系」的舉動也廣受「討論和批評」。[53]

---

48 以下資料參見 *MadR*, x. 3671-4, 3685-8, 27 Apr., 30 Apr. 1942。

49 同上，p. 3687。

50 同上，p. 3672。

51 StANeu, vorl. LO 30/35, KL Nördlingen, 11 May 1942. 另參見 vorl. Slg. Schum. Anh. 3, KL Augsburg-Land, 23 May 1942.

52 *MadR*, x. 3687. 並參見 BAK, R22/3355, Fols. 63a-b, OLGP Bamberg, 29 June 1942.

53 *MadR*, x. 3686. 另參見 BAK, R22/3355, Fos. 62c-d, 63a-d, OLGP Bamberg, 30 Apr., 29 June 1942; Steinert, pp. 289-92, Kershaw, *Popular Opinion*, p. 327.

元首的演講竟然在上層公務員的報告中引來如此直白的批評，這在第三帝國還是頭一遭。希特勒試圖將德國的不幸歸咎於他人（他在一九三三年的之前幾年也是這麼做），藉此轉移人們對去年冬天及戰爭無望早日結束的失落情緒，同時設法重振士氣，此舉揭開了「元首神話」面紗的一角，讓人得以窺見希特勒是如何以武斷、獨裁又不理性的態度來應對自己和國家遭受的第一次挫敗。一九四二年四月二十六日的演講是在國會召開的盛大排場下舉行，結果卻不符期待，這說明了，只要沒有成功的消息可以宣布，元首的演講便效果不彰。而我們也能由此看出，希特勒對大眾「直覺」天生就有的掌握能力（他演講的效果在很大程度上依賴於此），也因自己駐守遙遠的戰地指揮部而開始消逝。

然而希特勒仍廣受民眾歡迎，法蘭克尼亞某位反政權者便寫了封匿名信，譴責德國國會只是一場「傀儡秀」，並稱百分之九十的德國人也與他同樣渴望希特勒「盡快從地球表面消失」，但此話當然是誇大不實。[54] 一九四二年夏天，德軍在東線戰場南部展開攻勢，越過克里米亞（Crimea）進入高加索（Caucasus）地區，非洲軍團（Afrikakorps）和潛艇也在大西洋中進展順利，這讓人們有了重新讚賞國防軍功績的機會。許多人都希望且相信希特勒會證明自己的預言屬實，而德國很快就會重創強權俄羅斯，此外日本在東亞的進展也更令人期待美國能在該戰區被完全絆住。

然而，戰爭的「輕鬆」期已經過去，並且就算有什麼厲害的軍事成就，也難再喚起民眾毫無保留的熱情。人員傷亡迅速增加，徵召範圍也已擴大到從十八歲到四十五歲，幾乎家家戶戶都在擔心身處前線的親人，而在國內，農業和工業上的人力損失則必須盡量以戰俘和「外籍勞工」來彌補。人民也漸漸感受到食物和消費品的短缺，敵軍的轟炸（現在也擴及德國南部城市）則讓廣大民眾持續倍感焦慮。在同盟國剛開始轟炸德國時，損及士氣的與其說是物質損失，倒不如說是民眾受到的心理打擊，因德國空軍竟無力阻止攻擊或適時報復，這也動搖了人們對領導階層的信心。其中又以戈林的聲望特別受到衝擊，因為無論德軍在遠方打了什麼勝仗，他身為堂堂德國空軍司令卻仍無法保障祖國安全無虞，而在同盟國無休止的轟炸襲擊下，希特勒本人也威信漸失。

然而，在一九四二年九月三十日，希特勒於柏林體育宮又發表了一次重大演講，這時他還是能利用夏季進攻成功一事再次提振國內士氣。這次演講整體而言來得出人意料，而當希特勒宣布要發表演講時，很多人還以為他會帶來德軍已攻占史達林格勒的消息。不過在沒有這種厲害消息可宣布的情況下，整場演講最精彩的部分，就是聽希特勒宣稱德國如何成功克服去年冬天最嚴峻的考驗，還有說明該如何利用攻占下的土地來提供物資，讓聽眾覺得國內的食品供應情形有望改善。[55] 四天後，戈林在豐收感恩節（Harvest Thanksgiving Festival）上致辭，承諾會改善糧食供應，這讓民眾又感到更有希望了，[56] 而由於國內平民大都在意物質條件勝過軍事進展，因此根據一些報告指出，大家甚至還

---

54 StAB, LRA Münchberg, vorl. ohne Signatur. 感謝卡爾—海因茨·米斯特勒（Karl-Heinz Mistele）博士（班貝格國家檔案館〔Staatsarchiv Bamberg〕）為我引介這份文件。

55 *MadR*, xi. 4259, 1 Oct. 1942. 希特勒演講全文收錄於 Domarus, pp. 1913-24.

56 *MadR*, xi. 4291-3, 8 Oct. 1942.

認為戈林說的話比元首本人的演講更有意義。[57]雖然巴伐利亞有地方報告稱，希特勒的演講「完全是一場奇蹟」，且保安處也說演講就如往常一樣，讓人們希望元首能夠更頻繁向大家喊話，因為他的話語就是最大的鼓勵，但仍有報告指出，這次演講引發的討論並不如平常熱烈。[58]演講對民情也沒有任何持久效果，一個月後，效果就消失了——「厭戰情緒太過強烈」。[59]烏茲堡的保安處甚至報告說，希特勒和戈林表現出的瘋狂態度也招致批評，因為這使得與敵國協議再無希望，也表示各方都在繼續打著至敵人死絕方休的「殲滅戰」（War of Annihilation）。[60]

幾乎一九四二年的所有報告都指出，這種民間普遍有的「厭戰情緒」以及對和平的渴望已比前一年更為強烈，現在人們也不再總盼著光榮勝利，態度往往還非常悲觀，巴伐利亞的地方政府和警察機構就比許多上級機關更貼近民間，他們直白的報告也清楚傳達了現實的民情。一九四二年初的一份報告顯示，民眾感到「特別沮喪」；另一份於六月彙編的報告則指出沒有人再相信俄羅斯戰爭會提前結束，休假返鄉的軍人也說他們絕不會想去那裡再過一次冬天。報告補充說，大多數人在乎的只有日常工作問題還有物資足夠與否，罕有人談論軍情。[61]而據說在巴伐利亞阿爾卑斯的加爾米施—帕滕基興周圍地區，由於物資供給困難，民心「明顯一天天惡化」。[62]上阿瑪高（Oberammergau）的兩份報告重重斥責了德國的領導階層，儘管其中並未直接提及希特勒的名字，報告卻也對他有所微詞：這場仗之所以打不贏，正是因為帶頭者不願接受專家建議，而犯下許多無可挽救的錯誤；他們也稱，近期的法令和「許多演講」都有違「人民的真實意願」；各領導人也低估了俄羅斯和其他國家的能耐。[63]當初根本沒有開戰之必要，甚至本還可以避免這場戰爭。各國都因少數引戰者而互相殘殺，這純粹是愚蠢行徑，「大家那時總說要長保和平，但眾人所做的一切只是為了準備好開戰」。然而我們從報告的結論也能看出，和平或人道主義情感在這些觀點背後有多麼微小：「只有在能夠一舉殲滅敵人時才值得發動戰爭，但我們卻做不到這點。」[64]不過前述報告和其他類似報告也指出，無論如何，儘管在一九三八至一九四〇年間，這些傳統天主教保守地區的民眾大都是毫無保留地認可希特勒，雖然納粹主義本身則並未完全滲透既有的天主教次文化，但我們仍能顯見其宣傳形象與現實之間的鴻溝現正迅速擴大。

一九四二年春夏兩季，因涉嫌批評政權而提交至慕尼黑「特別法院」的案件數量也急遽增加。人們被指控造謠稱慕尼黑等大城市的車站都有武裝軍人站崗值班，就是為了因應不穩的民心；還有人

---

57 例如 StAM, LRA 61619, SD Garmisch, 27 Oct. 1942; StAW, SD/36, HAS Würzburg, 8 Oct. 1942.
58 StAM, LRA 29656, LR Berchtesgaden, 3 Oct. 1942; *MadR*, xi. 4279-80, 5 Oct. 1942.
59 StAB, K8/III, 18474, LR Ebermannstadt, 2 Nov. 1942.
60 StAW, SD/36, HAS Würzburg, 8 Oct. 1942.
61 StAM, LRA 61619, GP Mittenwald, 25 Feb., 24 Mar. 1942; GP Kohlgrub, 24 June 1942; GKF Garmisch, 29 June 1942.
62 同上，GP Etal, 25 Aug. 1942.
63 同上，GP Oberammergau, 25 June 1942.
64 同上，一九四二年七月二十四日。

說，慕尼黑已沒有人再佩戴黨徽，而「長久以來根本沒人相信元首的半句話」。不只在這裡，其他地方的人也會說希特勒「愛咬地毯」，因為有傳言稱他動不動就會發怒，[65]其實有關希特勒生理或心理疾病的消息在一九四二年夏天就已迅速傳開，甚至在前一年的十一月就已有零星的謠言說他精神崩潰。[66]如今，有關希特勒會暴怒的謠言已廣為傳播，稱他所到之處都必定有位專門治療精神疾病的醫生陪同，希姆萊（**Himmler**）也下令不許任何人探視他，傳言也說希特勒受傷了，正在醫院治療。[67]這類謠言要等到一九四二年九月三十日希特勒露面致辭時才闢除，[68]但到了一九四二至一九四三年之交的冬季，尤其是史達林格勒慘敗之後，這些謠言又出現了。而以上謠言也至少說明了，人們現在較願意相信國家和軍隊的最高領袖——用好聽點的話來講——已控制不了局勢，「元首神話」現在明顯腹背受敵。

另一個跡象早在史達林格勒一役之前就已出現，其來源也很耐人尋味：從一九四一年秋天起，德國報上「陣亡英雄」公告所占的版面越來越大。陣亡軍人的家屬只要遵守一定限制，就能在不受審查的情況下自行撰寫公告的措辭，這也讓死亡公告（排在廣告旁邊）成為德國報紙上唯一不「合拍」的部分（然而保安處仍一直在關注這些公告，顯見他們知道其內容有作為輿論指標的潛力）。[69]家屬實際上經常使用一些傳統的表述方式，其中有兩句短語最常被引用：「為了人民和祖國」和「為了元首、人民和祖國」，以此讚揚所愛之人的奉獻，也證明他們的犧牲是正當的。抽樣調查巴伐利亞的三份知名報紙後，結果顯示從一九四〇年到一九四二年底之間，提及元首的私人死亡公告急遽減少。以《法蘭克尼亞信使報》（*Fränkischer Kurier*）為例（該報廣泛流通於法蘭克尼亞的紐倫堡和弗爾特

〔Fürth〕等周邊地區），在一九四〇年五月至八月間，報上有百分之四十一的「陣亡將士」公告提及元首，在一九四一年七月至十二月間則是百分之二十五，而到了一九四二年七月至十二月間，卻只有百分之十二提到元首。在施瓦本地區的主要黨報《奧格斯堡國家報》（*Augsburger Nationalzeitung*）中，一九四〇年六月有百分之六十二的公告曾提及元首，一九四一年十一月至十二月只有百分之二十九，一九四二年最後兩個月則只有百分之十一點五。另外還有《慕尼黑最新消息》，此報不僅是慕尼黑地區當時規模最大的「資產階級」報紙，發行量也更為廣泛。該報在一九四〇年五月和六月的公告有百分之四十四提及希特勒，到一九四一年六、七月卻下降至百分之二十九，一九四一年十月到十二月期間再降至百分之十五，到一九四二年十月至十一月，就僅剩下百分之七了。當然，我們不能將這

---

65 StAM, SGM 11316, 12573.

66 可參見範例同上，StAM, SGM 11298.

67 *MadR*, xi. 4190, 10 Sept. 1942; StANeu, vorl. Slg. Schum. Anh. 3, SD Friedberg, 28 Sept. 1942; StAM, LRA 29656, SD Berchtesgaden, 28 Sept. 1942.

68 *MadR*, 4259, 1 Oct. 1942.

69 一九四〇年六月十九日，國家安全總局（Reichssicherheitshauptamt）從中央向所有保安處領導部門（SD-Leitabschnitte）下達指令，規定各局處密切關注報紙上陣亡軍人死亡公告的內容。引自StAW, SD/ 41/6, RSHA-SD Nr. 17766, 19 June 1940. 威廉·夏勒早在波蘭戰役時便主張，死亡公告如未提及元首就已經帶有政治暗示。引自Shirer, W., *Berlin Diary 1934-1941*, Sphere Books edn., London, 1970, p. 176.

些數字當作精確的民意指標，但這些數字共有的明顯下降趨勢確實顯示出，至史達林格勒慘敗時，民眾對元首的忠誠度（或至少公開表達忠誠的意願）已迅速下降。大概是為了反制這種間接的意見表達，一九四四年九月，當局突然禁止陣亡軍人的家屬自由選擇措辭，從此之後，所有的「英雄之死」都被歸在寫著「為元首、人民及德國獻出生命……」的統一標題下。在先前幾個星期，《慕尼黑最新消息》中提及元首的死亡公告約有百分之四。

暫且不論此情形背後的邏輯為何，希特勒雖然仍能依靠他死忠支持者堅定的心意（特別是多年來一直徹底接受納粹黨動員和洗腦者），可是全心全意信任他的民眾至一九四二年就已開始動搖，這點看來也幾乎無庸置疑。而最根本的原因，則要歸結於希特勒無法如眾望結束戰爭，無論是打勝仗，或甚至是達成可信的和平協議，他都無能為力。[70]人們通常以為史達林格勒一役慘敗是希特勒人氣的轉捩點，但事實並非如此，真正的問題在於他無力結束戰爭，這點在俄羅斯戰役的最初幾個月便開始無情損及元首充滿遠見、從不出錯又善良的形象，到了一九四二年間又變得更加嚴重。「史達林格勒」戰役引發的大衝擊及希特勒聲望的巨大損失，為原本藏在表面下的批評打開了發聲管道，而現在，民眾竟也能不顧其中風險，公開將責任歸咎於元首本人。

史達林格勒戰敗之後，民眾信心下滑，這尤其是因為德國在慘敗前的宣傳不僅完全是在誤導人，更是徹頭徹尾的謊言。無論是在政治宣傳還是軍事投資方面，史達林格勒一役都是以慘輸作結。

史達林格勒慘敗的過程眾所周知。[71]一九四二年九月初，保盧斯（Friedrich Paulus）將軍率領德國第六軍團（German 6th Army）抵達史達林格勒，攻下這座城市將帶來非凡的象徵意義；十一月十九日，蘇軍開始大規模反攻，在短短幾週內就包圍第六軍團的二十五萬人；至一九四二年耶誕節，戰況已近乎絕望；一月十日，俄羅斯開始最後一次進攻；一月三十一日，保盧斯將軍違抗元首要求軍隊必須死戰到最後一人的命令，決定投降，於是近九萬名倖存的軍人遭到蘇聯俘虜，只有極少數人得以返國。

然而，德國宣傳機構講述的故事卻未透露出第六軍團日益絕望的處境，[72]早期的新聞報導甚至還構築起德國即將戰勝的希望。比方說，奧格斯堡人民能在一九四二年九月十八日的當地報上讀到，史達林格勒及周邊地區俄羅斯人的命運已成定局；不消多時，「史達林之城及被包圍的蘇聯大軍，連同豐沛的戰爭物資都注定將遭毀滅……德國史上最偉大史詩的終章已經開始」。[73]不意外，該地區的氣氛就如別處一樣滿溢著樂觀氣氛，附近的弗里德貝格（Friedberg）保安分處便指出，人們「認定史

70 早在一九四二年夏天巴伐利亞的報告便指出，許多人現在都渴望和平，就算沒有勝利也無妨。引自 StANeu, vorl. Slg. Schum. Anh. 3, SD Friedberg, 14 Sept. 1942。

71 可參見資料如 L. Gruchmann, *Der Zweite Weltkrieg*, Munich, 4th edn., 1975, pp. 190-4。

72 請參閱 J. W. Baird, *The Mythical World of Nazi War Propaganda 1939-1945*, Minneapolis, 1974, ch. 11. 其中詳細說明了納粹宣傳機構如何塑造史達林格勒一役的神話。

73 *Augsburger National-Zeitung*, 18 Sept. 1942.

達林格勒隨時會被攻下」，即使德國人可能會因此傷亡慘重。[74]正如我們之前所見，希特勒本人也助長了這種樂觀情緒，他在一九四二年九月三十日的演講上強調，德軍將「成功占領史達林格勒」，他補充道：「各位儘管放心，沒有人能再把我們從這裡趕走。」[75]

十月十九日，戈倍爾告知德國各媒體代表，「國軍還需要幾天才能攻陷史達林格勒」，並吩咐他們謹慎報導，他也對國防軍報告引起的「幻想」和虛假樂觀情緒有所批評。就在僅僅兩天前，國防軍最高司令部（Supreme Command）還吩咐媒體於「未來幾天」德軍依計畫拿下史達林格勒後就開始宣傳，並對於軍隊高層這回的出色計策感到自豪（雖然前一個冬天出了差錯）。[76]但接下來的幾週卻沒有傳來最終勝利的消息，正如十月底的報告指出，人們開始表現出不耐，因為史達林格勒一戰已花費太長時間，也付出了太多人的性命。[77]

史達林格勒這項主題很快就令宣傳人員尷尬不已，尤其是在九月即過早營造勝利氣氛的國防軍參謀人員。從一九四二年十一月中旬俄羅斯軍隊反攻起，國防軍的報告（由希特勒親自過目修改過）對史達林格勒大致上是保持沉默。至於可能也未完全搞清楚實際狀況的戈倍爾，則是專注於警告戰爭的局勢嚴峻，強調有必要避免給民眾留下德軍即將發動最後一擊的印象。[78]各媒體並未提及俄羅斯反攻一事，卻是更「務實」地提及正在上演的苦戰，使得民心在十一至十二月更加抑鬱，儘管官方媒體保持沉默，但至年底有關第六軍團遭到包圍的謠言仍時有耳聞。[79]在長時間的沉默之後，一九四三年一月十六日，國防軍最高司令部的報告語帶不祥地談及德國軍隊是如何「英勇抵禦從四面八方進攻的敵人」。[80]戈倍爾則是於一月二十二、二十三日造訪元首總部時才了解真相有多麼殘酷。而在一月二十三日，德國首席發言人迪特里希給媒體界下了指令，在全未事先警告民眾的情況下，冷不防宣布「於史達林格勒腹背受敵的部隊正在為德意志民族英勇犧牲，他們的情操偉大又激動人心」；[81] 一天後，他又提到史達林格勒的「英雄史詩」即將上演。[82] 最後在二月三日，如今令人恐懼的「特殊公告」在貝多芬（**Beethoven**）《命運交響曲》（**Fifth Symphony**）開場的伴奏下傳來了消息：「史達林格勒的戰鬥結束了。在陸軍元帥保盧斯的模範領導下，第六軍團恪守誓言戰至最後一口氣，屈服於敵軍

---

74 StANeu, vorl. Slg. Schum. Anh. 3, SD Friedberg, 28 Sept. 1942.

75 Domarus, p. 1914.

76 '*Wollt ihr den totalen Krieg?*', pp.383-5.

77 StAM, LRA 61619, SD Garmisch, 27 Oct. 1942.

78 '*Wollt ihr den totalen Krieg?*', pp. 399-400; Balfour, M., *Propaganda in War, 1939-1945*, London, 1979, pp. 290, 305-6; Bramsted, E. K., *Goebbels and National Socialist Propaganda 1925-1945*, Michigan, 1965, p, 260.

79 *MadR*, xii. 4619, 4 Jan. 1943; GStA, MA 106679, RPvOF/MF, 8 Jan. 1943; MA 106681, RPvUF, 9 Jan. 1943; *Das andere Gesicht des Krieges*, p. 19; 另請參見 Balfour, M., *Propaganda in War, 1939-1945*, London, 1979, p.307.

80 '*Wollt ihr den totalen Krieg?*', p. 422. 當局本還打算公布史達林格勒英雄的最後信件，卻不得不喊停，因為大多數信件的語氣幾乎都不符合納粹宣傳要求的壯烈犧牲之感。引自 Steinert, p. 328. 有關史達林格勒軍人的信件，請參閱 *Das andere Gesicht des Krieges*, pp. 95-107; *True to Type. A Selection of Letters and Diaries of German Soldiers and Civilians collected on the Soviet-German Front*, London, n.d. (?1944), pp. 71-8, 109-10.

81 '*Wollt ihr den totalen Krieg?*', p. 426.

82 Steinert, M. G., *Hitlers Krieg und die Deutsche*, Düsseldorf, 1970, p. 327.

之優勢和不利環境……將軍、軍官、士官及軍人並肩作戰至死。他們的死是為了讓德國得以存續……。」[83]即便在此時宣傳部門也只能撒謊。他們必須對保盧斯偕第六軍團九萬名士兵投降的消息（這本可以稍稍安慰軍人們悲痛欲絕的親屬）絕口不提，就為了保住「德國史上最偉大的史詩」，保住士兵為家國無私犧牲的傳奇；事實證明這也是個錯誤。有關投降的謠言很快就流傳開來，幾天後，當局宣布有四萬七千名傷者獲救。[84]

史達林格勒是整場戰爭中最致命的一擊，各處都記錄到民眾的深刻震驚和沮喪情緒，這一戰正是戰時國內士氣之低谷。人們無法理解怎麼會發生這種事，也不明白為什麼第六軍團得不到援助，官方的「英勇犧牲」說詞也沒有為死者家屬帶來多少慰藉。[85]無論是心理還是軍事層面，史達林格勒都是戰爭的轉捩點，也是推動「元首神話」衰退的關鍵動力。一九四二至一九四三年之交的報告以慣常的熱烈語氣表示，人民對「受到愛戴的元首」的信心絲毫不減，並主張「元首本人一如既往不受批評」，這些都是死忠黨員固有的誇張之詞。[86]話雖如此，我們還是能明顯看出，儘管人民在史達林格勒戰役前鮮少直接批評元首本人及其領導能力，但隨著德國於史達林格勒戰敗，情況卻大有不同了。

早在一月底以前，德軍在史達林格勒遭圍的消息傳出，許多報告中記錄到的不安情緒也結合了批評指責，人們不僅懷疑當初究竟是否有必要與俄羅斯開戰，現在更對希特勒的解釋心存疑竇，[87]很多人都對第六軍團的士兵表示敬佩，但也覺得一切損失都是徒勞。雖說在先前若有壞消息傳出或事情進展不利時，民眾普遍認為（至少在公開場合會這麼說）是旁人輔佐元首不力或將他蒙在鼓裡，但希特勒卻是直接捲入了這次的史達林格勒災難。前駐羅馬大使烏爾里希・馮・哈賽爾（他後因涉及密謀刺殺希特勒，而於一九四四年七月被處決）曾於一九四三年二月十四日對這場「以『史達林格勒』之名為象徵」的危機寫下這樣的看法：

> 這是希特勒第一次難辭其咎；批判的流言也是第一次直接針對他。眾人已經看清，所謂「史上最傑出的戰略家」根本缺乏軍事才能，他就是我們妄自尊大的下士。他至今之所以能夠掩蓋自己的無能，都是憑著直覺屢出奇招、冒著不合理的風險卻能僥倖成功，還有我們敵人的缺點。所有

---

83 Domarus, p. 1985. 有關紐倫堡市中心民眾對此驚人消息的反應，請參閱 F. Nadler, *Eine Stadt im Schatten Streichers*, Nuremberg, 1969, pp. 71-6. 其中記有有趣的目擊者描述。

84 *'Wollt ihr den totalen Krieg?'*, p. 437.

85 *MadR*, xii. 4750-1, 4760-1, 4 Feb., 8 Feb. 1943; GStA, MA 106684, RPvS, 11 Feb. 1943; MA 106681, RPvUF, 10 Mar. 1943; MA 106679, RPvOF/MF, 8 Mar. 1943; MA 106671, RPvOB, 8 Feb, 1943; MA 106674, RPvNB/OP, 10 Feb. 1943; StAW, SD/ 36, HAS Würzburg, 1 Feb., 8 Feb. 1943; BAK, R22/3355, OLGP Bamberg, 29 Mar. 1943; StAM, LRA 29656, LR Berchtesgaden, 1 Feb. 1943.

86 GStA, MA 106679, RPvOF/MF, 8 Jan. 1943; MA 106684, RPvS, 10 Dec. 1942; StANeu, vorl. Slg. Schum. Anh. 3, SD Friedberg, 4 Jan. 1943; *MadR*, xii. 4618, 4 Jan. 1943.

87 StAW, SD/36, HAS Würzburg, 25 Jan. 1943.

人現在都明白了，寶貴的鮮血僅是為了樹立威名而流，這不僅愚蠢，甚至可說是一種罪行。由於這次事關重大軍務，各將領也終於睜開了雙眼……一月三十日希特勒竟只敢沉默不語，這可真了不起！不久前誰會相信呢？……。[88]

阿爾伯特·施佩爾（Albert Speer）表示，戈倍爾約於此時不僅曾說「領導結構出現危機」，更談及「領袖危機」。[89] 來自德國各地的黨部報告（通常比其他類型的報告都經過更多潤飾，也更表現出「忠誠」，避免批評到黨內高層）都證實民間出現了「特別危險」的跡象：民眾現在「敢於公開批評元首本人，以充滿仇恨和惡意的態度攻擊他」。[90] 班貝格的地區司法行政部門首長還觀察到「對政治和軍事高層的批評益發激烈」，而「這種情況是前所未見，越來越多人也指責元首本人應對史達林格勒和高加索地區的事件特別負起責任」。有傳言還稱希特勒無視所有警告，說他與身邊的軍師意見相左。[91] 奧格斯堡有名推銷員便因散布此類謠言，而被帶到慕尼黑的「特別法院」受審，他的罪行是稱希特勒拒絕採納軍隊的建議，不願以空運撤走遭包圍的部隊，還說：「元首自己也曾說過史達林格勒有多麼重要，結果他現在自己跑了，還丟了這座城。」[92] 各地區地方官員的報告則不含糊地指出，第六軍團會犯險失敗都要歸咎於希特勒，他早前備受讚譽的「冷酷決心」和一意孤行的狂熱態度現漸被視為一大麻煩，而他下令第六軍團必須戰至最後一人的舉動，則被當作是一種負面示範，[93] 現在人們普遍認為希特勒政策失敗、領導不力，這正是造成史達林格勒悲慘下場的原因。上法蘭克尼亞埃柏曼區縣長的評論是一如既往地坦率，他於報告指出，他轄下地區的民眾會小心翼翼不說出「希特勒無法為我們帶來和平，他只會大肆破壞」之類的話，而是換句話說：「在……之前不會有任何和平」，他們的意思是一樣的。結論也很直截了當：希特勒高估自己的實力，並拒絕接受中立國家的所有和平提議，「最終要自行承擔如今情勢惡化的責任」。[94]

反政權者則是從史達林格勒的災難中重獲希望，他們稍稍振作起來，非法大幅報紙和祕密塗鴉也出現於各處，斥責希特勒為「史達林格勒的殺人兇手」。[95] 史達林格勒慘敗也促使慕尼黑的一群學生勇敢公開示威，這群人大都是受道德及宗教理想主義的啟發，並曾於前一年發起「白玫瑰」（White Rose）運動，在慕尼黑大學發放反納粹傳單。現在，他們自殺式地在大學建築各處張貼違抗政權的宣言，表達對希特勒和納粹主義的厭惡：

---

88 U. von Hassell, *The von Hassell Diaries 1938-1944*, London, 1948, pp. 255-6.

89 Speer, A., *Erinnerungen*, Frankfurt am Main/Berlin, 1969, p. 271.

90 引自 Steinert, M. G., *Hitlers Krieg und die Deutschen*, Düsseldorf, 1970, p. 348。

91 BAK, R22/3355, OLGP Bamberg, 29 Mar. 1943.

92 StAM, SGM 12443.

93 StAN, LRA Hilpoltstein 792, SD Schwabach, 6 Mar. 1943.

94 StAB, K8/III, 18475, LR Ebermannstadt, 2 Feb. 1943.

95 GStA, MA 106671, RPvOB, 10 Mar. 1943；另參見 MA 106684, RPvS, 11 Feb. 1943; StAM, LRA 29656, LR Berchtesgaden, 1 Feb. 1943 及 Steinert, p. 347。

各位同學！我軍在史達林格勒戰敗，舉國上下都深受動搖。區區一名一戰下士的狡猾策略，讓三十三萬德國人死得毫無意義、不負責任地走向毀滅。這就是我們的元首，我們感謝您！……

各位同學！德國人民指望我們！正如一八一三年，人民指望我們摧毀拿破崙的恐怖攻勢，一九四三年的今天，他們也指望我們摧毀納粹主義的恐怖。東部的別列津納（Beresina）和史達林格勒正在燃燒，我們應該引史達林格勒的死難者為誡……。[96]

儘管正如「白玫瑰」所示，在蓋世太保的淫威之下，公開反抗只是白費力氣，反抗組織必然也只能繼續默默地孤軍奮戰，但如今，他們對納粹政權的敵意已遠不如數月前（史達林格勒一役尚未開打時）那樣背離民情。保安處目前收到的報告指出，民眾（尤其是依附教會者）表示希望國防軍能接管國家、希望德國終將取勝，但納粹主義不會。[97]「白玫瑰」本身顯然就引起了謠言，有關「慕尼黑學生的大規模示威」、騷亂，甚至是慕尼黑革命氛圍的謠言在巴伐利亞和德國多處廣為流傳，「大家也在談論，柏林等城市的公共建築上出現了帶有馬克思主義內容的塗鴉和傳單」。[98]納粹官方將慕尼黑稱為「運動之都」，現在反抗人士則將其戲稱為「反運動之都」；據說有越來越多人鼓吹恢復君主制，使用「希特勒萬歲」的問候語或佩戴黨臂章現已不合時宜，也有人說慕尼黑「早晚」會爆發革命。[99]各式各樣的報告亦證實「德式問候」現於巴伐利亞南部已少有人使用，「陣亡」軍人的親屬有時還會明確拒用。[100]與元首有關的笑話和幽默妙語層出不窮：一名男子就稱德國人無須擔心戰爭會帶來飢荒，因為希特勒擁有世上最大的農場，「裡面養了九千萬頭牛，豬圈也非常巨大」，結果被帶上了「特別法院」受審。[101] 人們還為當時流行歌曲的第一句「一切都已過去，一切都已褪色」加上了第二句：「希特勒在四月倒下，黨在五月倒下。」[102] 有關希特勒健康狀況的謠言不斷推陳出新，說他生病了、發瘋了、失明了，還受到精神崩潰之苦，不然就是說他因精神疾病而不得不將國家領導大權移交給軍方，並且已被槍殺。[103]

而希特勒原定於三月十四日「陣亡將士紀念日」的演講改期至下週的三月二十一日，這也讓有關其健康與精神狀況的謠言更加紛傳。根據中央保安處做成的摘要，這場演講闢除了有關希特勒健康狀

---

96 Noakes and Pridham, G. (eds.), *Documents on Nazism*, London, 1974, pp. 319-20.
97 StAW, SD/23, AS Würzburg, 23 Apr. 1943; SD/37, HAS Würzburg, 29 May 1943.
98 *MadR*, xiii. 4944, 15 Mar. 1943.
99 StAW, SD/36, HAS Würzburg, 15 Mar. 1943; StAM, LRA 29656, SD Berchtesgaden, 25 Feb. 1943.
100 StAW, SD/37, HAS Würzburg, 8 May 1943; StANeu, vorl. LO 30/35, KL Nördlingen, 10 Apr. 1943.
101 StAM, SGM 12443. 以下資料亦有提及這段時期與希特勒有關的笑話：StAW, SD/37, HAS Würzburg, 29 May, 15 June 1943; SD/23, AS Würzburg, 22 May 1943; Steinert, M. G., *Hitlers Krieg und die Deutsche*, Düsseldorf, 1970, p. 348.
102 StAW, SD/22, AS Schweinfurt, 16 Apr. 1943; StAM, SGM 12506, 12513; LRA 135116, GP Neumarkt-St. Veit, 25 June 1943.
103 *MadR*, xiii. 4944, 15 Mar. 1943; StAW, SD/14, AS Bad Neustadt, about 21 Mar. 1943; SD/36, HAS Würzburg, 15 Mar., 31 Mar. 1943.

況的謠言，[104] 這是言過其實了。例如，下法蘭克尼亞基欽根（Kitzingen）的保安分處在直接針對此次演講的特別報告中指出：「有關元首的謠言大概已被闢除。」幾天後，保安分處卻又在其定期報告中提到，聽聞部分工人表示，從演講的語速和語氣來看，致辭的並非元首本人，而是替身；希特勒本人則因史達林格勒一役受到重大打擊，只能被軟禁在上薩爾茨堡的住所，並受到嚴密看守。[105] 這場演講確實令人失望，語氣異常沉悶單調、語速極快，更被批為修辭貧乏、語氣壓抑，不符場合氣氛，尤其是因為講者並未特別提及史達林格勒的陣亡將士。[106] 重點在於，希特勒說德國在整場戰爭中的總死亡人數為五十四萬兩千人，這令眾人完全難以置信，有些人認為，元首指的肯定只有東線的傷亡，還不含史達林格勒及失蹤者，他們認為真實數字應約有一百五十萬。[107] 一名目前在軍醫院的德國宣傳部前員工便致信宣傳部，於信中談及軍人的情緒，他表示自己還沒見過一個相信元首口中數字的人，他們自己在前線的經歷便與希特勒的說詞互相矛盾，更遑論許多村莊鄉鎮記錄到的損失已比第一次世界大戰更為慘重。這封信的結論是：「就算是勇敢堅守前線者，似乎也少有發自內心確信我們終將勝利的堅定納粹分子。從這些人的言語中，可一再看出他們心存疑慮。」[108]

幾乎無人準備好要聽元首說德國蒙受何種損失，由此可見信心下滑到此種程度。民間瀰漫著絕望、沮喪、厭戰的氣氛——態度漠不關心，但沒有叛變的跡象。[109] 然而，原本圍繞著希特勒形象打造的偉大民族希望現在正分崩離析，越來越少人認為在他領導下的未來值得展望。

從表面上看來，很多事情似乎仍保持不變。希特勒慶生活動的排場還是大都照常，氣氛則是「莊嚴肅穆」，與戰爭時局相稱，據說，元首生日讓民眾得以重新表達信任和感激之情，是「給德國人民的最大禮物」。但保安處補充說，在飽受盟軍轟炸之苦的地區，人民的信任則表達得「較為保留」，雖然參與慶祝活動的人不多，報告卻也小心翼翼地辯解說，「儘管我們深愛元首，但要是今年不能如

---

104 *MadR*, xiii. 4981, 22 Mar. 1943.

105 StAW, SD/17, AS Kitzlngen, about 21 Mar., 2 Apr. 1943. 人們聲稱，從演講的語氣中可辨識出精神紊亂的「明顯症狀」。引自 StAW, SD/37, HAS Würzburg, n.d., (early April) 1943. 欲了解持續紛傳的希特勒健康狀況相關謠言，另請參閱 StAW, SD/37, HAS Würzburg, 29 May, 15 June 1943; StAM, LRA 29656, GKF Berchtesgaden, 27 Mar. 1943; LR Berchtesgaden, 3 May 1943; SD Berchtesgaden, 27 Apr. 1943; LRA 61619, GKF Garmisch, 30 Mar., 28 July 1943.

106 *MadR*, xiii. 4981-2, 22 Mar. 1943; StAW, SD/36, HAS Würzburg, 22 Mar. 1943; SD/13, AS Bad Kissingen, about 21 Mar. 1943. 演講全文請見 Domarus, pp. 1999-2002。

107 *MadR*, xiii. 4982. 雖然中央的摘要也記錄到民眾對低損失感到「驚訝」和「寬慰」，並未明確表示徹底的懷疑，而只是對此有所暗示。但地方報告卻對懷疑的情緒毫不掩飾。其中有份報告便指出：「元首只是隨口提到有五十四萬兩千人陣亡，幾乎沒有人民同志相信此數字。」引自 StAW, SD/13, AS Bad Kissingen, about 21 Mar. 1943.

108 BAK, R55/583, Fo. 8-8'

109 這段時間的報告多使用「厭戰」、「小心眼」、「懷疑」、「無精打采」、「內心排斥戰爭」、「心理抑鬱」及「冷漠」來描述當時的普遍情緒，例如 StAW, SD/37, HAS Würzburg, 5 June 1943; SD/17, AS Kitzingen, 9 Apr. 1943; SD/22, AS Schweinfurt, 7 May 1943; SD/12, AS Bad Brückenau, 14 May 1943; *MadR*, xiii. 5202-3, 5215-16, 5285-6, 3 May, 6 May, 30 May 1943.

常歡喜地為他慶生，也不必因此而見怪」。[110]

由於說元首壞話仍相當危險，所以人們經常將憤怒發洩在納粹黨及其代表身上。當然，在這裡說錯話還是可能會受到譴責和嚴厲「懲罰」，但批評黨的人數大量增加，顯然還是能累積起廣泛的破壞性評論。相對「獨立」又有凝聚力的社會群體（例如農民和會固定上教堂的天主教徒）通常知道自己可以信任誰，他們在德意志國家社會主義工人黨內的組織層級也較低，現在這些人在批評時往往是口無遮攔。有份報告指出，民眾曾表示希望戰敗至少能讓納粹黨消失，這種願望在鄉下地區似乎比表面上看來更為普遍；[111] 許多地方官員意識到自己的處境益發窘迫，對自己不再有信心，也不再急於強調自己對黨有多麼忠誠。[112] 一九四三年二月十八日，戈倍爾激勵人心的「全面開戰」演講再次短暫煽動了黨內的忠實信徒。[113] 但撇除這些人，民眾對演講的反應卻是褒貶不一，根據報告指稱，「知識分子」圈內的某些人就說這次演講是在「做戲」，是專為總是叫「好」者設計的一齣「喜劇」。[114] 然而這場演講產生的效果很快就消失了，人們發現所謂的「全面」戰爭根本就不「全面」，富人和權貴可沒有分擔落在老百姓身上的重擔。[115] 有些人甚至搞笑提議，若要解決「全面開戰」措施也欲處理的勞動力短缺問題，那就先關閉宣傳部和整頓黨辦事處吧。[116] 至三、四月，黨內的士氣再次下降，當局舉行了多場宣傳大會，目的在於一掃史達林格勒失利後的陰霾，結果卻是徹底失敗了；民眾稱這波宣傳「荒謬可笑」，而出席率往往是低得「可悲」。[117]

一九四三年五月，下法蘭克尼亞小鎮基欽根的一份報告就特別探討學者、銷售員和資產階級的觀點（這些團體早時較傾向於支持納粹），報告指出「人民對黨的厭惡正在滋長，這股憤怒終有一天會爆發」。同一份報告也推翻了先前用來為元首開脫（說他被黨內下屬蒙在鼓裡）的傳說，並補充道：「就連元首也失去了人民的支持，因為他顯然任由黨裡的人將自己牽著鼻子走，似乎也沒有注意到目前的國家局勢。」[118]

---

110 *MadR*, xiii. 5157-8, 22 Apr. 1943. 地方報告指出，官方慶典的出席率很低，少有人掛上彩旗也表示民眾漠不關心，戈倍爾的例行生日演講也缺乏回響。引自 StAW, SD/12, AS Bad Brückenau, 22 Apr. 1943; SD/17, AS Kitzingen, 23 Apr. 1943; SD/19, AS Lohr, 23 Apr. 1943.

111 StAB, K8/III, 18475, GKF Ebermannatadt, 22 Mar. 1943; 另參見GP Waischenfeld, 19 Mar. 1943; GKF Ebermannstadt, 27 Feb, 1943; LR Ebermannstadt, 2 Feb. 1943.

112 StAM, LRA 29656, GKF Berchtesgaden, 27 Mar. 1943; StAW, SD/36, HAS, Würzburg, 22 Feb. 1943.

113 全文收錄於 *Goebbels-Reden*, ed. H. Heiber, Düsseldorf, 1972, ii. 172-208. 演講的分析請見 G. Moltmann, 'Goebbels' Speech on Total War, February 18, 1943', in H. Holborn (ed.), *Republic to Reich*, Vintage Books edn., New York, 1972, pp. 298-342. 此外，有關民眾對演講的反應，請參閱'*Wollt ihr den totalen Krieg*?', pp, 23-4, 444-6; *MadR*, xii. 4831, 22 Feb. 1943; Steinert, pp. 331-7; Balfour, pp. 322-4.

114 StAW, SD/36, HAS Würzburg, 21 Feb., 22 Feb. 1943; SD/17, AS Kitzingen, about 18 Feb. 1943; SD/23, AS Würzburg, about 18 Feb., 19 Feb. 1943.

115 參見 Steinert, M. G., *Hitlers Krieg und die Deutsche*, Düsseldorf, 1970, pp. 354-6; Kershaw, *Popular Opinion*, p. 308。

116 StAW, SD/23, AS Würzburg, 19 Feb. 1943; SD/36, HAS Würzburg, 25 Jan., 8 Feb, 1943.

117 StANeu, vorl. Slg. Schum. Anh, 3, SD Friedberg, 29 Mar., 23 Apr. 1943; vorl. LO 30/35, KL Neu-Ulm, 2 Apr. 1943; KL Nördlingen, 10 Apr, 1943; StAW, SD/22, AS Schweinfurt, 7 May 1943.

118 StAW, SD/17, AS Kitzingen, 14 May, 1943.

在「納粹掌權」後的近十年，元首和黨的形象多半是分開的，甚至是完全對立，但現在兩者間的區別在公眾意識中已開始變得模糊。然而，數量漸少，勢力卻仍強大的少數派還是設法保住了「希特勒神話」，甚至在德國的命運短暫出現起色或有望為受苦的人民報復時，這則神話還能時不時稍稍復甦一下。「希特勒神話」一直要等到戰爭的最後階段才會徹底崩潰。

8
CHAPTER

戰敗與災難：「希特勒神話」崩潰

「元首倒是輕鬆，他又沒有家庭要照顧。若戰事真的糟糕透頂，受苦的就只有我們大家，他自己再開槍自殺了事。」

——待在施威福特防空洞中的女子，一九四四年四月

「要是人們在一九三三年曾想過事情會落到這種境地，大家肯定不會把票投給希特勒。」

——匿名德國人，一九四五年三月

根據馬克斯·韋伯的「模型」，「魅力型領袖」是無法在缺乏成就的情況下生存的。[1] 確實正如我們所見，隨著「希特勒本人」一連串的驚人勝利逐漸（但也不可避免地）成了慘敗，他的支持率首先是緩慢下降，接著再急遽下滑，尤其在史達林格勒一役後，當眾人認定希特勒須負起此戰慘敗之責

1 參見 Weber, M., *Economy and Society*, ed. G. Roth and C. Wittich, Berkeley, 1978, pp. 1114-15.

任時，他的支持度又跌得更厲害了。當然，德國的宣傳機器——以及希特勒本人在演講時——仍會繼續強調這點：不同於第一次世界大戰，這回「前線」（Front）與「大後方」（Heimat）是不可分割的整體，領導階層和人民之間的連結也牢不可破。然而政權高層收到的士氣和民意報告描繪出的卻是不同景象。目前似乎只有少數人曾考慮投降，[2]這也是因為人民恐懼戰敗的後果，而除了繼續抗爭之外，也沒有其他明確選擇（尤其是在同盟國要德國「無條件投降」之後）。[3]但是，正如史達林格勒所示，這種如「諸神的黃昏」（Götterdämmerung）般英勇犧牲自我（希特勒和戈倍爾曾讚頌這是第六軍團的命運）的觀念並未感動到多少人，對和平的渴望漸漸成為持續的主流民意。隨著戰敗、個人的損失、痛苦及犧牲越來越慘重，人們也開始以新的眼光看待希特勒早期的成就，現在民眾會斥責他當初的政策為引發戰爭的主因，責怪他未能終止戰爭、未能帶來眾所期待的和平。民眾從最開始便多少意識到「希特勒戰爭」與捍衛「祖國」的差異，前者為的是種族帝國和領土擴張，後者則是出自愛國之心，而兩者間的鴻溝正日益擴大。[4]

先不論從俄羅斯、北非等遠方戰場傳來什麼令人痛心的消息，自下半場戰爭開始，後方城鎮也有越來越多人受到空襲威脅，德國空軍的防線崩潰，同盟國軍隊幾乎徹底掌握制空權。而以往組成希特勒形象的一個關鍵要素，正是在於其「以實力帶來和平」的政策，因唯有增強德國軍事力量才更能抵禦外來威脅，可現在敵軍卻不斷湧入沒有作用的防線，大肆破壞第三帝國的城市。

一九四二年，德國大半地區的制空權已由同盟國掌控，並主要由英國皇家空軍（Royal Air Force）負責大舉轟炸德國北部和西北部城市（漢堡、呂貝克〔Lübeck〕、羅斯托克〔Rostock〕、科隆〔Cologne〕、艾森〔Essen〕、布萊梅〔Bremen〕等）。隨後亦有小規模空襲德國南部城市慕尼黑、奧格斯堡及紐倫堡，展現出同盟國的空中優勢竟能到達如此遙遠的南方，也表示現在幾乎無人能自認為可幸免於轟炸的威脅，這對民眾產生了不小的心理衝擊。[5] 一九四三年一月，卡薩布蘭加會議（Casablanca Conference）更下令採用「全天候轟炸」策略，結合英國的夜間「區域轟炸」與美軍的日間「精確襲擊」，以此形成同盟國的轟炸機聯合攻勢，其範圍和兇猛程度迅速升級，德國也恰如其分地將這波空襲稱為「恐怖轟炸」。一九四二年，總共有四萬一千四百四十噸炸彈投至德國領土，一九四三年增加到二十萬六千

---

2 根據戰後調查，至諾曼第登陸時，約有三分之一的人不想繼續戰爭，後來則有五成至六成的民眾已打算接受無條件投降。引自 *USSBS*, iv. 14-16。

3 欲知當局如何利用同盟國「無條件投降」的要求來做宣傳及其影響，請參閱Balfour, M., *Propaganda in War, 1939-1945*, London, 1979, pp. 316-17.

4 戈倍爾也默認這點，參見資料同上，p. 316。儘管英國情報部門相當明確地點出希特勒的支持度正在下降（參見資料同上，p. 293），但同盟國的宣傳仍繼續成功打造出德國人民的狂熱形象，稱他們仍願意為「元首」戰鬥到最後一刻。引自同上，p. 320。

5 許多保安處報告都記錄到一九四二年三月起民眾對同盟國轟炸加劇的反應，參見資料如 *MadR*, ix. 3506, 23 Mar. 1942；同前，x. 3544-5, 3567, 3597-8, 3615, 3687, 3697, 3708, reports for 31 Mar., 2, 9, 13, 20, 30 Apr., 4, 7 May 1942；欲知民眾對德國南部一九四二年受空襲的反應，參見：同前，x. 3640-1, 20 Apr. 1942; GStA, MA 106684, RPvS, 9 May 1942, 10 Oct. 1942; Reichsstatthalter 694, RPvOB, 5 Sept. 1942, and anon. letter to Reichsstatthalter Epp, dated 22 Sept. 1942; StANeu, vorl. LO A5, KL Augsburg-Stadt, 10 Sept. 1942; vorl. Slg. Schum. Anh. 3, SD Friedberg, 31 Aug. 1942; W. Domarus, pp. 140-5; F. Nadler, *Ich sah wie Nürnberg unterging*, 2nd edn., Nuremberg, 1959, p. 270。

噸，一九四四年更達到一百二十萬兩千噸；一九四五年的頭四個月，同盟國便投下四十七萬一千噸炸彈，紐倫堡、烏茲堡及德勒斯登的市中心全毀。[6]粗估有三分之一的人口直接受轟炸之苦；德國也有超過四分之一的房屋多少受損；一千四百萬人因轟炸損失了一些財產；一千七百至兩千萬人曾一度沒有瓦斯或水電可用；近五百萬人曾因「空襲恐懼」被迫撤離；三十萬五千人喪命。[7]

正如以上數字所示，一九四三年的空襲行動大幅加強。隨著英國轟炸機司令部（British Bomber Command）於一九四三年三至七月的「魯爾戰役」中發動四十三次連串重大空襲，就如先前，現在首當其衝的同樣是萊茵至魯爾地區及其周邊的工業中心地帶。一九四三年五月下半至六月初，德國西部城鎮遭受襲擊，最慘重的就屬五月三十日烏帕塔（Wuppertal）至巴門（Barmen）一帶的毀滅性燃燒彈攻擊，有各種報告探討這波空襲造成的影響，保安處也據此做成摘要，點出民眾的政治態度此時受到了何種衝擊。

據說許多人在這場「災難」中失去了勇氣，並在盛怒下說出「不利於國家的言論」。據稱，在杜塞道夫（Düsseldorf）有名男子竟於一名親衛隊員在場時脫口而出：「我們要為此感謝元首。」在這裡，人們會刻意拒絕或避免使用已幾乎消失的「希特勒萬歲」問候語，其他許多遭到轟炸的地區也有報告指出相同的情形。[8]而破壞力更強大的，仍是民間流傳著各種故事，訴說著飽受轟炸之苦的民眾是如何士氣低落且「懷抱敵意」。除此之外，還有傳言稱杜塞道夫（Düsseldorf）的民眾架起了絞刑臺，上頭掛著元首的照片。德國各地也流傳著這樣一則笑話，有位柏林人抱怨敵軍空襲的嚴重程度，就算是轟炸過後五個小時還有玻璃從窗框脫落；另一位來自艾森的人則反駁說這根本不算什麼，因為距艾森上一次遭襲擊都過了十四天，竟然還有元首的照片能被炸出窗外。[9]

一九四三年七月底至八月初，英國皇家空軍（RAF）發動了四次空襲，德國第二大城漢堡的市中心在熊熊烈焰中近乎全毀，造成約四萬人死亡。[10] 謠傳當時德國必須出動警察、衝鋒隊或國防軍來平息騷亂，德國國內也瀰漫著一種「十一月情緒」（影射一九一八年十一月的革命氣氛），民眾將奮起反抗難以忍受的空襲。但有一些老掉牙的報告指出，「有識之士」都說元首應該不曉得損失有多慘重，否則他就會部署更大規模的救援行動；要不就是說人們仍「滿懷信心」指望著元首，表示希望元首能激勵他們，鞏固他們的信仰。但有鑑於前述輿論，這種報告聽來很是空洞。[11]

雖然保安處中央摘要的「失敗主義」語調非常不受政權高層待見，但他們的敘述通常已經比地方保安分處送達總部的報告委婉多了。就以下法蘭克尼亞地區為例，這裡的地方城鎮施威福特為重要的

---

6 Gruchmann, L., *Der Zweite Weltkrieg*, Munich, 4th edn., 1975, pp. 198, 280-1, 414.
7 *USSB*, iv. 7-10.
8 *MadR*, xiv. 5356, 5427, 17 June, 2 July 1943; 並參見 G. Kirwan, 'Allied Bombing and Nazi Domestic Propaganda', *European History Quarterly*, xv (1985), 351.
9 *MadR*, xiv. 5354-7, 17 June 1943.
10 參見 Kirwan, , 'Allied Bombing and Nazi Domestic Propaganda', *European History Quarterly*, xv (1985), p. 350.
11 *MadR*, xiv. 5562-3, 2 Aug. 1943.

滾珠軸承製造中心（軸承生產對軍工產業至關重要），在一九四三年八月至一九四四年四月期間，施威福特便遭到了五次空襲。而烏茲堡保安分處及其地區內附屬機構的報告，也讓我們有機會能探討下法蘭克尼亞的民心因這五次空襲而有何變化。

早在一九四三年八月的首次空襲之後，下法蘭克尼亞地區的各保安處機構便回報說，民眾普遍感到震驚又沮喪，就連先前堅信德國會獲勝的「可靠」群體也不例外。現在就算是黨員自己也會避免使用「希特勒萬歲」來問候彼此，黨徽的佩戴頻率越來越低。[12] 前幾波攻勢對施威福特造成的心理衝擊，比城鎮本身受到的物質損失更為慘重。被疏散者散布著有關德國北部城市遭摧殘的故事和謠言，讓情勢更加惡化（尤其在漢堡被摧毀之後）。[13]「最可怕」的則是在轟炸下無所遁形之感，但自己卻無計可施，國軍也沒有任何準備報復的跡象。[14]

一九四三年十月，施威福特遭受第二波空襲，許多鎮民都逃往附近的村莊避難，烏茲堡有些民眾覺得這次襲擊是在報復一九三八年十一月的猶太人種族大屠殺。據稱「知識界」則覺得「若沒人有辦法阻止城鎮和工業中心受到襲擊，那麼德國就應該停止戰爭」。直接受爆炸之苦的施威福特民眾據說已士氣全無，他們還說「這種令人心煩的時局」已經讓人快撐不下去了；[15] 來自「下層階級」的婦女要求結束這一切，她們表示「一九一八年都沒有那麼糟，現在的情況也肯定不算太壞」。保安處認為，「恐怖轟炸」和有關謠言是「士氣低落的主因」，這無疑「危及了人民抵抗的意志」，女性的意志尤其受到影響。[16] 附近小鎮村莊的民眾也是害怕、恐慌不已，許多人在收到空襲警報後便逃入田野和樹林。[17] 據信在某處村莊裡，各處人們都在收聽外國廣播，「傳單上的文字指責希特勒向每個國家引戰，人民不僅給予認可，還咒罵著元首」。自敵機飛過村莊上空起，「大家都失去了理智」。[18]

烏茲堡有傳言說，最近該市受到空襲之後，紐倫堡的黨代表便難以履行其職責。他們的制服在民眾眼中，「就好比用來激怒公牛的紅布」，大家對這些人再無尊重可言，並將現下的困境歸咎於黨員、將怒氣出在他們身上。[19] 九月初，基欽根的保安處機構指出黨和政權的高層正迅速失去民心，甚至

---

12 StAW, SD/37, HAS Würzburg, 17 Aug. 1943; 20 July 1943; SD/17, AS Kitzingen, 2 Aug. 1943; SD/20, AS Lohr/Marktheidenfeld, 2 Aug. 1943.

13 StAW, SD/37, HAS Würzburg, 15 June, 19 June, 22 June 1943. 另參見（提及法蘭克尼亞之部分）Kirwan, 'Allied Bombing and Nazi Domestic Propaganda', *European History Quarterly*, xv (1985), p. 350-2.

14 StAW, SD/37, HAS Würzburg, 17 Aug. 1943.

15 StAW, SD/37, HAS Würzburg, 24 Aug. 1943. 另參見同前資料，7 Sept. 1943; SD/22, AS Schweinfurt, 6 Sept. 1943; SD/23, AS Würzburg, 24 Aug. 1943; BAK, R22/3355, OLGP Bamberg, 27 Nov. 1943.

16 StAW, SD/37, HAS Würzburg, 31 Aug. 1943.

17 StAW, SD/13, AS Bad Kissingen, 29 Aug. 1943.

18 StAW, SD/37, HAS Würzburg, 24 Aug. 1943; 另參見 SD/23, AS Würzburg, 24 Aug. 1943; SD/17, AS Kitzingen, 1 Sept., 13 Sept. 1943; SD/12, AS Bad Brückenau, 20 Sept. 1943; SD/19, AS Lohr, 29 Aug. 1943.

19 StAW, SD/23, AS Würzburg, 24 Aug. 1943. 可將此段與 D. Orlow, *The History of the Nazi Party, 1933-1945*, Pittsburgh, 1973, pp. 438ff 的評估做比較：「同盟國轟炸德國城市的宣傳效果無疑是適得其反。民眾並未怪罪納粹黨，反將責任歸咎於同盟國空軍。因此領導高層（Hoheitsträger，譯註：官方文件多譯為「高權主體」）也得以藉著在重大空襲後提供人民援助（Betreuung）來鞏固自身的民意地位」。

到了危險的地步。戈林則尤其因涉嫌疏忽德國空軍的準備工作而成為眾矢之的，連「元首本人」也成了批評的對象。[20] 一九四三年十月，法蘭克福遭到一波猛攻，當地的情況也是如此。在下法蘭克尼亞鄰近地區避難的受災市民（許多人都到那裡投靠親戚）會問：「我們德意志祖國正受到如此大規模的摧殘，元首怎能坐視不管？」他們補充說，元首要知道，如果繼續放任敵軍攻擊，那德國工業也將徹底毀滅。如果手邊有可用來反擊的武器，那現在就是「該死的最佳報復時機」。但如果德國根本無力還手（這正是人民普遍的恐懼），那就別淨說些未來會報復的空話，快快結束戰爭比較實際。[21]

一九四四年二月二十四、二十五日，施威福特遭到的第四波和第五波空襲又激起了人民的滿腹怨氣，黨工在遭轟炸之處都不見人影，這讓民眾大失所望。[22] 四月中旬，施威福特的保安處報告說：「人們毫無顧忌地咒罵，要是罵夠了地區領袖或縣長，他們就改罵國家領導階層和元首本人。據說防空洞裡有位帶著兩個孩子的媽媽就說：『元首倒是輕鬆。他又沒有家庭要照顧。若戰事真的糟糕透頂，受苦的就只有我們大家，他自己再開槍自殺了事。他總說自己絕不會失敗！』人們經常像這樣議論元首說過的話。」[23]

一九四四年五月，施威福特保安處機構現存的最後一份報告指出，民眾（尤其是工人）的失敗主義態度是直接受到了敵軍轟炸的影響。根據報告指稱，工人們曾說：「我們的政府應在所有村莊城鎮淪為廢墟前設法達成和平，反正我們也無計可施。」[24] 此前《美國戰略轟炸調查》（*United States Strategic Bombing Survey*）的結果則顯示，有超過四分之三的德國人認為國家已輸掉這場戰爭，而其中有大部分人認為這些空襲是他們失去希望的主因。[25]

常有人以為「區域轟炸」策略（無差別攻擊多為平民的目標「區域」，通常為市中心）未能達到破壞、摧毀德國人士氣和抵抗意志的確切目標，反倒是激起了民眾對敵人的深深恨意，因而讓執政者和人民更加團結，未有離間的效果。[26]當然，德國的宣傳也熱衷於強調這些「空中惡棍」只會更堅定國人的決心，讓人民比以往更加團結，部分的保安處報告也確實有強調這點。[27]民眾對同盟國轟炸機的仇恨加深，尤其還有報復英國的渴望，這無疑多少激起了「命運共同體」的「內部凝聚

---

20 StAW, SD/17, AS Kitzingen, 6 Sept. 1943; SD/37, HAS Würzburg, 31 Aug. 1943.

21 StAW, SD/12, AS Bad Brückenau, 11 Oct. 1943. 有關當局對「報復」的宣傳和民眾反應，請參見 G. Kirwan, 'Waidng for Retaliation–A Study in Nazi Propaganda Behaviour and German Civilian Morale', *Journal of Contemporary History*, xvi (1981), 565-83.

22 StAW, SD/22, AS Schweinfurt, between 28 Feb, and 8 Apr. 1944. 勞工陣線當家的羅伯特．萊伊僅草草視察受損的施威福特工廠，此舉尤其是眾矢之的。

23 同上，StAW, SD/22, AS Schweinfurt，一九四四年四月十一至二十二日之間彙整成的報告。

24 同上，27 May 1944。

25 *USSBS*, iv. 1, 16-17.

26 參見 Steinert, M. G., *Hitlers Krieg und die Deutsche*, Düsseldorf, 1970, pp. 317, 434。

27 Steinert, M. G., Hitlers Krieg und die Deutsche, Düsseldorf, 1970, p. 434; Kirwan, 'Allied Bombing', pp. 343-4。

力」。[28] 然而，保安處和其他納粹機構呈交給高層的民意報告在總結士氣受到的衝擊時，卻有大半都指向類似於我們在施威福特地區所見的情況。[29] 戈倍爾自己的日記也幾乎無疑表明，他認為同盟國軍隊的轟炸大大動搖了民眾士氣，並可能削弱了抵抗意志。[30]

《美國戰略轟炸調查》所做的戰後訪談也證實了這種印象：每三名德國人就有一人表示空襲對他們意志的衝擊比其他因素都還要大；有九成的受訪者提到，戰爭中最讓他們痛苦的就是敵軍空襲；五分之三的人承認自己因空襲而厭戰，而比起未受轟炸的城鎮，遭受嚴重空襲的地區明顯有更高比例的人口不想繼續戰爭；超過五分之二的人則表示，空襲未止之時，他們已認為德國無望戰勝；在遭受大肆轟炸的城鎮中，仍相信領導階層者的比例比未受空襲的城鎮要低百分之十四。有百分之十二的受訪者還主動提供一些線索，像是「在地堡裡避難的人們會咒罵元首」。總體結論就是，空襲並未鼓舞士氣，反而嚴重挫傷了士氣，比起未受轟炸者，遭遇空襲者更容易受到宿命論、冷漠、失敗主義等心理影響，而空襲引發的憤恨情緒大都發洩在納粹政權上，民眾會指責他們無法抵禦攻擊。[31]

所以說，空襲顯然讓士氣非常低落，也大大損及了德國領導階層的地位。同盟國戰略家的錯誤在於，他們認為這樣的政權可能會因為民眾士氣低落而漸漸崩潰，絕大多數人卻是抱持冷漠和「自掃門前雪」的態度，而未產生更強烈的反抗意志。納粹國家不斷升級的鎮壓力道（根據一項統計，一九四四年大約每一千兩百名德國人中，就有一人因政治或宗教「犯罪」而遭蓋世太保逮捕[32]），也有很大的威嚇作用，使人民不敢從事任何「越軌」的活動。而政治整合狀態之所以能夠維持至今，大都已無關乎納粹理想主義或對元首天縱英才的信念，而是因為人民普遍恐懼戰敗的後果、仇恨敵人，心中也尚存愛國的反抗意志。

然而對於以下三大族群（他們有部分也彼此重疊）而言，「元首神話」儘管也出現了明顯的衰落跡象，但其作用卻仍是異常強大。

意見非常容易受左右的年輕世代有大半的人是成長於納粹時代，他們已完全接受宣傳的暗示力量，年輕人也比其他族群更不疑貳地屈服於「元首神話」的情感吸引力。學校和納粹青年運動中的「社會化」過程（十一歲的孩子在加入少年團時，便會被告知「從今天起，你的生命就屬於元首」[33]），讓元首的英雄形象在許多德國年輕人的心目中都仍保有生機，就算他們的雙親越來越不喜歡希特勒，

---

28 參見Kirwan, G., 'Waiting for Retaliation. A Study in Nazi Propaganda Behaviour and German Civilian Morale', *Journal of Conetemporary History*, xvi (1981) 及 Balfour, M., Propaganda in War, 1939-1945, London, 1979, pp. 339ff。

29 例如 *MadR*, xii. 4652, 4761, 5277-8, 11 Jan., 8 Feb., 24 May 1943；尤其是前述資料之 xiv, 5426-34, 2 July 1943 另參見 Steinert, M. G., Hitlers Krieg und die Deutschen, Düsseldorf, 1970, pp. 362ff; Kirwan, 'Allied Bombing and Nazi Domestic Propaganda', *European History Quarterly*, xv (1985) , pp. 350-1, 355-7 及 H. Schnatz, *Der Luftkrieg im Raum Koblenz 1944/45*, Boppard a.R., 1981, pp. 324-5, 479-82, 515-18。

30 參見 Balfour, M., *Propaganda in War, 1939-1945*, London, 1979, pp. 340-1。

31 *USSBS*, iv. 1, 7, 13-18.

32 同上，*USSBS*, iv. 1, 7, p. 2。

33 Heyen, F. J. (ed.), *Nationalsozialismus im Alltag*, Boppard am Rhein, 1967, p. 228.

也無礙於他們的支持。一九四三年八月，保安處針對年輕人的態度做成了報告，內容表明他們仍如以往一樣，不將希特勒與納粹黨混為一談，此報告描繪出青年族群對納粹黨態度一片慘淡的景象。據稱，希特勒青年團員本身早認為納粹黨大勢已去，他們對黨不感忠誠，也會毫無保留地批判，然而希特勒的形象卻不受此影響：「對許多年輕人來說，元首不是黨的代表。他先是國家元首，最重要的更是德意志國防軍的最高統帥。」[34]

儘管如此，至戰爭中期，「希特勒神話」對德國年輕人的影響力也無疑正漸漸瓦解。雖然大多數年輕人在外仍表現得順從，但在許多大城市中，卻也有越來越多故意不守規矩、有時甚至是積極反對的青年團體，他們喜歡人身或言語攻擊穿著「西式」服裝、模仿英式舉止、聽爵士樂的希特勒青年團員，這也顯示納粹主義最強大的支持基礎正在流失。這些青年團體，有的會取「小白花海盜幫」（Edelweißpiraten）這種詩情畫意的名字，有的則依成員的音樂品味自稱為「搖擺」（Swing）。他們被政權視為政治上的威脅，而這些團體的行為的確常帶有明顯的政治意味：他們拒絕納粹黨、拒絕希特勒青年團、拒絕政權和元首本人，也拒絕希特勒統治下毫無自由和單調乏味。[35]

就算是大多數因戰時環境而更願意接受（或被迫服從）各種要求的年輕人也漸漸脫離了「元首神話」的掌控。最近有項社會學研究便請曾擔任「高射砲飛行員」（flak helper）的人回顧反思當時的情形，這些人當年只有十五、六歲，從一九四三年初便從學校受徵召來協助打理防空砲陣。研究結果顯示，「希特勒神話」從一九四二至一九四三年以降就一直迅速衰落，在希特勒取得偉大「勝利」的那段時間，這些「高射砲飛行員」都還不過是兒童，而如今砲火陣陣、滿目瘡痍、軍隊敗退，若說元首身上還有什麼殘餘的軍事天才形象，都已幾乎無關乎這些孩子的日常現實經歷了。[36]

第二大族群則是普通的前線士兵，「元首神話」對這些人的影響仍相對深遠。一九四三年六月，哈雷（Halle）的保安分處報告便根據前線捎來的信件探討軍人士氣比國內高昂的情況，並指出有許多士兵對大後方低落的士氣感到不以為然。[37] 這種言之鑿鑿的說法當然不能輕信，那時因為有審查制度，加上人們明顯有必要小心批評政權和戰事，以免招來災禍，所以我們也不能輕易將往來前線戰場的信件當作政治態度的指標。然而，要避免審查者的怒氣，倒也沒有必要對希特勒或政權表現得熱情洋溢，所以說，許多寄往大後方的信竟仍繼續強調他們對元首的信任（其中往往滿溢著對納粹的情

---

34 *MadR*, xiv. 5603-7, 尤其參考 p. 5606, 12 Aug. 1943. 另參見 Steinert, M. G., *Hitlers Krieg und die Deutschen*, Düsseldorf, 1970, pp. 400ff.

35 參見 L. Gruchmann, 'Jugendopposition und Justiz im Dritten Reich', in W. Benz (ed.), *Miscellanea. Festschrift für Helmut Krausnick*, Stuttgart, 1980, pp. 103-30; M. von Hellfeld, *Edelweißpiraten in Köln*, Cologne, 1981; A. Klönne, *Jugend im Dritten Reith. Die Hitler-Jugend und ihre Gegner*, Düsseldorf, 1982; H. Muth, 'Jugendopposition im Dritten Reich', *VfZ*, xxx (1982), 369-417; D. Peukert, 'EdelweBpiraten, Meuten, Swing. Jugendsubkulturen im Dritten Reich', In G. Huck (ed.), *Sozialgeschichte der Freizeit*, Wuppertal, 1980, pp. 307-27以及.Steinert, M. G., *Hitlers Krieg und die Deutschen*, Düsseldorf, 1970, pp. 402-3.

36 R. Schörken, *Luftwaffenhelfer und Drittes Reich. Die Entstehung eines politischen Bewußtseins*, Stuttgart, 1984, pp. 202-4.

37 Steinert, M. G., *Hitlers Krieg und die Deutschen*, Düsseldorf, 1970, pp. 388-9.

感），這就很耐人尋味了。[38] 西方在審訊於一九四四和一九四五年在西線俘獲的德國戰俘時，也發現這些人幾乎到戰爭結束前都對元首忠貞不渝，其比例高得驚人。[39] 另一方面，儘管眾人對審查制都心知肚明，部分軍人信件卻也寫有他們對希特勒的不滿心聲；一九四三年六月，一名軍人提到身邊戰友的態度日益冷漠。最近一次調查也發現有過半數的人不知道希特勒是何時上臺，也「沒人在乎」。他表示普通軍人彼此無話不談：「無法容忍他人觀點的狂熱時代已經結束，人們漸漸開始能更清晰、冷靜地思考。」[40] 一九四四年二月的另一封信則問道，有多少人能夠活到見證元首再三承諾過的未來，也就是「陽光再次普照」的那天；[41] 至一九四四年中期，「前線信件」有五至四分之一的語氣都很消極。[42]

而仍最為信奉「元首神話」者就是接下來要談的第三群人：活躍的黨分子本身，其中有甚至在威瑪共和滅亡前就已熱情支持希特勒的「元老戰士」、有直接領受到納粹主義的好處者（一心想飛黃騰達的人、渴望權力者以及官僚，他們在黨和國家之所以能坐擁高位或事業騰達，都要感謝第三帝國），還有與納粹政權「共進退」的意識形態堅定信徒。這群人相信，元首在面對困難時，一定能創造奇蹟並取得最終勝利，這種盲目的信念根植於自利之心和對未來的恐懼。這些對黨忠誠者的士氣比其他人都下降得還要緩慢，[43] 他們對元首的幻想也只是緩緩破滅，戰爭局勢一有起色，就能讓他們暫時重燃希望，而就算勝算渺茫，他們也常會說出完全不理性的頑固言論，表現出無可撼動的信念。

在史達林格勒戰役後的六個月中，東部局勢逆轉、同盟國軍隊登陸西西里島（Sicily）和卡拉布里亞（Calabria）、義大利墨索里尼政權垮臺，種種原因都使得德國的運勢再度下滑。而墨索里尼垮臺一事，尤其給了仍忠於納粹主義者一記重擊，讓德國的非法反對派重燃希望，並讓更廣大的民眾感受到，就算是看似堅不可摧的納粹政權畢竟仍有可能一夕倒塌。一九四三年八月，保安處回報道：「常聽人說，德國在特定情況下也許會有類似下場」，且「有廣大民眾認為，第三帝國以為無可撼動的政府體系也有可能突然變調。」一如既往，指責的矛頭指向了掌握黨、國家和經濟大權者的貪腐弊案。有關希特勒的新笑話層出不窮：有人就說元首已經隱居起來，準備撰寫一本名為《我的錯誤》的新書；另一個笑話則說，一艘載有元首和戈倍爾博士的潛艇翻覆，沒人去救他們，但這一翻倒是救了全德國的人民。[44]

儘管如此，根據保安處的報告，希特勒於一九四三年九月十日和十一月八日的演講卻比先前三月

---

38 例如 *Das andere Gesicht des Krieges*, pp. 112-14, 126, 154。
39 I. M. Gurfein and M. Janowitz, 'Trends in Wehrmacht Morale', *Public Opinion Quarterly*, x(1946), 81-3.
40 *Das andere Gesicht des Krieges*, p. 117.
41 同上，p, 153。
42 同上，pp. 22-3。
43 *USSB*, iv. 33-4.
44 *MadR*, xiv. 5560-2, 2 Aug. 1943.

的演講更受歡迎，中央保安處的摘要照慣例記下九月演講後的民眾感想，表示希特勒成功重振了士氣和對勝利的信心。演講中最引人注目之處，就是他宣布德國即將報復英國的空襲行動，據說許多人在聽到元首親口給出承諾後，也第一次相信了他的說詞。希特勒還表示，黨必須「以身作則」，這話也使得人們重複那些天真的老話，說要是所有人都能像元首一樣，那情況就會有所不同；又說如果黨領袖把他的話銘記在心，那便可以成就大事了。[45]

十一月，希特勒又至慕尼黑向黨的「元老衛士」發表一九二三年政變週年紀念演講，這次致辭的影響力顯然又更大了。報告稱，「原本」的元首回來了，完全不同於民間有關他健康狀況的謠言，希特勒又重拾了自己在一九三三年以前「鬥爭年代」（**Kampfzeit**）的演講風範，[46] 這次演講號稱的主要效果，就是重新激發了民眾的抵抗意志、振奮整體的戰鬥士氣。[47] 同樣地，演講中真正引起聽眾共鳴的部分，就是希特勒明言德國很快就會反擊，據說元首的承諾比報紙、廣播和黨會上的所有聲明都更有分量。而報告指出，希特勒也保證要在三年內重建被摧毀的城市，這在飽受轟炸的區域也很受民眾歡迎。但也有人表示，如果這些保證並非由元首本人宣布，那大家就不會買帳，這也顯示出民眾存在一定的矛盾心態。[48]

從聽眾對這次演講的反應來看，可見希特勒仍保有其「魅力」。基欽根（下法蘭克尼亞）有位工匠就表示：「元首真是厲害。星期二早上還說德國已經戰敗的人，到了晚上就不想再聽這種話了。」[49] 然而，我們似乎完全可合理推測，這次演講和先前九月的演講主要振奮的是灰心喪志的忠實黨信徒，而中央保安處摘要主要記錄的，也多半是死忠民眾（他們的數量正逐漸減少）的反應。有些保安處特工的「民意研究」相當潦草，他們畢竟也不是為了記錄民眾有何指教，紀錄中就有這樣一個例子：特工向一位農民（兼黨員）問道：「所以說，元首的演講難道不好嗎？」對方則答道：「東部的情勢一定很嚴峻。」[50]有鑑於民眾普遍都害怕批評或失敗主義的言論會遭到檢舉，所以說，批判希特勒演講的聲音很少曝光也就不足為奇了。地方保安處的一份報告也坦言，在十一月的演講過後，他們很難記錄到對立的意見，因為民眾擔心自己會「被追究」。[51]但地方保安處機構還是有些更細緻的報告，其中記錄到的態度雖然整體而言相當正面，內容也提供了多少更多樣化的反應。在檢視過這些報告後，我們也能合理總結：這些演講吸引到的大都是「元首神話」的長期信徒。

報告稱，九月的演講令烏茲堡地區的許多人感到失望，因為希特勒沒有說出什麼讓人對東線的局

45 MadR, xv. 5753-4, 13 Sept. 1943. 另參見 StAW, SD/37, HAS Würzburg, 11 Sept., 14 Sept. 1943; SD/20, AS Lohr-Marktheidenfeld, 13 Sept. 1943。演講全文收錄於 Domarus, pp. 2305-9.

46 *MadR*, xv. 5987-9, 11 Nov.1943; StAW, SD/37, HAS Würzburg, 9 Nov. 1943; SD/23, AS Würzburg, 9 Nov. 1943; SD/22, AS Schweinfurt, 10 Nov. 1943. 演講全文收錄於 Domarus, pp. 2050-9.

47 *MadR*, xv. 5988-9, 6022-3, 11 Nov., 18 Nov. 1943.

48 同上，p. 5988。

49 StAW, SD/17, AS Kitzingen, 15 Nov. 1943; SD/37, HAS Würzburg, 16 Nov. 1943.

50 StAW, SD/13, AS Bad Kissingen, 13 Nov. 1943.

51 StAW, SD/23, AS Würzburg, 9 Nov. 1943.

勢感到寬慰的話，[52] 有大半民眾甚至沒有聆聽演講；飽受空襲所苦的施威福特民眾則是拒聽，他們說自己「不想再聽到任何有關這場戰爭的消息」，還說「元首精神錯亂又狂妄自大」；[53] 依附教會者也抵制這次演講。[54] 這些人在十一月表示：「元首提到上帝的次數比平常多」、「要是沒有上帝，就算是老納粹分子顯然也做不了什麼」，但這可不符合黨平常對待教會的方式。[55] 而希特勒像這樣強調「天意」對德國的影響，則只是讓「學術界」和社會「上層」搖頭不已。[56] 還有人說，東部撤軍並不是希特勒的戰術巧思，而是在俄羅斯人「威逼」下採取的行動，也有許多人因希特勒未具體說明該如何報復而大感失望。[57] 總而言之，據說鄉村中幾乎無人相信德國會給予「英國所謂的報復反擊」。[58]

雖然希特勒一席話暫時提振了忠實黨信徒的士氣，但很明顯，現在光靠口才已不足以恢復大量民眾對他的「膚淺」信心，而這些人之所以會相信希特勒，也只是因為前幾年他一再達成看似無可否認的「成就」，且自一九四一至一九四二年起，同一群人的希望也不斷幻滅，無可挽回。希特勒的話可無法讓這些人對日益黯淡的德國戰情感到寬慰。只有徹底改善軍事情勢、嚴懲英國，並建立有效的防禦體系來抵禦盟軍轟炸（換句話說就是扭轉戰爭的命運），才有辦法修補希特勒褪色的威望。

然而，希特勒志在必得的承諾，卻只讓人民再次希望落空。他國仍幾乎不受德國防線阻礙繼續轟炸，攻勢還越發猛烈；東部前線的局勢幾乎是一天天惡化；西部預計隨時都會發生入侵事件。就這樣，希特勒又一次信譽大損。中央保安處並沒有編製關於一九四四年四月二十日元首慶生活動的報告，不過巴伐利亞的地方報告（尤其是鄉下地區）卻有提到街坊鄰里中稀落的旗幟。尤其值得注意的是，得知親人在戰場上倒下的家戶均未掛上印有卐字納粹標誌的橫幅。[59] 戈倍爾卻還說著：「此時此刻，德國人民意識到這場生命的鬥爭是何種重擔，大家從未如此滿懷信心地指望元首」；且民眾並未灰心喪氣，反倒是「更加堅定、更專心支持他的遠大目標」，這種話聽起來又比平時更加空洞了。[60]

此刻，戈倍爾的宣傳總之已幾乎失去所有可信度。甚至還有人聽聞一些黨工表示，戈倍爾還是什

---

52 StAW, SD/37, HAS Würzburg, 11 Sept. 1943; SD/20, AS Lohr-Marktheidenfeld, 13 Sept. 1943; SD/17, AS Kitzingen, about 10 Sept. 1943; SD/12, AS Bad Brückenau, about 10 Sept. 1943; AS Schweinfurt, 12 Sept. 1943; SD/14, AS Bad Neustadt, about 10 Sept., 12 Sept. 1943; SD/13, AS Bad Kissingen, about 10 Sept. 1943.

53 StAW, SD/22, AS Schweinfurt, 20 Sept. 1943.

54 StAW, SD/13, AS Bad Kissengen, about 10 Sept. 1943; SD/13, AS Bad Neustadt, about 10 Sept. 1943.

55 StAW, SD/22, AS Schweinfurt, 10 Nov. 1943. 此段話經由 HAS Würzburg (SD/37, 9 Nov. 1943) 的報告呈至一九四三年十一月十一日的中央'SD-Bericht zu Inlandsfragen'文件。引自 *MadR*, xv. 5989。欲知希特勒演講中的相關段落，請見 Domarus, p. 2057.

56 StAW, SD/12, AS Bad Brückenau, 9 Nov. 1943.

57 同上，9 Nov. 1943。

58 StAW, SD/13, AS Bad Kissingen, 13 Nov. 1943. 另一方面，據說有關報復的段落特別受到城市居民（尤其是工人）的歡迎。

59 StAW, SD/12, AS Bad Brückenau, 24 Apr. 1944.

60 *Völkischer Beobachter*, 20 Apr. 1944.

麼都別說別寫比較好。[61] 現在有大半數人口都承認德國已經戰敗，難挽狂瀾。還有些人表示，若再繼續打下去，除了難免損失慘重外，得利的就只有德國的領導高層而已，因為接下來的局面顯然不利於這些人，這表示他們終將滅亡。[62]

一九四四年五月，民眾對西方國家的入侵心裡有數，這點正是影響民心最劇者，所有人都明白，戰爭現在即將進入決戰階段。六月六日，同盟國終於開始「大君主作戰」（Operation Overlord），在先經歷過幾週劍拔弩張後，局勢短暫緩解了一陣，民眾近乎狂喜。[63] 當局在六月十六日宣布向倫敦和英國南部幾處發射第一批ＶＩ飛彈，眾人等候多時的復仇行動已然展開，[64] 這讓大家再次燃起了新希望；正如一份報告所述，這是種「烏托邦式的期待」。[65]

在戰爭的最終階段，這是最後一次民眾的士氣暫有起色。幾天後，情勢走向已經很明顯了，德軍無力阻撓諾曼第登陸（Normandy landings），而ＶＩ飛彈（很快就被戲稱為「戰敗一號」（Versager 1））[66] 的部署也未能達到德國宣傳在民眾心中種下的高期望。[67] 人民再次陷入深深的絕望之中，尤其是因為蘇聯的夏季攻勢已深入到維斯杜拉河（Vistula），西方同盟國更加速從法國進攻。此外，同盟國軍隊進攻義大利，加上德國各城市在六、七月又遭遇新一波大規模空襲，種種因素都讓士氣更加頹喪不振。

就是在這種情勢下，一九四四年七月二十日中午十二點四十五分，克勞斯．申克．史陶芬堡（Claus Graf Schenk von Stauffenberg）伯爵放置的炸彈於鄰近東普魯士魯斯登堡（Rastenburg）的元首總部爆炸。人們對這次暗殺希特勒行動的反應，也隱約反映出在德國的命運來到低潮時，元首於民眾心中是何種地位。

鑑於一九四四年上半士氣急遽下降（六月上半曾暫時止血），加上納粹政權顯然越發不受歡迎，民眾對有人謀害希特勒一事的反應看來倒很令人意外。保安處就編製了兩份中央摘要報告，內容總結攻擊事發後德國各地的即刻反應，報告多少照慣例描述著人民對此消息是如何深感震驚、沮喪又憤慨，同時又因暗殺失敗而寬慰無比，保安處的摘要繼續指出：「有大量人民同志認為，元首本人具有某種神祕的宗教靈性。」從民眾最初的感想中幾乎找不到「有人認可這次暗殺行動」的證據，「就連些許暗示都沒有」。據說就連不大支持納粹政權的部分民眾（如柏林北部地區的工人）也被這次襲擊

---

61 StAW, SD/23, AS Wörzburg, 6 June 1944；另參見 SD/22, AS Schweinfurt, 22 Apr. 1944.

62 StAW, SD/22, AS Schweinfurt, 22 Apr. 1944.

63 *MadR*, xvii. 6576-80; GStA, MA 106696, RPvNB/OP, 10 July 1944; MA 106695, RPvS, 15 July 1944; MA 106695, RPvOF/MF, 9 June, 6 July 1944; MA 106696, RPvUF, 7 July 1944.

64 Steinert, M. G., *Hitlers Krieg und die Deutschen*, Düsseldorf, 1970, pp. 459-60.

65 GStA, MA 106696, RPvUF, 7 July 1944.

66 GStA, MA 106695, RPvOB, 7 Aug. 1944.

67 參見 Balfour, M., *Propaganda in War, 1939-1945*, London, 1979, pp. 377-83 和 Kirwan, 'Waiting for Retaliation'了解宣傳之失敗。德國共向英國發射了約九千三百枚ＶＩ飛彈，其中有百分之二十九擊中目標。這波襲擊幾乎沒造成重大軍事損失，死亡人數（六千一百八十四人）也相對較低，民眾一開始雖然嚇了一跳，但士氣並未受到嚴重動搖。數字來自 Gruchmann, L., *Der Zweite Weltkrieg*, Munich, 4th edn., 1975, p. 284.

嚇壞了；同樣常見的反應，還有對負責「軍官集團」的仇恨，人民也很震驚這種背叛行徑竟會發生。三天後，報告以稍微克制的語氣說道，「只有極少數人」並未大聲譴責這次襲擊事件。在幾座城市（報告還特別點名柏林和柯尼斯堡〔Königsberg〕）的街道上，還可看見婦女因元首安然無恙而喜極而泣，「感謝上帝，元首還活著」，四處都能聽到像這樣鬆了口氣的聲音；[68] 來自不同地方的大量報告也都能佐證同樣一幅畫面。幾天內，宣傳部便於這些地方發起人數眾多的示威活動，讓「我們自發表現出人民的意志，表現出我們對此等傷害元首之舉有何感想」。[69] 據說，人民與元首的連結又變得更加深刻，對領導階層也更具信心了。[70]

考量到戰爭現況，加上反納粹情緒不可否認地持續增長，批評希特勒本人者也不斷增加（我們在一九四二至一九四四年間已能找到相關紀錄），這類報告可能也難以準確反映時人的態度。當然，當局的恫嚇手段嚴厲無比，評斷希特勒遭暗殺一事可算作「叛國罪」，涉及者及其家屬都會遭到嚴厲報復。因此保安處特工聽到的說詞，大都是人民為了自保而選擇唯唯諾諾。其實早在暗殺事件發生前，保安處等機構的報告就指出人們在公共場合發聲時越來越小心翼翼，[71] 就一九四四年七月二十日發生的事件而言，人民未能說出口的，往往比報告者能記錄到的評論更加「有聲」。再者，政權的特工當然常會在報告中為民眾的想法加油添醋，這場暗殺元首的陰謀也讓他們急於表示自己忠心耿耿，不容置疑。由於我們對這類報告之意義和價值仍持保留態度，所以也理當設法於「字裡行間」尋找言外的異議。然而，巴伐利亞的地方報告除了記錄到「忠誠」的意見外，還有些跡象表明，中央保安處報告所述的反應並非唯一值得觀察的反應。

就連上巴伐利亞行政區首長也必須承認，並非所有人都一致因希特勒倖存下來而鬆了一口氣，「部分民眾大概一開始就樂見有人能成功暗殺希特勒，因為他們希望戰爭會因此早日結束」。他補充說，這些人滿心想的都是「寧可用恐怖結束一切，也不要經歷無止境的恐怖」。[72] 根據報告指稱，該首長轄下行政區的巴特艾布靈鎮（Bad Aibling）就有許多居民認為，刺殺希特勒能讓戰爭結束。[73] 此地區的其他報告也指出，人們不願表達任何意見；而某處酒吧裡的農民一聽聞暗殺消息，就只是「呆

---

68 此段敘述是參考 *Spiegelbild einer Verschwörung*, ed. Archiv Peter, Stuttgart, 1961, pp. 1-10 的報告。這批報告是由親衛隊隊長卡爾滕布倫納（Ernst Kaltenbrunner）呈給希特勒的親信鮑曼，請參閱 H. Rothfels, 'Zerrspiegel des 20. Juli', *VfZ*, x(1962), 62-7; 及 Steinert, pp. 475-9. 作者對報告有批判性的評讀。

69 BAK, R55/614, R55/678, '"Treukundgebungen" nach dem 20. 7. 44'; IWM, 'Aus deutschen Urkunden', pp. 289-92; *MadR*, xvii, 6684-6, 28 July 1944; Steinert, pp. 475ff; Balfour, p. 388.

70 *MadR*, xvii. 6684, 28 July 1944; GStA, MA 106696, RPvOF/MF, 8 Aug. 1944.

71 例如StAB, K8/III, 18475, GP Heiligenstadt, 26 Nov, 1943; BAK, R22/3355, OLGP Bamberg, 27 Nov, 1943; R22/3379, OLGP München, 28 Mar. 1944; StAM, LRA 113813, LR Bad Aibling, 1 Dec. 1943, 31 Jan. 1944; GP Feldkirchen, 24 Nov. 1943; StAW, SD/23, AS Würzburg, 24, Apr. 1944.

72 GStA, MA 106695, RPvOB, 7 Aug. 1944.

73 StAM, LRA 113813, Schupo Bad Aibling, 23 July 1944.

坐在桌前」，「全部人都不敢吭聲」。[74] 加爾米施-帕滕基興地區某村莊的一份警方報告指出：「雖然暗殺企圖失敗，讓黨和納粹德國的部分支持者感到激動不已，但剩下的民眾卻對此不予置評。大家都只希望戰爭能快點結束。」[75] 貝希特斯加登地區記錄到的大多數評論就如其他地方一樣語氣忠誠，但在鄉下地區卻很難問出些什麼，據說鄉村地區的婦女常會說：「戰爭原本今天就可以結束了。」此報告還記有一條直言不諱的負評，從黑暗的防空洞曾傳來一名女子的聲音，說著：「要是他有成功被逮到就好了。」[76]

至於炸彈陰謀對希特勒民意之衝擊有多麼難以精準評估，我們從前線普通軍人的信件中也能看出端倪。信件中不僅能找到人民重拾希特勒信仰（就算只是一時的）的證據，也能發現有人不顧審查表達出極端的反希特勒情緒。一九四四年八月，有審查員根據四萬五千封信件的內容得出報告如下：

> 有大量信件都對元首能夠獲救表示欣喜，並強調這實為德國人的一大幸事。這不僅證明軍人對元首的奉獻和忠貞不渝，更證明軍人為他而戰、為他征服的堅定決心，這種情緒在信中也能看出……所有人都認為，陰謀集團的叛國之舉是對德國人民的最大罪行……只要是正派士兵的信都表明，士兵的義務及其良好的軍人品行，都與對元首的忠誠密不可分，因此也與真實的納粹主義心態密不可分……。[77]

現存的信件可充分佐證軍官和士兵全然的忠誠和納粹主義觀，[78] 儘管反希特勒的言論顯然很危險，但他們也沒有必要刻意在信中大力稱讚他，甚至根本沒必要提及希特勒和這次暗殺企圖，因此不能簡單地將親希特勒的例子歸咎於順從和審查控制的需要。確實有其他證據也指出，炸彈陰謀發生後，軍人重新燃起了對希特勒的信心，以在法國遭俘虜的德國戰俘為例，一九四四年從七月中旬至八月初，這群人對希特勒的信心從百分之五十七增加到了百分之六十八。[79]

可是，並非所有趨勢都是相同走向。審查紀錄顯示，軍人信中的負評在七月至八月間，從百分之二十增加到了百分之二十五，[80] 縱有審查制度，有些信件的內容還是大膽到了魯莽的地步。八月四日，一名軍人寫信回家：「你在信中說到元首遭受攻擊。沒錯，我們甚至在事發那天就聽說了。可惜

---

74 StAM, LR Bad Aibling, 31 July 1944; GP Feldkirchen, 24 July 1944; GP Ostermünchen, 24 July 1944; GP Bad Aibling, 25 July 1944; GP Feilnbach, 23 July 1944.

75 StAM, LRA 61619, GP Kohlgrub, 25 July 1944. 另參見 GP Garmisch, 26 July 1944; GKF Garmisch, 28 July 1944 及 GStA, MA 106695, RPvOB, 7 Aug. 1944.

76 StAM, LRA 29656, SD Berchtesgaden, 3 Aug. 1944.

77 *Das andere Gesicht des Krieges*, pp. 21-2. 比起前一個月檢查的一萬七千三百三十二封信件，審查員於本月檢查的信件數量大幅增加。

78 參見資料同上，pp. 142-8。

79 Gurfein, I. M. and Janowitz, M., 'Trends in Wehrmacht Morale', *Public Opinion Quarterly*, x (1946), p. 81; Balfour, M., *Propaganda in War, 1939-1945*, London, 1979, p. 389.

80 *Das andere Gesicht des Krieges*, pp. 22-3.

大夥兒的運氣不好，要不然現在就已經休戰，我們也能從這場混亂中解脫了。」[81]這封信卻在無人注意的情況下過了關。另一位一等兵寫的信就沒這麼好運了：「我上星期天上教堂時，牧師其實還感謝上帝大發慈悲保住了元首的性命。我還真想把稻草塞進他嘴裡。大家都不知道自己是怎麼給撒旦控制住了。」這封信被標記為留待觀察，死刑是這人可能的下場。[82]

儘管現存的證據在許多方面都差強人意，但我們還是能從中推知，民眾對希特勒暗殺事件的感想就如一九三九年一樣朝著兩極分化。而我們似乎也能合理推論，比起一九三九年，這回有更多人不會因希特勒被暗殺而難過，他們認定逃過一劫的希特勒正是結束戰爭的阻礙。可是仍有證據顯示，暗殺事件激起了人民對希特勒短暫但仍強烈的支持，尤其是黨的忠實信徒，但也不僅限於他們。希特勒背後仍有強大的民意基礎。有鑑於此，「希特勒神話」的作用仍相當厲害。就連密謀者自己在事前也清楚明白，罕有民眾會支持他們的企圖。[83]許多人顯然都接受了當局對這次事件給出的一套說詞，而就算人們原本就已開始對希特勒產生疑慮，卻仍覺得這次陰謀是對國家元首的骯髒叛國罪行，也是在破壞國家對戰爭投注的心血。當然，政變要是成功，人們也很有可能會認為這是在「背後捅刀」，因而衍生出另一種危險的故事版本。[84]儘管，大規模效忠希特勒的展示可能是刻意安排的，但其目的在於向動搖者顯示：元首神話仍然非常活躍，展現出政權背後還是有強大民意支持，而這種忠誠依舊是源自於與元首的羈絆。元首的支持者之眾，再加上控制和壓迫的力道大幅增強，兩者都讓人們不敢再有積極抵抗的想法。

一九四四年七月二十日的暗殺計畫曾讓希特勒短暫成為民眾關注的焦點，但此後他就再也沒有重回舞臺中心。後來的幾個月，他也幾乎徹底從人們的視線中消失了，戰爭末幾個月的大多數民意報告鮮少（或根本沒有）提及元首及人民對他的態度。對大多數人而言，希特勒已成為一個鮮為人知的遙遠人物，如今也很少出現在新聞片段中，幾乎從不向全國人民發表演講，也不再現身公共場合。就算區域宣傳辦事處埋怨報紙、廣播及新聞片段都不再報導有關元首的任何消息，但希特勒仍都沒有出現。[85]希特勒的銷聲匿跡再次引起有關其健康和精神狀況的謠言，還有傳言說希姆萊和戈倍爾解除了他的職務。[86]有些人仍主張元首身邊的人有事都瞞著他，說他收到的情勢消息也都經過太多粉飾。但就連宣傳部門嚴重偏頗的報告也只得承認，民眾對希特勒的批評急遽增加，也更懷疑他究竟是不是號稱的「戰略天才」，而希特勒曾說一九四五年會是德國命運的「歷史性轉捩點」，就算是仍相

---

81 *Das andere Gesicht des Krieges*, p. 146.

82 同上，pp. 24, 147-8。

83 H. Mommsen, 'Social Views and Constitutional Plans of the Resistance', in H. Graml *et al., The German Resistance to Hitler*, London, 1970, pp. 59, 63.

84 參見後續〈結論〉一章。就連在一九五〇年代，仍相對有多數人譴責企圖暗殺希特勒者，讚賞希特勒者也相對較多。

85 BAK, R55/601, Fos, 212-13.

86 V. Berghahn, 'Meinungsforschung im "Dritten Reich": Die Mundpropaganda-Aktion der Wehrmacht im letzten Kriegshalbjahr', *Militärgeschichtliche Mitteilungen*, i.(1967), 99.

信這番話的人，也很難反駁抱持懷疑態度的人。[87]雖然有部分報告（尤其是來自高官的報告）還是荒謬地繼續聲稱，人民對元首的信心並沒有因種種挫折而減弱，[88]可是保安處的區域和地方報告卻對戰爭最終階段的希特勒形象有更強烈寫實的描繪。

斯圖加特（Stuttgart）保安分處的許多報導便尤其坦率地描寫希特勒在一九四四年八月至一九四五年一月期間的地位。

一九四四年八月八日的報告直白指出，除極少數民眾和活躍黨分子之外，已經沒人相信德國會戰勝，只有奇蹟才能拯救德國，而民眾對奇蹟的信念已成過去。希特勒在七月二十日暗殺事件結束後的演說則成了他對自己和政權的批判，元首說自己的心血多年來一直遭到阻礙。既然最後的陰謀已被擊破，德國的戰爭機器也能全速運轉了。這番話讓眾人覺得自己長久以來都被他之前說的話給糊弄了，希特勒原本還說德國的時間很充裕，說軍工產量正不斷增加。報告接著寫道，元首這番話要麼表示他任人擺弄自己，所以說他並非原本號稱的天才；要麼就表示雖然他一直對破壞分子的活動了然於心，卻仍故意對人民謊稱軍工產量不斷增加。報告總結道，「整件事最令人擔憂之處，大概就是大多數人民同志都對元首失去了信心，就連至今仍信念堅定的同志也不例外」。[89]

兩個月後，民眾會酸溜溜地影射元首的「使命」，從中可見眾人正更加意識到自己為信仰希特勒付出了何種可怕代價，「數百萬人的希望」已成為德國的毀滅。斯圖加特的保安處記錄到一則評論（據說民眾經常用不同的話來表示相同的意思）：「大家總說元首是上帝派給我們的。我毫不懷疑，元首的確是上帝派來給我們的——派他來毀滅德國，而非拯救德國。德國人民已注定要滅亡，希特勒就是負責執行此意志的人。」[90]

至一九四五年一月初，斯圖加特地區的觀察家指出，人們開始會引用《我的奮鬥》來證明德國本身應對這場戰爭負起責任（已經頗遲了），證明希特勒二十年前制定的擴張主義目標就是戰爭的起因；所以說，顯然「元首從一開始就打算要引戰」。[91] 十二月三十一日，戈倍爾在《帝國報》（*Das Reich*）上發表了一篇文章來讚頌希特勒，據說「只有少數同志和忠誠元老戰士」的好評，報告補充道，「戈倍爾的文章極少像這篇一樣受到如此大的關注，但他的文章大概也從未招致如此嚴厲的批評」。希特勒的「人性」美德是戈倍爾一直特別強調的「元首神話」面，現在卻是為人不齒。此外，希特勒新年致辭的特色之一，就是他對自己付出的心血大放厥詞，現在眾人則將之拿來與戈倍爾對他謙遜態度的讚揚做比較，希特勒形象中神祕的一面也招來極大異議。據稱戈倍爾還將元首吹捧為「德國之神」，這名宣傳部長聲稱希特勒擁有「第六感」，能夠察覺常人不知道的事情，有名年輕祕書便對此嘲諷地說道：「這樣就說得通他為什麼會選義大利當盟友了。」就戰爭本身而言，希特勒的「第

---

87 BAK, R55/601, Fos. 123-4, 295-6. 希特勒一九四五年二月二十四日聲明的相關段落載於 Domarus, p. 2205。
88 GStA, MA 106695, RPvOB, 7 Dec. 1944, 9 Jan. 1945.
89 IWM, 'Aus deutschen Urkunden', p. 264.
90 同上，IWM, 'Aus deutschen Urkunden', pp. 276-8。
91 同上，pp. 276-8。

六感」應能讓他料到其他國家不會輕易放任德國繼續擴張領土才對。所以說，他並非戈倍爾筆下的天才，卻是「故意引發這場全世界的戰火，為的就是拿下『全人類改造者』的偉大名聲」。[92]

區域宣傳辦事處針對希特勒新年致辭的民眾反應做了特別報告，他們承認，演講中並未細說該如何部署報復性武器或制止空襲，這讓人稍有失望，但此外報告只是重回到士氣又恢復了的空洞陳辭。據說，許多人都因再次聽到元首的聲音而熱淚盈眶——無諷刺之意。[93] 同樣地，地方保安處報告描述的畫面卻截然相反，保安處回報道，貝希特斯加登（希特勒的居所就位於上薩爾茨堡，過去他在此地也特別受尊敬）民眾對希特勒除夕演講的唯一感想就是「毫無新意」，[94] 而希特勒在一九四五年一月三十日最後一次的廣播致辭更幾乎「沒有任何值得提及的可信度」。[95] 一九四五年二月二十四日，也就是黨綱頒布的週年紀念日，希特勒對人民的最後一次公開聲明卻並非由本人操刀，而是由其慕尼黑老同志赫爾曼．埃瑟代為宣讀。[96] 這篇元首宣言長篇大論地指責資本主義和布爾什維克主義之間「不自然的聯盟」，然後訴諸最後的希望——相信奇蹟會出現，相信東西方同盟國之間終將分裂，德國和西方也會結成新聯盟以抗衡布爾什維克主義。然而也能聽聞有人說，現在相信奇蹟的只剩下元首本人了。[97] 貝希特斯加登的保安處也報告道：「對絕大多數人民同志而言，這篇宣言的內容就像拂過空枝的風一樣從耳邊吹過。」[98] 史上最擅長於蠱惑人心的政客已不再有聽眾了。

來自德國各地的大量報告都清楚顯示，在戰爭的末幾個月裡，德國人是多麼無法體會戈倍爾所宣揚的英雄精神。一九四五年三月，上巴伐利亞有份報告稱：隨著一支「敵機群」再次以完整陣勢無阻礙地飛過天空，「人們已完全失去勇氣，極度驚惶失措」。[99] 還有報告也談到民眾「無精打采」和「情緒低落，近乎無動於衷」，[100] 即使是一九四五年三月送交宣傳部的偏頗報告也只能承認，民眾對領導高層的信任危機並未排除希特勒，[101] 而保安處「民意研究」辦事處的最後一批報告也更加有力地強調了這點。[102]

自同一年年初起，德國的敵軍已突破第三帝國東、西部的邊界。對許多人來說，戰爭中最痛苦的

---

92 IWM, 'Aus deutschen Urkunden', pp. 66-7.

93 BAK, R55/612, Fos. 19-21. 另參見 Berghahn, p. 101.

94 StAM, LRA 29656, SD Berchtesgaden, 5 Jan. 1945. 希特勒演講全文載於 Domarus, pp. 2179-85.

95 StANeu, vorl. Slg. Schum. Anh. 3, SD Friedberg, 3 Feb. 1945. 全文收錄於 Domarus, pp. 2195-8.

96 全文載於 Domarus, pp. 2203-7.

97 Berghahn, V., 'Meinungsforschung im "Dritten Reich": Die Mundpropaganda-Aktion der Wehrmacht im letzten Kriegshalbjahr', *Militärgeschicht-liche Mitteilungen*, i (1967), p. 105.

98 StAM, LRA 29656, SD Berchtesgaden, 7 Mar. 1945. 另參見 GStA, MA 106695, RPvOB, 7 Mar., 7 Apr. 1945.

99 StAM, LRA 113813, LR Bad Aibling, 1 Mar. 1945. 並參見 Schupo Bad Aibling, 24 Jan. 1945.

100 StAM, LRA 61620, GP Oberammergau, 24 Feb. 1945; LRA 113813, Schupo Bad Aibling, 24 Jan. 1945; LR Bad Aibling, 31 Jan., 1 Mar., 31 Mar. 1945; LRA 29656, SD Berchtesgaden, 7 Mar. 1945; GStA, MA 106695, RPvS, 9 Apr. 1945. 並參見 Steinert, pp. 554-5.

101 *MadR*, xvii. 6732-4, 28 Mar. 1945.

102 同上，xvii. 6734-40, end of Mar. 1945; Steinert, M. G., *Hitlers Krieg und die Deutschen*, Düsseldorf, 1970, pp. 572-7.

階段現在已經開始，數以千計的東線難民傳來有關紅軍的可怕故事，這讓民眾更是慌張無措。這時常能聽到有人表示：「只要俄羅斯人不打進來，我們什麼都能忍耐。」[103]但是卻很少人願意英勇抵抗到底。戈倍爾於三月初在《帝國報》上發表了一篇文章，強調「為了亡者的無上榮耀，也為了嶄新的歐洲而堅持不懈」，這兩個目標都值得我們「奮戰到最後一人，成為流傳千古的佳話」，此番話遭到嚴厲批評。柏希特斯加登有份保安處報告指出：「廣大群眾並不在乎未來的歐洲是什麼樣子。從每次談話都可看出，各界的人民同志只希望能盡快回到戰前的生活水準，根本不在意自己能否名留青史。」[104]當局雖然設法「教育」人民要英勇犧牲自我，以達成歷史創舉和意識形態目標，但這種嘗試最終卻讓大家更加渴望物質上的富足和個人幸福。一九四五年三月，柏希特斯加登的一名居民就無疑道出了當時大多數德國人的心聲：「要是我們在一九三三年曾想過事情會落到這種境地，那我們肯定不會把票投給希特勒。」[105]

民眾對第三帝國的道德譴責大都要等到戰爭結束，當政權的極惡罪行被充分揭發之後才出現。在一九四五年的頭幾個月，德國人本還以為自己才是希特勒的主要受害者。

「希特勒神話」的威力已經消失，沉默的苦澀取代了先前對元首的奉承。一九四五年三月十一日，巴伐利亞的阿爾卑斯馬克特謝倫貝格（Markt Schellenberg）於戰爭紀念館舉行了紀念典禮，有份相關報告便提供了很有力的證詞：

> 國防軍領袖在紀念演講結束時，曾鼓動民眾為元首歡呼「勝利萬歲」，但現場的國防軍、國民

突擊隊（Volkssturm）及出席的平民聽眾都沒有回應。群眾的鴉雀無聲營造出一種抑鬱的氣氛，大概也更能反映出大眾的態度。[106]

就算現在政權已身處絕境，但要是有人膽敢打破沉默表達不滿，政權的僕人和支持者還是會讓他們吃不完兜著走。如今真心的元首「信徒」大概已經很少，但他們的存在仍很危險，不容忽視。紐倫堡有名商店老闆就對顧客說道，「這些日子以來，紐倫堡幾乎每個人都知道」希特勒決意要繼續戰爭，他打算哄騙人們相信他手中還握有王牌武器，又說希特勒「不過是個罪犯」。結果這名店主被顧客告發，而後被警察帶走，並以「顛覆軍權」罪遭到槍決。[107]

這個國家現在幾乎完全處於敵人占領之下，已無「情勢報告」可參考，所以也沒有跡象表明民眾對

---

103 StAM, LRA 113813, GP Brückmühl, 24 Feb. 1945. 另參見 GStA, MA 106695, RPvS, 9 Mar. 1945; MA 106695, RPvOB, 7 Apr. 1945; StAM, LRA 29656, SD Berchtesgaden, 7 Mar. 1945.

104 StAM, LRA 29656, SD Berchtesgaden, 7 Mar. 1945.

105 同上，7 Mar. 1945。

106 同上，LR Berchtesgaden, 4 Apr, 1945，引自 GP Markt Schellenberg 的報告。上巴伐利亞行政區首長的報告亦提及這起事件。引自 GStA, MA 106695, RPvOB, 7 Apr. 1945.

107 Nadler, *Ich sah, wie Nürnberg unterging*, p. 110. 在慕尼黑國家檔案館（StAM）的慕尼黑「特別法院」（SGM）檔案中也能找到此時期的類似評論。

一九四五年四月三十日希特勒去世的消息有何反應，我們很難想像此事會引起多少悲痛。隨著希特勒垮臺，納粹主義的外在象徵也似乎一夜之間消失在地球表面。在俄羅斯、美國或英國的軍隊抵達之前，元首的照片和黨徽、制服及相關文字資料都已被丟棄或燒毀。就如「元首神話」，這些東西甚至在第三帝國結束之前就已經失去作用，如今更成了一種負擔。一九四五年八月，貢岑豪森（Gunzenhausen）（這裡曾是納粹主義在法蘭克尼亞的大本營）新任縣長在第三帝國終結後的第一份月度報告中寫道：「雖然戰爭才結束幾個月，但已少有人談論納粹主義，就算有也只是在說它的不是。象徵納粹主義國家的任何物品都已消失無蹤，即便是先前曾在家中擺放這些物品者也一樣。」[108]

108 StAN, BA Gunzenhausen 4346, GKF Gunzenhausen, 25 Aug. 1945.

3

PART

「希特勒神話」
與通往種族大屠殺之路

9
CHAPTER

希特勒的大眾形象與「猶太人問題」

眾所周知，希特勒的兩大意識形態執著就是「生存空間」（Lebensraum）和反猶太主義。對猶太人的偏執仇恨是主要驅力，然而這兩個主題也已在希特勒的腦海中融為一體，形成深受猶太人影響的布爾什維克俄羅斯形象，進而變成擴張德國領土的動力。我們在先前的章節已讀過，希特勒真正的擴張主義目標，與其大眾形象之間有著巨大差異。當然，民眾也支持德國擴張其民族威望和實力，這與希特勒的種族帝國主義目標之間亦息息相關。民眾雖樂見德國擴大邊界（尤其是將德意志「民族」的領土併入第三帝國），但前提是必須不流血就實現目標。可是也只有納粹青年、親衛隊和狂熱黨分子才會對戰爭本身以及因「生存空間」而起的末日鬥爭充滿熱忱，要在其他社會圈子中激起這樣的熱忱卻很困難。而戰爭一爆發，人們就只渴望能早日恢復和平，儘管他們也很樂意用盡方法剝削德國占據下的領土。所以說，希特勒心目中的生存空間擴張主義（Lebensraum-expansionism）與德國廣大人民的希望、期望之間，雖有相似，卻絕非完全一致。

反猶太主義（anti-Semitism）也可說是有此類似差異。確實，就算是在希特勒掌權之前，民間就已有普遍厭惡或懷疑猶太人的現象。猶太人在各種場合總會經歷到各式各樣的歧視。而在非猶太人口中，有少數人卻於一九三三年後坐上大位，這些人的數目和勢力持續壯大，他們對猶太人的厭惡也漸漸變得惡毒又暴力。在第三帝國本身的氛圍下，不消說，納粹宣傳的猛烈攻勢當然也會再助長民間本就普遍的反猶太人傾向。至一九三九年或甚至是更早之前，許多人（可能還占絕大多數人口）便已相信猶太人不利於德國的社會，還留下來的人都最好盡快離開（或被迫離開）。此時除了一小部分人口外，大多數人對猶太人的普遍態度雖多少帶有不同程度的歧視，但比起希特勒和納粹運動中對猶太人窮追猛打的激進分子，他們的反猶太偏執程度還差得遠了。其實許多人的結論都如下：儘管反猶太主義在希特勒本人的思想中佔據核心地位，但在大多數情況下，反猶太主義作為影響第三帝國公眾輿論的一個因素，不過是次要的。[1]

這就提出了一道難題：反猶太主義在希特勒的大眾形象中是何種地位？在希特勒的「世界觀」中，反猶太主義如此關鍵，它是否只在建立元首與人民之間的紐帶上（這種聯繫為第三帝國的合法性

1 目前的各式文獻普遍接受此觀點，參見Steinert, M. G., *Hitlers Krieg und die Deutschen*, Düsseldorf, 1970, p. 263; I. Kershaw, 'The Persecution of the Jews and German Popular Opinion in the Third Reich', *Yearbook of the Leo Baeck Institute*, xxvi (1981), 281, 287; W. S. Allen, 'Die deutsche Öffentlichkeit und die "Reichskristallnacht"—Konflikte zwischen Werthierarchie und Propaganda im Dritten Reich', in Peukert and Reulecke, pp. 401-2; D. Bankier, 'German Society and National Socialist Antisemitism, 1933-1938', Hebrew University of Jerusalem Ph.D. thesis, 1983, Engl. abstract, p. xi; O. D. Kulka and A. Rodrigue, 'The German Population and the Jews in the Third Reich', *Yad Vashem Studies*, xvi (1984), 435.

和鞏固公投民意基礎）占了次要重要性？在這樣的重點領域，希特勒的形象是不是又在很大程度上與現實脫節了？那麼，我們又該如何看待希特勒的公眾「形象」，以此解釋德國最終是如何走向慘烈的奧斯威辛（Auschwitz）集中營一途？我們必須承認，要從現存證據中爬梳出此類問題的答案很困難，要詮釋證據更是難上加難。所以說，我們必然只能將接下來簡短分析中得出的結論，視為試探性的權宜推斷。

最近就有出版物編纂了希特勒在一九一九至一九二四年間的所有已知演講及著作，首次讓人有機會觀察他在公開致辭中的自我形象。從現有背景資料中，可發現在一九二〇至一九二二年間，希特勒幾乎在每次演講或發布消息時，都會集中火力、尖酸刻薄地攻擊猶太人，這點就算不完全令人意外，也還是很值得我們注意。在初期的演講中，希特勒總會猛烈斥責猶太人為「發戰爭財的人」、「敲詐勒索者」和「寄生蟲」——表現出他的民粹、反資本主義立場。從一九二〇年中期起，希特勒可能是受羅森堡影響，所以演講重點也漸漸轉移到布爾什維克俄羅斯上。而時人想像著猶太人將成為德國的殘酷主宰（加上有風聲說社會民主黨正在推波助瀾），這又再次催化了反猶太和反馬克思主義兩者的結合。一九二二年二月，希特勒告訴他的衝鋒隊，只有「猶太人問題」最是重要，而過了幾個月後，他又總結了全黨綱領：沒有猶太人能算作「人民的同志」。[2]在當時他的公開演講中猶太主題無所不在，這使得很難想像早期投奔納粹主義者不會把激烈的反猶太主義視為希特勒形象的主要特徵之一。

然而從一九二二年底起，極端反馬克思主義（目前多與猶太人無明確關聯）開始成為希特勒演講的大主題。他現在宣布，德意志國家社會主義工人黨的目標就是「消滅和根除馬克思主義世界觀」，[3]而在一九二三年間，隨著希特勒腦海中似乎漸漸形成兩個對立世界觀（Weltanschauungen）之間英勇決戰的概念，此時在其公開聲明中，猶太人扮演的角色越來越不明顯，馬克思主義則經宣告為納粹運動的唯一死敵。[4]當媒體注意到希特勒語氣有所變化時，他本人亦同意他已改變了立場，但希特勒也只是表示自己之前過於溫和，又說他在撰寫《我的奮鬥》（*Mein Kampf*）時意識到「猶太人問題」不僅是德國人的問題，更是所有人民的問題，「因為猶太是舉世的瘟疫」。[5]希特勒的基本思維沒有改變，只是調整了重點。但即使在此時，希特勒之所以會改變重點，也只可能是在刻意嘗試順應更廣泛的受眾——若說當時主要的支持者仍是在巴伐利亞境內的話，這點就講得通了。巴伐利亞於一九二三年開始對希特勒表現出興趣，而希特勒也意識到，比起光是複誦對猶太人的深仇大恨，反馬克思主義的潛在吸引力更加廣泛。

我們對政變前納粹運動普通成員（一九二三年十一月約有五萬五千人）的意識形態動機少有系統

2 Jäckel and Kuhn, A. (eds.), Hitler. *Sämtliche Aufzeichnungen 1905-1924*, pp. 568, 727, nos. 357, 421.
3 同上，p. 704, no. 411。
4 可參考資料範例同上，pp. 1210, 1226, 1232, nos. 625, 626, 636。
5 同上，p. 1242, no. 654。

性的認知。由於反猶太主義是納粹黨及黨領袖大眾形象的顯著特徵，加上一定有許多人都曾在慕尼黑啤酒館親耳聽過希特勒發言，因此我們似乎可以肯定，「猶太人問題」是此時民眾加入納粹運動的一大動力，這些人通常是從其他反猶太組織和本土民族主義團體來到了德意志國家社會主義工人黨。從許多針對早期納粹運動的研究可找到印象式的證據，讓我們可從此推斷，比起較晚入黨者，較早入黨者更有可能是大力的反猶太分子。[6]

一九二九至一九三〇年後，納粹黨進入了「群眾階段」，此時反猶太主義激勵新成員入黨的動力，不太可能像其對早期的核心活躍分子一樣有效。確實，阿貝爾（Abel）資料有個引人注目的現象（而有過半數的樣本是取自一九三〇年納粹黨「起飛」之前入黨的成員），就算是納粹運動的「元老戰士」（此為根據默克爾〔Peter Merkel〕的「主要意識形態主題」分類）也只有大約八分之一認為反猶太主義是他們最關切的議題，至於默克爾所稱之「強烈意識形態反猶太主義者」，則僅占總樣本的百分之八點五。[7]默克爾將他的發現總結如下：「按主要意識形態主題細分的話……結果顯示，約有三分之一的人最在乎的是民族共同體（Volksgemeinschaft）是否團結一心，超過五分之一的人是極端愛國者。還有幾乎同比例的人是希特勒個人魅力的信徒。大約七分之一的人似乎是以反猶太主義為主要動機……若按照其主要敵視的對象來排名，則阿貝爾資料中有三分之二的早期納粹分子是反馬克思主義者」。[8]當然，默克爾亦指出，上述的其他類別絕不等同於與反猶太情緒互斥，畢竟大約有三分之二的「傳記」都載有這樣的情緒。[9]事實上，我們可以更進一步主張，猶太人的負面形象提供了一個共同基礎，能夠將所有意識形態主題結合起來，並為其提供正當性的理由。然而，資料中的數字確實足以讓人推斷，在一九三三年前入黨的成員眼中，反猶太主義並非主導納粹黨形象的特徵。若我們承認，就算不是所有人，也有大多數人都視希特勒為納粹黨的化身，那麼對於在納粹運動準備掌權期間的大多數新黨員來說，希特勒本人不容錯認的極端反猶太主義似乎並非其形象和吸引力的主要面向，卻僅占次要地位。

在缺乏當代民調的情況下，納粹選民的動機只能推斷而得。但若我們能延伸上述論點——將黨內「元老戰士」的動機推演到更廣大的選民身上，我們就能得出以下結論：在這裡，可能在更大程度上，希特勒的形象並沒有被他對猶太人問題的執著所左右。而要佐證此推論，我們可先比較希特勒在一九三〇年代初期（納粹黨在選舉上的表現大有進展之時）和一九二〇年代初期（納粹運動這時還是

---

6 例如 Noakes, ch. 1; R. Hambrecht, *Der Aufstieg der NSDAP in Mittel-und Oberfranken, 1925-1933*, Nuremberg, 1976, ch. 2. 同樣的推論也得到「阿貝爾資料」（Abel Material）的佐證，這是五百八十一筆普通納粹成員的「自傳」資料，後由彼得・默克爾研讀分析，不過資料中只有二十名成員是在一九二三年以前加入，而且取樣也偏重於來自柏林者，多非取自作為納粹最早故鄉的慕尼黑周邊及法蘭克尼亞地區。在樣本中，對於相對較高比例的極端反猶太分子而言，一戰（尤其是革命）是造就了他們心中偏見的因素。參見 Merkl, P., *Political Violence under the Swastika*, Princeton, 1975, pp. 498ff., 556-7; Gordon, S., *Hitler, Germans, and the 'Jewish Question'*, Princeton, 1984, pp. 57-65.

7 Merkl, P., *Political Violence under the Swastika*, Princeton, 1975, pp. 33, 453, 566-7.

8 同上，p. 33，另參見 pp. 453, 522-3。

9 同上，pp. 33, 499。另參見 Gordon, S., *Hitler, Germans, and the 'Jewish Question'*, Princeton, 1984, pp. 55ff.

邊緣本土民族主義派系）的演講內容，以窺知他是如何呈現自我。若是細察一九三〇年「突破性」民意調查前的選舉宣傳，就可得知納粹對猶太人的攻擊較像是陪襯，而非主題，希特勒的演講也似乎並非傾向於解決「猶太人問題」，在與中上階級聽眾交涉時尤其如此。[10]至一九三二年，希特勒競選德國總統，納粹運動亦獲超過三分之一的人口支持，此時希特勒已鮮少在公開演講上提及「猶太人問題」。無論是在一九三二年初給黨員的新年喊話，或是一月於杜塞道夫工業俱樂部（Düsseldorfer Industrieklub）出了名惡毒的演講，還是在七月錄製於唱片上販售的〈國民呼籲〉（Appeal to the Nation）中，希特勒都沒有提到猶太人和「猶太人問題」，這是他當年上半競選演講的典型表現。[11]其抨擊的主要目標顯然是「馬克思主義」和威瑪「體系」，主要鼓吹的則是希特勒本人和納粹運動可帶來拯救的希望，拯救人民於馬克思主義和威瑪體系的水火之中。當然，對希特勒本人以及部分最元老、最狂熱的支持者來說，上述種種問題都可以僅歸結為「猶太人問題」，此信條是納粹運動中的一項基本前提。可希特勒此時的大眾形象卻並未反映出「猶太人問題」在他本人思想中的顯著地位。儘管他的大眾形象無疑體現出民間普遍有的意識形態偏見和願景（包括反猶太主義），但我們似乎難以認定，在希特勒獲得最瘋狂的選舉支持的同時，「猶太人問題」是日益增長吸引力的關鍵因素。

希特勒在一九三三至一九三四年公開演講的另一個顯著特點，就是他沒有言語攻擊猶太人。在這段「掌權」和鞏固權力的時期（正如我們先前所見，他的受歡迎程度大幅提升，「元首神話」也大大擴展），希特勒的重大公開演講無一提及「猶太人問題」。[12]

一九三三年三月二十八日，希特勒向「所有黨組織」喊話，呼籲他們從四月一日起一同抵制全國的猶太企業、商品、醫生及律師。只有這一次，「猶太人問題」才是他集中火力攻擊的對象。[13] 在納粹「奪權」之後，給黨員的公告一般都是以希特勒的名義發出。在這種情況下，儘管風格顯然具有希特勒的特色（除了隨附的具體抵制的特定指示，這些指示似乎是由戈倍爾撰寫），但「呼籲書」卻是由「黨的領導階層」集體簽署。[14] 當然，抵制行動是不可能在未經希特勒明確支持的情況下展開的。但這份「呼籲」的措辭卻將抵制行動包裝成一種合理報復，因他們認定外國媒體「煽動活動」和「謊言」之始作俑者，就是移居他國的猶太人。而這份「呼籲」也稱，在「民族革命」的過程中，他們「幾無動過猶太人的一根汗毛」，其用意則在於切割責任，表明黨領導階層（包括希特勒）並不知曉普通黨員日日虧待猶太人的情況。所以若說希特勒與抵制活動有點實質關聯的話，人們也有可能認定他只支持號稱合理的報復行動，黨激進分子要有什麼「令人遺憾的過分行為」，則一概與他無關。

眾所周知，抵制行動並未得到民眾的巨大回響，而這場有組織的全國性事件僅在一天後就被取消

10 Gordon, S., *Hitler, Germans, and the 'Jewish Question'*, Princeton, 1984, p. 68.
11 Domarus, pp. 59-117.
12 《信仰的勝利》和《意志的勝利》這兩部關於「掌權」後首兩次黨會的電影雖然均大力強調元首崇拜，卻也都未觸及「猶太人問題」。
13 Domarus, pp. 248-51.
14 同上，p. 251。

了。至於抵制行動相對缺乏響應的結果，大概就是讓希特勒明白，他在公眾面前對「猶太人問題」保持相當低調的公眾形象是正確的。希特勒未在重大演講中公開提及「猶太人問題」，抵制「呼籲書」的簽署者也並未出現他的名字，我們只能將此解讀為一種策略性政策，用意在於包裝元首的大眾形象，脫離他私下認可的暴力反猶太言論和行動。正如我們所見，儘管希特勒有自己的執念，但他很早就在政治上意識到——也許早在一九二三年就已意識到——他需要的是一種比反猶太主義更廣為人接受的理念，以區別德意志國家社會主義工人黨與其他重派系的本土民族主義團體、擴大黨的號召力，並認真奪取權力。希特勒越是接近權力寶座，為了呈現出來的形象，反猶太主義就越是要從屬於或是納入希特勒形象的其他組成部分中。而一旦他成為政府首長，在公眾場所中需要與激進的反猶太主義分子的可憎低級手段做切割，主要是出自於外交政治考量，同時也為了是避免無端疏遠以興登堡為首的保守派，該派系雖也有著根深柢固的反猶太主義，卻也沒有任意公開使用暴力。此外到了一九三五年，甚至更早，人們便清楚意識到，黨分子對猶太人的恐怖暴徒行徑普遍不受廣大民眾歡迎。然而，新一波反猶太浪潮和宣傳煽動所激起的暴行，卻使「猶太人問題」重新成為重點議題，黨內成員也持續施壓要依據黨綱目標落實反猶太立法，公眾要求當局制定法規來管束夏季中特有暴力事件的「個人行動」。[15] 希特勒已不能再對「猶太人問題」置之不理。

一九三五年九月十五日，希特勒在紐倫堡黨代會上向全體國會致辭，這是自他就任德國總理以來首次於重大公開演講談及「猶太人問題」。他建議通過三項法律來解決此事：「帝國國旗法」（Flag law），以及兩項以惡毒反猶出名的「紐倫堡法案」（分別為《帝國公民法》〔Reich Citizenship Law〕

及《維護德意志血源及德意志尊嚴法》〔Law for the Protection of German Blood and German Honour〕，前者禁止猶太人成為德國公民，後者則用以禁止猶太人和「雅利安人」（aryans）通婚和從事性行為）。就如一九三三年，他這回也指控國外猶太人煽動群眾仇恨及抵制德國，並聲稱這也影響到德國境內的猶太人，而國內猶太人的公開挑釁行為又引起了不計其數的抱怨和要求政府採取行動的呼聲。希特勒辯稱，「法律對問題的規範」是遏制「憤怒民眾自發的防衛行動」的唯一途徑，並聲稱德國政府是迫於這種想法，希望透過一次完全世俗化的解決方案，也許可以創造一個基礎，使德國人能與猶太人民建立互相容忍的關係」。他威脅說，如果無法實現這個希望，而國際社會的騷動持續下去，那當局就必須重新審視局勢。[16]希特勒在當天隨後的演講中告誡黨和國家要遵守紀律，不要偏離合法的道路。他強調，這些法條讓猶太人得以在德國的各個生活領域獨立存在的可能性，並重申禁止針對猶太人的一切「個別行動」。[17]

希特勒的表裡不一不需強調。但就他當時的大眾形象而言，他一直都小心翼翼地疏遠納粹暴徒招

15 參見 Kulka, O. D., 'Die Nürnberger Rassengesetze und die deutsche Bevöl-kerung', *VfZ*, xxxii (1984), pp. 608-24.

16 Domarus, p. 537. 希特勒於一九三五年十一月下旬接受美國媒體代表採訪時也使用了相同的論點和理由，基本上觀點與此處一致。引自同上，pp. 557-8。

17 同上，pp. 538-9。

人厭惡的反猶太恐怖行動，並讓自己站在合法的一方。黨員的反應各不相同。有些活動分子對強調執法和禁止「直接行動」感到失望，並認為立法並不足以解決「猶太人問題」。[18]另外也有人懷疑希特勒的公開立場並不代表他對此議題的真實感受，這樣的懷疑並沒有錯。一九三六年三月，黑森邦（Hesse）有份情勢報告便明確提到這種觀點：「元首為維持表面形象，加上有外交政策的考量，因此有必要禁止民眾私下欺負猶太人，但實際上他完全贊成讓每個人繼續以最嚴厲和激進的手段打擊猶太人」，據說黑森邦的民眾普遍支持此觀點，雖然報告無疑首先反映的都是黨內活躍分子的想法。[19]除了活躍黨分子之外，根據報告指稱，民眾對紐倫堡法案頒布一事最常見的正面反應，就是贊同以正式的法律架構來區隔德國人和猶太人，以及規範「猶太人問題」的應對方式。教會圈子、在意識形態上反對政權者、自由派知識分子，以及有部分憂心該法律會衝擊經濟的商人則都對此有負面反應。[20]希特勒在紐倫堡黨代會上為自己打造的形象，顯然與廣泛接受法律歧視和種族隔離的基本原則一致，也同時與普遍對猶太人的公開暴行和類似反猶太騷亂的結束感到滿意一致。

在一九三五年黨代會後的兩年裡，希特勒同樣幾乎未於重大演講中提及「猶太人問題」。二月，即使納粹高官威廉・古斯特洛夫（Wilhelm Gustloff）在瑞士被一名年輕猶太人暗殺，即將到來的冬季奧運和外交政策考量也都讓希特勒在喪禮上發表相對「溫和」（這是用他的話來說）的演講，他大範圍指控猶太人，說他們自一九一八年革命以來，就一直是幾乎所有右翼政治「烈士」背後的刺激因素。[21]希特勒在一九三六年五月一日的演講中，僅僅談到一些埋下國際不安種子的「因素」，就立刻有聽眾領會暗示，並大聲喊道：「猶太人」。希特勒的下一句話「我知道」更引來持續數分鐘的掌聲。[22] 幾個月後的一九三七年一月三十日，希特勒簡要提起消滅猶太人勢力對德國文化有哪些益處，[23] 之後七月在慕尼黑的「德國藝術之家」（House of German Art）開幕時，他又貶低猶太人對藝術的貢獻。[24] 然而要等到一九三七年九月的黨代會，希特勒才重新開始正面、地毯式地攻擊猶太人，在大力抨擊時牽扯布爾什維克主義，並挑明了該主義是猶太人的創作。他運用自己獨有的表述方式，聲稱有百分之八十的蘇聯領袖都是猶太人，說先前的巴伐利亞蘇維埃共和國（Bavarian Räterepublik）、斯巴達克斯聯盟（Spartakus League）及共產黨領袖都是猶太人，又說猶太人現在正密

---

18 Kulka, O. D.,'Die Nürnberger Rassengesetze und die deutsche Bevöl-kerung', *VfZ*, xxxii (1984), p. 623; Kulka and Rodrigue, A.,'The German Population and the Jews in the Third Reich', *Yad Vashem Studies*, xvi (1984) p, 426, H. Mommsen, 'Die Realislerung des Utopischen: Die "Endlösung der Judenfrage" im "Dritten Reich" ', *Geschichte und Gesellschaft*, ix (1983), 388-9, n. 20 談到黨的「嚴重失敗」。

19 ZStA Potsdam, RMdI, 27079/71, Fo. 52, LB of RP in Kassel, 4 Mar. 1936.

20 Kulka, O. D., 'Die Nürnberger Rassengesetze und die deutsche Bevöl-kerung', *VfZ*, xxxii (1984), pp. 622-3; O. D. Kulka, ' "Public Opinion" in Nazi Germany and the "Jewish Question" ', *Jerusalem Quarterly*, xxv (1982),124-5.

21 Domarus, pp. 573-5.

22 騷亂平息後，希特勒又重複了「我知道」這句話，但只是要為接下來的陳腔濫調做開頭，而並未再次提及猶太人。引用同上，p. 621 與 n. 121。

23 同上，p. 666。

24 同上，p. 708。

謀讓全歐洲陷入「布爾什維克之亂」。[25]

儘管這種典型的反猶太狂熱一瞥為一九三七年最後幾個月開始，持續到次年新一波反猶太行動和宣傳定下了基調，但在關鍵的一九三八年中，他卻未再於演講中提及「猶太人問題」。一九三八年九月，希特勒於紐倫堡再次向他的忠實黨信徒喊話，他老套地說著新生的納粹黨是如何開始抵禦威脅德國人民的頭號敵人——國際猶太人。而幾天後，還是在黨代會上，希特勒又提及國家人口過剩的問題，設法利用刻板印象來證明德國試圖擺脫猶太人是有道理的。[26] 除此之外，他在一九三八年的公開聲明中幾無提及猶太人。當然，希特勒的演講都著重於當年的重大外交政治議題，但我們仍能肯定他是在故意避談「猶太人問題」，也繼續有意識地將自己的大眾形象與反猶太主義的陰暗面做切割，而這樣的陰暗面，卻可從黨派活動人士越發暴力的行為中窺知。

一九三八年，當局向新聞下達指令，報紙在報導希特勒訪視德國各地時一律不得提及「猶太人問題」。[27] 總之，希特勒對當局針對猶太人的行動刻意保持低調，像是一九三八年十一月九日至十日德國就發生了水晶之夜大屠殺（**Reichskristallnacht**），希特勒卻完全沒有就此事發表任何公開聲明。一九三八年十一月七日，一名猶太青年襲擊德國駐巴黎公使祕書恩斯特・馮・拉特（**Ernst vom Rath**），這正是希特勒在慕尼黑向黨內「守舊派」例行致辭的前一天，而希特勒在演講中也完全未提及此事。[28] 他在十一月九日午夜向親衛隊新兵致辭時也對該事件三緘其口。十一月十日晚間，就在全德國各地的猶太教堂與資產被焚毀、遭破壞後不到二十四小時，希特勒也曾向德國新聞界的負責人發表機密演講（意在不對外公開），但就算是機密演講，他也對這次大屠殺隻字不提。[29] 大屠殺之暴力和破壞招致很多批評，[30]但不討民眾喜歡的卻主要是戈倍爾和納粹黨，而非希特勒。不過有位來自薩克森的索帕德觀察員則表示，雖然希特勒「以往在這類討論中鮮少被點名」，但現在「由於他對所有事件都保持沉默、容忍，甚至是公然支持，因此越來越多民眾將主要責任歸咎於他」。[31]

在希特勒的聲望飆升至極高點的一九三〇年代期間，他並不如想像中那麼常對「猶太人問題」公開表態，就算有也通常都是抽象的泛泛之談（言談間當然還是充滿仇恨），將其牽扯至西方的財閥政

---

25 同上，pp. 727-32。

26 同上，pp. 890, 899。

27 Gordon, S., *Hitler, Germans, and the 'Jewish Question'*, Princeton, 1984. Gorz, A., *Farewell to the Worlting Class*, London, 1982, p. 153.

28 全文收錄於 Domarus, pp. 966-9。

29 同上，pp. 970-3。

30 參見 Steinert, M. G., *Hitlers Krieg und die Deutschen*, Düsseldorf, 1970, pp. 188ff.; Stokes, L. D., 'The *Sicherheitsdienst (SD) of the Reichsführer SS* and German Public Opinion, September 1939-June 1941', Johns Hopkins University Ph. D. thesis, Baltimore, 1972, pp. 74-6; Kershaw, 'The Persecution of the Jews and German Popular Opinion in the Third Reich', *Yearbook of the Leo Baeck Instiute*, xxvi (1981), pp. 275ff.; Allen, 'Die deutsche Öffentlichkeit und die "Reichskristallnacht". Konflikte zwischen Werthierarchie und Propaganda im Dritien Reich', in Peukert and Reulecke (eds,), *Die Reihen fast geschlossen*, pp. 398ff.; Kulka, '"Public Opinion" in Nazi Germany and the "Jewish Question"', *Jerusalem Quarterly*, xxv (1982), pp. 138ff.

31 *DBS*, vi. 10, 9 Feb. 1939.

治或布爾什維克主義。在他公開干預的情況下，通常是為了支持「合法」但充滿歧視的措施，要將猶太人排除在德國的社會和經濟生活之外，而其中大多數措施都廣受歡迎和認可。但正如我們所見，他極度小心避免公開與普遍不受歡迎的反猶太暴行有所牽扯。若說希特勒最在意的是外交考量（這無疑也關乎他個人對全球猶太人勢力的恐懼），那麼保護他在德國大眾眼中的威望和地位顯然也是希特勒所關注的問題。

在第三帝國的和平時期，「猶太人問題」並非大多數德國民眾的關注焦點。在某些時期，一九三三年春季、一九三五年夏季，又尤其是一九三八年秋季，「猶太人問題」才備受矚目。但除了黨派活動人士之外，人們大多數時候對此議題相對是興趣缺缺，影響民意的倒是其他更重要的事務。毫無疑問，希特勒反映在歧視法律上的反猶太主義受到他數百萬的欽慕者支持。但令人驚訝的是，無論是納粹的內部報告還是索帕德報告，兩者在探討希特勒的民意地位時，都鮮少提及「猶太人問題」。對於大多數「普通」德國人來說，猶太問題似乎不太可能是他們崇拜元首的主要原因。

在大屠殺和戰爭開始之間，希特勒僅在一次演講中談及「猶太人問題」。然而，這就是他一九三九年一月三十日以惡毒出名的國會演講。在演講中，希特勒發表了威脅性的「預言」，即新的戰爭將帶來「歐洲猶太種族的毀滅」。[32] 在後續幾年，希特勒也將多次粗暴地提及「猶太人問題」，這場演講是第一回。

希特勒這場演說的背景是德國自慕尼黑協定以來地位的加強鞏固、一九三九年在外交政策上加快步伐的決心，以及演講中對猶太人的強烈攻擊性，反映了他對美國和英國日益強烈的反德情緒的憤怒，而水晶之夜大屠殺則助長了這種情緒。希特勒之所以威脅猶太人（他當然視猶太人為英美「戰爭販子」背後的推手），則是在報復他認定是由猶太人挑起的反德輿論。希特勒也挾猶太人為人質，稱只要戰爭開打，猶太人就會是受害者，藉此向英國和美國施壓，讓德國在歐洲享有充分自主權。[33]

希特勒在長達兩小時的演講中，短暫給出了「預言」，而這個短暫的時刻被選作二月三日新聞短片報導的中心焦點。然而值得注意的是，納粹內部的民意報告及索帕德報告在評論希特勒演講的影響時，都未提及有關猶太人的這段話。一九三九年第一季的保安處報告則僅在探討影響德國媒體關注外交政策發展的因素時，才觸及到這次演講，並略微提到希特勒對「教會問題」發表的言論。[34] 巴伐利亞行政區首長的所有報告都記錄下這次演講的巨大影響力，有份報告稱其「偉大」，另一報告則稱其具有「劃時代」的意義，但他們之所以會這麼說，只是因為希特勒強調他渴望和平，因此緩解了民

32 Domarus, p. 1058, 並參見 pp. 1055ff。

33 Mommsen, H., 'Die Realisierung des Utopischen: Die "Endlösung der Judenfrage" im "Dritten Reich"', *Geschichte und Gesellschaft*, ix (1983), p. 396, 並參見 p. 392 n. 36。

34 *MadR*, ii. 228, 287, 'SD-Vierteljahresbericht 1939'. 希特勒曾表示，他會保護擔當上帝僕人的德國牧師，但會消滅作為德國政治敵人的牧師，並抨擊外國勢力支持德國國內「觸法的神職人員」。引自 Domarus, p. 1061.

眾對戰爭在即的焦慮。[35]

索帕德的報告也著重討論這次演講究竟意在戰還是和，但其觀點卻不同於內部報告，索帕德報告斷言，演講讓德國民眾更加害怕戰爭不久後即會發生。而西利西亞有位觀察員指出，這次演講把普羅大眾（就連納粹圈子也是）的討論焦點幾乎全集中到了即將面臨的戰爭上，[36]但段落中同樣沒有提及猶太人。該報告另外花了大篇幅敘述德國猶太人受迫害的情形，開頭指出當下的情況便是「少數民族正遭滅絕，勢不可當」，堪比一戰期間土耳其人對亞美尼亞人的種族滅絕，但德國針對猶太人的行動卻「更緩慢，也更有規畫」。報告還精準補充道，「其實這種毫無法治的情況已存在許久，對猶太少數族群的一切武力行動皆得到認可」。同樣地，報告並未直接提及希特勒對歐洲猶太人毀滅的「預言」，不過其中有關猶太人的段落卻是引用了他在演講中說過的話來做開頭：有鑑於德國人在他人手中蒙受如此苦難，所以其他人「就不必以人道主義之名來干涉我們了」。[37]

資料記錄到的反應顯示出，德國民眾並不關心希特勒針對「猶太人問題」發表的言論，他們更在乎他演講中的意圖究竟是戰是和。政府和黨則無疑正確「領會」到希特勒對猶太人的威脅，他們認為戰爭終將以某種方式與猶太人一決勝負。不過，雖然希特勒的預言如今回頭看來極為重要，但在當時，由於納粹政權的反猶太政策越發公然激進，所以大多數德國「普羅大眾」很可能將之視為理所當然——此「預言」想表達的觀點是如此普通，因此人們也幾乎沒必要瘋狂拍手叫好，同理，也沒有引來任何敵意或排斥。[38]然而我們已能非常清楚看出，不同於一九三〇年代的是，希特勒這時已準備好（當然也很急切地）要在戰爭期間對「猶太人問題」公開動用最激進的手段，儘管他可怕的言論只是泛泛之論，並沒有具體提及「最終解決方案」（Final Solution）的細節（而其中細節也是完全保密）。

令人作嘔的「紀錄片」電影《永遠的猶太人》（*Der ewige Jude*）於一九四〇年十一月首映，此片就是一個例證，說明政治宣傳是如何將希特勒本人與對「猶太人問題」採取最激進「解決方案」的必要聯繫在一起（同一年也出產了另外兩部反猶太主義電影《猶太人蘇斯》〔*Jud Süß*〕和《羅斯柴爾德家族》〔*Die Rothschilds*〕，可見當局卯足全力要「教育」德國人的觀點，並讓眾人對「猶太人問題」採取更強硬的態度）。該電影也能讓人窺見，要將這點與希特勒廣受歡迎的形象湊在一起有何種困難。

這部影片集中描繪藏在「同化面具」之下居住在猶太隔離區（ghetto）中的猶太人「真實」面貌，並使用狡詐的攝影手法將猶太人的遷徙比作攜帶病菌、散播瘟疫的老鼠。影片的結尾則如電影節目單

---

35 GStA, MA 106671, RPvOB, 8 Feb. 1939; MA 106673, RPvNB/OP, 9 Feb. 1939; MA 106683, RPvS, 7 Feb. 1939; MA 106678, RPvOF/MF, 8 Feb. 1939; MA 106681, RPvUF, 10 Feb. 1939. 另參見 Steinert, M. G., *Hitlers Krieg und die Deutschen*, Düsseldorf, 1970, p. 8o 其中載有民眾在希特勒演講後對他的熱烈讚揚，但這次同樣未提及「猶太人問題」。

36 *DBS*, vi. 123, 10 Mar. 1939.

37 同上，DBS, vi. 201 ff., 10 Mar. 1939。

38 慕尼黑「特別法院」審理的案件顯示，從一九三八年底至一九三九年初，民眾對納粹反猶太政策的批評有所增加，主要與水晶之夜大屠殺有關，但此類案件的總數仍然極少。引自 SGM files in StAM.

所說是「鮮明的對比」，是希特勒在一九三九年一月三十日國會演講上「預言」猶太人未來將滅絕的片段，其目的在於「讓觀眾深感滿足，因為他們與這名正設法從根本上解決猶太人問題的領袖都屬於相同種族」。[39]從一九四〇年末至一九四一年初，這部影片於德國各大城市播放，在柏林也至少於六十六間電影院同步放映。[40]一份保安處報告總結了許多城市對這部電影的反應，其中指出觀眾給予壓倒性的正面回響；來自慕尼黑的報告還指出，影片播放到希特勒於國會演講一幕時，現場更爆出熱烈的掌聲。然而有趣的是，保安處接著表示，在當局大力宣傳下，一開始前來觀影的觀眾數量異常地多，但之後數字卻迅速下降。另外還有人評論說這部影片了無新意，說大家已經看夠猶太人的主題了，還有很多人對電影中有關儀式性屠殺場景的描繪感到噁心：有些人暈倒，有些人則嫌惡地離開了電影院。報告補充道，「喜歡看電影的普通民眾」都在避看這部電影，甚至會「在口頭上」給它負評；報告也明確指出，在其他許多城市（含慕尼黑在內），「通常只有積極關注政治的群眾才會觀看這部紀錄片」。[41]從這類評論看來，希特勒參與解決「猶太人問題」一事，在「積極關注政治者」的眼中非常正面（這群人也構成了大部分的觀影者），但「一般」德國民眾對「猶太人問題」則興趣缺缺。

從一九四一年起，尤其是在一九四二年「最終解決方案」如火如荼進行時，希特勒便不斷回顧他一九三九年的「預言」，但他一直誤將演講日期說成是戰爭爆發的日期：九月一日，而非正確的一月三十日。這樣的錯誤本身幾乎不可能是偶然，也反映出希特勒本人就是將戰爭視作猶太人毀滅之時。[42]一九四一年一月三十日，希特勒在國會演講中首次提醒聽眾他之前給出的嚴峻「預言」，後於一九四二年，他也在至少四次重大演講中再次重申此觀點：分別為一月三十日、二月二十四日、九月三十日及十一月八日，並在他的「新年喊話」中暗示猶太人將於戰爭中遭殲滅。[43] 十一月，希特勒向黨中的「守舊派」致詞，他鄭重提及「歐洲猶太人的滅絕」，並說道：「我一直被譏為預言家。當時嘲笑過我的人今天大都笑不出來了。至於現在還在笑的人，或許以後也笑不出來了」。[44] 後來還有兩次，分別是一九四三年二月二十四日和三月二十一日，希特勒重複威脅說戰爭將滅絕猶太人，並於一九四四年五月二十六日在柏希特斯加登向將領軍官致辭時最後一次重申這點，此番話還引來了「熱

---

39 Welch, *Propaganda and the German Cinema*, pp. 293, 299.

40 D. Sington and A. Weidenfeld, *The Goebbels Experiment*, London, 1942, p. 213.

41 *MadR.*, vi. 1917-19, 20 Jan. 1941. 感謝 O. D. Kulka（耶路撒冷）教授協助我注意到此份報告。

42 參見 Domarus, pp. 1058 n. 119, 1663 n. 54; H.-H. Wilhelm, 'The Holocaust in National Socialist Rhetoric and Writings', *Yad Vashem Studies*, xvi (1984), 102 n. 8; E. Jäckel, 'Hitler und der Mord an europäischen Juden', in P. Märthesheimer and I. Frenzel (eds.), *Im Kreuzfeuer: Der Fernsehfilm 'Holocaust'*, Frankfurt a.M., 1979, pp. 161-2; E.Jäckel, *Hitler in History*, Hanover/London, 1984, p. 56. 戈倍爾不像希特勒，他並未誤記「預言」的日期。引自 Wilhelm, p. 105，參見一九四一年十一月十六日的戈倍爾社論。

43 Domarus, pp. 1663, 1821, 1828-9, 1844, 1920, 1937; Jäckel, 'Hitler und der Mord an europäischen Juden', pp. 160-1.

44 Domarus, p. 1937. 另參見 Wilhelm, p. 111 n. 23.

烈掌聲」。[45]

可以合理地說，希特勒之所以會發表以上駭人的言論，只是因為他希望能在歷史的眼中彰顯自己的成就。[46] 然而，他同時間又於一九四一年底附和羅森堡的觀點，認為公開談論種族滅絕是不得體的。[47] 而至一九四二年底，鮑曼則急於終結有關東方「最終解決方案」的謠言。[48] 希特勒一方面刻意炫耀般地暗示東方正上演著可怕事件（他的說詞雖然野蠻，但仍空泛又抽象），另一方面卻又將有關大屠殺實際情形的「確切」消息壓制下來，形成了鮮明的對比，這反映了希特勒作為種族滅絕的幕後推手，甚至是如何一邊大肆威脅猶太人，一邊在檯面下為「滅絕的過程細節」貼上禁忌的標籤。[49]

當然，我們無法精準確定，希特勒這番公然稱猶太人即將滅絕的恐怖言論引發了何種反應。在希特勒於一九四二年一月三十日重申「預言」的幾天後，保安處的報告稱，民眾將他的話「解讀為元首將毫不留情地與猶太人鬥爭到底，而最後一名猶太人很快就會消失於歐洲的土地上」。[50] 然而，這些傳入保安處線人耳裡的公開意見，卻似乎有過多的比例是來自於明顯受納粹化的人群。此外，希特勒針對猶太人發表的惡毒卻空泛的言論，對許多人來說顯然並非演講重點。根據保安處報告本身指出，[51] 民眾最關心之處，在於希特勒對東部軍情的評估，而大眾對其「預言」的普遍反應，就以上面引用的那句話來總結。這時候「猶太人問題」就和從前一樣，在大多數人的心目中似乎只不過屈居次位。

而這點在後來的保安處報告中似乎又得到了佐證。在一九四二年二月二十四日、九月三十日，還有十一月八日，以及一九四三年二月二十四日及三月二十一日的演講上，希特勒都曾重申過這則預言，但保安處的報告並未說明民眾對演講中提及猶太人的段落有何反應。事實上，希特勒一九四三年二月二十四日的聲明還幾乎未獲民眾注意，[52]至於一九四三年三月二十一日的低調演講，引起眾人議論的原因卻主要在於希特勒給出的德國傷亡數字低得驚人。[53]所以我們猜想，儘管希特勒對猶太人的評論相當殘酷，但大家很可能都已視之為陳腔濫調，比起他對戰爭局勢的評估，希特勒的反猶太言論並不值得關心。

---

45 Domarus, pp. 1992, 2001; Wilhelm, p. 102. 戈倍爾也在《帝國報》上的至少兩篇「社論」（一九四一年十一月十六日和一九四三年五月九日）中點名此「預言」（該報被視為「優良報紙」，截至一九四四年初，其發行量為一百五十萬）。引自可參見資料同上，pp. 104-5, 111。

46 Jäckel, 'Hitler und der Mord an europäischen Juden', p. 161.

47 引自Jäckel, *Hitler in History*, p. 55.

48 引自Steinert, p. 252.

49 參見Mommsen, 'Die Realisierung des Utopischen', pp. 391-5.

50 *Meldungen*, pp, 218-19. 另參見O. D. Kulka, '"Public Opinion" in Nazi Germany: the Final Solution', *Jerusalem Quarterly*, xxvi (1983), 147; Kulka and Rodrigue, pp.433-4.

51 *Meldungen*, pp. 216-20. 長達近四頁的紙本報告，卻僅用了五行的篇幅來敘述民眾對演講中提及「猶太人問題」之段落的反應。

52 *MadR*, xiii. 4869, 1 Mar. 1943.

53 同上，xiii. 4981-3, 22 Mar. 1943，另可回顧第七章，見希特勒給出的德國傷亡數字令民眾難以置信。

然而種種跡象也足以表明，民眾對猶太人的態度於戰爭期間變得更加強硬。其中又以黨員與其他在「猶太人問題」上同持激進納粹觀點者更支持希特勒的言論，他們認為這番話正是認同對「種族敵人」進行最無情的毀滅。

德國入侵蘇聯後，德國國內剩餘猶太人的處境就更加不利了。在這段時間，國內對「猶太布爾什維克」死敵的仇恨升溫，局勢更加劍拔弩張，黨派活動人士也再次大力鼓吹採取行動來應對「猶太人問題」。這種壓力直接帶來的結果，就是讓當局於一九四一年九月推出了「猶太星（Yellow Star）」，[54]公開將猶太人標記為被棄兒。遣送行動亦是於同一年秋天開始。以上兩個措施都使「猶太人問題」暫時成了民眾關注的焦點。在這種氣氛下，保安處稱戈倍爾在《帝國報》上發表的文章〈猶太人有罪〉（文中明確提及希特勒的「預言」）引起了民眾的「熱烈回響」，批評的聲音則來自於教堂信眾。[55]幾週後，猶太人被驅逐出西發里亞的民登。據報告，當地居民對此事的反應各有不同，有對猶太人表示同情者，亦有已徹底納粹化的評論。這些人說感謝元首讓人民擺脫了猶太血液中帶有的瘟疫，聲稱如果德國早在半個世紀前就這麼做的話，第一次世界大戰就沒必要開打了。另外也有謠言說，元首希望在一九四二年一月十五日以前徹底清空德國境內的猶太人。[56]

不僅是上述報告，其他報告也都清楚顯示，人們對「猶太人問題」的態度從以前到現在都存在分歧。無論民眾的態度是支持或否定（僅有少數人），希特勒如今明顯比戰前更積極直接參與政權的激進反猶太行動。對於視猶太人為迫切問題者，尤其是納粹運動的內部人士，希特勒說的話顯然是在示意或許可他們採取進一步的激進行動，人們也越發認為他說的話都是在描述實情。[57]

表現出極端反猶太情緒的前線軍人信件（儘管顯然只占全數軍人信件的一小部分）偶爾也會直接提到希特勒在「猶太人問題」上的立場，他們以典型納粹的態度，將戰爭解讀為猶太人發起的鬥爭，注定會以毀滅告終。其中一封信指出，「在與布爾什維克主義的抗爭中，我們肩負的偉大任務就是要消滅永遠的猶太人」，信接著寫道：「你只有見證到猶太人在這裡對俄羅斯做了些什麼，才能真正理解元首為什麼要開始抵抗猶太人。當初若放任這種人類禽獸繼續占上風，試想我們的祖國又會遭受何種苦難？」[58] 另一位在西線服役的下士顯然懷有極端的納粹信仰，在一篇惡毒的謾罵中明確提到希

---

54 編者註：猶太星（Judenstern）又稱黃星，是猶太人在不同歷史時期被要求佩戴的徽章。

55 *MadR*, viii. 3007, 20 Nov. 1941。

56 SD-HAS Bielefeld, 16 Dec. 1941; SD-AS Minden, 6 Dec., 12 Dec. 1941. 我誠摯感激奧托·多夫·庫爾卡（O. D. Kulka）教授（耶路撒冷）好心讓我在他的著作 *The 'Final Solution' and the German People*, Wisconsin Univ. Press, forthcoming 出版前先行參閱這些收錄其中的報告。

57 一九四二年二月二十四日，希特勒託人向慕尼黑參加年度創黨慶典的「忠實信徒」代為朗讀他的「訊息」並重申「預言」，這是他首次缺席。隔天，《下薩克森日報》（*Niedersächsische Tageszeitung*）為報導的相關段落下了此標題：「猶太人正遭滅絕。」（Der Jude wird ausgerottet）一名反納粹的普通公民卡爾·杜克菲爾登（Karl Dürckefälden）保留了這則剪報並在自己的日記中做註記，杜克菲爾登住在下薩克森邦的策勒（Celle）附近，他顯然便是按字面意思來理解此標題。引自 H. Obenaus, 'Haben sie wirklich nichts gewußt? Ein Tagebuch zum Alltag von 1933-1945 gibt eine deutliche Antwort', *Journal für Geschichte*, ii (1980), 29。另參見 H. and S. Obenaus, *'Schreiben, wie es wirklich war!' Aufzeichnungen Karl Dürkefäldens aus den Jahren 1933-1945*, Hanover, 1985, pp. 107ff.

58 *Das andere Gesicht des Krieges*, p. 171, no. 351, 18 July 1942.

特勒的預言，並特別感謝《先鋒報》在「猶太人問題」上堅守原則，並對現在也在西部被占領的領土上採用猶太星表示讚賞：「……事情現在終於走到這個地步，驗證了我們元首於鬥爭爆發之時在他的偉大演講上向全世界猶太人給出的預言：『……如果猶太人又一次得逞，讓各國陷入新的世界大戰，這個種族就會滅亡，而我們不會』。因此，這個種族也漸漸重新想起這些話……無論他們如何努力，都再也無法改變自己的命運」。[59]還有其他軍人也會直接向《先鋒報》投書表達類似觀點，《先鋒報》在戰爭期間的發行量估計仍超過三十萬份，並如以往繼續刊登其精選的令人厭惡反猶太讀者信件。[60]在空襲如雨下的戰爭最後階段，有一些古怪的納粹信徒和狂熱分子更致信宣傳部，而信中透出的不人道行為，就算對第三帝國來說仍屬非比尋常。他們會建議槍決或燒死猶太人作為對同盟國空襲的報復，寄信者有時還會特別要求將「建議」轉交給希特勒。還有信件則是直接向元首本人提出他們的宣傳「建議」。[61]

我們目前探討過的證據雖嫌參差不齊，但我們仍能大概從中得出一些結論。戰爭越來越野蠻（尤其是在德國入侵蘇聯之後），[62]這也導致「猶太人」的抽象形象變得日益非人化，並相應讓民眾「深信」有必要為「猶太人問題」找出治本的解決方案。希特勒直白地宣導「消滅歐洲猶太人」，在德國少數民眾的眼中，其地位又因他公開對極端的反猶太手段表態而越來越高。然而這些少數人的數量和勢力也不斷成長，尤其是「有組織」參與納粹運動者，還有據信在戰前就已是全心全意的活躍納粹分子、在意識形態上堅定支持反猶太主義者，但也絕不只有這些人。對納粹統治的忠實擁護者而言，希特勒公開表態要消滅猶太人的舉動，就是在放行與合法化他們針對猶太人採取的「私人手段」，在背後支持他們參與政權不斷升級的犯罪行為。

而另外還有一個規模較小、至今仍無能為力的少數群體，野蠻的反猶太措施和政策是這群人批評或完全拒絕納粹主義的原因之一。其中又以虔誠的基督徒最為顯著，許多納粹報告都點名他們反對虐待猶太人。但許多匿名人士的基本人性即使在多年的納粹統治下也並未完全泯滅，他們仍會出於同情，透過微小的善舉或姿態表明，自己與納粹對猶太人的主流態度並不合拍。[63]而且，希特勒與激進的「猶太人問題解決方案」有所瓜葛，有關東部猶太人滅絕的廣傳消息和謠言也將元首牽扯其中，

59 Das andere Gesicht des Krieges, p. 172, no. 352, 22 July 1942

60 F. Hahn, *Lieber Stürmer. Leserbriefe an das NS-Kampfblatt 1924 bis 1945*, Stuttgart, 1978, pp. 114, 149, 188-227.

61 BAK, R55/1461, Fos. 38-40, 301. 並參見 Steinert, pp. 260-1.

62 參見 O. Bartov, 'The Barbarisation of Warfare. German Officers and Men on the Eastern Front, 1941-1945', *Jahrbuch des Instituts für Deutsche Geschichte,* Tel Aviv, xiii (1984), 305-39; H. Krausnick and H.-H. Wilhelm, *Die Truppe des Weltanschauungskrieges*, Stuttgart, 1981; and C. Streit, *Keine Kameraden. Die Wehrmacht und die sowjetischen Kriegsgefangenen*, Stuttgart, 1978.

63 欲了解民眾援助猶太人的知名例子，請見 K. Kwiet and H. Eschwege, *Selbstbehauptung und Widerstand. Deutsche Juden im Kampf um Existenz und Menschenwürde 1933-1945*, Hamburg, 1984, pp. 159ff.; H. D. Leuner, *When Compassion was a Crime*, London, 1966; A. M. Keim (ed.), *Yad Washem. Die Judenretter aus Deutschland*, Mainz/Munich, 1983; I. Deutschkron, *Ich trug den gelben Stern*, 4th edn., Cologne, 1983; L. Gross, *The Last Jews in Berlin*, London, 1983.

對這些人來說，以上似乎顯然只不過是希特勒形象的另一個負面特質而已。至於另一群非出自人道關懷而出聲批評納粹反猶太人政策者，這點對他們而言大概也是同理，他們或擔心猶太人會於戰敗時報復，或指責希特勒藉由攻擊猶太人來引發戰爭（這種態度本身當然也悖離了納粹對「猶太人陰謀」宣傳的影響）。[64]

然而，大概有更廣泛的群眾是以正面眼光來看待希特勒對「猶太人鬥爭」的支持，就算這些人從來不是狂熱或暴力的反猶太主義者，但他們仍接受了歧視和驅逐猶太人的基本理由，這些人也大都相信全世界猶太人對戰爭負有責任。與此同時，儘管這類圈子對猶太人的態度無疑在戰時變得更加強硬，但「猶太人問題」對輿論的影響力卻很容易被誇大。其實也有證據指出，比之影響德國民眾輿論的其他因素，「猶太人問題」在戰爭期間和開戰之前都不是排名很高的重要因素。

似乎很明顯，民眾會有意或下意識地不去想猶太人受到的待遇，這是種或多或少經深思熟慮過、或刻意培養出的漠不關心，這與明顯的「自掃門前雪」態度並存，人們在艱苦又充滿憂愁的戰時環境下越來越以自我為中心。猶太人的命運「是個令人不快的話題，多做猜測並無好處，大家都不鼓勵討論猶太人的命運。這個問題被擱置一旁，在戰爭期間都無人多想」，這樣說著實恰如其分。[65]

此一結論得到了前心理學家麥克．穆勒克勞迪斯（Michael Müller-Claudius）研究的支持。一九四二年，穆勒克勞迪斯請六十一名黨員（他們全數都是於一九三三年之前加入德意志國家社會主義工人黨或希特勒青年團）參與一項獨特、隱祕的少量樣本意見調查。首先，他表示「猶太人問題尚未解決」，而「我們根本沒有聽聞當局是否設想過任何解決方案」，以引導黨員發表意見，其中只有三名黨員（百分之五）明確表示贊同德國有權消滅猶太人，他們說的話如下：「元首已決意並承諾消滅猶太人，他一定會付諸實踐」。另有十三人（百分之二十一）表現出些許倫理和道德感（儘管他們也大都接受了納粹稱猶太人對德國有害的說詞）。這些人的答覆亦透出一種無可奈何的態度——無論何種暴行，他們都絕不干涉。三人（百分之五）的態度則透出穆勒克勞迪斯所稱之「明確與反猶太主義脫節」。最後，有四十二名納粹分子（占「樣本」的百分之六十九）的回應則可被歸類為「良知冷漠」，這些人的回應指出，他們沒有興趣得知猶太人的命運如何，不然就是得知了也刻意忽略，或覺得事不關己。其典型的答覆包括：「想這個沒有意義，決定權都由希特勒一人掌握」、「我寧可不談，這種事根本由不得旁人置喙」、「還是抽根菸吧。我每天有十二個小時都在忙，也顧不上這些……」，還有「戰爭就夠讓人心煩了。只要有人掌控好情勢就行，我才不在乎猶太人在其中是扮演什麼角色」。[66]

當然，穆勒克勞迪斯的「樣本」很難算是有什麼代表性，但這些反應卻看來相當合理。再者，參與者都是在希特勒「掌權」之前就入黨的納粹分子，所以他們的態度就更有理由能延伸到其他「未加入組織」的德國人了。我們似乎可以合理推論：雖然對大多數民眾來說，希特勒的形象無疑與尋求

64 參見 Kershaw, *Popular Opinion*, pp. 368-70; SD-AS Minden, 6 Dec. 1941 (cf. above n. 55).
65 W. Laqueur, *The Terrible Secret*, London, 1980, p. 201.
66 M. Müller-Claudius, *Der Antisemitismus und das deutscht Verhängnis*, Frankfurt a.M., 1949, pp. 166-76.

「猶太人問題的解決方案」有些抽象的關聯，但人們要不是很少思考這個問題，就是故意將注意力轉移別處；而相對地，民眾也並未認真思考希特勒對猶太人的公開抨擊，只是囫圇接受，所以希特勒對猶太人的態度也並非其人氣高漲或「元首神話」於戰爭末幾年崩潰的主要原因。

因此，回歸我們於探討此議題之初提出的疑問，我們只能以此作結：儘管反猶太主義在希特勒的「世界觀」中占有舉足輕重的地位，但在鞏固元首與人民之間的聯繫（此為第三帝國民意正當性和公投之基礎）方面，這個議題卻是屈居次位。同一時間，將猶太人從德國社會排除之原則本身也越來越廣受歡迎，而即便希特勒對猶太人的仇恨是個「可為人理解」的因素，並非影響大多數德國人意向的核心議題，但這種仇恨仍確實是希特勒公眾形象中可為人接受的特質，因為其威脅雖然充滿惡意，但僅涉及合法、「理性」的行為，無關乎「卑鄙」黨員惹人厭的暴力與殘酷。

顯然在這個至關重要的領域，希特勒的形象再次大半脫離了現實。儘管希特勒在其政治「生涯」之初就強調反猶太主義必須源自於「理性」，而不能「意氣用事」，[67]但眾所周知，沒有什麼針對「猶太人問題」的手段對希特勒來說是太過極端的，除非是因戰術考量而有其必要。他持續捍衛施特萊徹和《先鋒報》的反猶太主義，也任由戈倍爾發動一九三八年十一月的大屠殺倡議（但這點他卻從未公開承認），在在都顯示出其形象與現實之間的巨大鴻溝。早在一九二二至一九二三年，反馬克思主義就凌駕於反猶太主義之上，成為他公開演講的主要「仇恨主題」，而他在一九三〇年代演講中相對低調的反猶太主義，也只能解讀為是出於政治和外交目的，而有意識地約束自己公然表達他本人的恐懼和偏執，以吸引更廣泛的群眾，並避免無端疏遠國內外的群眾。一九三九年一月三十日，希特勒的國會演講也標誌著其公眾形象與現實開始接近的時刻，儘管在戰爭期間，無論希特勒的言論有多麼暴力，他都避免公然與實際的大屠殺過程有任何牽扯。[68]

我們欲解答的第三個問題，就是該如何用希特勒的公眾形象來解釋「猶太人問題」的激進化過程和「最終解決方案」的起源。在這裡，我們似乎有必要區別希特勒在大多數人群面前呈現的形象，及其被認知的形象，以及他在納粹運動內部和國家官僚機構各個部門眼中的形象。就前者來說，反猶太主義只不過是「元首神話」的次要組成部分；而對後者來說，希特勒消滅猶太人的「使命」則是納粹黨和親衛隊的象徵性動力，也是政府「加快進程」為「猶太人問題」尋找「根本解決方案」的推動因素和合法化動力。[69] 希特勒的忠實「追隨者」（在「魅力型政治」框架內運作）所認知的形象，正是在上述最後一個作用中扮演著關鍵角色，因為不僅是黨和國家領袖，擔任中間職位的主事者（無論是出於意識形態上的理由，還是追求仕途的野心或其他動機，而其他動機在本質上與對猶太人的原則性憎恨關係不大）都將希特勒含糊表達的「意圖」「解讀」為激勵激進行動，而這些激進行動又發展出

67 Noakes and Pridham, G. (eds.), *Documents on Nazism*, London, 1974, pp. 36-7.

68 參見 Mommsen, 'Die Realisierung des Utopischen', pp. 391-8.

69 參見 Broszat, 'Soziale Motivation', pp, 402ff., 408; Mommsen, 'Die Realisierung des Utopischen', esp. pp. 389-90, 399-400; M. Broszat, 'Hitler and the Genesis of the "Final Solution" ', *Yad Vashem Studies*, xiii (1979), esp. 81, 83-5, 97-8.

其自身的動態與動力。

因此，希特勒在黨內中、高層領袖眼裡的形象比在廣大民眾的眼中要更貼近現實。希特勒在私人或半私人談話中，以及在向忠實黨信徒「機密」致辭時，他都毫不猶豫表達自己對「猶太人問題」的感受。一個典型的例子，就是他於一九三七年在松托芬（Sonthofen）對黨地區領袖（Kreisleiter，他們是集結地區黨派活動人士的不可或缺的中間人）的演講，希特勒開誠布公地講述他的做法與目標，[70]全然不同於他在公開演講中精心塑造的形象。在這場機密演講中，希特勒直接提起了「猶太人問題」，而他先前也在報上讀到要採取更激烈手段的「要求」，對此希特勒明確回應道，他當時必須考量戰術並分階段行動，但也表示自己的策略是要先將敵人逼入死角，再一舉殲滅。[71]希特勒就是透過這種方式，為歧視和迫害奠下了兇殘的基調，為納粹黨的活動提供了試金石和合法基礎。而這些活動大都是由黨內各級、國家官僚機構發起，尤其更來自於親衛隊、保安處及蓋世太保結成的密網，其中「猶太人問題」具有關鍵的功能作用。

因此，希特勒的形象在兩個不同的層面發揮作用。在納粹運動和國家強制機構的內部，它象徵著德國擺脫猶太人的鬥爭，也日益象徵著一舉消滅全體猶太人的鬥爭，其意義之重大不容小覷。但在納粹運動之外，「元首神話」的客觀功能則是透過希特勒所象徵的納粹統治中更受歡迎、吸引人的方面聯繫起來，將大多數「普羅大眾」和「未組織」起來的德國人整合到第三帝國之中，因為「猶太人問題」對那些人來說相對不那麼重要。這點本身就可轉移人們對希特勒涉足納粹政策「醜惡」面的注意力。同時間，希特勒個人的巨大人氣也使民眾更願意不加批判地接受他所稱之與世界猶太人巨大（卻說不出個名堂）的勢力抗爭，並歡迎他公開主張針對猶太人日益嚴重的「合法」歧視。這反過來，又確保了人們默許（不然至少是被動默許）納粹越發惡毒的不人道反猶太政策，並為納粹政權帶來足夠的自主權，使其在採取更加激進的措施以「最終解決方案」來處理「猶太人問題」為止，不受民眾反對、約束。

70 全文與評論載於 von. Kotze, pp. 111-77。

71 同上，pp, 147-8。另請參閱一名地區領袖的例子。有名猶太人打贏了與一名「雅利安人」的官司，隨後這名地區領袖表示：「要不是我們知道，人民的前方站著這麼一位領袖，他一有時間就會抽乾這片沼澤」，那麼他就會懷疑是司法不公了。引自 Hahn, p. 193.

結論

我們已探討過希特勒大眾形象的主要組成要素，以及如何融入具有強大影響力和韌性的領袖「神話」。虛構的希特勒形象是在既有「英雄」領袖理想的基礎上透過宣傳打造而成，與真實的希特勒之間存在著驚人的鴻溝。儘管評估起來困難重重，但有證據顯示時人很樂於接受希特勒的形象塑造，而我們在探討過這些證據後，仍可歸結出「希特勒神話」的七個重要基礎。在各基礎中，形象與現實之間都有著極大對比，「神話般」的內容明確無誤。

首先，希特勒被視為民族的化身，並集「民族共同體」於一身，他不在乎僅屬於少數人的利益和物質關注（這種自私自利代表著「每日」常態，只會撕裂社會和政治）。希特勒無私擁護著國家大業，其出發點清廉又無私，不可與黨工可恥的貪婪和虛偽的醜行混為一談。第二，人們認為是他一手策畫、創造出了德國一九三〇年代的「經濟奇蹟」，他成功消除持續困擾著其他歐洲國家的大規模失業問題、振興經濟、提高生活水準，也重新奠定了持久繁榮的基礎。第三，從一九三四年衝鋒隊高層遭屠殺引起之民眾反應，我們已再清楚不過，希特勒被視為「大眾正義」的代表、「人民健康情緒」的喉舌、公共道德的維護者，他體現的是用以落實「法律與秩序」、抗衡「全民公敵」的強力行動（有必要時甚至可以動用殘酷手段）。第四，從「教會鬥爭」的例子可知，就連以敵視納粹聞名的知名教會領袖，也多半認為希特勒本人稟性真誠，在會影響到既定傳統和機構的事宜上，他們也相信希特勒在納粹運動中是反對激進、極端分子的「溫和派」，但希特勒身邊的人卻大都將他蒙在鼓裡，讓他對實際情形一無所知。第五，在外交領域，希特勒通常被認為是德國正義權利的維護者和狂熱的捍衛者。他重建國家實力，是天才政治家，而在大多數時候，希特勒看起來也不像是好挑起戰爭的種族帝國主義者、無意引發「毀滅性戰爭」或為德國無限征服領土。第六，在戰爭前半段，希特勒似乎是個無人可比的軍事領袖，然而作為一名前線戰士與不凡勇氣，他清楚並理解一般軍人的「心理」。即使在戰情惡化之後，仍有許多人視他為德國堅定必勝意志的縮影。最後的第七點，希特勒也被當作一道防線，用以抵禦國家眼中強大的意識形態敵人：馬克思主義、布爾什維克主義，尤其是猶太人。而其中大概又以在接受意識形態「教育」最多的人群尤為強烈，特別是黨及黨附屬機構的忠誠成員。另外，德國中產階級對布爾什維克主義心存恐懼，且普遍反對馬克思主義，這種態度在納粹刻薄的宣傳下變得更加強烈，這也無疑反向為希特勒形成了廣大的人氣基礎。但值得注意的是，在大多數民眾心目中，希特勒個人對「抗衡猶太人」的執著卻似乎並非其形象的主要組成成分。

上述希特勒大眾形象的各面向可說是荒腔走板，完全背離現實，這大都是納粹宣傳刻意歪曲的產物，這點我們在先前的章節中已非常清楚說明過。雖然當局充其量只稍微成功將此形象「灌輸」到堅定不移的社會主義、共產主義及天主教次文化中（在那些意識形態強烈反對希特勒神話的地方），也難以撼動地位較高的上層階級（菁英主義〔élitism〕注重身分，讓他們仍不為民粹領袖形象的吸引力所動），但「希特勒神話」的滲透無疑是很深層的，尤其是到德國中產階級之中，但受影響的也絕不僅有這些人。一九三三年後，由於德國境內的反對聲浪已被壓制下來，不容他人非議的納粹宣傳已幾乎可以神化希特勒了。正如我們所見，戈倍爾也將自己塑造的希特勒大眾形象，視為他最偉大的宣傳勝利。然而，儘管元首神話的「製造」過程充滿了算計，但我們也必須明白，在一九三〇年代初，危機重重的環境下，元首崇拜曾利用並響應（就算是以極端、扭曲的方式）德國資產階級政治文化中普遍存在已久的情緒。我們必須明白這點，否則難以推知在一九三三年之後，元首崇拜的誇張程度及滲透範圍為何會如此之大。

其中最關鍵的，就是德國自一八七一年建立民族國家以來，表象上雖有民族團結，內部卻存在分裂，且德國懷抱著躋身世界強權的遠大夢想，但在國際關係上卻幾無實質成就。從俾斯麥時代起，這個新生的民族國家就一直過度強調「民族團結」的概念，而實現「民族團結」的方法就是集中抵禦內部的「帝國敵人」（天主教徒、社會主義者、少數民族），且在威廉二世的統治下，「民族團結」的概念也更加涉及德國擴張主義的各式主張。可是，一八九〇年代以來的民粹政治更加劇了內部分歧，而帝國主義野心雖越發遠大，實則毫無進展。戰爭、戰敗和革命暴露出的根本分歧是有其意識形態基礎的，而種種分歧從初時就給了威瑪共和國極其薄弱的合法基礎，資產階級和菁英尤其不予支持。面對層層疊加的內部危機，威瑪政治分裂嚴重，最終淪為只顧利益的政治局面，[1] 國家制度本身已完全失去合法性，多元政治再無信譽，這也為一種新的團結基礎鋪好了道路——早至一九三二年左右，就為大約一千三百萬德國人所接受，此團結基礎在希特勒的「魅力」領導下，以全新的個人政治形式呈現。

威瑪共和最後階段的情勢嚴峻，以多元政治為基礎的國家體系完全失去了信譽，官僚和黨派政治人本應跳脫個人、作為「理性合法」政治統治形式的代表，他們負責依法行事，其職能無關乎個人的身分與決策。但在這樣的情況下，他們的「職能」領導已失去了民眾的信任。而若要尋找救贖，就只能訴諸於擁有**個人**力量、準備擔下**個人**義務的領導人，此人會掃除苦難的根源，掃蕩造成苦難、不露面卻擁實權的政客與官僚，他也似乎將運用自身的力量來主導歷史的進程。[2]當然，在現實中，法西斯形式的「魅力領袖」（與墨索里尼崇拜有明顯的相似之處）不僅奠基於現有的官僚權力之上，更創造出全新、勢力廣大的官僚行政機構。結果這些機構非但未能減少干涉日常生活的各個領域，反倒更是無孔不入。在這種悖論中，我們看到了新型黨務工作者，和傳統上不受歡迎的國家公務員的極度厭惡的本質，但元首卻是聲勢高漲，他的個人權力被理想化，並昇華至似乎已跳脫「日常生活」領域的境界。

以下摘錄希特勒一九三九年四月的國會演講，此段落充分顯示出希特勒對「他自己的」偉大「成

---

1 參見 T. Childers, 'Interest and Ideology: Anti-System Politics in the Era of Stabilization 1924-1928', in G. Feldman (ed.), *Die Nachwirkungen der Inflation auf die deutscht Geschichte*, Munich, 1985, pp. 1-20.

2 參見 A. Gorz, *Farewell to the Working Class*, London, 1982, pp, 58-9, 62-3.

就」之個人主張，也彰顯出這些成就又有多大程度是以「民族」理想與願望為本，而非只是為了實踐納粹的主張。這些「成就」為希特勒奠定了基礎，讓他能夠做到此前任何政客所不能為之事，讓他不僅能夠整合德國中產階級，更有辦法整合絕大多數民眾，但絕大多數人在特定政策方面，往往會對影響日常生活的納粹統治的具體表現，表現出強烈的敵意。在一九三九年四月二十八日的演講中，希特勒列出了以下成就清單，在大多數普通德國民眾看來，這些全然是屬於他個人的豐功偉業：

> 我終結德國的混亂、恢復秩序、大幅提高國民經濟各領域的產量……我成功讓我們心心念念的七百萬名失業人士全數能夠重新發揮所長、我排除萬難讓德國農民留在自己的土地上、我為他們保住了家園、我成功為德國貿易注入活水、成功大幅改良交通運輸。我不僅讓德國人民在政治上團結一心，也為德國人民重新配備精良武器。我還試圖一頁頁撕毀那份和約，裡頭包含四百四十八條條款是有史以來對民族和人類最卑劣的侵犯。而一九一九年從我們手中奪走的土地，我也已全數歸還給帝國。我帶領數百萬名因為與我們分離而深感不幸的德國人重回故里。我重建曾有千年歷史的德國生存空間，我努力在不流一滴血的條件下完成這一切，設法不讓我國人民或他人遭受戰爭的苦難。二十一年前，我還是我國人群中一名沒沒無聞的工人和小兵，但我今天仍憑藉一己之力做到了這些。[3]

對希特勒的廣大聽眾來說，被希特勒當作個人功績而大肆宣揚的德國政治和經濟復甦本身就是目標。但對希特勒和納粹領導階層來說，政經復甦卻只是為種族帝國主義的征服野心和殲滅戰役提供了基礎。我們仍然要問，我們所探討的普遍希特勒形象是如何有助於增強政權的力量，並使這場戰爭成為可能。從我們所看到的情況來說，雖然大多數德國人都願意在必要時戰鬥，卻極力避免這場戰爭的發生。

「希特勒神話」可被視作納粹統治體系內整合、動員及合法化的核心動力。而若要考察其功能意義，就必須考量這則神話對「非組織化」群眾（這群人對希特勒的觀感一直是這部研究的關注重點）、忠實黨信徒，以及納粹和非納粹菁英有何重要性。

沒有人比希特勒更清楚其受歡迎程度能將他與大眾，以及政權聯繫在一起的功能意義。他指出，政權的力量不能「光靠蓋世太保的法律（！）」，他繼續表示：「廣大群眾還需要一個偶像」。[4] 在另一場合中，希特勒評論道，僅依靠行政權力而未能與「民眾建立聯繫」的統治者注定會失敗。[5]

---

3 Domarus, p.1178. 另參見 Haffner, S., *Anmerkungen zu Hitler*, Munich, 1978, p. 44.

4 Picker, *Hitlers Tischgespräche*, p. 478. 引自 von Kotze, p. 46.

5 引自 von Kotze, p. 46.

希特勒很害怕丟失了個人聲望會讓政權變得更不穩定，他對這種事的擔憂也有據可查，[6]這進一步證明了他很清楚元首角色的團結力量占有何種中心地位。這種整合大都是以情感為依歸，大部分是透過心理或情感上的聯繫，而非物質上的。但這種整合的真實性幾乎不容懷疑。在內部危機時刻（例如一九三四年六月），政權之所以能夠穩定下來，且領導層之所以能獲得更大的操作空間，都要歸功於希特勒飆升的支持率，以及人民與元首之間更堅實的認同感。希特勒以其塑造出的公眾形象作為第三帝國的支柱，透過民族團結的最高理想，以跳脫少數人的利益和不滿。這是因為他必須遠離日常政治的「衝突領域」，使他能夠與納粹主義中較不受歡迎的面向保持分離。

希特勒體認到，自我犧牲的熱情和意願不會長存，它們必然會隨著「單調的日常例行公事和便利生活」而消退。[7]因此他認為，要維繫自己支持度的唯一辦法，就是不斷在心理上動員群眾，也就是說要不斷取得成功。至戰爭中期以前，種種了不起的成就（尤其是在外交政策和軍事領域上）使得許多遠離納粹的德國人與希特勒產生了緊密的認同感。這些創舉振奮了低落的士氣，讓民眾公開讚揚他，促使眾人積極參與支持「希特勒的」成就（即便只是膚淺、僅重視儀式的支持），卸下潛在反對者的武裝，讓民間更加難以形成反納粹政策的勢力。舉例來說，這無疑就是一九三三、一九三四、一九三六及一九三八年公民投票的效果。投票結果表現出的熱烈支持雖然是大肆宣傳和脅迫的產物，顯然也無法反映真實的輿論狀況，卻仍反映出廣大民眾對希特勒成就的忠實認可與欽佩，並說服了搖擺不定者歸順。[8]

希特勒總能成功動員起來的公投支持度，這為他提供了不可動搖的民意基礎。因此，無論在德國國內和外國列強眼中，都為政權提供了合法性，令納粹更有空間能進一步動員、積聚推行政策的動力。希特勒的廣泛支持度甚至得到與政權為敵者的認可，從而成為納粹德國統治結構的關鍵要素，這不僅有助於說明他和納粹高層為何能相對不受非納粹菁英的約束，而享有不斷成長的高度自主權，還有助於解釋他是如何作為一股恐怖、鎮壓及威嚇的抗衡力量，令民間無力抵抗。就此意義而言，「希特勒神話」和恐怖統治互為一體兩面，缺一不可，兩者一同保障著政權背後的政治控制和動員能力。因此在政權衰落的最後階段，隨著希特勒聲望的凝聚力漸漸衰弱和崩潰，恐怖鎮壓手段也瘋狂升級，此現象並非巧合。

對「非組織化」的廣大德國民眾而言，「希特勒神話」發揮作用的方式在於刺激民眾為「既成事實」歡呼（反覆出現，但總是曇花一現），也就是為已成功的政變、已達到的成就歡呼，而非為正在推行的明確政策歡呼。納粹黨扮演的主要角色，就是保證能讓民眾發出適當程度的歡呼聲。但對於黨及其附屬機構的積極分子來說，「希特勒神話」的整合和動員功能並不局限於支持現下的成就，更在

6 參見 Speer, p. 229; 以及 T. W. Mason, 'The Legacy of 1918 for National Socialism', in A. Nicholls and E. Matthias (eds.), *German Democracy and the Triumph of Hitler*, London, 1971, pp. 215-39.
7 *Lagebesprechungen im Führerhauptquartier*, ed. H. Heiber, Berlin, 1962, p. 287.
8 參見 Schweitzer, A., *The Age of Charisma*, Chicago, 1984, pp. 86-7.

於將納粹主義的「理念」融入希特勒本身，不僅體現未來他們將營造出的烏托邦，也歡慶過去的輝煌創舉。元首形象體現出的理想很大程度上凝聚納粹運動的離心力；對社會的失望和理想幻滅可藉由參與元首的偉大「鬥爭」被克服，並在即將來臨的新世界獲得滿足。對於納粹運動的積極分子和「忠心耿耿」的核心成員（尤其是年輕一代）來說，其眼中的元首形象亦象徵著意識形態的準則——準備決戰布爾什維克主義、爭取生存空間、「驅逐猶太人」，以上目標甚至早在有機會可實現以前便是已決定好的「行動方向」。[9] 如果沒有像這樣與元首「代表人物」密切相關的意識形態信念，我們就很難想像黨及其附屬機構為什麼會蘊含永不衰退的動員活力。而最後，讓納粹黨始終忠於希特勒的，並非詳盡的黨綱計畫，而在於希特勒所扮演的角色——他是與內外強大死敵展開究極鬥爭的化身。

即將到來的布爾什維克主義生死戰讓納粹積極分子益發嗜血，讓他們準備好要迎接一場絕不妥協的殘酷鬥爭，生存空間的理念和無止境的德國擴張主義也成為所有國家弊病的萬靈藥，讓不滿於現狀的民眾能對未來懷抱希望，在這種情況下，「驅逐猶太人」便是當下可實現的目標，即便實現此目標的途徑尚不明朗。由於納粹運動是以種族原則為基礎，將猶太人的形象作為仇恨的焦點，並視元首為其意識形態和組織的支點，因此納粹分子並不需要希特勒的常規命令或指示來敦促他們欺侮和歧視猶太人。他們的舉措便會自行推動政府和國家官僚機構採取行動，從而不斷增強種族政策的激進勢頭。

元首形象就是以這種方式發揮其功能：整合納粹運動內部的潛在分化力量，以不同於凝聚「非組織化」廣大德國民眾的方式來凝聚黨內的「忠誠信徒」；並用長遠、「宏大」的「烏托邦」目標作為名義，讓人可「合法」針對意識形態上和種族上的「國家敵人」採取行動，藉此動員狂熱和積極分子的能量，以及他們錯付的理想主義。

最後，我們必須從先前章節，並未全面探討的第三個層面，來看待「希特勒神話」的意義：也就是這則神話對菁英階層的作用，其中包括非屬納粹的「民族保守派」菁英，以及納粹運動本身內部的權力集團。

對於經濟領域和軍中的非納粹「民族保守派」權力菁英來說，希特勒的「魅力」本身從來都不是關鍵因素，雖然至一九三〇年代初期，看起來已有相當多的人（尤其是來自「知識菁英」圈子裡的人）都明顯多少屈服於元首崇拜。[10] 讓傳統菁英與希特勒站在同一陣線的並非個人魅力，而是務實的權力考量。這群人在政治和社會上的「合法基礎」直至戰前時期都在漸漸削弱，於威瑪共和期間更是地位難保。[11] 但希特勒能為他們提供新的民意基礎，讓他們能在獨裁制度的框架內於表面上鞏固自身領導地位，同時讓德國有潛力成為歐洲霸權，甚至躋身世界強國之列。希特勒則是需要這群人的

9 Broszat, 'Soziale Motivation', p. 405. 以下省思要大大歸功於這篇充滿啟發的文章。

10 參見 Struve, p. 433; Weinstein, pp. 66-7; H. Mommsen, 'Zur Verschränkung traditioneller und faschistischer Führungsgruppen in Deutschland beim Übergang von der Bewegungs-zur Systemphase', in Schieder, p. 165; and H. Mommsen, 'Der Mythos des nationalen Aufbruchs und die Haltung der deutschen Intellektuellen und funktionalen Eliten', in *1933 in Gesellschaft und Wissenschaft*, ed. Pressestelle der Universität Hamburg, Hamburg, 1983, p. 134.

11 參見 K.-J. Müller, 'Nationalkonservative Eliten zwischen Kooperation und Widenstand', in Schmädeke and Steinbach, pp. 25-6; R. Baum, *The Holocaust and the German Elite*, London, 1981, pp. 52-3, 178ff., 183ff.

支持來獲取和鞏固權力。一九三三年一月，傳統「權力菁英」的主導勢力與納粹高層之間就是以這樣為人所知的基礎達成了共識。[12]

無論在一九三三年「魅力」是何種微不足道的考量，「希特勒神話」（或說神話中的重要元素）於後續幾年中似乎仍無疑對保守派菁英的行為大有影響，其作用方式至少有兩種。首先，菁英階層誤以為希特勒不同於黨內激進分子，他們以為此人是個可以信賴和「共事」的對象。這種錯誤觀念於早期的關鍵幾年整合了不同菁英派系，並成功動員他們支持納粹領導階層，那時希特勒的聲望也恰好為這些人提供合法民意基礎，令他們以為能夠藉此重新確立自己的主宰範圍。而後來在抵抗運動中扮演要角的「民族保守派」菁英關鍵人物——像是官僚機構中的恩斯特・馮・魏茨澤克（Ernst von Weizsäcker）、經濟領域的卡爾・格德勒（Carl Goerdeler）和軍隊中的海寧・馮・特雷斯科夫（Henning von Tresckow）——雖然在早年便越發無法苟同納粹運動中的激進分子，並打算疏遠希特勒，[13]但有一部分正是因為上述的錯誤觀念，這些人在走上根本的反對道路時仍猶豫不決，他們的反政權立場也有很長一段時間並不堅定。[14]

其次，他們低估了希特勒群眾魅力基礎中的「凱撒主義」（caesaristic）因素，這也就表示，在公民投票中投下贊成票支持元首的人，並未如菁英階層所願為其傳統權力提供新的基礎，反而使希特勒本人的權力得以擺脫潛在束縛、發展出高度的相對自主權，這樣的支持度同時也將先前處於主宰地位的群體（例如軍隊）從正統的「權力菁英」貶為「職能菁英」，[15]這些職能菁英無法阻撓希特勒本人和納粹運動中的「狂人」，他們是心有餘而力不足。「希特勒神話」在鞏固元首的核心地位基礎時，也大力促成了尤其可讓納粹菁英壓過傳統菁英的局面。所以說，有別於經典「波拿巴主義」（**Bonapartist**）理論中的情況，這裡的傳統「統治階級」並無法在經濟穩定下來後，便將納粹的獨裁者及其黨羽排擠到邊緣。實際上，「希特勒神話」的動態驅力並不允許穩定或「常態化」過程，而是制約了種種條件，讓傳統「統治階級」在瘋狂走向毀滅的同時，也變得越來越融入、依賴這個他們再也掌控不了的「龐大」[16]納粹國家。

從一九二〇年代初期起，希特勒首先便已與他手下的「聖騎士」、納粹次級領袖和區域黨部主委營造了個人的忠誠關係，藉此在黨內奠定他的權力基礎。希特勒的個人魅力、他獨有的煽動天賦、他的意志力、明顯的自信和堅定的行動力，以及他對納粹運動而言不可或缺的價值（一九二三年政變不幸失敗後，無他領導的納粹運動便四分五裂了），以上種種都為他超凡的魅力型權威扎下了基礎，讓

12 參見 Müller, 'Nationalkonservative Eliten', pp. 25-6.

13 同上，pp. 28-30。

14 近來有研究顯示，保守反對派團體即使在積極謀畫要推翻政權時，仍能於自身「世界觀」中適應納粹意識形態的核心部分（當然，這不代表他們認同這些觀念），這點就體現在「猶太人問題」上。參見 C. Dipper, 'The German Resistance and the Jews', *Yad Vashem Studies*, xvi (1984), 51-93.

15 參見 K.-J. Müller, *Armee, Politik und Gesellschaft in Deutschland 1933-1945*, Paderborn, 1979, pp. 39-47.

16 參見 F. Neumann, *Behemoth. The Structure and Practice of National Socialism*, London, 1942.

他能靠著此種個人忠誠紐帶受到身邊隨從的擁戴。對希特勒而言，身邊有從「鬥爭時期」以來最親密的「戰友」相伴總能讓自己感到最自在。希特勒明白，這群人的忠誠是他個人權力最堅實的基礎，他需要他們，就如他們也需要他一樣。對於曾經效忠於自己後來卻背叛者，希特勒是深惡痛絕，但同樣他也從未忘記過往的功勞，而除了一九三四年六月的「長刀之夜」以外，他從未訴諸黨內整肅。[17]

希特勒魅力型領導的制度化，首先在一九二〇年代見於黨內，接著在一九三三年後見於國內，其制度化讓希特勒與下屬黨領袖之間的聯繫更加緊密。這種整合之效就此決定了大局。納粹「菁英」集團的分裂在一九二四年就已展露無遺，而一九三〇年代初期的黨內派系之爭和反對聲浪，則只能透過希特勒個人地位的力量來壓制。同樣地，一九三三年後，納粹菁英內部的激烈個人恩怨和政治衝突之所以沒有瓦解整個體系，也只是因為希特勒本人的魅力型權威化解了這些爭端，他是納粹主義的民意合法基礎，也是納粹主義「觀念」的化身，其地位無可爭議。

當然，比起德國普羅大眾，或甚至是黨的積極分子，這些黨領袖都更加接近真實的希特勒。因此值得注意的是，這樣未經稀釋的「希特勒神話」——對「超人」領袖毫無保留的崇拜——竟然也幾乎徹底收買了納粹菁英，這點對政權的動態與活力同樣意義重大，由此可見，「希特勒神話」不僅是他們為了一己之私而拿來利用的功能宣傳品。要是第三帝國期間各副手的奉承之詞和著作還不足以證明這點的話，[18] 那麼納粹領袖在紐倫堡受審時的行為和戰後回憶錄（儘管裡面明顯都是狡辯之詞）就是明證。[19]

就算在戰後和紐倫堡的揭示後，艾弗雷德·羅森堡仍稱希特勒為「納粹國家偉大成就下的原動力，和不懈推動者」。[20] 漢斯．法蘭克則覺得元首是「某種超人」，他「毫無保留地」相信元首，並認為元首「在所有關鍵議題上」的決定都是正確的。[21] 阿爾伯特．施佩爾則是位野心勃勃、精於算計又理性的權力專家，他曾爬上權力階梯的頂端。而無論是在紐倫堡還是回憶錄中，施佩爾都最明顯地與希特勒保持距離，但他也承認自己曾在元首身上看到接近「古老傳奇英雄」的特質，在德國戰勝法國後，他還認為希特勒是「德國歷史上最偉大的人物之一」。[22] 至於希特勒青年團的前團長巴爾杜爾．馮．席拉赫，他就算是在紐倫堡受審時，也仍對希特勒懷抱一種天真的依戀。他於回憶錄中指出，希特勒周圍不斷的阿諛諂媚之詞影響到了希特勒本人，讓他無法接收理性的批評指教、無法參與真誠的辯論，也讓他日益脫離現實。馮．席拉赫指出，「我和戈倍爾、戈林、赫斯、萊伊等其他無數人一樣，都助長了這種近乎宗教的無限崇拜，這也讓希特勒本人更加堅信他懂得上天的旨意」。[23]

---

17 參見 Kater, 'Hitler in a Social Context', pp. 257-60; Schweitzer, pp. 66ff.

18 參見 Schweitzer, A., *The Age of Charisma*, Chicago, 1984, p. 82.

19 可參見資料如 G. M. Gilbert, *Nuremberg Diary*, London, 1948, pp. 186-96 和 D. Jahr, 'Die Einstellung der engeren NS-Elite zur Persönlichkeit und politischen Strategie Adolf Hitlers', Ruhr-Universität Bochum Magisterarbeit, 1984.

20 A. Rosenberg, *Letzte Aufzeichnungen. Ideale und Idole der nationalsozialistischen Revolution*, Göttingen, 1955, p. 328.

21 H. Frank, *Im Angesicht des Galgens*, Munich, 1953, pp. 139, 322.

22 Speer, A., *Erinnerungen*, Frankfurt am Main/Berlin, 1969, pp. 177, 184.

23 B. von Schirach, *Ich glaubte an Hitler*, Hamburg, 1967, p. 160.

就如這些回憶錄（作者會將他們的行為歸因於自己必須完全服從元首，但這並不牴觸他們對希特勒權力的真誠信念和極端的個人效忠）清楚所示，希特勒本人與「元首神話」逐漸變得密不可分。希特勒必須更充分實踐這種建構而成的全能、全知形象。他越是屈服於自身元首崇拜的誘惑、越是相信自己的神話，他的判斷力就越發受到損害，因為他認定自己絕對是正確的。[24] 就這樣，希特勒已無法判斷自己「意志」的力量之所能及與所不能及。自一九二〇年代中期起，希特勒自欺欺人的功力就已經相當深厚，這點也成功讓他說服身邊親信相信他的志業有多麼偉大，還有他為實現目標而踏上的道路有多麼合乎正義。但隨著他在納粹運動中、在德國國內、在國際舞臺上的成就不斷成長，直至看不到邊際，這位「深信不疑」意識形態者自欺欺人的能力，也膨脹到最終吞噬了這位原本工於算計的投機政客，餘下的只有對毀滅的貪婪欲望——最終招致自我毀滅。就此意義而言，「希特勒神話」在根本上也造就了納粹政權的潛在不穩定傾向，以及其不受約束的破壞動力。

要我們想像曾經如此偉大的「希特勒神話」竟會在一九四五年一夜之間消失，與元首本人的遺骸一起瓦解，並隨著第三帝國的灰燼一同四散，這樣的期待就太過了。先不說這則神話在大量民眾心目中占有的地位過於強大，再者，戰後的環境也非常悲慘，足以讓許多人認為這並不如納粹主義統治下的和平時期。

一九四五年十月，美國占領軍隊於達姆城（Darmstadt）進行戰後早期的抽樣民意調查，代表性樣本的結果顯示，德國未滿十九歲者和較年長者對納粹主義的態度存在差異。多達百分之四十二的年輕人（相較之下，成年人的比例為百分之二十二）認為，德國的重建工作最好由「一位強大的新元首」來負責。報告稱：「……民眾對希特勒的態度存在相當大的差異，大多數年輕人都願意為希特勒開脫，認為他是個好人，只是用人不善，而較年長者則有大半都譴責希特勒是惡人」。[25] 紐倫堡審判讓許多德國人看清了事實，後來美國占領區軍政府（OMGUS）的調查報告指稱，在美國占領區的受訪者中，只有八分之一（百分之十二）回想起自己直到戰爭結束時都還相信希特勒的領導才能，有百分之三十五的人聲稱從未信任過他，另有百分之十六的人稱他們的信任到戰爭爆發時就破滅了。[26] 然而，在美國和英國占領區，大約每兩位德國人就有一位（百分比還有增加）認為納粹主義基本上是很好的概念，卻推行得很糟糕，他們對納粹主義的支持也遠勝過對共產主義的支持。[27] 良好的社會環境、優渥的生活條件、充分就業、統一的國家和政府、秩序和安全則依序被評選為納粹主義的最佳

24 據奧托．迪特里希表示，希特勒從一九三五至一九三六年左右開始，便「厭惡有人反對他的觀點和質疑他的判斷」，他只想要「發言，但不願聆聽」。引自 Dietrich, pp. 44-5。弗雷茲．維德曼則說，「如果事實與他的觀念不符，他就會馬上變得咄咄逼人」，要反駁這樣一名領袖根本不可能。引自 Wiedemann, p. 90，並參見 pp. 73-4, 89。

25 IfZ, OMGUS-Akten, 5/234-2/2, 13 OCT. 1945.

26 A. J. and R. L. Merritt (ed.), *Public Opinion in Occupied Germany. The OMGUS Surveys, 1945-1949*, Urbana, 1970, pp. 30-1.

27 同上，pp. 32-3; A. J. and R. L. Merritt (ed.), *Public Opinion in Semisovereign Germany. The HICOG Surveys, 1949-1955*, Urbana, 1980, p. 7; IfZ, OMGUS-Akten, 5/233-3/2, reports from 11 June 1948, 5 Jan. 1949, 11 Feb. 1949 from the British Zone Public Opinion Research Office, Bielefeld.

優點。[28] 遲至一九五〇年，在西德的全國抽樣民調中，有百分之十的人認為希特勒是為德國打下最高成就的政治家，僅次於俾斯麥。[29] 一九五二年夏天，大約有四分之一的人口對希特勒懷有「好感」。[30] 十分之一的受訪者認為希特勒是本世紀最偉大的政治家，只有後世才能認可他真正的偉大特質，還有百分之二十二的人認為，雖然他犯了「一些錯誤」，但他還是一名優秀的國家元首。[31] 大約三分之一的受訪者仍然反對一九四四年七月二十日暗殺希特勒的行動。[32] 一九五三年，大約還有百分之十四的人表示願意再次投票給希特勒這樣的人。[33]

一九五〇年代末期，德國北部受訪的青年抽樣調查仍展露出「希特勒神話」的顯著痕跡：廢除失業、打擊性犯罪、修建高速公路、引進便宜的收音機、建立勞動服務，並讓德國重新讓全世界刮目相看，以上都是希特勒的功勞。他起初是個想法豐富的理想主義者，但後來犯了錯誤，結果基本上成了壞人，成了瘋狂的大屠殺罪犯。[34]

至西德總理艾德諾（Konrad Adenauer）和經濟部長艾哈德（Ludwig Erhard）領導下的「經濟奇蹟」時代，希特勒的死後支持率才驟降。到了一九六〇年代中期，只剩下百分之四的人表示他們可能願意再次投票給希特勒這樣的人。[35] 這時，只有大約百分之二或三的人認為希特勒為德國成就的事業大過其他領袖（截至此時，艾德諾的人氣已遠遠超過俾斯麥，拿下第一名的寶座）。[36] 儘管如此，相對還是有很多人相信，要不是有戰爭，否則希特勒也會成為德國史上最偉大的政治家之一，但此數字也大幅下降（一九五五年為百分之四十八，到一九六七年則降至百分之三十二）。[37]

至一九六〇年代中期，崇拜希特勒者幾乎只剩下殘餘的極右翼分子（也就是新納粹主義者）。在聯邦共和國成立的最初幾年（一九四九到一九五三年），當右翼呈復甦之勢時，人們也開始設法將「瘋狂的希特勒主義」與納粹主義好的一面區分開來。[38] 但隨著此階段的激進右翼樂觀主義（**Right optimism**）從一九五三年開始式微，就只剩下頑強的信徒還在堅守已成過去的納粹時代，並公然讚揚希特勒。[39] 自那時起，極右派出版物的基調便幾乎沒有改變。一九六六至一九六八年間，新納粹右

---

28 IfZ, OMGUS-Akten, 5/233-3/2, 11 Feb. 1949.

29 *Jahrbuch der öffentlichen Meinung 1947-1955*, ed. E. Noelle and E. P. Neumann, Allensbach, 1956, p. 132. K. D. Bracher, *The German Dictatorship*, Harmondsworth, 1973 p. 589. 指出在一九五三年有多達三成二的西德人認為希特勒大概是本世紀最偉大的政治家，但這似乎是將俾斯麥的民調數字誤讀成了希特勒的數字。

30 *Jahrbuch de, öffentlichen Meinung 1947-1955*, p. 135.

31 同上，p. 136。

32 同上，p, 138。.

33 Merritt and Merritt, *Public Opinion in Occupied Germany*, p. 62 n. 17.

34 W. Jaide, ‘Not interested in Politics?’ in W. Stahl (ed.), *The Polities of Postwar Germany*, New York, 1963, pp. 368-9.

35 Merritt and Merritt, *Public Opinion in Occupied Germany*, p. 62 n. 17.

36 *Jahrbuch der öffentlichen Meinung 1965-1967*, ed. E. Noelle and E. P. Neumann, Allensbach, 1974, p. 201.

37 *Jahrbuch der öffentlichen Meinung 1965-1967*, p. 144.

38 H.-H. Knuetter, ‘Ideologies of Extreme Rightists in Postwar Germany’, in Stahl, p. 224.

39 同上，pp. 224-6。

派一時的復興使得德國國家民主黨（NPD）短暫崛起，也小幅帶動了民眾對希特勒和納粹主義的正面觀感。一九六八年，有百分之六的西德人口（一九六五和一九六七年為百分之四）表示願意再次投票給像希特勒這樣的人。[40] 一九七〇年代出版品曾出現的「希特勒浪潮」似乎又讓極右派重新公開頌揚希特勒。[41] 時至今日，這些人仍會以「英雄式」的詞彙來形容希特勒，稱其為「偉大的政治家」和「重要人物」，他的外交政策讓德國得以獲得權力和自治，他的失算和戰敗則被歸咎於內部的破壞，戰爭本身並非由希特勒造成，而是因為西方列強攪和德國與波蘭間的衝突。[42] 一九七九至一九八〇年對德意志聯邦共和國（西德）選民進行的系統性抽樣調查表明，全體選民中有百分之十三懷著根深柢固的極右「世界觀」；百分之十四的人則贊同「為了所有人好，我們應重推一位能以強力手腕統治德國的領袖」的說法。[43]

儘管以上數字相當嚇人，但我們仍須以正確的角度來看待調查結果。自一九四五年以來，西德已成為一個「正常」的自由民主國家，與其他西方國家的政治體制有著密切關聯。這些國家同樣也存有頑固的法西斯分子和納粹分子、殘餘的瘋狂右翼邊緣派系，以及各式各樣右翼思想的廣大支持者。除了與德意志民主共和國（東德）關係特殊之外，西德國度的結構性問題大致上也是當今大多數先進資本主義工業社會共有的問題（且不如許多國家嚴重）：社會平等及財富分配問題，如何在全球經濟衰退的時代維持經濟成長（這點是戰後自由民主國家統治合法性的重要條件）；為經濟利益而開採（通常是破壞）有限自然資源的問題；核子時代的國防問題；相應地也還有如何在不損及公民自由、不破壞自由民主國家本質的前提下，管理和因應往往有其正當理由的社會和政治抗議。

西德的社會、經濟問題就如他處，難免也曾使得民眾再次對少數民族和其他弱勢群體產生敵意，並對政治體系本身造成一定的壓力（這點就體現在「綠黨」（Green Party）的崛起上，該黨提倡的理念包含生態、反核，也關注更廣泛的社會議題）。但在那個短壽、命運多舛的民族國家中，德國社會政治文化獨有的特徵和結構（這為非凡的「希特勒神話」創造了條件，讓它有了發展和吸引人的空間）多半在大敗後的變革漩渦中被掃除了，也在戰後重建的長期變革過程中被徹底消滅。不同於一九二〇和一九三〇年代，目前的社經問題雖然緊迫，但極右派的政治運勢並未有明顯的崛起之勢。重點是，他們尚未（看來也不太可能）製造出什麼危機，而有破壞國家的統治合法性之虞。

若要毀壞現有的多元政治結構，唯有出現幾乎難以想像的災難性危機（如重大戰爭後可能發生的危機），才有可能讓相當大比例的民眾認為新形態的法西斯式魅力型領袖會是可行且吸引人的解方。

---

40 Merritt and Merritt, *Public Opinion in Occupied Germany*, p. 62. 大概主要出於戰術考量，受訪的德國國家民主黨支持者只有三分之一承認他們願意再次投票給希特勒這樣的人。

41 欲知一九七〇年代的希特勒商業「行銷」情形，請參閱C. H. Meyer, 'Die Veredelung Hitlers. Das Dritte Reich als Markenartikel', in W. Benz (ed.), *Rechtsextremismus in der Bundesrepublik*, Frankfurt a.M., 1984, pp. 45-67.

42 *5 Millionen Deutsche: 'Wir sollten wieder einen Fühere haben...' Die SINUS-Studie über rechtsextremistische Einstellungen bei den Deutschen*, Reinbek bei Hamburg, 1981, pp. 54-5.

43 同上，pp. 78-9。

雖然我們不能顯得過於樂觀，不能小看持續存在的右翼極端主義以及對其保持警惕之必要，但世人已充分認識到希特勒應對數百萬人遭受的難言苦難負有責任，在世界各地理智的人士眼裡看來，他所代表的一切都已毫不可信。因此，除非出現超乎我們現實想像範圍的情況，否則我們很難看到偉大一時的「希特勒神話」會復活或出現新的變體，具備足以擄獲數百萬人心的力量。

然而，現代科技和先進的行銷技術結合，為小型的個人崇拜打造出更精緻又高明的政治形象，舊神話也隨之被新神話取代，就連在西方民主國家也出現這種現象，其目的正在於混淆無知和容易上當的民眾。當年德國人放棄了民主責任，不假思索地全心信任看似善意的政治權威，輕信其「堅定的領導能力」，因而在一九三三至一九四五年間付出了高昂的代價。如今，即使任何西方民主國家在本質上都不太可能淪落到發展出新形態的法西斯主義，但現代國家大舉擴張其對國內公民的權力，這本身就是我們必須盡量培養出成熟懷疑態度和批判意識的絕佳理由，要抵禦當今和未來政治「領導權」主張者為行銷而營造出的形象，這就是我們唯一的一道防線。

附錄

本文和註釋中使用的德語術語、名稱的縮寫和詞彙表

AA	*Arbeitsamt* (Employment Office)
Abschnitt	SD regional administrative office, equivalent in status to the *HauptaufJenstelle*
AS	*Wallenstein* (local SD office)
ASD	Archiv der sozialen Demokratie, Bonn
BA	*Bezirksamt, Bezirksamtsvorstand,* District Office, Head of District Office, local government administrative unit, from 1939 *Landratsamt*
BAK	Bundesarchiv Koblenz
BAIMA	Bundesarchiv/Militaristic, Freiburg im Breisgau
Bayernl-VI	*Bayern in der NS-Zeit,* ed. M. Broszat *et al.,* 6 vols., Munich/Vienna, 1977-83.
BDC	Berlin Document Centre
Blockleiter, Blockwart	Block Leader, Nazi Party functionary responsible for political control of a residential block

BPP	*Bayerische Politische Polizei* (Bavarian Political Police, after 1936 Gestapo)
DBS	*Deutschland-Berichte der Sozialdemokratischen Partei Deutschlands 1934-1940 (Germany Reports of the Social Democratic Party of Germany 1934-1940)*, 7 vols., Frank furt am Main, 1980
ES	*Emigration Sopade* (name of the collection of files containing the reports of the *Sopade* Border Secre taries, in the Archiv der sozialen Demokratie, Bonn)
Gau	Nazi Party administrative region
Gauleiter	Head(s) of Party regional administration Bezirksführer
GBF	*Gendarmerie-Bezirksfiihrer* (head of district police)
Gendarmerie	Police constabulary in non-urban areas
GenStA	*Generalstaatsanwalt* (Chief State Attorney in an OLG region)
Gestapo	*Geheime Staatspolizei* (Secret State Police)
GHS	*Gendarmerie-Hauptstation* (District main police station)
GI	*Gendarmerie-Inspektion* (Police inspectorate of a district)
GKF	*Gendarmerie-Kreisführer* (head of district police, change of nomenclature from GBF in 1939)
GP	*Gendarmerie-Posten* (local police station, name changed from GS in 1939)
GS	*Gendarmerie-Station* (local police station, name changed to GP in 1939)

GStA	Bayerisches Hauptstaatsarchiv,Abteilung II, Geheimes Staatsarchiv, Munich
HAS	*Hauptaußenstelle* (main SD office of a region)
HICOG	United States High Commission for Germany
IfZ	Institut Für Zeitgeschichte, Munich
IML/ZPA	Institut ftir Marxismus-Leninismus, Zentrales Par teiarchiv, East Berlin
IWM	Imperial War Museum, London
KL	*Die kirchliche Lage in Bayern nach den Regierungspräsiden-tenberichten I933-I943,* 4 vols., ed. H. Witetschek and (vol. iv) W. Ziegler, Mainz, 1966, 1967, 1971, 1973
KL	*Kreisleiter* (Nazi Party District Leader)
KPD	*Kommunistische Partei Deutschlands* (German Communist Party)
Landrat	Head of state administration at district level (known before 1939 as *Bezirksamtsvorstand)*
LB	*Lagebericht* (situation report)
LK	*Landkreis* (government administrative district from 1939, formerly *Amtsbezirk)*
LR	*Landrat* (see above)
LRA	*Landsratsamt* (district government office, known before 1939 as *Bezirksamt)*
MadR	*Meldungen aus dem Reich. Die geheimen Lageberichte des Sicherheitsdienstes der SS I938-45,* 17 vols., ed. H. Boberach, Herrsching, 1984
Meldungen	*Meldungen aus dem Reich,* ed. H. Boberach, Neuwied, 1965

MF	Mittelfranken (Central Franconia)
NB	Niederbayern (Lower Bavaria)
NS	*Nationalsozialismus, nationalsozialistisch* (Nazism, Nazi)
NSDAP	*Nationalsozialistische Deutsche Arbeiterpartei* (Nazi Party)
NSLB	*Nationalsozialistischer Lehrerbund* (Nazi Teachers' Association)
NSV	*Nationalsozialistische Volkswohlfahrt* (Nazi People's Welfare Association)
OB	Oberbayern (Upper Bavaria)
OF	Oberfranken (Upper Franconia)
OLG	*Oberlandesgericht* (Higher Regional Court)
OLGP	*Oberlandesgerichtsprasident* (President of a Higher Regional Court)
OMGUS	Office of Military Government of the United States for Germany
OP	Oberpfalz (Upper Palatinate)
Ortsgruppenleiter	Nazi Party Local Group Leader
Pd	*Polizeidirektion* (City police administration)
Pg	*Parteigenosse* (Nazi 'Party Comrade')
PLG	*Präsident des Landesgerichts* (President of regional court)
Reichskristallnacht	'Reich Crystal Night', sarcastic Nazi term, taken from the amount of broken glass from Jewish property damaged and destroyed in the nationwide pogrom of 9-10

November 1938

Reichssicherheits-hauptamt Reich Security Head Office

RI *Rüstungsinspektion* (Armaments Inspectorate)

RMdI *Reichsministerium des Innern* (Reichs Ministry of the Interior)

RP *Regierungspräsident* (Government President, head of state regional administration, controlling a governmental region (*Regierungsbezirk*)

RSHA *Reichssicherheitshauptamt* (see above)

S Schwaben (Swabia)

SA *Sturmabteilung* (Nazi Storm Troop, paramilitary organization)

Schupo *Schutzpolizei* (municipal police constabulary)

Schutzhaft 'Protective custody', a euphemism for summary arrest and internment, usually in a concentration camp

SD *Sicherheitsdienst* (Security Service, part of the SS organization, responsible for internal surveillance and the monitoring of opinion)

SGM *Sondergericht München* (Munich 'Special Court' dealing mainly with political offences)

Sopade *Sozialdemokratische Partei Deutschlands* (exiled SPD executive based in Prague (1933-8), Paris (1938-40), and finally, from 1940, in London)

SPD *Sozialdemokratische Partei Deutschlands* (German Social Democratic Party)

SS	*Schutzstaffeln* (police and security organization run by Himmler)
StAA	Staatsarchiv Amberg
StAB	Staatsarchiv Bamberg
StAL	Staatsarchiv Landshut
StAM	Staatsarchiv München
StANeu	Staatsarchiv Neuburg an der Donau
StAN	Staatsarchiv Nürnberg
Stapo	*Staatspolizei* (state police = Gestapo)
StAW	Staatsarchiv Würzburg
Stützpunktleiter	Nazi Party leader of local base
UF	Unterfranken (Lower Franconia)
USSBS	*United States Strategic Bombing Suroey*, repr. New York/London, 1976, vol. 4 ('The Effects of Strategic Bombing on German Morale')
VJZ	*Vierteljahreshefte für Zeitgeschichte*
Völkisch	racial-nationalist
Volksgemeinschaft	'People's Community'-Nazi social concept implying an ethnically pure and harmonious society free from class conflict and internal divisions
WL	Wiener Library, London (since removed to Tel Aviv, with microfilm copies of archival

	holdings retained in London)
WWI	*Wehrwirtschaftsinspektion* (Army Economic Inspector ate)
ZStA	Zentrales Staatsarchiv, Potsdam

檔案來源與報紙

1. *Archiv der sozialen Demokratie (Friedrich-Ebert-Stiftung), Bonn* ES 31-4, 63-6, 147
2. *Bayerisches Hauptstaatsarchiv, Abt. II, Geheimes Staatsarchiv, Munich*
   (i) *Government Presidents' and Police Reports*
   MA 101241/1-2, MA 102138, MA 102141, MA 102144, MA 102149, MA 102151, MA 102154, MA 102155/3, MA 106670-4, MA 106677-91,MA 106693-7
   (ii) *Other Files*
   MA 102257, MA 106457, MA 106468, MA 106765, MA 106767, MA 107257, MA 107291; Reichsstatthalter 39-40, 112-13, 157,694
3. *Berlin Document Centre*
   Personal File ofSS-Oberf. Hermann von Schade (re. Adolf Wagner)
4. *Bundesarchiv Koblenz*
   NL118/62-6, 87, 102-3; NS6/129, 406-7; NS10/154-5, 157-60; NS29/71; R18/5038, 5350, 5355; R22/3355, 3379, 3381; R43II/315a, 318, 318a, 528, 533, 972, 991, 1263-4, R55/vorl. 443, vorl. 445, 571, 580, 583-4, 6o1-3, 612, 622-3, 1461; R58/81, 100, 144-94, 381,386,432, 535, 548, 552, 566-8, 570-1, 582, 584, 604, 656, 663-4, 666, 672, 681, 717, 1094-6, 1127-8, 1145; Zsg. 101/27-9, 33; Zsg. 102/1-3, 13; Zsg. 110/1-3
5. *Bundesarchiv/Militärarchiv, Freiburg im Breisgau*
   RW19/9-34, 38, 41, 48, 57, 67-78; RW20/7/16-17; RW20/13/8-9

6. *Imperial War Museum, London*

'Aus deutschen Urkunden', unpublished documentation, n.d. (?c.1945-6)

7. *Institut für Marxismus-Leninismus, Zentrales Parteiarchiv, East Berlin*

PSt.3/100, 152; St.3/38/I-IV, 39/I-III, 44/I-III, 47, 54-5, 64,; St.3/936

8. *Institut für Zeitgeschichte, Munich*

MA 441/1-9, 731, 738, 1217, 1226; OMGUS-Akten, 5/233-3/2, 5/234-2/2

9. *Landratsamt Neumarkt in der Oberpfalz (Registratur)* LRA Parsberg 939

10. *Landratsamt Obernburg am Main(Registratur)*

Sammelakt 'Kirche und Nationalsozialismus'

11. *Staatsarchiv Amberg*

BA Amberg 2397-9, 2859; BA Vohenstrauß 4674

12. *Staatsarchiv Bamberg*

K8/III, 18470-5; M33/153-5, 175,410

13. *Staatsarchiv Landshut*

164/10, 5094-5; 164/14, 5731; 164/19, 3681

14. *Staatsarchiv München*

LRA 28340, 29130, 29654-6, 30676-8, 31933, 47140, 48235, 59595, 61611-20, 79887-8, 99497, 99532, 112209, 113813, 116116, 134055-60, 135112-17; NSDAP 126-7, 249, 256, 285, 318, 349, 375-8, 440, 447, 494, 654-5,

980,983; OLG 127; SGM (holding of some 10,000 files of the *Sondergericht München)*

15. *Staatsarchiv Neuburg an der Donau*

NSDAP Mischbestand, Gau Schwaben: Sammlung Schumacher LO 47, 51- 2, 60 Anhang Nr. 3; LO As, 15, 18, 30/35, 53, 66

16. *Staatsarchiv Nürnberg*

212/1/III, 2145; 212/8/V, 4237, 4241, 4266, 4346; 212/11/VI, 1530, 1792; 212/12/V, 99; 212/13/II, 654; 212/17/III, 8444; 212/18/VIII, 661; 218/1/I, 357-9; 218/1/I, 431

17. *Staatsarchiv Würzburg*

Gauleitung Mainfranken II/5; IV/9; Sammlung Schumacher 29; SD-Hauptaußenstelle Würzburg 1-59; uncatalogued, provisional file nos. given: BA Alzenau 1936-40; BA Bad Neustadt 125/1-7

18. *Wiener Library, London*

'Deutsche Inlandsberichte', 1939-41

19. *Zentrales Staatsarchiv, Potsdam*

RMdI, 25721, 25732/1-2, 25736, 26058-60, 26186/1, 27079/28-71

20. *Newspapers*

Augsburger National-Zeitung; Bayerischer Kurier; Bayerische Volkszeitung; Fränkischer Kurier; Fränkische Tagespost; Miesbacher Anzeiger; Münchner Neueste Nachrichten; Münchner Post; Regensburger Anzeiger; Rheinisch Westfalische Zeitung; Stürmer; Völkischer Beobachter

引用文獻

Ake, C., 'Charismatic Legitimation and Political Integration', *Comparative Studies in Society and History,* ix (1966-7).

Allen, W. S., *The Nazi Seizure of Power. The Experience of a Single German Town, 1922-1945,* 2nd edn., New York, 1984.

——, 'The Appeal of Fascism and the Problem of National Disintegration', in H. A. Turner (ed.), *Reappraisals of Fascism,* New York, 1975.

——, 'Die deutsche Öffentlichkeit und die "Reichskristallnacht". Konflikte zwischen Werthierarchie und Propaganda im Dritten Reich', in Peukert and Reulecke (eds.), *Die Reihen fast geschlossen.*

Andreas-Friedrich, R., *Schauplatz Berlin. Ein deutsches Tagebuch,* Munich, 1962.

Aretin, E. von, *Krone und Ketten. Erinnerungen eines bayerischen Edelmannes,* Munich, 1955

Auerbach, H., 'Hitlers politische Lehrjahre und die Münchner Gesellschaft 1919-1923', *Vfz,* xxv (1977).

——, 'Volksstimmung und veröffentlichte Meinung in Deutschland zwischen März und November 1938', in F. Knipping and K.-J. Müller (eds.), *Machtbewußtsein in Deutschland am Vorabend des Zweiten Weltkrieges,* Paderborn, 1984.

Bahne, S., 'Die Kominunistische Partei Deutschlands', in Matthias and Morsey (eds.), *Das Ende der Parteien.*

Baird, J. W., *The Mythical World of Nazi War Propaganda 1939-1945,* Minneapolis, 1974.

Balfour, M., *Propaganda in War, 1939-1945,* London, 1979.

Bankier, D., 'German Society and National Socialist Antisemitism, 1933-1938', Hebrew University ofJerusalem Ph.D. thesis, 1983 (Engl. abstract of Hebrew text).

Bartov, O., 'The Barbarisation of Warfare. German Officers and Men on the Eastern Front, 1941-1945', *Jahrbuch des Instituts für Deutsche Geschichte, Tel Aviv,* xiii (1984).

Baum, R., *The Holocaust and the German Elite,* London, 1981.

Bayern in der NS-Zeit, ed. M. Broszat *et al.,* 6 vols., Munich/Vienna, 1977-83, (cited in the text as *Bayern I* etc.).

Berghahn, V., 'Meinungsforschung im "Dritten Reich": Die Mundpropa ganda-Aktion der Wehrmacht im letzten Kriegshalbjahr', *Militärgeschicht-liche Mitteilungen,* i (1967).

Berning, C., *Vom 'Abstammungsnachweis'zum 'Zuchtwart'. Vokabular des National-sozialismus,* Berlin, 1964.

Bessel, R., 'The Rise of the NSDAP and the Myth of Nazi Propaganda', *Wiener Library Bulletin,* xxxiii (1980).

——, *Political Violence and the Rise of Nazism,* New Haven/London, 1984.

Beuth, W., *Der deutsche Hitler-Frühling. Die Wiederaufrichtung Deutschlands durch den Volkskanzler des Deutschen Reiches Adolf Hitler,* Frankfurt am Main, 1933.

Binion, R., *Hitler among the Germans,* New York, 1976.

Blessing, W. K., 'The Cult of Monarchy, Political Loyalty, and the Workers' Movement in Imperial Germany', *Journal of Contemporary History,* xiii (1978).

Bohrer, K. H. (ed.), *Mythos und Moderne,* Frankfurt am Main, 1983.

Bracher, K. D.., *The German Dictatorship,* Harmondsworth, 1973.

——, Schultz, G., and Sauer, W., *Die nationalsozialistische Machtergreifung,* Ullstein edn., 3 vols., Frankfurt am Main, 1974.

Bramsted, E. K., *Goebbels and National Socialist Propaganda 1925-1945,* Michigan, 1965.

Bretschneider, H., *Der Widerstand gegen den Nationalsozialismusin München 1933 bis 1945,* Munich, 1968.

Broszat, M., *The Hitler State,* London, 1981.

——, 'Soziale Motivation und Führer-Bindung des Nationalsozialismus', *VfZ,* xviii (1970).

——, 'Politische Denunziationen in der NS-Zeit', *Archivalische Zeitschrift,* lxxiii (1977).

——, 'Hitler and the Genesis of the "Final Solution", *Yad Vashem Studies,* xiii (1979).

Bullock, A., *Hitler. A Study in Tyranny.* Pelican edn., Harmondsworth, 1962;(rev. edn., London, 1964).

Carr, W., *Hitler. A Study in Personality and Politics,* London, 1978.

Chickering, R., *We Men Who Feel Most German. A Cultural Study of the Pan German League, 1886-1914,* London, 1984.

Childers, T., *The Nazi Voter. The Social Foundations of Fascism in Germany, 1919-1933,* Chapel Hill/London, 1983.

——, 'Interest and Ideology: Anti-System Politics in the Era of Stabilization 1924-1928', in G. Feldman (ed.), *Die Nachwirkungen der Inflation auf die deutsche Geschichte,* Munich, 1985.

Conway, J., *The Nazi Persecution of the Churches, 1933-1945,* London, 1968.

——, 'National Socialism and the Churches during the Weimar Republic', in Stachura (ed.), *The Nazi Machtergreifung.*

Das andere Gesicht des Krieges. Deutsche Feldpostbriefe 1939-1945, ed. O. Buchbender and R. Sterz, Munich, 1982.

Der italienische Faschismus. Probleme und Forschungstendenzen, Kolloquien des Instituts für Zeitgeschichte, Munich, 1983.

Der Nationalsozialismus. Dokumente 1933-1945, ed. W. Hofer, Frankfurt am Main, 1957.

Deuerlein, E. (ed.), *Der Aufstieg der NSDAP in Augenzeugenberichten,* Düsseldorf, 1968.

Deutschkron, I., *Ich trug den gelben Stem,* 4th edn., Cologne, 1983.

Deutschland-Berichte der Sozialdemokratischen Partei Deutschlands 1934-1940, 7 vols., Frankfurt am Main, 1980 (cited in the text as *DBS).*

Diels, R., *Lucifer ante Portas. Zwischen Severing und Heydrich,* Zurich, n.d. (1949).

Diephouse, D.J., 'The Triumph of Hitler's Will', in J. Held (ed.), *The Cult of Power. Dictators in the Twentieth Century,* New York, 1983.

Dietrich, O., *Zwölf Jahre mit Hitler,* Cologne/Munich, n.d. (1955).

Dipper, C., 'The German Resistance and the Jews', *Yad Vashem Studies,* xvi (1984).

Domarus, M. (ed.), *Hitler. Reden und Proklamationen 1932-1945,* Wiesbaden, 1973. (Cited as Domarus.)

Domarus, W., *Nationalsozialismus, Krieg und Bevölkerung,* Munich, 1977.

Eiber, L., *Arbeiter unter der NS-Herrschaft. Textil-und Porzellanarbeiter im nordöst-lichen Oberfranken 1933-1939,* Munich, 1979.

Eley, G., *Reshaping the German Right,* New Haven/London, 1980.

Ericksen, R. P., *Theologians under Hitler,* New Haven/London, 1985.

Eschenburg, T., 'Streiflichter zur Geschichte der Wahlen im Dritten Reich', *VJZ,* iii (1955).

Fabry, P., *Mutmaßungen über Hitler. Urteile von Zeitgenossen,* Düsseldorf, 1969.

Fehrenbach, E., *Wandlungen des deutschenKaisergedankens 1871-1918,* Munich/Vienna, 1969.

——, 'Images of Kaiserdom: German attitudes to Kaiser Wilhelm II', in J. C. G. Röhl and N. Sombart (eds.), *Kaiser Wilhelm II. New Interpretations,* Cambridge, 1982.

Fest,]. C., *Hitler. Eine Biographie,* Frankfurt am Main, 1973.

Flechtheim, O., *Die KPD in der Weimarer Republik,* Frankfurt am Main, 1969.

Frank, H., *Im Angesicht des Galgens,* Munich, 1953.

Friedrich, C.J., 'Political Leadership and the Problem of Charismatic Power', *Journal of Politics,* xxiii (1961).

Fröhlich, E., 'Die Partei auf lokaler Ebene. Zwischen gesellschaftlicher Assimilation und Veränderungsdynamik', in Hirschfeld and Kettenacker (eds.), *Der 'Führerstaat'.*

—— and Broszat, M.,'Politische und soziale Macht auf dem Lande. Die Durchsetzung der NSDAP im Kreis Memmingen', *VfZ,* xxv (1977).

Fryman, D. (- Class, H.), *Wenn ich der Kaiser wär,* 5th edn., Leipzig, 1914.

Fünf Millionen Deutsche: 'Wir sollen wieder einen Führer haben' Die SINUS-Studie über rechtsextremistische Einstellungen bei den Deutschen, Reinbek bei Hamburg, 1981.

Funke, M., '7. März 1936. Fallstudie zum außenpolitischen Führungsstil Hitlers', in W. Michalka (ed.), *Nationalsozialistische Außenpolitik,*Darmstadt, 1978.

Gilbert, G. M., *Nuremberg Diary,* London, 1948.

Goebbels,J., *Vom Kaiserhof zur Reichskanzlei,* 21st edn., Munich, 1937.

——, *Tagebücher 1945. Die letzten Aufzeichnungen,* Hamburg, 1977.

Goebbels-Reden, ed. H. Heiber, 2 vols., Düsseldorf, 1972.

Gordon, S., *Hitler, Germans, and the 'Jewish Question',* Princeton, 1984.

Gorz, A., *Farewell to the Working Class,* London, 1982.

Gottschling, E., 'Der faschistische Staat', in D. Eichholtz and K. Gossweiler (eds.), *Faschismusforschung. Positionen, Probleme, Polemik,* East Berlin, 1980.

Graml, H., 'Probleme einer Hitler-Biographie. Kritische Bemerkungen zu Joachim C. Fest', *VfZ,* xxii (1974).

Gross, L., *The Last Jews in Berlin,* London, 1983.

Gruchmann, L., *Der Zweite Weltkrieg,* Munich, 4th edn., 1975.

——, 'Jugendopposition und Justiz im Dritten Reich', in W. Benz (ed.), *Miscellanea. Festschrift fiir Helmut Krausnick,* Stuttgart, 1980.

Grunfeld, F. V., *The Hitler File,* London, 1974.

Gurfein, I. M. and Janowitz, M., 'Trends in Wehrmacht Morale', *Public Opinion Quarterly,* x (1946).

Haffner, S., *Anmerkungen zu Hitler,* Munich, 1978.

Hagmann, M., *Der Weg ins Verhängnis,* Munich, 1946.

Hahn, F., *Lieber Stürmer. Leserbriefe an das NS-Kampfblatt 1924 bis 1945,* Stuttgart, 1978.

Hambrecht, R., *Der Aufstieg der NSDAP in Mittel- und Oberfranken, 1925-1933,* Nuremberg, 1976.

Hamilton, R., *Who voted for Hitler?,* Princeton, 1982.

Hassell, U. von, *The von Hassell Diaries 1938-1944,* London, 1948.

Heer, F., *Der Glaube des Adolf Hitler. Anatomie einer politischen Religiosität,* Munich, 1966.

Hehl, U. von, *Priester unter Hitlers Terror. Eine biographische und statistische Erhebung,* Mainz, 1984.

Heimann, H., 'Die Entwicklung des Automobils zum Massenkonsumartikel in Deutschland', Ruhr-Universität Bochum, Magisterarbeit, Bochum, 1985.

Hellfeld, M. von, *Edelweißpiraten in Köln,* Cologne, 1981.

Henderson, N., *Failure of a Mission,* London, 1940.

Heyen, F. J. (ed.), *Nationalsozialismus im Alltag,* Boppard am Rhein, 1967.

Hirschfeld, G. and Kettenacker, L. (eds.), *Der 'Führerstaat': Mythos und Realität,* Stuttgart, 1981.

Hoffman, H., '"Victory of Faith" (1933) by Leni Riefenstahl', unpubl. paper (1986).

Horn, W., *Fiihrerideologie und Parteiorganisation in der NSDAP, 1919-1933,* Düsseldorf, 1972.

Huber, H., and Müller, A. (eds.), *Das Dritte Reich. Seine Geschichte in Texten, Bildern und Dokumenten, 2* vols., Munich/Vienna/Basie, 1964.

Irving, D., *Hitler's War,* London, 1977.

Jäckel, E., *Hitler in History,* Hanover/London, 1984.

——, 'Hitler und der Mord an europäischen Juden', in P. Märthesheimer and I. Frenzel (eds.), *Im Kreuzfeuer: Der*

Fernsehfilm 'Holocaust', Frankfurt am Main, 1979.

——, and Kuhn, A. (eds.), *Hitler. Sämtliche Aufzeichnungen 1905-1924*, Stuttgart, 1980.

Jahr, D., 'Die Einstellung der engeren NS-Elite zur Persönlichkeit und politischen Strategie Adolf Hitlers', Ruhr-Universitat Bochum Magisterar beit, 1984.

Jahrbuch der öffentlichen Meinung 1947-1955, ed. E. Noelle and E. P. Neumann, Allensbach, 1956.

Jahrbuch der öffentlichen Meinung 1965-1967, ed. E. Noelle and E. P. Neumann, Allensbach, 1967.

Jahrbuch der öffentlichen Meinung 1968-1973, ed. E. Noelle and E. P. Neumann, Allensbach, 1974.

Jaide, W., 'Not interested in Politics?', in Stahl (ed.), *The Politics of Postwar Germany*.

Jamin, M., *Zwischen den Klassen. Zur Sozialstruktur der SA-Führerschaft*, Wuppertal, 1984.

——,'Zur Rolle der SA im nationalsozialistischen Herrschaftssystem', in Hirschfeld and Kettenacker, *Der 'Führerstaat'*.

Kater, M., *The Nazi Party. A Social Profile of Members and Leaders, 1919-1945*, Oxford, 1983.

——, 'Sozialer Wandel in der NSDAP im Zuge der NS-Machtergreifung', in Schieder (ed.), *Faschismus als soziale Bewegung*.

——, 'Hitler in a Social Context', *Central European History*, xiv (1981).

Keim, A. M. (ed.), *Yad Vashem. Die Judenretter aus Deutschland*, Mainz/Munich, 1983.

Kershaw, I., *Popular Opinion and Political Dissent in the Third Reich*, Oxford, 1983.

——, *The Nazi Dictatorship. Problems and Perspectives of Interpretation*, London, 1985.

——, 'The Persecution of the Jews and German Popular Opinion in the Third Reich', *Yearbook of the Leo Baeck*

Institute, xxvi (1981).

——, 'Ideology, Propaganda, and the Rise of the Nazi Party', in Stachura (ed.), *The Nazi Machtergreifung.*

——, 'Alltägliches und Außeralltägliches: ihre Bedeutung für die Volksmeinung 1933-1939', in Peukert and Reulecke (eds.), *Die Reihen fast geschlossen.*

Kettenacker, L., 'Sozialpsychologische Aspekte der Führer-Herrschaft', in Hirschfeld and Kettenacker, *Der 'Führerstaat'.*

——, 'Hitler's Impact on the Lower Middle Class', in D. Welch (ed.), *Nazi Propaganda: the Power and the Limitations,* London, 1983.

Kettenacker, L., 'Der Mythos vom Reich', in Bohrer, *Mythos und Moderne.*

King, C., The Nazi State and the New Religions, New York/Toronto, *1983.*

Kirchliche Lage in Bayern nach den Regierungspräsidentenberichten 1933-1943, ed. H. Witetschek und (vol. iv) W. Ziegler, 4 vols., Mainz, 1966, 1967, 1971, 1973 (cited in the text as *KL,* i, etc.).

Kirwan, G., 'Waiting for Retaliation. A Study in Nazi Propaganda Behaviour and German Civilian Morale', *Journal of Contemporary History,* xvi (1981).

——, 'Allied Bombing and Nazi Domestic Propaganda', *European History Quarterly,* xv (1985).

Klee, E., *'Euthanasie' im NS-Staat. Die 'Vernichtung lebensunwerten Lebens',* Frankfurt am Main, 1983.

Klönne, A., *Jugend im Dritten Reich. Die Hitler-Jugend und ihre Gegner,* Düsseldorf, 1982.

Klotzbücher, A., *Der politische Weg des Stahlhelm, Bund der Frontsoldaten, in der Weimarer Republik,* Erlangen, 1965.

Knox, M.,'Conquest, Foreign and Domestic, in Fascist Italy and Nazi Germany', *Journal of Modern History,* 1vi (1984).

Knuetter, H.-H.,'Ideologies of Extreme Rightists in Postwar Germany', in Stahl (ed.), *The Politics of Postwar Germany.*

Kotze, H. von, and Krausnick, H., *'Es spricht der Führer'. 7 exemplarische Hitler-Reden,* Gütersloh, 1966.

Krausnick, H., and Wilhelm, H.-H., *Die Truppe des Weltanschauungskrieges,* Stuttgart, 1981.

Kulka, O. D., 'Die Nürnberger Rassengesetze und die deutsche Bevö1-kerung', *VfZ,* xxxii (1984).

——, '"Public Opinion" in Nazi Germany and the "Jewish Question", *Jerusalem Quarterly,* xxv (1982).

——, '"Public Opinion" in Nazi Germany: the Final Solution', *Jerusalem Quarterly,* xxvi (1983).

——, and Rodrigue, A., 'The German Population and the Jews in the Third Reich', *Yad Vashem Studies,* xvi (1984).

Kwiet, K., and Eschwege, H., *Selbstbehauptung und Widerstand. Deutsche Juden im Kampf um Existenz und Menschenwürde 1933-1945,* Hamburg, 1984.

Lagebesprechungen im Führerhauptquartier, ed. H. Heiber, Berlin, 1962.

Laqueur, W., *The Terrible Secret,* London, 1980.

Lepsius, M. R., 'From Fragmented Party Democracy to Government by Emergency Decree and National Socialist Takeover: Germany', in J.J. Linz and A. Stepan (eds.), *The Breakdown of Democratic Regimes,* Baltimore/London, 1978.

Leuner, H. D., *When Compassion was a Crime,* London, 1966.

Lewy, G., *The Catholic Church and Nazi Germany,* London, 1964.

Mann, G., *The History of Germany since 1789,* Harmondsworth, 1974.

Mann, R., 'Politische Penetration und gesellschaftliche Reaktion. Anzeigen zur Gestapo im nationalsozialistischen

Deutschland', in R. Mackensen and F. Sagebiel (eds.), *Soziologische Analysen. Referate aus den Veranstaltungen der Sektionen der Deutschen Gesellschaft für Soziologie beim 19. Deutschen Soziologen tag,* Berlin, 1979.

Maser, W., *Der Sturm auf die Republik. Friihgeschichte der NSDAP,* Stuttgart, 1973.

Mason, T. W., *Arbeiterklasse und Volksgemeinschaft,* Op laden, 1975.

——, 'The Legacy of 1918 for National Socialism', in A. Nicholls and E. Matthias (eds.), *German Democracy and the Triumph of Hitler,* London, 1971.

——, 'Intention and Explanation: A Current Controversy about the Inter pretation of National Socialism', in Hirschfeld and Kettenacker (eds.), *Der 'Führerstaat'.*

——, 'Open Questions on Nazism', in R. Samuel (ed.), *People's History and Socialist Theory,* London, 1981.

Matthias, E., and Morsey, R. (eds.), *Das Ende der Parteien,* Düsseldorf, 1979.

Mayer, M., *They Thought They Were Free. The Germans 1933-1945,* Chicago, 1955.

McKee, I., *Tomorrow the World,* London, 1960.

Meldungen aus dem Reich, ed. H. Boberach, Neuwied, 1965 (cited in the text as *Meldungen*).

Meldungen aus dem Reich. Die geheimen Lageberichte des Sicherheitsdienstes der SS 1938-1945, ed. H. Boberach, 17 vols., Herrsching, 1984 (cited in the text as *MadR).*

Melograni, P., 'The Cult of the Duce in Mussolini's Italy', *Journal of Contemporary History,* xi (1976).

Merkl, P., *Political Violence under the Swastika,* Princeton, 1975.

Merritt, A. J., and Merritt, R. L. (eds.), *Public Opinion in Occupied Germany. The OMGUS Surveys, 1945-1949,* Urbana,

1970.

—— and —— (eds.), *Public Opinion in Semisovereign Germany. The HICOG Surveys, 1949-1955,* Urbana, 1980.

Meyer, C.H., 'Die Veredelung Hitlers. Das Dritte Reich als Markenartikel', in W. Benz (ed.), *Rechtsextremismu in der Bundesrepublik,* Frankfurt am Main, 1984.

Moltmann, G., 'Goebbels' Speech on Total War, February 18, 1943', in H. Holborn (ed.), *Republic to Reich,* Vintage Books edn., New York, 1972.

Mommsen, H., 'Social Views and Constitutional Plans of the Resistance', in H. Graml *et al., The German Resistance to Hitler,* London, 1970.

——, 'Zur Verschränkung traditioneller und faschistischer Führungsgruppen in Deutschland beim Übergang von der Bewegungs- zur Systemphase', in Schieder (ed.), *Faschismus als soziale Bewegung.*

——, 'Der Mythos des nationalen Aufbruchs und die Haltung der deutschen Intellektuellen und funktionalen Eliten', in *1933 in Gesellschaft und Wissenschaft,* ed. Pressestelle der Universität Hamburg, Hamburg, 1983.

——, 'Die Realisierung des Utopischen: Die "Endlösung der Judenfrage" im "Dritten Reich", *Geschichte und Gesellschaft,* ix (1983).

Morsey, R., 'Die Deutsche Zentrumspartei', in Matthias and Morsey (eds.), *Das Ende der Parteien.*

Mosse, G. L., *The Nationalization of the Masses,* New York, 1975.

Müller, K.-J., *Armee, Politik und Gesellschaft in Deutschland 1933-1945,* Paderborn, 1979.

——, 'Nationalkonservative Eliten zwischen Kooperation und Widerstand', in Schmädeke and Steinbach, *Der*

Widerstand.

Müller-Claudius, M., *Der Antisemitismus und das deutsche Verhängnis,* Frankfurt am Main, 1948.

Muth, H., 'Jugendopposition im Dritten Reich', *VfZ,* xxx (1982).

Nadler, F., *Ich sah wie Nürnberg unterging,* 2nd edn., Nuremberg, 1959.

——, *Eine Stadt im Schatten Streichers,* Nuremberg, 1969.

Neumann, F., *Behemoth. The Structure and Practice of National Socialism,*London, 1942.

Neumann, S., *Die Parteien der Weimarer Republik,* Stuttgart, new edn. 1965.

Nipperdey, T., 'Nationalidee und Nationaldenkmal in Deutschland im 19. Jahrhundert', *Historische Zeitschrift,* ccvi (1968).

Noakes, J., *The Nazi Party in Lower Saxony,* Oxford, 1971.

——, and Pridham, G. (eds.), *Documents on Nazism,* London, 1974.

Nyomarkay,J., *Charisma and Factionalism within the Nazi Party,* Minneapolis, 1967.

Obenaus, H., 'Haben sie wirklich nichts gewußt? Ein Tagebuch zum Alltag von 1933-1945 gibt eine deutliche Antwort', *Journal Für Geschichte,* ii (1980).

——, and Obenaus, S., *'Schreiben, wie es. wirklich war!' Aufzeichnungen Karl Dürkefäldens aus den Jahren 1933-1945,* Hanover, 1985.

Orlow, D., *The History of the Nazi Party, 1919-1933,* Pittsburgh, 1969.

——, *The History of the Nazi Party, 1933-1945,* Pittsburgh, 1973.

O'Sullivan, N., *Fascism,* London, 1983.

Parteistatistik, ed. Reichsorganisationsleiter der NSDAP, 3 vols., Munich, 1935.

Parteitag der Freiheit vom 10.-16. September 1935. Offizieller Bericht über den Verlauf des Reichsparteitages mit sämtlichen Kongreßreden, Munich, 1935.

Parteitag der Ehre vom 8. bis 14. September 1936, Munich, 1936.

Petersen,J., 'Mussolini. Wirklichkeit und Mythos eines Diktators', in Bohrer (ed.), *Mythos und Moderne.*

Peterson, E. N., *The Limits of Hitler's Power,* Princeton, 1969.

Petzold, J., *Die Demagogie des Hitlerfaschismus,* East Berlin, 1982.

Peukert, D., *Die KPD im Widerstand,* Wuppertal, 1980.

——, 'Edelweißpiraten, Meuten, Swing. Jugendsubkulturen im Dritten Reich', in G. Huck (ed.), *Sozialgeschichte der Freizeit,* Wuppertal, 1980.

——, and Reulecke, J. (eds.), *Die Reihen fast geschlossen. Beiträge zur Geschichte des Alltags unterm Nationalsozialismus,* Wuppertal, 1981.

Picker, H., *Hitlers Tischgespräche im Führerhauptquartier 1941 bis 1942,* Stuttgart, 1963.

Pridham, G., *Hitler's Rise to Power. The Nazi Movement in Bavaria, 1923-1933,* London, 1973.

Reck-Malleczewen, F. P., *Tagebuch eines Verzweifelten,* Frankfurt am Main/ Hamburg, 1971.

Rosenberg, A., *Letzte Aufzeichnungen. Ideate und Idole der nationalsozialistischen Revolution,* Gottingen, 1955.

Rothfels, H., 'Zerrspiegel des 20.Juli', *VfZ,* x (1962).

Ruge, W., *Das Ende von Weimar. Monopolkapital und Hitler,* East Berlin, 1983.

Schieder, W., *Faschismus als soziale Bewegung,* Hamburg, 1976.

Schirach, B. von, *Ich glau bte an Hitler,* Hamburg, 1967.

Schmädeke, J., and Steinbach, P. (eds), *Der Widerstand gegen den Nationalsozialismus,* Munich, 1985.

Schmidt, C., 'Zu den Motiven "alter Kämpfer" in der NSDAP', in Peukert and Reulecke (eds.), *Die Reihen fast geschlossen.*

Schmidt, P., *Statist auf diplomatischer Bühne 1923-45,* Bonn, 1953.

Schnatz, H., *Der Luftkrieg im Raum Koblenz 1944/45,* Boppard am Rhein, 1981.

Schörken, R., *Luftwaffenhelfer und Drittes Reich. Die Entstehung eines politischen Bewufltseins,* Stuttgart, 1984-

Schreiber, G., *Hitler. Interpretationen 1923-1983. Ergebnisse, Methoden und Probleme der Forschung,* Darmstadt, 1984.

Schweitzer, A., *The Age of Charisma,* Chicago, 1984.

Semmler, R., *Goebbels. The Man Next to Hitler,* London, 1947.

Shirer, W., *Berlin Diary 1934-1941,* Sphere Books edn., London, 1970.

Sington, D., and Weidenfeld, A., *The Goebbels Experiment,* London, 1942.

Smith, C. A. A., 'The National Socialist Organisation NSV: "NS-People's Welfare", propaganda and influence, 1933-1945', Univ. of Edinburgh Ph.D. thesis 1986.

Sontheimer, K., *Antidemokratisches Denken in der Weimarer Republik,* 4th edn., Munich, 1962.

Speer, A., *Erinnerungen,* Frankfurt am Main/Berlin, 1969.

Spiegelbild einer Verschwörung, ed. Archiv Peter, Stuttgart, 1961.

Stachura, P. D. (ed.), *The Shaping of the Nazi State,* London, 1978.

——, *The German Youth Movement 1900-1945. An Interpretative and Documentary History,* London, 1981.

—— (ed.), *The Nazi Machtergreifung,* London, 1983.

——, *Gregor Strasserand the Rise of Nazism,* London, 1983.

Stachura, P. D., 'German Youth, the Youth Movement, and National Socialism in the Weimar Republic', in Stachura (ed.), *The Nazi Machtergreifung.*

Stahl, W. (ed.), *The Politics of Postwar Germany,* New York, 1963.

Statistisches Jahrbuch für das Deutsche Reich, ed. Statistisches Reichsamt, 1933-1942.

Steinbach, L., *Ein Volk, ein Reich, ein Glaube?,* Berlin/Bonn, 1983.

Steinert, M. G., *Hitlers Krieg und die Deutschen,* Düsseldorf, 1970. Stem,J. P., *Hitler. The Führer People,* London, 1975.

Stoakes, G., 'The Evolution of Hitler's Ideas on Foreign Policy 1919-1925', in Stachura, *The Shaping of the Nazi State.*

Stokes, L. D., 'The *Sicherheitsdienst (SD)* of the *Reichsführer SS* and German Public Opinion, September 1939-June 1941', Johns Hopkins University Ph.D. thesis, Baltimore, 1972.

Streit, C., *Keine Kameraden. Die Wehrmacht und die sowjetischen Kriegsgefangenen,* Stuttgart, 1978.

Struve, W., *Elites against Democracy. Leadership Ideals in Bourgeois Political Thought in Germany, 1890-1933,* Princeton, 1973.

Taylor, S., *Prelude to Genocide,* London, 1985.

Terveen, F., 'Der Filmbericht über Hitlers 50. Geburtstag. Ein Beispiel nationalsozialistischer Selbstdarstellung und Propaganda', *VfZ*, vii (1959).

Toland, J., *Adolf Hitler*, New York, 1976.

Totalitarismus und Faschismus. Kolloquien des Instituts für Zeitgeschichte, Munich, 1980.

Treue, W., 'Rede Hitlers vor der deutschen Presse (10. Nov. 1938)', *VfZ*, vi (1958).

True to Type. A Selection of Letters and Diaries of German Soldiers and Civilians collected on the Soviet-German Front, London, n.d. (?1944).

Turner, H. A. (ed.), *Hitler aus nächster Nähe*, Frankfurt am Main/Berlin/Vienna, 1978.

Tyrell, A., *Fuhrer befiel ... Selbstzeugnisse aus der 'Kampfzeit' der NSDAP. Dokumentation und Analyse*, Düsseldorf, 1969.

——, *Vom 'Trommler' zum 'Führer'*, Munich, 1975.

——, *III. Reichsparteitag der NSDAP, 19.-21. August* 1927, Filmedition G122 des Instituts für den wissenschaftlichen Film, Ser. 4, No. 4/G122, Göttingen, 1976.

Unger, A.H., *The Totalitarian Party*, Cambridge, 1974.

United States Strategic Bombing Survey, repr. New York/London, 1976, vol. 4 ('The Effects of Strategic Bombing on German Morale'), (cited in the text as *USSBS*).

Vierhaus, R., 'Faschistisches Führertum', *Historische Zeitschrift*, clxxxxviii (1964).

Voges, M., 'Klassenkampf in der "Betriebsgemeinschaft" *Archiv für Sozial-geschichte*, xxi (1981).

Volk, L., 'Kardinal Faulhabers Stellung zur Weimarer Republik und zum NS-Staat', *Stimmen der Zeit,* clxxvii (1966).

Volksopposition im Polizeistaat. Gestapo- und Regierungsberichte 1934-1936, ed. B. Vollmer, Stuttgart, 1957.

Vondung, K., *Magie und Manipulation,* Göttingen, 1971.

Wagner,J. V., *Hakenkreuz über Bochum,* Bochum, 1983.

Waite, R. G. L., *Vanguard of Nazism. The Free Corps Movement in Postwar Germany 1918-1923,* Cambridge, Mass., 1952.

——, *The Psychopathic God-Adolf Hitler,* New York, 1977.

Weber, M., *Economy and Society,* ed. G. Roth and C. Wittich, Berkeley, 1978.

Wehler, H.-U., '30. Januar 1933-Ein halbes Jahrhundert danach', *Aus Politik und Zeitgeschichte,* 29 Jan. 1983.

Weinstein, F., *The Dynamics of Nazism. Leadership, Ideology, and the Holocaust,* New York, 1980.

Weißbecker, M., 'Zur Herausbildung des Führerkults in der NSDAP', in K. Drechsler *et al.* (eds.), *Monopole und Staat in Deutschland 1917-1945,* East Berlin, 1966.

Welch, D., *Propaganda and the German Cinema 1933-1945,* Oxford, 1983.

—— (ed.), *Nazi Propaganda: The Power and the Limitations,* London, 1983.

Wiedemann, F., *Der Mann, der Feldherr werden wollte,* Velbert/Kettwig, 1964.

Wilhelm, H.-H., 'The Holocaust in National Socialist Rhetoric and Writings', *Yad Vashem Studies,* xvi (1984).

'Wollt ihr den totalen Krieg?' Die geheimen Goebbels-Konferenzen 1939-1943, ed. W. A. Boelcke, Deutscher Taschenbuch Verlag edn., Munich, 1969.

Zeman, Z. A. B., *Nazi Propaganda,* Oxford, 1964.

Zofka, Z., *Die Ausbreitung des Nationalsozialismus auf dem Lande,* Munich, 1979.

——, 'Dorfeliten und NSDAP', in *Bayern IV.*

歷史・世界史

希特勒神話的意象與真實：德國人民眼中的元首

The 'Hitler Myth': Image and Reality in the Third Reich

作　　者—伊恩・克蕭 (Ian Kershaw)
譯　　者—黃好萱
發 行 人—王春申
選書顧問—陳建守　黃國珍
總 編 輯—林碧琪
副總編輯—何珮琪
責任編輯—何宜儀　李佳樺
特約編輯—呂佳真
封面設計—張巖
內頁設計—菩薩蠻電腦科技有限公司
業　　務—王建棠
資訊行銷—劉艾琳　孫若屏
出版發行—臺灣商務印書館股份有限公司
231023 新北市新店區民權路 108-3 號 5 樓（同門市地址）
電話：(02)8667-3712　傳真：(02)8667-3709
讀者服務專線：0800056196
郵撥：0000165-1
E-mail：ecptw@cptw.com.tw
網路書店網址：www.cptw.com.tw
Facebook：facebook.com.tw/ecptw

局版北市業字第 993 號
初　版：2024 年 8 月
初　版：2025 年 2 月 1.5 刷
印刷廠：鴻霖印刷傳媒股份有限公司
定　價：新臺幣 560 元
法律顧問：何一芃律師事務所

國家圖書館出版品預行編目 (CIP) 資料

希特勒神話的意象與真實：德國人民眼中的元首 / 伊恩‧克蕭 (Ian Kershaw) 作；黃好萱譯．-- 初版．-- 新北市：臺灣商務印書館股份有限公司，2024.08
400 面；14.8×21 公分．--（歷史．世界史）
譯　自：The "Hitler myth"：image and reality in the Third Reich
ISBN 978-957-05-3580-8（平裝）

1.CST: 希特勒 (Hitler, Adolf, 1889-1945)
2.CST: 希特勒時代 3.CST: 政治傳播
4.CST: 德國史

743.257　　113008991